本书受到教育部人文社会科学基金项目"不情愿的缓和者——英国与欧洲缓和研究（1964-1975）"（项目批准号：15YJC7700028）和武汉大学政治与公共管理学院共同资助

珞珈政管学术丛书

欲拒还迎
英国与欧洲缓和研究（1964-1976）

An Unwilling Convert
A Study on Britain and European Detente 1964-1976

申红果◎著

中国社会科学出版社

图书在版编目（CIP）数据

欲拒还迎：英国与欧洲缓和研究：1964—1976 / 申红果著. —北京：中国社会科学出版社，2024.1

（珞珈政管学术丛书）

ISBN 978-7-5227-3159-9

Ⅰ.①欲… Ⅱ.①申… Ⅲ.①对外政策—研究—英国、欧洲—1964-1976 Ⅳ.①D856.10②D819

中国国家版本馆 CIP 数据核字（2024）第 044227 号

出 版 人	赵剑英
责任编辑	郭曼曼
责任校对	胡新芳
责任印制	王 超

出　　版	中国社会科学出版社
社　　址	北京鼓楼西大街甲 158 号
邮　　编	100720
网　　址	http://www.csspw.cn
发 行 部	010-84083685
门 市 部	010-84029450
经　　销	新华书店及其他书店
印　　刷	北京明恒达印务有限公司
装　　订	廊坊市广阳区广增装订厂
版　　次	2024 年 1 月第 1 版
印　　次	2024 年 1 月第 1 次印刷
开　　本	710×1000　1/16
印　　张	24.5
插　　页	2
字　　数	353 千字
定　　价	119.00 元

凡购买中国社会科学出版社图书，如有质量问题请与本社营销中心联系调换
电话：010-84083683
版权所有　侵权必究

《珞珈政管学术丛书》
出版说明

自 2013 年党的十八届三中全会提出"国家治理体系和治理能力现代化"的重大命题以来,"国家治理"便成为政治学和公共管理的焦点议题。相比于"政府改革""政治发展"和"国家建设","国家治理"是一个更具包容性的概念,也是内涵本土政治诉求的概念。改革开放以来尤其是近十年来,中国在此领域的自觉追求、独特道路、运作机理和丰富经验,成为中国政治学和公共管理研究的富矿所在。对此主题展开自主挖掘和知识提纯,是政治学者和公共管理学者义不容辞的责任。

武汉大学政治与公共管理学院由政治学和公共管理两个一级学科构成,每个一级学科的二级学科较为完备,研究方向也比较齐全,形成了颇具规模的学科群。两个一级学科均学术积累深厚,研究定位明确,即始终注重对政治学和公共管理基本问题的理论探讨与实践探索。从内涵上讲,不管是政治学,还是公共管理,探讨的问题都属于"国家治理"的范畴,也无外乎理念、结构、制度、体系、运行、能力和绩效等不同层面。在此意义上,持续探索国家治理现代化的理论与经验问题,也就成为学院人才培养、科学研究和学科发展的主旨。

对社会科学学者而言,专著相比于论文更能体现其长远的学术贡献。对科学研究和学科建设而言,代表性著作和系列丛书更是支撑性的评价维度。为迎接武汉大学 130 周年校庆,更为了集中呈现学院教师十余年来学术研究的最新进展,激励老师们潜心治学、打磨精品,同时也为了促进学院的学科建设，推出有代表性的学者和作品，学院经讨论后决定启动《珞珈政管学术丛书》出版计划，并与长期以来与学院多有合作的中国社会科学出版社再续前缘。经教师个人申报，学院教授委员会把关，2023 年共有十份书稿纳入此套丛书。

这套丛书的内容，大体涉及政治学、国际关系和公共管理三大板块。既有国内治理，也有国际关系；既有经验挖掘，也有理论提炼；既有量化研究，也有质性研究；既有个案呈现，也有多案例比较。但大都围绕国家治理现代化的重大现实议题展开，因此初步形成了一个涵盖问题较为丰富的成果集群。需要说明的是，这次的丛书出版只是一个开端。《珞珈政管学术丛书》是一套持续展开的丛书，今后学院教师的学术书稿在经过遴选后，仍可纳入其中出版。相信经过多年的积累，将会蔚为大观，以贡献于政治学界和公共管理学界。

学者靠作品说话，作品靠质量说话。这套丛书的学术水准如何，还有待学界同行和广大读者的评鉴。而从学术角度所提的任何批评和建议，都是我们所欢迎的。

武汉大学政治与公共管理学院院长

刘伟

2023 年 8 月 24 日

目 录

绪 论 / 1

第一章 英国谨慎寻求欧洲缓和（1945—1971年） / 13
    第一节 英国的战后欧洲秩序理念 / 13
    第二节 英国主动寻求欧洲缓和
           （1950—1961年） / 22
    第三节 英国滑向欧洲缓和的边缘
           （1962—1971年） / 40
    小 结 / 45

第二章 冰冻—"新阶段"—冷淡：1973—1976年的
        英苏关系 / 47
    第一节 敌对与交往：1945—1968年的英苏关系 / 49
    第二节 从"冰冻"到"回暖"：1968—1973年的
           英苏关系 / 51
    第三节 "新阶段"：1974—1976年的英苏关系 / 81
    第四节 "更安全和更富有成果的双边关系"和
           "新阶段"的衰退 / 99
    小 结 / 109

第三章　英苏经济关系的进展与徘徊
（1973—1976 年）　／ 111
第一节　英苏经济关系的前进与限制　／ 112

第二节　英苏贸易长期在低水平徘徊　／ 120

第三节　欧共体"共同商业政策"及其对英苏经济关系的影响　／ 124

第四节　英国工商业界落后于英苏经济合作的步伐　／ 139

小　结　／ 145

第四章　英苏关系背景下的英国与东欧
（1973—1976 年）　／ 148
第一节　英国在东欧的利益　／ 149

第二节　英国对东欧变革可能性的分析　／ 153

第三节　英国对东欧国家发展趋势的分析　／ 159

第四节　英国和东欧的经济关系　／ 167

小　结　／ 173

第五章　英国与欧洲对等裁军
（1973—1976 年）（上）　／ 178
第一节　欧洲对等裁军预备会谈与各方的准备　／ 179

第二节　英国在对等裁军谈判中的目标、策略与作用　／ 217

小　结　／ 246

第六章　英国与欧洲对等裁军
（1973—1976 年）（下）　／ 248
第一节　欧洲对等裁军谈判的基本演进及英国的认识　／ 250

第二节 欧洲对等裁军谈判的主要议题及
英国的主张 / 282
第三节 欧洲对等裁军谈判的结束与成果 / 314
小 结 / 319

第七章 英国对苏联缓和政策的认识与应对 / 327
第一节 英国认为苏联不会放弃缓和政策 / 328
第二节 苏联缓和政策的"决算表" / 337
第三节 英国对欧洲缓和与未来
东西方关系的判断 / 346
小 结 / 353

结论 主动寻求与边缘化 / 358

参考文献 / 371

索 引 / 378

后 记 / 384

绪　论

英国外交被认为成熟、圆滑、技巧高超，因此英国始终能在世界上保持相当的影响力并扮演大国角色。本书原计划雄心勃勃地考察欧洲国际关系缓和（détent in Europe 或者 European détente）时期的英国外交、探讨英国对欧洲缓和究竟采取了何种态度与政策或策略、总结英国外交的突出特征，写上一本皇皇巨著，但是陈乐民先生在《战后英国外交史》里的一席话却似当头一瓢冷水，陈先生说"英国政治，无论是对内还是对外，都具有实用主义的特色，这几乎是论者的共识"，"要之，英国外交的运作，实受影响于以下三方面之交错因素：经验主义的（或实用主义的）政治文化，内涵政治和经济利益的岛国特征，参与国际事务之丰富经验"[①]。陈先生概括得很准确、很深刻，英国外交的突出特征主要就是他指出的那三点，相关研究一定逃不出这三点。既然英国外交的突出特征似乎已经被一言以概之，那本书的意义和价值又在哪里呢？英国外交真的被研究完了吗？英国外交相关问题真的被研究透了吗？英国与欧洲缓和真的没有什么可说的了吗？显然不。英国外交研究不仅没有结束，而且还有不少问题值得深入探讨，甚至开拓。于是笔者鼓起勇气，努力为当代英国外交研究添砖加瓦。

本书以"英国与欧洲缓和"为研究主题，以英国外交档案文件为基础，以冷战国际史为研究视角，集中而深入地分析了20世纪60年代

[①] 陈乐民主编：《战后英国外交史》，世界知识出版社1994年版，第18、19、20页。

中期至20世纪70年代中期英国对欧洲缓和的外交政策、外交实践及其意义，进而剖析当代英国外交的突出特征。本书重点论述了英国与第二次世界大战后的欧洲安全秩序、英国对苏联的政策、英国与欧洲对等裁军三大问题，揭示了英国在欧洲国际关系缓和潮流里有主动追求缓和与被边缘化的两面性。本书还分析了英国缓和观的具体含义及其对欧洲国际关系的深远影响，进而揭示出当代英国外交的若干核心要义。

笔者一直认为英国与欧洲缓和是一个比较有趣又能给人以深刻思考的国际关系问题，看衰退的英国如何在纷繁复杂的国际关系中挣扎、偏离、争取、强硬、背叛，有时不免莞尔。本书虽是对当代英国外交的历史考察，但却怀有强烈的现实关注，力求使读者更准确、更深刻地理解英国外交的传统与特点，也为新时代中国外交思考对英政策和中西关系提供有益的借鉴，在国家治理实践中不断地提升对外政策治理水平。

一　关于英国与欧洲缓和的研究情况

冷战结束后，冷战史研究才真正开始。冷战国际史研究是目前国内外研究的热点领域之一，而缓和研究是其中不可或缺的重要层面。缓和是冷战的另一种形态，对话与谈判部分取代了对峙与对抗。它发端于20世纪50年代中期[①]，70年代中期达到顶峰，随后逐渐衰落，并在20世纪80年代初被"第二次冷战"取代。学界对缓和的研究多集中在美苏之间的多领域谈判、法国和联邦德国的对苏联、东欧政策等，但是对英国的缓和政策研究相对薄弱。具体而言，国内外对英国与欧洲缓和的研究主要体现在以下几个方面。

首先，国内外学者对第二次世界大战后英国外交的整体研究成果比较丰富，但是对英国与缓和、英国与欧洲缓和的研究相对不足。在国外研究中，《英国对外政策文件》和特鲁汗诺夫斯基（1959）的著作代表了20世纪50年代的成果；20世纪六七十年代英国学者伊丽莎白·贝克（Elisabeth Barker）、布莱恩·怀特（Brian White）、诺塞芝

[①] 黄正柏：《美苏冷战争霸史》，华中师范大学出版社1997年版，第97—136页。

(F. S. Northedge)、约瑟夫·弗兰克尔（Joseph Frankel）等人的著作在论述欧洲问题——特别是"德国问题"、欧洲一体化问题、美苏关系——时对英国与欧洲缓和进行了一定的阐述。英国前首相哈罗德·威尔逊（Harold Wilson）的《1964年至1970年的工党政府》全面阐述了工党的外交政策。20世纪80年代的《霍姆自传》（1982）以及阿伦·斯克德和克里斯·库克的《战后英国政治史》（1992）分析了第二次世界大战后英国国内政治发展的困境与英国政府的努力。20世纪90年代以来陆续出版了更多专著，代表性研究者包括昂斯洛、肖恩·格林伍德、克蒂斯·基布尔、S. R. 阿什顿、约翰·扬；《英国海外政策文件》《英国对外事务文件》等档案的出版为本书提供了重要的文献基础。①

中国学者研究战后英国外交的视野也不断扩大，研究成果不断丰富。陈乐民先生等人的《战后英国外交史》是较早的英国外交研究代表性著作。② 王振华集中探讨了撒切尔政府的外交。③ 高晋元探讨了英

---

① 国外研究作品主要包括：*British Documents on Foreign Affairs: Reports and Papers from the Foreign Office Confidential Print*. Bethesda, MD: University Publications of America, 2003; G. Bennett, K. A. Hamilton, I. Warner, R. P. Bevins, G. Quinn, E. Kane, *Documents on British Policy Overseas*, Series Ⅰ, Ⅱ, Ⅲ, London: The Stationery Office, 1997; 特鲁汗诺夫斯基：《第二次世界大战后的英国外交政策》，世界知识出版社1959年版；E. Barker, *Britain in a Divided Europe 1945–70*, London: Weidenfeld and Nicolson, 1971; F. S. Northedge, *Descent from Power: British Foreign Policy, 1945–1973*, London: George Allen & Unwin Ltd., 1974; Joseph Frankel, *British Foreign Policy 1945–1973*, Oxford University Press, 1975; [英] 道格拉斯·霍姆：《霍姆自传——从看风向谈起》，师史译，新华出版社1982年版；[英] 阿伦·斯克德、克里斯·库克：《战后英国政治史》，王子珍、秦新民译，世界知识出版社1985年版；Brian White, *Britain, Détente and Changing East-West Relations*, London and New York: Routledge, 1992; Sean Greenwood, *Britain and the Cold War*, The Macmillan Press Ltd., 2000; John W. Young, *The Labour Government 1964–70: International Policy*, Manchester and New York: Manchester University Press, 2003; Sir Curtis Keeble, *Britain and the Soviet Union 1917–89*, The Macmillan Press Ltd., 1990; Frans A. M. Alting von Geusau, *Uncertain Détente*, Sijthoff & Noordhoff, 1979; Kenneth Dyson, ed., *European Détente: Case studies of the politics of East-West Relations*. London: Frances Printer (Publishers), 1986; S. R. Ashton, *In Search of Détente: The Politics of East-West Relations since 1945*, New York: St. Martin's Press, 1989; （需要说明的是，笔者未收集到哈罗德·威尔逊的《1964年至1970年的工党政府》原作）。

② 陈乐民主编：《战后英国外交史》，世界知识出版社1994年版。

③ 王振华：《撒切尔主义：80年代英国内外政策》，中国社会科学出版社1992年版。

国和非洲关系史。① 21世纪以来，关于当代英国外交研究的成果日渐丰富，研究课题更加深入，如洪邮生②、杨冬燕③、湛焕义④、赵怀普⑤、王三义⑥、全克林⑦、申红果⑧、滕帅⑨分别从英国与欧洲一体化、苏伊士运河危机、阿以冲突、欧安会、麦克米伦政府与第二次柏林危机等角度，深入探讨了第二次世界大战后英国外交的诸多问题。

其次，关于第二次世界大战后英国外交的专题研究日益多样化，且越来越深入。美苏缓和理论及其实践、第二次世界大战后初期英国外交、英美特殊关系、英国的非殖民化政策、英国与欧洲一体化、英国与中东、英苏关系、英国与柏林危机等领域已出版了不少研究成果。

在缓和研究方面，国内外已经出版了若干关于美苏缓和与欧洲缓和的著作，另有一些论述冷战史的著作也涉及缓和问题。中国学者对第三世界与冷战的研究有独特的观察视角。研究者注意到缓和是苏联极力倡导和宣传的，是苏联对外政策的主要内容之一，但是却被西方国家和西方学者视为"有选择的缓和"，具有欺骗性。缓和的本质是对峙与谈判的混合，它与冷战的区别在于对立与交流的不同比例。欧洲缓和被称为"不确定的缓和"，但是也被认为具有不可忽视的地位，并且比美苏缓和的基础更坚固、成就更大、关注的范围更广。

在第二次世界大战后英国与欧洲缓和研究方面，诺塞芝、罗伊·琼斯（Roy E. Jones）、肖恩·格林伍德、伊丽莎白·贝克、布莱恩·怀

---

① 高晋元：《英国—非洲关系史略》，中国社会科学出版社2008年版。
② 洪邮生：《英国对西欧一体化政策的起源和演变：1945—1960》，南京大学出版社2001年版。
③ 杨冬燕：《苏伊士运河危机与英美关系》，南京大学出版社2003年版。
④ 湛焕义：《英国工党与印巴分治》，社会科学文献出版社2004年版。
⑤ 赵怀普：《英国与欧洲一体化》，世界知识出版社2004年版。
⑥ 王三义：《英国在中东的委任统治研究》，世界知识出版社2008年版。
⑦ 全克林：《英国与阿—犹冲突：1945—1949》，世界知识出版社2009年版。
⑧ 申红果：《英国与欧安会的起源：1968—1975》，南京大学出版社2009年版。
⑨ 滕帅：《追求缓和：英国与第二次柏林危机（1958—1961）》，博士学位论文，首都师范大学，2011年。

特、约翰·扬、杰拉德·休斯（R. Gerald Hughes）等研究者从不同角度进行了比较深入的探讨。有的研究者认为英国对缓和的态度是消极的，完全不同于法国和联邦德国；英国既没有阻止缓和，也没有促进缓和，它在缓和潮流中被边缘化了。另一些研究者则认为英国政府在20世纪五六十年代对苏联、东欧国家采取了积极态度，英国是支持缓和并积极推动与苏联接触的，而且英国还对美苏缓和以及联邦德国的新"东方政策"（*Ostpolitik*）发挥了一定的作用；与此同时，英国始终在东西方关系框架内寻求缓和，它努力的效果比法国等来得慢一些、晚一些，但确实是有效果的，而且比法国的结果要好。贝克等人还提出英国缓和观的核心：通过调解缓解危机、耐心获取零碎的进步、注重实际问题的解决等。中国研究者也更加积极地看待英国与缓和的关系，比如滕帅分析了英国在第二次柏林危机期间（1958—1961）以积极外交行动寻求缓和。

在英苏关系研究方面，英国与苏联、东欧的关系是英国缓和外交的重要层面。不少研究者提出英国对苏联、东欧外交具有双重性，即对峙斗争与保持交往并存。有些关于第二次世界大战后英国外交的著作在探讨诸如"德国问题"时兼顾论述了英国的对苏立场或外交行动。杰伦特·休斯（Geraint Hughes）和申红果都以"捷克斯洛伐克事件"为考察角度，指出此次事件并没有使英国中断与苏联、东欧的关系，英国在此后继续寻求缓和。亚历克斯·普拉夫达（Alex Pravda）和彼得·邓肯（Peter J. S. Duncan）编撰了论文集《1970年以来的英苏关系》，集中讨论了英苏对对方的政策以及双边关系的发展。[①]

在英国与欧洲安全研究方面，研究者关注的焦点是英国与"德国问题"，这主要是因为"德国问题"是第二次世界大战后欧洲国际关系的核心问题。此外，对英国独立核政策的发展、英国和欧洲安全与合作会议（Conference on Security and Cooperation in Europe，CSCE，简称

---

① Alex Pravda, and Peter J. S. Duncan, eds., *Soviet-British Relations since the 1970s*, Royal Institute of International Affairs, 1990.

"欧安会")的关系、英国与欧洲裁军等问题也有一定研究。欧洲对等裁军（Mutual and Balanced Force Reductions，MBFR）代表了欧洲缓和的一个重要的全欧多边进程（另一个重要的全欧多边进程是欧安会）。欧洲对等裁军虽然着眼于欧洲中部安全、避免北约与华约发生冲突，但也被西方联盟作为迫使苏联在中欧安全问题上让步、迫使苏联接受为举办欧安会的条件之一。西方国家认为对等裁军并没有减少苏联对西欧的安全威胁。欧洲对等裁军谈判事实上成了一个漫长而缺少实质结果的外交进程。

总的来说，冷战研究不缺乏关注，但是由于冷战的复杂性和丰富性，任何一部著作都不可能穷尽所有重要问题，有时甚至无法彻底探讨某个重大问题，所以冷战研究始终有许多问题值得继续推进，英国与欧洲缓和问题便是其中之一。英国与欧洲缓和问题的已有研究主要散见于英国对外政策、冷战、美苏关系、欧洲缓和等相关作品中，这些研究为本书提供了重要基础，也表明英国与欧洲缓和研究（1964—1976）是一个具有较高学术价值的领域。

二 本书的写作思路与章节安排

本书主要集中探讨英国与欧洲缓和的两大问题：一是英国与苏联的关系[①]，二是英国与欧洲对等裁军谈判。本书将以第二次世界大战后英国的欧洲安全秩序设想为出发点，重点讨论20世纪六七十年代上述两大问题的进展，进而揭示英国对欧洲缓和的基本态度或立场、外交原则与行动、外交期待与效果、国际关系意义等。本书的主要目标，首先是希望能够充实当代英国外交研究，其次是希望能够进一步拓展和丰富冷战国际史研究。冷战国际史研究是一个长盛不衰的领域。随着西方国家越来越多外交档案的公开，冷战国际史研究形成了不少新领域，提出了不少新问题，冷战缓和研究就是其中之一。国内外已有研究多注重美苏

[①] 鉴于笔者的语言能力和未能充分收集到苏联、法国、德国等外交档案资料，这里主要讨论英国的对苏政策。

缓和以及法国、联邦德国的缓和政策,而较少关注英国的缓和政策。本书着力于英国的缓和政策,探讨英国外交背后的逻辑,意在使读者更深刻、更准确地理解第二次世界大战后欧洲国际关系,也为观察和思考当前英国外交和欧洲国际关系提供一定的借鉴。

在当代英国外交研究方面,1964—1976年是冷战向缓和快速发展的重要阶段,也是欧洲国际关系形势出现重要转折的阶段,更是英国受国际形势影响大幅度调整其外交政策的阶段,英国外交在复杂的国内外形势中面临着艰难的选择。其中,英国对法国、联邦德国缓和政策的态度、对欧洲安全的设想与努力、对苏联、东欧国家的政策等是这一时期英国外交的突出议题,也是本书的讨论重点。

所以,本书希望更客观、更全面和更深入地揭示英国外交的能力、技巧与局限,理解英国外交的特点及其影响。冷战时期,英国在与西方盟国保持团结的前提下充当了不折不扣的冷战斗士,但它始终保持和苏联、东欧国家的交往,充分表现出了务实、灵活的实用主义外交。英国外交这些看似矛盾的特点在后冷战时代并没有消失,反而在冷战后国际关系大调整中更加显著。因此,研究英国与欧洲缓和是观察冷战后英国外交的较好视角之一。本书还希望能借英国外交研究更准确地理解中英关系——甚至中欧关系——及其未来前景。英国是中国外交的重要交往对象之一,无论脱欧与否,英国都是欧洲不可或缺的力量,也是有相当世界性影响力的中等大国。与此同时,英国也把中国视为重要外交对象之一,随着中国的强大,英国更加重视对华外交。但是,英国对华外交具有双重性:一方面,英国居高临下地希望保持对中国的政治制度优越感和道德优越感;另一方面,又希望扩大与中国的交往以求得实际利益,包括经济利益和战略利益。本书希望深刻准确地剖析和把握英国外交变与不变,为最大限度地维护中国国家利益提供一些有益的借鉴。

本书将把研究重点放在以下五个问题上:其一,英国缓和观与缓和政策的形成及其主要内涵;其二,英国对西方盟国缓和行动的态度与反应;其三,英国在欧洲缓和时期对苏联政策的基本原则、内容及其调整；其四，英国对欧洲对等裁军问题的立场、政策及其影响；其五，总结欧洲缓和时期英国外交的主要特点。具体安排如下：

第一章梳理了第二次世界大战结束至1971年英国对欧洲国际关系的思考及采取的外交行动，探讨英国对欧洲缓和的基本理念和主要行动。其中，1950年、1955年、1962年和1969年分别是欧洲国际关系或美苏关系发展演变的关键年份，重大国际问题的发生或者演化直接导致了英国外交或快或慢的调整。第二次世界大战结束时，英国仍然保持着英、美、苏三大国合作的外交思路。如果以1947年为冷战起点，此时英国政界已经开始经常使用"冷战"一词，并决心和美国一道采取行动对抗苏联。但是另一方面，英国试图以相互妥协换取苏联承认自己的重大利益，而非一味地断绝对苏关系。第二次世界大战后初期，英国对西欧安全秩序的重要目标是努力成为西欧领导者并借助美国的力量对抗苏联威胁，但是美国方面的保留态度以及美国对跨大西洋联盟的重视让英国的西欧盟主愿望泡了汤。20世纪50年代中期，随着欧洲政治和安全局势的相对固化，随着美苏缓和的出现，欧洲国际关系也出现了缓和，英国比较积极地对待欧洲缓和并极力主张举行四大国首脑峰会。但是英国对欧洲安全的基本认识并没有改变，也没有减弱对苏联的敌视，积极对待缓和只是一种无奈的妥协。20世纪50年代中后期至60年代，尽管美苏直接对话的增多、"德国问题"陷入僵局使包括英国在内的西欧国家在国际形势面前更加被动，但是英国仍比较主动地寻求欧洲缓和，不仅主张举行四大国首脑峰会，还与苏联、东欧国家有直接交往和交流，为自己在世界上争取一席之地。但是自20世纪60年代中期，法国和联邦德国先后积极主动地寻求缓和，英国反倒谨慎而保守，在欧洲缓和潮流中被边缘化了。但是英国从根本上并不反对欧洲缓和，它的外交行动反而对欧洲国际关系的未来发展产生了深远影响。本章将探讨英国所坚持的那些缓和外交理念或原则，英国在缓和初现以及发展演变过程中的态度与外交行为，展现英国与欧洲缓和关系的变化。英国的缓和理念有自己的特色，它们以西方团结为基础，以西欧安全为目标，以与苏联、东欧国家的"正常外交""开放接触""生活质量"等为重要概念和方式。首脑外交是英国曾经追求的目标，但是英国也重视欧洲"铁幕"（iron curtain in Europe）两边的其他交往，特别是所谓的"人道主义"交流。哪怕是在欧洲发生严重危机时（比如1958年柏林危机、1968年捷克斯洛伐克事件），英国也没有中断和苏联、东欧国家的交往。所以从这个角度看，英国的缓和观有其内在一以贯之的内容。

第二章到第四章将集中讨论1964—1976年英国对苏联外交的双重性。这一时期是欧洲缓和快速发展并达到顶峰的时期。本部分将以英苏关系中的重要议题为分析对象，深入探讨英国对苏联政策的基本特征，体现英国对欧洲缓和的基本态度和主要外交实践。囿于苏联方面外交档案的不足，这三章的论述视角主要从英国外交的角度展开。第二次世界大战结束后，英国对苏联的政策始终是双重性质，一方面是基于安全对抗和意识形态对立的严峻对峙，另一方面是为尽力避免欧洲局势恶化而寻求妥协与交往。这一双重性在欧洲国际关系逐渐走向缓和高峰的过程中尤为明显。英国把苏联视为冷战政策的重要对象，对苏政策构成了英国缓和政策的主要内容之一。英国认为，苏联既对西欧安全造成了严重威胁，又需要进行经济改革、需要与西方合作，因此苏联面临着不少困境。英国对苏政策的思路是以对苏接触缓解欧洲紧张局势，通过所谓东西欧间的"人道主义接触"（human contacts）逐渐改变苏联和东欧社会。这一思路十分清晰。英国主张的接触（或"正常交往"）不仅包括外交往来，还有经济、文化等领域的交流。在经济方面，一方面，英国政府比较重视与苏联建立更加密切的经济关系，但是英国商人却不愿意开拓苏联市场。英国政府认为，经济力量能够一定程度上改变苏联社会，推动苏联的演变；另一方面，英国也希望借此改善本国国内十分糟糕的经济状况。在政治方面，英国会明确区分对苏联外交和对东欧国家外交。英国十分清楚苏联对东欧的严密控制，也注意到东欧国家的离心倾向，所以英国始终区别对待苏联与东欧。但是英国绝不会为了鼓励东欧国家而刺激苏联，从而危及自身或西欧安全，这是英国对苏联、东欧外交的边界。英苏政治关系、英苏经济关系、1968年的"捷克斯洛伐克事件"、英国与东欧国家关系等都反映出英国对苏联外交的双重性。不过，必须指出的是，英苏关系始终处于相对低谷，即使是在欧洲缓和快速发展的时期。

第五章和第六章将讨论1973—1976年英国与欧洲对等裁军的主要问题。本部分首先集中梳理、论述了英国与欧洲对等裁军的关系，探讨了英国在这一欧洲缓和的重要多边外交进程的思考、态度、政策外交实践及其产生的影响。欧洲对等裁军是欧洲缓和的重要进程之一，是欧洲两大军事集团间的重要裁军谈判，谈判内容关系欧洲安全的现状与前景。"欧洲现状"（status quo in Europe）——第二次世界大战后欧洲各国的政治边界与地理边界现状——的事实存在与固化是欧洲对等裁军启动的关键因素之一。北约组织1967年的"哈梅尔报告"及北约朝着缓和方向调整是欧洲对等裁军的重要前提之一。苏联倡导召开全欧安全会议并签订欧洲集体安全条约是欧洲对等裁军开始的契机。促成欧洲对等裁军的具体原因，一是美国收缩海外力量、有意缩减驻欧军队，二是苏联想以此换取美国同意召开欧洲安全与合作会议。从1968年开始，西方联盟就倡议举行欧洲对等裁军谈判，直到1971年苏联才首次回应。欧洲对等裁军谈判在欧洲缓和时期从1973年持续到1976年，一共举行十轮，此后陷入僵局，直到1989年正式结束。欧洲对等裁军的谈判进展大致与欧安会同步。英国最初对欧洲对等裁军谈判高度怀疑，对谈判前景和结果悲观，并且在谈判期间被苏联孤立，但是英国却在谈判中扮演了主要角色。英国把欧洲对等裁军问题作为保障本国与西欧防务与安全的方式之一，一方面希望美国继续保持适当规模的驻欧部队，另一方面希望借此教育本国国民及西欧民众认清苏联威胁的紧迫性和严重性。英国还把欧洲对等裁军视为检验苏联承诺欧洲缓和的试金石。当19890年欧洲对等裁军谈判结束时，英国官员认为本国实现了最初的目标。

第七章主要分析英国对苏联缓和政策的认识以及英国如何应对苏联方面可能出现的政策变动，从而考察英苏关系的变化，总结英国对欧洲缓和的观点。缓和政策是苏联20世纪70年代对外政策的重要内容之一，也是勃列日涅夫（Leonid Ilyich Brezhnev）极力推行的对外政策。通过阅读英国档案可以看出，英国对苏联缓和政策一贯抱有疑虑。英国担心苏联不再推行缓和政策主要从1975年开始，因为此时外传勃列日涅夫身体健康欠佳，可能会更替苏联领导人，所以英国对苏联缓和政策能否继续进行了不少分析。有趣的是，英国认为苏联推行缓和政策是为了获得霸权或者巩固存在，因而英国强烈反对和抵制该政策，也从来不相信苏联，但是英国却从不认为美国的霸权是一种威胁。由于"缓和"涉及领域和对象众多，本章难以全面论述"缓和"的各种因素，因此本章着重论述英国对苏联缓和政策的认识以及对欧洲缓和趋势的判断。

"结论"部分继续思考英国与欧洲缓和及其相关问题。第二次世界大战后的英国外交被温斯顿·丘吉尔（Winston Churchill）等英国领导人精练地概括为"三环"外交，这具有很强的说服力，但是一方面"三环"会随着国际形势的变化而调整其顺序；另一方面英国绝不可能仅仅靠这"三环"而维护它的国际地位和角色，所以"三环"之外的英国外交有不少值得观察和探讨之处。英国与欧洲缓和总体上属于英国外交的"欧洲环"，但同时也因对苏联、东欧外交而超越欧洲范围。就欧洲缓和而言，它是当代英国外交中一个重要但被忽视的、经常性但非决定性的主题。英国本质上对欧洲缓和及其发展比较谨慎，但也从不拒绝缓和，并且在多个缓和议题中发挥了突出作用，对欧洲国际关系产生了实质性的重要影响。英国缓和外交有一个重要理念：通过缓和东西方紧张关系来打冷战比通过威胁打冷战更安全。20世纪60年代中期至70年代中期，随着美苏关系缓和与欧洲缓和的发展，英国外交面临三大议题：与美国保持密切关系，保持西方联盟团结，对苏外交。英国不是欧洲缓和的领导者，但它曾积极寻求缓和；它也不是欧洲缓和的掣肘，但它的确十分谨慎。英国对欧洲缓和的观察和反应是敏感的、深入的，它的行动是谨慎的，有时静悄悄的，但是有效的。在欧洲缓和方面，英国外交既坚持冷战的总体战略和政策，又表现出务实、灵活、妥协的突出特征。英国在欧洲缓和方面的外交思路及其实践在某些方面深刻影响了欧洲国际关系的进程,有些甚至影响至今。理解它们,对分析和判断当前及今后的英国外交政策不无益处。

  本书在撰写过程中遇到的主要困难是苏联、法国和德国外交档案的缺乏,因此本书将主要从英国外交的角度探讨相关问题,即以英国外交考察角度,以欧洲缓和的三大议题——西欧安全安排、对苏联政策、欧洲对等裁军——为主要分析内容,从英国外交对欧洲缓和的理念、政策和实践方面展开深入论述。本书以英国对第二次世界大战后欧洲秩序的思考及其行动为起点,讨论英国缓和观与缓和外交产生的背景、基础与发展演变,阐述英国在相关议题上的思考和应对,还原英国在欧洲缓和进程中的表现,总结英国外交的突出特征,为理解英国外交提供一点思考。本书采取国际关系史的基本写作方法,以时间为基本线索,以欧洲缓和重大议题为主要内容,分阶段、分主题进行阐述,同时兼顾基本线索和典型案例的结合,尽量达到前述研究目标。

第一章
英国谨慎寻求欧洲缓和（1945—1971年）

冷战与缓和（detente）始终并存，缓和是另一种形式的冷战。第二次世界大战结束后，欧洲国际关系迅速进入严峻对峙的冷战，这里面有英国的"贡献"。然而，英国也是西方联盟国家里最早主动寻求缓和的国家并为此做出了持续不断的努力。无论是英国保守党，还是英国工党，其主政或者在野时都曾经开辟或推动欧洲缓和。但与此同时，英国寻求欧洲缓和的行动常常会受到欧洲事务的影响，最关键的是"德国问题"；也会受美苏关系发展的影响，其关键因素是美苏直接对话的开启。本章旨在分析第二次世界大战结束后英国对欧洲秩序安排的基本设想和理念、对1950—1971年欧洲缓和的态度、立场以及寻求欧洲缓和的主要外交实践，尝试探讨英国外交在欧洲缓和方面的一般性和独特性，展现这一时期英国外交的积极或消极作为，反思冷战带给国际关系的教训。

第一节　英国的战后欧洲秩序理念

第二次世界大战结束后的英国外交经历了颇为曲折的变化，既有机遇，更有困难，其根本原因是英国的总体衰落。英国想竭力保持欧洲大国乃至世界大国的地位，希望通过重新安排战后欧洲秩序来实现这个目标。英国对第二次世界大战结束后欧洲秩序的设想既有明确目标,又面临重重困难。它有以下五个重要的理念。

第一,英国认为,只有欧洲复兴和团结才能应对苏联的威胁。① 强调和重视西欧团结、重视西欧与美国的团结合作,是英国构想第二次世界大战后欧洲秩序的基本原则。第二次世界大战结束后,西欧资本主义与苏联、东欧社会主义的对立与共存已经无法避免。尽管英国在第二次世界大战结束时仍然维持着英、美、苏三大国合作的外交思路,尽管英国(以及其他欧洲国家)仍然把德国视为重大安全威胁,但是"冷战"概念已经被英国政界频繁使用,英国也表现出愿意与美国一道采取行动对抗共产主义世界的倾向。英国非常重视第二次世界大战后欧洲秩序的安排,特别是安全安排。在经济方面,英国接受马歇尔计划的援助(后成立了欧洲经济合作组织);在安全方面,英国着力推动《布鲁塞尔条约》(The Brussels Treaty),与西欧国家合作并约束联邦德国的恢复发展(特别是武力的恢复)。

英国政府非常重视西欧联盟(非西欧一体化),并且设想了具体的西欧联合方式。1948年1月22日,时任英国外交大臣欧内斯特·贝文(Ernest Bevin)呼吁建立"西欧联盟"(West European Union),因为此时苏联已经拒绝了马歇尔计划,关于"德国问题"的四大国协议已经失败。贝文倡议"西欧的自由国家必须紧密地团结在一起……我相信,西欧团结的时机已经成熟"。贝文计划首先联合法国,然后发展与低地三国的关系,并且与这些国家签订条约,使英国和法国形成核心,再发展与意大利的关系。② 贝文的西欧团结设想突出的是英国,借助法国,联合其他西欧国家,而且这样的西欧联合是非超国家的。

尽管1948年8月美国杜鲁门政府非常清晰地敦促英国不要反对西欧联合,不要反对欧洲理事会(Council of Europe),杜鲁门政府强调美

---

① 参见 F. S. Nothedge, *Descent from Power: British Foreign Policy 1945–1973*, London: George Allen & Unwin Ltd., 1974, p. 144。

② Northedge, *Descent from Power: British Foreign Policy 1945–1973*, London: George Allen & Unwin Ltd., 1974, p. 51.

第一章 英国谨慎寻求欧洲缓和（1945—1971年）

国"强烈支持"西欧自由国家日益联合①，但是英国对"欧洲一体化"的统一行动没有兴趣，从来不期待一个统一的欧洲，因为这不是英国的传统欧洲政策。英国甚至对欧洲统一、欧洲联邦很反感，希望它不会走得太远。对英国而言，除非自己获得新生，否则就不可能融入"欧洲联邦"（a European Federation）。从战时到战后初期的工党政府（1945—1951年工党执政），英国并没有改变这一基本态度。尽管1939年11月艾德礼（Clement Richard Attlee）在一次演讲中喊出了"欧洲必须联合起来，否则就会灭亡"这句话，但是1945年他担任首相期间，为了解决国家经济恢复和发展，工党政府决定牢牢控制国家经济，这样英国就不可能加入欧洲一体化。但是并非英国国内所有力量都反对欧洲联盟（European Union），比如"靠左集团"（Keep Left group），它们批评英国工党政府（批评贝文的外交政策），支持战后立即实行的西欧联合，因为位于欧洲大陆的西欧国家此间更像是在推行社会主义模式。②1955年5月6日，建立"西欧联盟"的伦敦协议和巴黎协议正式生效后，英国才放心与苏联谈判，因为这两个协议解决了德国的重新武装问题。丘吉尔此前非常明确地告诉法国，只有批准这两个协议，才能跟苏联开展进一步谈判。③ 由此可见，英国特别重视西欧团结。

第二，英国最关心本国和西欧安全问题，但是英国从来不想要一个超国家性质的欧洲防务共同体（European Defence Community，EDC）。第二次世界大战结束后，英国把自身的国家安全置于西欧安全的总体安排中，并且需要依赖美国的支持。英国认为西欧无法应对苏联威胁，尤其是当苏联与西欧近在咫尺的情况下。以美国支持为前提的西欧安全是贝文的主张，而且美国的支持必须是持久的。贝文在1948年就明确表

---

① Northedge, *Descent from Power: British Foreign Policy 1945-1973*, London: George Allen & Unwin Ltd., 1974, p.148.
② Northedge, *Descent from Power: British Foreign Policy 1945-1973*, London: George Allen & Unwin Ltd., 1974, pp.145, 146.
③ Northedge, *Descent from Power: British Foreign Policy 1945-1973*, London: George Allen & Unwin Ltd., 1974, p.170.

达了西欧不可能在没有美国的情况下挽救自己——建立顺利和必要的西欧联合——的观点。① 这需要建立跨大西洋纽带。

当然，英法也曾推动建立属于西欧的军事力量，一方面是建立欧洲防务共同体，另一方面是让联邦德国为西欧安全贡献力量。1950年10月，法国总理勒内·普利文（Rene Pleven）提出了建立欧洲防务共同体的建议，在大西洋防务框架内建立一支欧洲军队。丘吉尔曾经在1950年8月的欧洲理事会咨询大会（the Consultative Assembly）上公开夸耀欧洲军设想，认为这会让欧洲变成"值得的、受人尊敬的角色"②。但是"普利文计划"（Pleven Plan）的进展并不顺利，美国认为该计划拖延了德国的防务贡献，英国担心对德国的政治控制，联邦德国则忧虑德国会被继续分裂并无法恢复国家主权。为讨论普利文计划，1951年2月15日在法国巴黎召开了大会（会议情况略），但是英国——以及丹麦、荷兰、挪威、葡萄牙——仅派一名观察员与会，美国和加拿大则派大使作为观察员列席会议③，显示英国并不看重普利文计划。根据《欧洲防务共同体条约》（*The European Defence Community Treaty*，1952年5月27日签署），欧洲军将处于北约驻欧洲最高司令的指挥下。英国的冷淡态度不仅表达了自己的立场，也影响了其他西欧国家，使欧共体六国对《欧洲防务共同体条约》的支持加速下滑，特别是法国。加之法国国内也有众多力量反对普利文计划，最终导致该计划在法国议会失败。④

---

① Northedge, *Descent from Power: British Foreign Policy 1945-1973*, London: George Allen & Unwin Ltd., 1974, p. 149.

② Northedge, *Descent from Power: British Foreign Policy 1945-1973*, London: George Allen & Unwin Ltd., 1974, p. 160.

③ 关于普利文计划的发展和1951年巴黎大会的详细规定，可参见 Northedge, *Descent from Power: British Foreign Policy 1945-1973*, London: George Allen & Unwin Ltd., 1974, p. 161.

④ 法国人民阵线（the Rally of the French People）嘲笑普利文计划，法国共产党、有影响力的社会主义者们则出于各自的原因反对它，法国共产党在国民议会中有100个议席。最终，法国外交部和国民议会的防务委员会（Defence Committees of the National Assembly）都反对欧洲防务共同体条约。并且，法国国内责难《欧洲防务共同体条约》（EDC），联邦德国也不欢迎它，因为法国反对的理由是担心联邦德国控制欧洲、德国人是不可信的。最后，法国国民大会以319票反对、264票赞成、34票弃权的结果否决了欧洲防务共同体条约。（详见 Northedge, *Descent from Power: British Foreign Policy 1945-1973*, London: George Allen & Unwin Ltd., 1974, pp. 162, 166, 167。）不过，美国和英国都观察到1955年欧洲国际形势有可能缓和，所以美国希望法国尽快批准《欧洲防务共同体条约》，而英国则尽量防止美国退出欧洲。

第一章　英国谨慎寻求欧洲缓和（1945—1971 年）

1950 年 6 月朝鲜战争爆发后，英国认为苏联有可能同样会进攻西欧，而且会进攻到莱茵河东岸，到那时候美国鞭长莫及，西欧只能首先依靠自己的力量进行抵御。所以，包括英国在内的西欧国家开始考虑如何让联邦德国做出防务贡献。1950 年 9 月 19 日，艾奇逊、贝文、舒曼在纽约发表宣言，一致认为德国不能建立国家军队，但是可以原则上参加国际合作性质的欧洲防务。①

可见，英国虽然非常重视西欧安全，但是绝不接受超国家一体化的欧洲防务共同体。当美、英、法、苏四大国柏林外长会议没能签署协议时，1954 年 4 月 13 日，英国同意与欧洲防务共同体签订一项合作协议。这项协议的条款早已拟订，但是直到四大国柏林外长会议无果而终时才得以签署。协议内容远远没有满足法国的期待，它使英国和欧洲防务共同体一同协商英国缩减欧洲大陆驻军（减少 4—5 个师）的决定，并且规定一名英国部长可以参加欧洲防务共同体理事会（the EDC Council），但是只在英国和欧洲防务共同体实际磋商合作的时候才参加。② 欧洲防务共同体计划的失败主要原因之一是英国拒绝承担更多责任，拒绝一体化的欧洲防务，因为欧洲防务共同体要求签约国几乎立即转让主权。它的失败也源于法国对该计划的主要意图不在于"欧洲联邦"，而是避免德国的重新武装。

第三，第二次世界大战结束后，英国努力寻求成为西欧领袖。英国对第二次世界大战后西欧安全安排的理想设计是以英国为领袖、以美国支持为基础的西欧合作。为此，英国首先联合法国。这需要重振法国③，即英国与法国签订《英法同盟条约》（即《敦刻尔克条约》，1947 年 3 月 4 日签订）。贝文计划借此继续推动与比荷卢签订类似的双

---

① Northedge, *Descent from Power*: *British Foreign Policy 1945-1973*, London: George Allen & Unwin Ltd., 1974, p. 160.

② Northedge, *Descent from Power*: *British Foreign Policy 1945-1973*, London: George Allen & Unwin Ltd., 1974, p. 165.

③ 英国为恢复法国的大国地位，在雅尔塔会议期间坚持让法国成为德国的占领国之一，让法国成为盟国对德管制委员会和战争赔偿委员会的成员，让法国成为联合国安理会常任理事国之一。参见陈乐民主编《战后英国外交史》，世界知识出版社 1994 年版，第 34 页。

边条约，最后再与意大利签订条约。这样，英国就与西欧国家签订了条约网，分别对西欧各国承担义务，成为西欧各国的保护国，从而也就实现了事实上的西欧盟主地位。但是贝文的计划并不顺利。贝文计划提出的前一天（1948年1月21日），英法两国联名邀请比、荷、卢三国谈判签订协定，2月19日向比、荷、卢三国提交缔约备忘录，但是三国不同意英法关于多边防务的观点，担心五国多边防务条约签订后美国就会撤出欧洲，另外它们也不满意条约关于防止德国威胁的条款（比、荷、卢三国经济与德国联系紧密，比利时首相保罗—亨利·斯巴克（Paul-Henri Spaak）还主张尽快实现德国统一），因此三国对建立西欧联盟的计划态度冷淡。[1] 因受1948年2月捷克斯洛伐克"二月事件"的影响，五国决定尽快缔结条约，于是3月5日在布鲁塞尔举行缔约谈判。3月17日，五国签署《布鲁塞尔条约》并设立了相应机构，形成了西欧联盟。但是美国杜鲁门政府显然不愿意让英国成为西欧盟主，也不愿让英国假借美国的实力"称霸"西欧，而是希望利用英国建立起美欧关系。[2] 1948年3月11日，贝文在给马歇尔的备忘录里提出了建立三种防务体系的建议：第一种是建立美国支持的英、法、荷、比卢五国条约组织；第二种是制订美国给予更密切关注的大西洋安全计划；第三种是建立与意大利有关的地中海安全体系。此后，美国方面决定就第二种进行谈判，即建立大西洋安全体系，并且提出了具体步骤。3月22日至4月1日，美国主导了在华盛顿举行的建立大西洋安全体系的秘密谈判，与会国是美、英、加（拿大）。至此，贝文的三种防务体系实际上被抛弃了。此后，美国集中力量推动筹建北大西洋公约组织。1949年4月4日，美国等12个国家在华盛顿举行北大西洋公约签字仪式，公约于8月24日生效，北大西洋联盟正式建立。北约的建立标志着贝

---

[1] 陈乐民主编：《战后英国外交史》，世界知识出版社1994年版，第35—36页。
[2] "二月事件"参见陈乐民主编《战后英国外交史》，世界知识出版社1994年版，第36页；"布鲁塞尔条约"签署的具体过程，可参见陈乐民主编《战后英国外交史》，世界知识出版社1994年版，第35—38页。《布鲁塞尔条约》详细条款可参见《国际条约集（1948—1949）》，世界知识出版社1959年版，第28—52页。

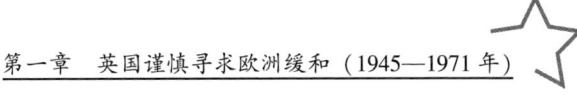

第一章　英国谨慎寻求欧洲缓和（1945—1971年）

文设计的以英国为西欧领袖的构想失败，但是他获得了美国的驻军欧洲、保障西欧安全的承诺，认为大西洋安全体系是他"一生中最伟大的时刻"①。

第四，英国试图把本国和欧洲防务一体化建立联系。当普利文计划行不通时，1952年2月19日，英国外交大臣和美国国务卿在伦敦发表了一份联合声明，宣布英美共同保持欧洲军力以助益欧洲防务共同体，作为保障大西洋地区安全的一部分。但是英国担心与美国的"特殊关系"会引起法国不满，于是英国政府在1952年4月承诺，如果欧洲被袭击，英国将基于《联合国宪章》第51条实行合法的单独或集体自卫。艾登（Robert Anthony Eden）认为这一承诺确保了英国和《欧洲防务条约》之间建立起特殊关系，即英国虽然不参加欧洲防务共同体，但是英国将和它站在一起，共同面对未来。② 实际上，英国的承诺并没有比《北大西洋公约》中规定得更多。贝文还认为西方民主国家——包括英帝国的自治领——应该联合起来，以非正式联盟的方式应对正在形成的冷战。③

1954年，欧洲防务共同体失败后，为了从外部控制联邦德国的武装力量，使联邦德国为西欧防务做贡献，《布鲁塞尔条约》再次被视为一个约束联邦德国武装力量的可行性框架。《布鲁塞尔条约》于1948年3月签订，英国是其中一员，并与其他缔约国承担同样的安全责任。这一条约没有任何超国家特征，艾登很快就开始推动布鲁塞尔条约组织，以弥补欧洲防务共同体的"真空"。最终，由于美国坚持重新武装联邦德国，也由于艾登提高了对欧洲防务的承诺（艾登承诺英国将继续在包括德国在内的欧洲大陆驻军，英国的军力将交给欧洲的最高指挥官，英国的军力包括四个师和战术空军部队；艾登还承诺在不违背

---

① 《战后世界历史长编》编委会编：《战后世界历史长编（1949）》（第一编第五分册），上海人民出版社1975—1992年版，第115页。

② Northedge, *Descent from Power: British Foreign Policy 1945-1973*, London: George Allen & Unwin Ltd., 1974, pp. 163, 162.

③ 陈乐民主编：《战后英国外交史》，世界知识出版社1994年版，第27—28页。

《布鲁塞尔条约》大多数成员国意愿的情况下从欧洲大陆撤军），法国无力再阻止德国的重新武装，于是，联邦德国加入北约并作为布鲁塞尔体系的一部分。[①] 艾登的承诺是革命性的，但是也为英国留有余地，比如当发生"严重的海外危机"（acute overseas emergency）时，当英国面临财政负担时，英国可以自行判断是否从欧洲撤军。1954 年 10 月 3 日，九个国家签署了包含艾登承诺的条约，以及英美承诺和法国一起确保联邦德国遵守不以武力实现统一或恢复其被波兰占领的领土。这就是伦敦协议的核心。10 月 20—23 日，该协议以及其他协议在巴黎签署，联邦德国完全恢复主权，并同时加入北约和调整后的布鲁塞尔条约组织。由于联邦德国和意大利的加入，布鲁塞尔条约组织改称"西欧联盟"。1955 年 5 月 6 日，伦敦协议和巴黎协议生效。

英国第二次世界大战后欧洲秩序设想的失败主要体现在北约的建立，失败根源则是英国实力的衰退。艾德礼和贝文都坚持英国继续推行全球政策，保持全球大国地位，并且在对外政策中掩盖英国经济的虚弱。两人都担心第二次世界大战后欧洲出现权力真空（a Power Vacuum）。贝文设想美国帮助欧洲制衡苏联，同时也知道这是一个漫长的过程，并且会使英国接受美国的一些令人不快的要求。[②] 但是贝文 1951 年去世了，他的宏大设想也就难以继续。美国是贝文计划的基石，虽然贝文在 1948 年的演说中并没有提到与美国结盟。美国支持西欧联合的主张，但是对于西欧联合的方式以及英国充当西欧盟主的愿望，美国是有保留的。贝文计划的提出清楚地表明英国怀有充当西欧盟主的意图，并且希望以美国支持为基础、以西欧团结为条件积极推动西欧防务。英国早在波茨坦会议前就流露出要在战后充当西欧领袖的意愿，但

[①] 艾登的承诺参见 Northedge, *Descent from Power: British Foreign Policy 1945–1973*, London: George Allen & Unwin Ltd., 1974, p. 168. 法国希望英国直到 20 世纪末都保留在欧洲大陆的驻军，但是艾登没有给出肯定答复。艾登的闪电外交可参见 Northedge, *Descent from Power: British Foreign Policy 1945–1973*, London: George Allen & Unwin Ltd., 1974, p. 168。

[②] Elisabeth Barker, *Britain in a Divided Europe 1945–1970*, London: Weidenfeld and Nicolson, 1971, pp. 54, 55.

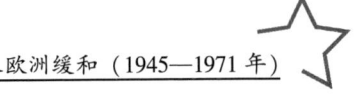

第一章　英国谨慎寻求欧洲缓和（1945—1971 年）

是杜鲁门政府明确反对①。美国主导建立的北约不仅彻底击碎了英国成为西欧领袖的设想和努力，而且固化了欧洲军事对峙的基本格局。尽管英国非常重视西欧安全，但是英国政府也同样非常重视本国的独立地位，不愿受西欧合作的束缚。应该说，英国打心底里看不上第二次世界大战后一团糟的西欧，也不愿置身麻烦之中。

第五，英国对苏联共产主义的敌意从来没有随着欧洲形势的变化而衰减，英国寻求欧洲缓和并不意味着减弱与苏联的斗争，更大程度上是妥协。1957 年 11 月 5 日，时任英国首相哈罗德·麦克米伦（Harold Macmillan）在下议院说，"共产主义信条从来没有被推翻，反而时常号召推翻我们根据自由和民主所理解的一切事物"，苏联和苏联共产主义的威胁达到了前所未有的地步，西方国家联合起来反对它的情况也前所未有地紧急。② 不过，贝文早前希望保持欧洲的完整，不接受欧洲分裂成东、西两个部分，甚至世界分裂的现实。他相信，只要通过耐心的工作就可以找到解决问题的办法③，防止世界分裂。贝文相信美国和苏联这两个超级大国之间仍然存在空间，英国应该利用自己的角色和核心地位帮助两个大国跨越鸿沟，使它们接近。20 世纪 50 年代初，面对美苏的强硬立场和僵化政策，英国希望两国更现实一些。贝文曾经给艾德礼写信说，身处美、苏两国之间，英国深感困难，他希望最终有机会与苏联讨价还价。英国的想法符合它务实的外交传统，即"调和性"（conciliatory quality）。这也符合贝文的思路，尽管贝文对苏联十分强硬。④

对于贝文和英国许多保守派领袖来说，妥协或者"调和"外交并不意味着不忠于美国或其他盟国。但是 20 世纪 50 年代英国推动与苏联的首脑峰会的努力却常常遭到质疑并且不受西方盟国欢迎，特别是联邦

---

① 陈乐民主编：《战后英国外交史》，世界知识出版社 1994 年版，第 29、31 页。
② Northedge, *Descent from Power: British Foreign Policy 1945–1973*, London: George Allen & Unwin Ltd., 1974, p. 238.
③ Northedge, *Descent from Power: British Foreign Policy 1945–1973*, London: George Allen & Unwin Ltd., 1974, p. 146.
④ Elisabeth Barker, *Britain in a Divided Europe 1945–1970*, London: Weidenfeld and Nicolson, 1971, p. 119.

德国总理康拉德·阿登纳（Konrad Adenauer），尽管英国向联邦德国保证会忠于西方联盟。苏联则愿意看到并鼓励英国与其他西方国家的分歧。① 事实上，英国主张与苏联接触、召开首脑会议符合苏联领导人的意愿，特别是斯大林去世后。苏联愿意考虑首脑峰会的问题，但是由于苏联不会高估英国在世界范围内的角色，所以英国的提议有时被刻意轻视。而在20世纪50年代，英国领导人既夸大英国的世界性影响力，又真诚地希望与苏联新领导人之间建立联系，促进了解。

英国对第二次世界大战后欧洲秩序有若干理念，但是在现实中，它们无法被一一清晰划分开来，而是常常相互缠绕、相互影响，共同作用于英国对欧洲秩序问题的思考，也影响着英国对欧洲国际关系乃至世界范围的国际关系的应对。这些理念或设想的逻辑关系是明确的，比如英国对苏联共产主义的厌恶和仇恨使它必须反对苏联，因此它认为苏联严重威胁西欧安全，进而迫切需要美国的帮助和西欧团结，但与此同时，英国又希望自己成为西欧领袖，以维持世界大国地位。但是英国是否一以贯之地坚持这些理念呢？事实并非如此，英国外交的实用主义会不时地影响这些理念，其中最明显的影响就是英国对苏联的双重态度。英国始终视苏联为敌人，也常常会比它的盟国更强硬地对待苏联，但同时英国也很注重和苏联的接触或交流，一直留着英苏交往的一扇门不肯关闭。所以，英国无疑拥有比较明确突出的欧洲缓和理念，但更应该注意的是英国在处理欧洲国际关系时的灵活态度。

第二节 英国主动寻求欧洲缓和（1950—1961年）

英国在20世纪50年代曾主动寻求欧洲缓和，其标志之一就是提议召开美、英、法、苏四大国首脑峰会。这个倡议是丘吉尔在1950年首

---

① Elisabeth Barker, *Britain in a Divided Europe 1945-1970*, London: Weidenfeld and Nicolson, 1971, p.119.

第一章　英国谨慎寻求欧洲缓和（1945—1971 年）

次提出的。丘吉尔的峰会倡议既是一个分水岭，也引领了欧洲缓和的新方向，是冷战初期英国外交的创新行动。此后，包括艾登、麦克米伦等英国领导人先后都在推动欧洲缓和方面做出了努力，有些比较积极，有些则消极。本部分集中讨论了 1950—1961 年英国主动寻求欧洲缓和、希望与苏联接触的具体行动，探讨英国寻求欧洲缓和的出发点和目的，展示这一时期英国外交的部分特点。英国寻求欧洲缓和的行动符合 20 世纪 50 年代初期国际形势的变化。1962 年，古巴导弹危机爆发并迅速解决，此后美苏建立热线，包括英国在内的欧洲国家再也难以影响两个超级大国。

英国主动寻求欧洲缓和源于欧洲形势的重大变化，表现为英国试图与苏联接触和沟通。其中 1953 年斯大林的去世是一个重要分水岭，美苏关系和欧洲国际关系都发生了重要转变，西方国家开始寻求新的对苏关系。对英国而言，它开始评估苏联新的领导人，并期待稍好一点的英苏双边关系。

丘吉尔比其他西方国家领导人更早地指出新问题或者说东西方关系的发展方向，最先提议召开四大国首脑峰会。1951 年 2 月，丘吉尔——作为反对党领袖——斥责工党政府不愿意与苏联进行最高级别对话，讨论苏联对西方国家的核威胁问题。并且，西方国家完全不了解斯大林的继任者格奥尔基·马克西米连诺维奇·马林科夫（Georgy M. Malenkov）。于是，丘吉尔 1953 年 5 月 11 日在下议院发表演讲，再次公开建议几个大国举行政府首脑级别的非正式会议，以打破西方和苏联之间的僵局。这一演讲令世界，也令英国外交部（the Foreign Office）大吃一惊。[1] 这是英国在第二次世界大战结束后第一次正式提出东西方首脑会议的建议。此前在 1950 年和 1951 年的竞选活动中，丘吉尔也曾提出举行峰会，但是被工党谴责为竞选噱头。于是，1953 年 5 月，丘吉尔再次出任首相后在下议院正式提出峰会倡议，而斯大林的去世是丘

---

[1] Northedge, *Descent from Power: British Foreign Policy 1945–1973*, London: George Allen & Unwin Ltd., 1974, p. 164.

吉尔演讲的开场白。丘吉尔说:"我相信大国之间立即举行最高级别会议事不宜迟。这次会议不该被死板的议程所拖累,不该被迷宫和丛林般的技术细节所拖累,也不该被一大帮热衷于辩论和拟订累赘的文件的专家和官员们所拖累。这次会议应该限于尽可能少的大国和相关人员。应该以非正式的形式举行。……很可能不会有任何强硬的协议,但是坐在一起的人们会有一种普遍的感觉,即他们可以做得更好,而不是把人类——包括他们自己——撕成碎片……假如与会国家不愿意赢得人类有史以来的最高奖赏和最高荣誉,那么毁灭的责任就将由现在拥有决策权的人来承担。"① 毫无疑问,丘吉尔的提议是大胆而坚定的,因为它不仅有可能开创一条西方与苏联之间的新道路,而且还有可能威胁到西方自第二次世界大战结束以来,特别是冷战以来逐步建立和巩固的政治经济阵营。② 但是丘吉尔的首脑峰会提议也许对苏联而言并不是多么重要的事情,毕竟英国的实力完全无法与苏联和美国媲美,英国还在苏伊士运河危机 (the Suez Crisis) 中严重受挫,与丘吉尔同时代的罗斯福和斯大林也已经去世。但在 20 世纪 50 年代,英国保守党领导人都真诚地希望与苏联领导人建立某种联系和理解,连英国民众也欢迎英国领导人为峰会付出努力。③

　　丘吉尔的提议立即得到了当时身为反对党领袖艾德礼的支持。丘吉尔的演讲很容易被认为是一个第二次世界大战遗老发出的感叹,毕竟丘吉尔此时已经年近八十,而且是第二次世界大战期间的"三巨头"中唯一在世的人。但是艾德礼支持丘吉尔,他能理解丘吉尔的意思,即斯大林之后的苏联领导人很可能会走上不同的道路,西方国家需要与新领导人建立联系、了解他们,也希望苏联新领导人能理解英国和西方国家。

---

　　① 丘吉尔的演讲,参见 Elisabeth Barker, *Britain in a Divided Europe 1945-1970*, London: Weidenfeld and Nicolson, 1971, pp. 120-121。

　　② Northedge, *Descent from Power: British Foreign Policy 1945-1973*, London: George Allen & Unwin Ltd., 1974, p. 164.

　　③ Elisabeth Barker, *Britain in a Divided Europe 1945-1970*, London: Weidenfeld and Nicolson, 1971, p. 120.

第一章　英国谨慎寻求欧洲缓和（1945—1971年）

当美国进行氢弹试验之后，工党再次对丘吉尔政府施压，要求举行首脑会议，鼓励美、苏两国接近，以缓和世界紧张局势，为世界裁军做准备。但是丘吉尔始终主张，必须先等《巴黎协定》获得签署国批准。①

丘吉尔的峰会倡议在英国政府内部遭到不小挫折。首先是艾登因病不能主持外交工作（1953年6—10月），于是先由丘吉尔接手外交工作，丘吉尔中风后由索尔兹伯里勋爵（Lord Salisbury）接手。丘吉尔曾让索尔兹伯里劝说美国人同意至少与苏联举行外长级会议，但是美国方面没有遂丘吉尔的意愿，而是坚持与苏联的会谈只能讨论德国和奥地利问题，而这些问题的进展十分艰难。索尔兹伯里本人并不热衷于"首脑峰会"，他也无法阻止欧洲防务共同体的失败。②

西方国家对丘吉尔的峰会倡议反应不一，虽然不是完全消极，但也并不完全赞成。美国的反应十分保守，因为它此时更关注的是德国的重新武装问题，并且对迟迟不能实现这一点有些急躁。美国担心"峰会"会让美国国会误认为美国政府拖延了德国重新武装问题，因此美国政府很紧张，并且坚持必须极其小心翼翼地扎实准备与苏联的谈判。美国国务院在丘吉尔发表演说的两天后说，苏联必须首先展现其诚意，比如在朝鲜战争停战谈判中、在奥地利条约问题上，这种诚意将会铺平通往高级别会议的道路。美国国务院并没有使用"最高级别"一词，而是"高级别"（a high-level conference）。德怀特·戴维·艾森豪威尔（Dwight David Eisenhower）对记者说，他不反对丘吉尔的主意，但是在美国承诺与会之前，应该有一些普遍善意（general good faith）的证据。③法国比美国稍微喜欢一点峰会提议，因为这使得法国不必受限于在欧洲防务共同体中加强德国力量的束缚，法国可以有更多时间巩固自

---

① Elisabeth Barker, *Britain in a Divided Europe 1945-1970*, London: Weidenfeld and Nicolson, 1971, pp. 121, 123.
② Elisabeth Barker, *Britain in a Divided Europe 1945-1970*, London: Weidenfeld and Nicolson, 1971, p. 122.
③ Elisabeth Barker, *Britain in a Divided Europe 1945-1970*, London: Weidenfeld and Nicolson, 1971, p. 121.

己在欧洲防务共同体中的位置。与此同时，与苏联接近还可以缓解法国在印度支那的地位。法国注意到了英国对欧洲防务共同体丧失兴趣，因为丘吉尔正是在 1953 年 5 月 11 日的下议院演讲中说英国与欧洲防务共同体国家在一起，但并不是其中一员（"We Are with Them, But Not of Them."）。联邦德国则担心与苏联接近会导致自己无法恢复主权，而且成为新协议的牺牲品。阿登纳忧虑峰会将更加延迟联邦德国恢复主权。①

苏联对丘吉尔峰会提议的回应不太积极，但也没有否定提议。丘吉尔的演说 10 天后，苏联官方才在《真理报》（Pravda）上发表文章，既赞成峰会提议，又攻击联邦德国的重新武装。文章说，丘吉尔的提议是建设性的，检查了国际问题，他没有被任何预先设定的义务束缚；苏联始终准备检查任何旨在确保和平的建议。《真理报》还指出了英国和美国的立场差异。所以，苏联似乎在寻找西方联盟分歧的缝隙并试图插入楔子（a piece of wedge-driving），但也有可能是苏联新领导人在寻找某种机会，保持自由选择。②

艾森豪威尔提出，在与苏联举行峰会前应该先举行西方首脑会议，丘吉尔同意了，但是丘吉尔和艾登那时都病了，由索尔兹伯里勋爵代表英国参加美英法三国外长会议。索尔兹伯里强烈主张要与苏联领导人马林科夫举行最高级别会议（当时马林科夫似乎会成为苏联新领袖），而且主张议程要灵活，但是美国和法国只同意举行美、英、法、苏四国外长会议，议题仅限于讨论德国问题和奥地利问题。1953 年 12 月，终于召开了美英法首脑会议，但是会议结果只是一致同意给苏联一份照会，表示希望举行一次美、英、法、苏四国外长会议。③

---

① 各国对丘吉尔大国首脑峰会提议的反应，参见 Northedge, *Descent from Power: British Foreign Policy 1945-1973*, London: George Allen & Unwin Ltd., 1974, p. 165 和 Elisabeth Barker, *Britain in a Divided Europe 1945-1970*, London: Weidenfeld and Nicolson, 1971, pp. 121—122。

② Elisabeth Barker, *Britain in a Divided Europe 1945-1970*, London: Weidenfeld and Nicolson, 1971, pp. 121-122.

③ Elisabeth Barker, *Britain in a Divided Europe 1945-1970*, London: Weidenfeld and Nicolson, 1971, p. 122.

第一章 英国谨慎寻求欧洲缓和（1945—1971年）

英国主动寻求欧洲缓和的理念和行动没有得到它的盟友们的支持，丘吉尔的峰会提议无果而终。事实上，引起20世纪50年代中期欧洲国际关系变化的岂止是斯大林的去世？联邦德国加入北约、民主德国加入华约、"德国问题"的固化（分裂与边界），都是造成欧洲国际关系深刻变化的因素。尤其是"德国问题"陷入僵局，联邦德国政府新的"东方政策"尚未大展拳脚，"欧洲现状"——政治分裂、经济分裂、边界固化——事实上已经被各方接受。包括英国在内的西方国家需要面对这些变化，需要重新思考如何与苏联相处。欧洲缓和萌芽的契机正是在于此。但是，英国等西方国家不相信苏联的缓和政策，认为其动机是破坏西方团结、损害西方安全。英国希望东西方能达成妥协（an East-West accommodation），但是这种相对积极的态度被美法德批评为在鼓励"绥靖政策"（appeasement）。[①] 实际上，英国在第二次世界大战后相当长一段时间里——大致到20世纪60年代后期——同苏联和其他欧洲国家一样十分担心德国的"复仇主义"（the German Revanchism）。英国把"德国问题"作为东西方关系的核心，在东西方关系方面充分尊重联邦德国的立场。所以，当英国试图接触苏联、做出缓和举动时，就容易被联邦德国怀疑它是在破坏西欧联盟以及西欧一体化，毕竟英国最初并不打算加入西欧一体化。[②] 因此，只有当"德国问题"稳定下来后（这种稳定对联邦德国而言是痛苦的），英国才有可能寻求欧洲缓和。20世纪50年代中期，这一时机成熟了。

丘吉尔的峰会提议虽然没有成功，但是英国议会下议院并没有让这个主意消亡。1954年4月，英国下议院再次讨论四大国峰会问题。鉴于此阶段美国进行了一系列氢弹试验，人们更加担心两个超级大国掌握此种武器技术。英国工党——当时作为反对党——宣称下议院应该欢迎立即举行首脑峰会，由美、英、苏三国参加，讨论军备控制问题。丘吉

---

① R. Gerald, Hughes, *Britain, Germany and the Cold War: The Search for a European Détente 1949-1967*, Routledge, 2007, p.1.

② R. Gerald, Hughes, *Britain, Germany and the Cold War: The Search for a European Détente 1949-1967*, Routledge, 2007, p.4.

尔不太赞成"立即举行",但是同意工党关于首脑峰会的想法。1954年6月,当丘吉尔和艾森豪威尔在华盛顿会谈时,由于两人在印度支那问题上产生分歧,丘吉尔没能推动首脑峰会设想。但是在从华盛顿回国的途中,丘吉尔做出了惊人之举,他以私人名义给时任苏联外交部部长莫洛托夫(Vyacheslav Mikhaylovich Molotov)发了一份电报,并通知了艾森豪威尔。他建议说,如果美英苏三大国首脑会议实现不了,他自己也许可以和苏联政府接触;这将是一次友好的会谈,没有议程,没有目标,但是会增加信心、和解与繁荣。他还谈到了与莫洛托夫在战争期间结下的同志般的友谊(war comradeship)。几天后,莫洛托夫回了一封令他鼓舞的信。丘吉尔接着建议峰会地点可以在伯尔尼、斯德哥尔摩或者维也纳,可以由马林科夫和莫洛托夫代表苏联参加。但是苏联方面于1954年7月24日给欧洲国家发出照会,倡议召开一次正式的全欧国家安全会议,签署一份欧洲安全公约,丘吉尔只好放弃英苏双边会议的计划。当时,法国总理皮埃尔·孟德斯—法朗斯(Pierre Mendes-France)希望《巴黎协定》(事关德国重新武装问题)和"西欧联盟"条约能够得到法国共和国委员会的批准(法国国民议会已经勉强通过),因此建议美英法邀请苏联举行首脑会议,但条件是先批准《巴黎协定》。丘吉尔则决心在《巴黎协定》被所有签字国批准以前不邀请苏联。[1] 可见,丘吉尔以及英国政府方面在推动大国峰会方面是积极的,甚至宁愿单独与苏联接触,但必须注意的是,英国方面并没有把与苏联的双边沟通视为必需,而是以西方盟国的立场为前提。

在丘吉尔之后,1955年3月,时任英国首相艾登提出了三个阶段缓和的设想:第一阶段建立东西方平衡;第二阶段是一段时期的共存;第三阶段是一个稳定的局面,可以签署一份真正的协议。[2] 但英国方面提出的缓和设想是在欧洲政治安全形势基本确立后,也就是在欧洲两大

---

[1] Elisabeth Barker, *Britain in a Divided Europe 1945-1970*, London: Weidenfeld and Nicolson, 1971, pp. 122-123.

[2] R. Gerald, Hughes, *Britain, Germany and the Cold War: The Search for a European Détente 1949-1967*, Routledge, 2007, pp. 39, 177.

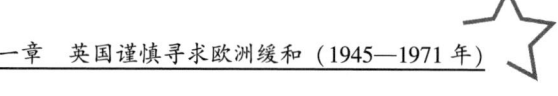

第一章　英国谨慎寻求欧洲缓和（1945—1971 年）

阵营固化后，这表明了英国不脱离西方阵营而与苏联和解的根本立场，也显示了英国与共产主义苏联坚决斗争的基本立场。

最终，没有成果但氛围良好的美、英、法、苏四大国首脑峰会于1955年召开。1955年5月6日，当伦敦协议和巴黎协议正式生效、西方国家解决了德国重新武装问题后，苏联曾威胁要废除1942年的英苏条约和1944年的法苏条约，但是这没有阻止苏联政府参加1955年夏天的四大国首脑峰会。① 1955年7月18—23日，美、英、法、苏四大国峰会在日内瓦召开，但是几乎没有达成具体成果，更多的是创造了一种良好氛围。②

在四大国日内瓦峰会上，英国和苏联都提出了中欧地区缓和的建议。苏联提议签署"欧洲安全条约"并为此召开欧洲安全会议③，后来以支持波兰的"腊帕茨基计划"（Rapacki Proposal）为主。艾登提出以"东西方之间建立非军事化区"换取苏联同意德国统一，也被称为"非军事化提议"（the Demilitarization Proposal of 1955）。艾登使用了"脱离"（disengagement）概念，即欧洲东西两部分"脱离"、西欧和东欧的武装力量在欧洲中部不直接接触，从而改变东西方在欧洲中部对峙的局面。这一设想得到了英国外交部的支持。英国政府欲以"脱离"设想达成至少三个目标：一是希望缓解苏联对东德、波兰、捷克斯洛伐克和匈牙利的控制；二是在一个相对有限的区域内开展东西方相互检查，以便发展出更广泛的裁军协议；三是在欧洲军事对峙区域创建一个"无人区"（no-man's land），以减少东西方冲突的风险。艾登的目的主要是推动德国统一，客观上推动了东西方关系的缓和，使东西方关系有

---

① Northedge, *Descent from Power: British Foreign Policy 1945-1973*, London: George Allen & Unwin Ltd., 1974, p.170.

② 关于1955年的四大国日内瓦峰会的详细情况，可参见 Elisabeth Barker, *Britain in a Divided Europe 1945-1970*, London: Weidenfeld and Nicolson, 1971, pp.124-128，这里不再赘述。国内外也有不少论文都论及1955年的首脑峰会，比如滕帅的《麦克米伦、大国首脑会议与冷战的缓和（1959—1960）》，《首都师范大学学报》（社会科学版）2014年第3期。

③ 关于苏联的欧安会倡议，详见拙著《英国与欧安会的起源：1968—1975》（南京大学出版社2009年版）第24—65页。

了新的可能。但是艾登的"非军事化提议"("脱离")遭到了西方国家的强烈反对。首先是联邦德国的担忧，它认为这个提议要么会使中欧中立化、美国撤退不再保护联邦德国，要么使德国的分裂固化。联邦德国称这个计划是"艾登坏计划"①。此外，北约指挥官也不支持"脱离"设想。诺斯塔德（Norstad）于1956年11月出任驻欧洲联军最高指挥官（Supreme Commander of Allied Powers in Europe），认为"脱离"设想无论采取哪种形式都会妨碍西方防务，但却让苏联自由部署其庞大的陆军，会导致德国的西部边界进一步后退，而苏联极容易在需要采取行动的时候到达西欧。② 苏联则始终坚持主张把华约和北约驻扎在欧洲的军力固定下来，被迫接受美国作为欧洲集体安全条约的一员。这一立场与此前苏联的立场基本没有差异。③ 鉴于西方盟国的反对态度，英国只好淡化"脱离"设想。1955年出任麦克米伦政府外交大臣的劳埃德（Selwyn Lloyd）指出，不能把艾登的"脱离"设想等同于东西方相互检查建议。于是他把"脱离"设想融入了西方已有的安全计划中，即在统一的德国和东欧之间的区域限制军力和军备。不过，劳埃德的观点是个人的，英国政府的官方观点仍然表现出对"脱离"设想的兴趣，因为此时波兰外长腊帕茨基（Adam Rapacki）也提出了类似的建议，即在中欧地区建立无核区，从该地区撤出所有核武器和导弹。腊帕茨基是在1957年11月7日的联合国大会上提出这一建议的，即"腊帕茨基计划"。尽管腊帕茨基表示该计划是波兰提出的，但是这背后肯定有苏联的支持，更何况苏联总理布尔加宁（Bulganin）1957年12月11日在给麦克米伦的信里表示支持"腊帕茨基计划"。在西方国家看来，苏联当

---

① 与此前1954年艾登提出的促进德国统一的好计划相对。可参见 Elisabeth Barker, *Britain in a Divided Europe 1945-1970*, London: Weidenfeld and Nicolson, 1971, p. 126。

② 艾登的"脱离"设想以及西方国家的反对，参见 Northedge, *Descent from Power: British Foreign Policy 1945-1973*, London: George Allen & Unwin Ltd., 1974, pp. 243-244; Elisabeth Barker, *Britain in a Divided Europe 1945-1970*, London: Weidenfeld and Nicolson, 1971, pp. 126-127。

③ Northedge, *Descent from Power: British Foreign Policy 1945-1973*, London: George Allen & Unwin Ltd., 1974, p. 247.

第一章 英国谨慎寻求欧洲缓和（1945—1971年）

然会支持"腊帕茨基计划"，因为这会让德国无法获得核武器，却不会影响苏联在中欧保持其强大的常规军力。[①] 英国政府决定进一步关注该计划：1958年1月16日，英国首相麦克米伦给布尔加宁回信说英国政府正在仔细研究该计划；英国外交部国务大臣戈尔（Ormsby-Gore）在下议院辩论中没有立即拒绝该计划。不过在1958年5月17日英国政府给波兰的照会里表达了反对意见，英国照会集中谈论了苏联、东欧国家在中欧的压倒性军力优势、军力控制和检查方面的不透明，忽略了德国统一问题。1958年11月4日，波兰外交部部长腊帕茨基宣布了调整后的计划，该计划分两个阶段：第一阶段里，捷克斯洛伐克、德国、波兰不再生产核武器，这些没有核武器的国家将来也不谋求拥有核武器；第二阶段里，在撤除核武器的同时削减常规武器数量。腊帕茨基宣称这两个阶段都将寻求充分的军控。且不说联邦德国的情况（尽管它不能拥有核武器），即使英国也不可能同意"腊帕茨基计划"，因为1957年的英国《防务白皮书》已经确定把核武器——而不是常规武器——作为英国首要防务能力目标。时任外交大臣劳埃德认为"腊帕茨基计划"虽然不会影响禁止在德国生产核武器的现实情况，但是冻结德国核武器的设想会损害德国对北约防务能力的贡献，也会歧视某些特定国家的军队。所以，英国政府对"腊帕茨基计划"不再感兴趣。日内瓦峰会是冷战进程的转折点之一，它产生的"日内瓦精神"使东西方对话成为可能，缓和了东西方紧张对峙局势。英国政府对"腊帕茨基计划"的态度明显有波动。虽然英国最终拒绝了"腊帕茨基计划"并始终坚定维护西方联盟利益，但是英国最初没有也不愿意立即拒绝该计划，表明英国对与苏联、东欧的交流采取了比较灵活的立场，保持了一定程度的开放态度。但是"腊帕茨基计划"不符合英国的利益，特别是不符合英国希望以核威慑为基础的防务政策以及英国设想的以西方团结为基础的西欧防务。此外，从英国的"脱离"设想与"腊帕茨基计划"的交

[①] 腊帕茨基计划，可参见 Northedge, *Descent from Power: British Foreign Policy 1945-1973*, London: George Allen & Unwin Ltd., 1974, p.244。

叠之处可以看出，英国不仅十分关注中欧形势，而且为东西方在中欧地区的缓和做出了实际贡献，切实推动了欧洲缓和。需要指出的是，英国工党领袖休·盖茨克尔（Hugh Gaitskell）早在1956年就同意"脱离"设想，即华约军队从东德、波兰、捷克斯洛伐克和匈牙利撤军，北约军队从联邦德国撤军。① 盖茨克尔的态度也一定程度上反映了英国政党对中欧缓和的积极态度。

日内瓦峰会的缓和氛围延续了下来，既有赫鲁晓夫（Nikita S. Khrushchev）访问英国，又有艾登和麦克米伦对缓和的积极态度。1956年4月，赫鲁晓夫访问了英国，访问邀请是艾登在日内瓦峰会期间向赫鲁晓夫和布尔加宁发出的。此前的1955年年底，赫鲁晓夫曾发表强烈批判英国在印度和缅甸政策的讲话，但这并没有阻止此次访问。英苏双方在德国问题和欧洲安全问题上交流了观点，这些观点人们早已知道，也许双方都不指望有进展，但是会谈很成功。苏联也许认为日内瓦峰会使欧洲局势稳定了下来，于是开始更加关注中东和亚洲。艾登此时则受苏伊士问题的困扰。② 赫鲁晓夫对英国的访问以及与艾登的长时间交谈表明苏联与英国一样对欧洲缓和抱有兴趣，英苏关系有了较大改善，至少比之前好了不少。不过苏联在苏伊士危机中继续支持纳赛尔（Gamal Abdel Nasser），尽管艾登已经告诉赫鲁晓夫英国十分需要中东石油。③

麦克米伦对四大国首脑峰会的态度由苏伊士危机之后的冷淡变为他出任首相后的热衷。1957年，接替艾登的麦克米伦对首脑峰会比较谨慎，布尔加宁两次给他写信，但是麦克米伦表现得十分冷漠且敌对。第一封信是在1957年4月，第二封信是在1957年10月。苏联对首脑会

---

① Northedge, *Descent from Power: British Foreign Policy 1945-1973*, London: George Allen & Unwin Ltd., 1974, p.246.

② Elisabeth Barker, *Britain in a Divided Europe 1945-1970*, London: Weidenfeld and Nicolson, 1971, p.128.

③ 在战后国际石油格局中，苏伊士运河成为一条至关重要的纽带。产量与日俱增的波斯湾原油大部分经苏伊士运河运往欧洲。对于日益依赖中东石油的西方大国而言，这条水道具有独特的意义。此外，个人恩怨和性格上的矛盾导致艾登和杜勒斯关系十分恶劣，艾登也疾病缠身。1957年1月，艾登因病辞职，由麦克米伦接任首相。

议兴趣浓厚，苏联领导人已经尝到了首脑会议的滋味，但是麦克米伦首先要修复苏伊士危机之后的英美关系，而不是冒着被西方盟国误解的风险追求独立外交。① 1957年4月，布尔加宁给麦克米伦写了一封长信，回忆了1956年陪同赫鲁晓夫访问英国的情景。布尔加宁表示，苏联认识到英国在中东经济利益的重要性，但是不赞成使用武力。他赞成艾登关于中欧非军事区和限制军备区域的计划。布尔加宁最后说，为了维护欧洲和平与世界和平，让英苏友好关系取代紧张关系尤其重要。布尔加宁建议举行英苏谈判。麦克米伦首先修复了英美关系，然后才给苏联回信，这时已经过去两个月了。麦克米伦在回信中说，虽然他欢迎和解，但是也对苏联没有给出任何新建议表示失望。他希望改善关系，然后给苏联列了一长串行动清单，让苏联显示诚意。② 1957年10月4日，苏联人造卫星发射升空，此时布尔加宁给麦克米伦写了第二封信。这封信强烈反对北约在欧洲部署军队和核武器的计划，并指出这些北约军备都处于美国的控制下。苏联迫切希望举行任何类型的首脑会议。1957年12月，布尔加宁向82个联合国成员国发出照会，要求建立中欧无核区，即波兰外交部部长腊帕茨基的提议。他还向15个北约国家政府首脑发出照会，威胁说苏联将对欧洲国家的核基地进行报复。布尔加宁还给艾森豪威尔、麦克米伦、盖拉德（Gaillard，时任法国总理）发了照会，说苏联已经准备好参加首脑会议，讨论无核区问题以及苏联的其他提议。1958年1月，布尔加宁又给19个国家——包括北约所有成员国——发去照会，提议在未来两三个月内举行峰会。此外，华约国家、印度、阿富汗、埃及、瑞典、南斯拉夫、奥地利也都被邀请参加峰会。不过，布尔加宁反对召开预备性质的外长会议③，苏联想要一个直截了

---

① Elisabeth Barker, *Britain in a Divided Europe 1945-1970*, London: Weidenfeld and Nicolson, 1971, p.135.

② Elisabeth Barker, *Britain in a Divided Europe 1945-1970*, London: Weidenfeld and Nicolson, 1971, p.135.

③ Elisabeth Barker, *Britain in a Divided Europe 1945-1970*, London: Weidenfeld and Nicolson, 1971, p.136.

当的欧洲首脑峰会。苏联对首脑峰会的热情一直持续到 1958 年夏末，此后由于 11 月爆发柏林危机暂时中止。

事实上，1955 年 7 月日内瓦峰会以后，虽然东西方阵营的变化（比如苏伊士危机和匈牙利动荡）拖累了英苏关系，但是 1957—1958 年年初，苏联方面表现出明确的愿望，希望能尽快举行另一次东西方峰会。但是自 1955 年日内瓦峰会以来东西方各自的基本立场并没有改变，英国政府也不愿意把第二次峰会变成另一次宣传行动。① 对于苏联的峰会要求，西方的回应是英国和美法德三个盟国之间妥协的结果。英国希望召开此类峰会，而美法德质疑峰会，于是它们妥协后的立场是：峰会想要取得成功就需要认真准备，匆忙举行的峰会一旦失败会让东西方关系比以前更糟。1955 年的日内瓦峰会被认为是"破冰"行动，其目标是在较低水平上创造一种东西方相互信任的氛围，以便将来解决问题。1957—1958 年，西方认为应该由苏联开始采取行动，麦克米伦建议西方各国的大使和外长们可以选择议题，以便在特殊问题上获得具体成果，解决分歧，找到最有可能达成协议的领域。麦克米伦的观点也是当时其他西方国家常规的立场。② 但是很显然，苏联的目标不同于西方，赫鲁晓夫也许希望利用峰会分化西方联盟，配合西方资本主义内部冲突，从而削弱西方联盟。

为了解决 1958 年的柏林危机，西方联盟与苏联进行了谈判（1959 年）。赫鲁晓夫在 1958 年 12 月 31 日发出最后通牒，西方联盟回复苏联，表示愿意就柏林问题进行谈判。杜勒斯（John Foster Dulles）提到通过其他方式——不是自由选举——统一德国；美国参议院对外关系委员会主席富布赖特（James William Fulbright）和重要成员曼斯菲尔德（Michael J. Mansfield）都支持中欧"脱离"计划。英国外交大臣劳埃德曾在 1959 年 4 月说，英国考虑的是在德国举行自由选举的可能性是否

---

① Northedge, *Descent from Power: British Foreign Policy 1945-1973*, London: George Allen & Unwin Ltd., 1974, pp. 248, 254.

② Northedge, *Descent from Power: British Foreign Policy 1945-1973*, London: George Allen & Unwin Ltd., 1974, p. 255.

第一章　英国谨慎寻求欧洲缓和（1945—1971年）

已经到来，是否所有各方都接受自由选举的时间而不是无限期延迟。戴高乐（General de-Gaulle）认为，只要西方坚定不移，不要管苏联是否气势汹汹，西方联盟也不会受损害。艾森豪威尔政府也持这样的立场。1961年1月，新上台的肯尼迪政府稍有不同，肯尼迪（John F. Kennedy）说："我们不害怕谈判，但是不该在恐惧中谈判。"这也是英国政府的立场。但法国人不这么认为。为了保障西柏林的自由地位，1959年5月11日至6月10日、7月13日至8月5日，苏联和美英法的外长在日内瓦举行了谈判，但是谈判并不成功。英国对这两次谈判的目标是：第一，在可接受的条件下推动德国统一取得一些进展；第二，重申西柏林人有权选择他们自己的社会制度，并且必须接受西柏林自由通行的协议；第三，缓和欧洲紧张局势，改善欧洲稳定。① 为解决柏林危机而举行的这次谈判看上去缓解了紧张局势，但没有达成任何协议。②

1959年2月21日至3月3日，麦克米伦对苏联进行了长达12天的访问，外交大臣劳埃德陪同访问。麦克米伦说，这次访问不是为了谈判，而是为了"侦察"（reconnaissance）苏联的观点和态度。麦克米伦认为访问的主要意义是与苏联达成协议，即必须举行谈判解决那些分裂东西方的重大问题。他认为这次访问让英国和苏联更好地了解各自的观点。在麦克米伦和葛罗米柯（A. A. Gromyko）会谈期间，前者提出应召开四大国外长会议，后者则提出英国须以愿意承认东德政权为代价。不过麦克米伦回国后没有提这个细节，甚至没有对英国政府内阁说。访问结束时，英国和苏联发表了一个公报，公报说两国领导人同意深入研究通过某种限制军力和武器的方式提升欧洲安全的可能性，限制的武器类型包括常规武器和核武器，限制的区域是各方认可的欧洲区域，同时

---

① Northedge, *Descent from Power: British Foreign Policy 1945-1973*, London: George Allen & Unwin Ltd., 1974, pp. 256, 257.

② 关于英国与柏林危机的情况，参见滕帅的《试论第二次柏林危机初期的英国外交》，《首都师范大学学报》（社会科学版）2011年第2期；《追求缓和：英国与第二次柏林危机》，《安徽史学》2010年第3期；《英国与1961年柏林墙危机的缓和》，《首都师范大学学报》（社会科学版）2013年第1期。

还建立适当的检查制度。公报提出可以在欧洲建立一个限制军备区域（*a possible zone of limitation of armaments*）。这让联邦德国方面非常不满，认为这等同于艾登的"脱离"设想。联邦德国认为，麦克米伦向英国公众低头了，他别无选择，因为公众喜欢"脱离"设想。对于麦克米伦的新提议，联邦德国尤其感到愤怒，麦克米伦的访苏使第二次世界大战后的英德关系陷入最糟糕的地步。联邦德国总理阿登纳谴责麦克米伦说，他以承诺英国接受"腊帕茨基计划"换取英国保守党在大选中的胜利（1959年10月英国大选，保守党以高于工党108席而获胜）。麦克米伦说，如果不举行四大国会议，苏联就会获得宣传优势。如果西方联盟拒绝谈判，那么苏联就有可能立即与东德签订和平条约，并把所有义务移交给东德。麦克米伦相信"脱离"设想可以被讨论。[①] 由于这次访问是在柏林危机期间，麦克米伦认为最重要的问题是不要走向战争，所以必须举行四大国峰会。但是杜勒斯直截了当地告诉麦克米伦，西方联盟在柏林问题上的立场是合法的、无可挑剔的。[②] 由此可见，麦克米伦以解决柏林危机为理由召开四大国首脑峰会的主张没有被美法德接受。[③] 但是鉴于英国工党积极支持"脱离"设想，所以麦克米伦政府不得不对"脱离"设想保持开放态度。事实上，"脱离"设想到1959年时已经寿终正寝，因为1959年10月赫鲁晓夫在《外交政策》杂志上发文，他的欧洲政策是东西方和平共处必须以双方明确承认各自的利益范围为基础。这一观点排除了任何联邦德国与东欧之间的"脱离"政策，也使得包括英国倡议在内的西方任何建议都不再有望被考虑。[④] 麦克米伦访苏既表达了英国对欧洲缓和的新建议和新行动，也表明了英国

[①] R. Gerald Hughes, *Britain, Germany and the Cold War: The Search for a European Détente 1949-1967*, Routledge, 2007, p. 67.

[②] R. Gerald Hughes, *Britain, Germany and the Cold War: The Search for a European Détente 1949-1967*, Routledge, 2007, p. 68. 当时杜勒斯已经病倒在床上。1959年5月，杜勒斯去世。

[③] 关于麦克米伦访问苏联的细节，还可以参考赵扬的《英国首相麦克米伦访问苏联》，《国际问题研究》1959年第S3期。

[④] Northedge, *Descent from Power: British Foreign Policy 1945-1973*, London: George Allen & Unwin Ltd., 1974, pp. 245, 246.

对与苏联接触的兴趣。

麦克米伦对欧洲缓和态度比较积极,但是往往自视过高。① 麦克米伦在肯尼迪、阿登纳面前总是容易高估自己的影响力。麦克米伦在肯尼迪面前一副家长作风,让美国当拥有实力的罗马人、英国当拥有政治能力的希腊人,可惜美国不吃这一套,英国的大国地位显得更加虚妄。由于英国在1954—1955年支持联邦德国加入北约,所以联邦德国对英国心怀感激。两国极度友好的关系持续到1957—1958年。麦克米伦相信自己对阿登纳的影响力,可是他再次高估了自己。不过,英国民众倒是支持麦克米伦的观点,即首脑峰会可以带来东西方关系的突破。② 麦克米伦把"德国问题"和"柏林问题"作为欧洲事务的核心,他发现联邦德国和苏联之间没有交流,于是他决定以中间人的身份安排缓和。麦克米伦在1957年12月的北约会议上表达了追求缓和的决心,但是他高估了英国的实力。③ 麦克米伦推动了美、英、法、苏四大国首脑峰会(虽然这次峰会由于美国U-2侦察机被苏联击落而中断(1960年5月1日,飞行员鲍尔斯被俘),劳埃德说麦克米伦是一位"和平缔造者"(peacemaker),他把和平缔造者的角色视为能最大限度保障英国站在世界大国之列的方式,同时也想保障自己的历史地位。④

麦克米伦非常热衷于四大国首脑峰会,他不仅把峰会看作避免战争的方式,更把它看作重振英国大国地位的途径。1959年9月,艾森豪威尔和赫鲁晓夫在戴维营举行了会谈,结果几乎与四国日内瓦谈判一样。美苏首脑会议及两国关系缓和让美国的盟友感觉被抛弃,也让英国非常不舒服,刺激英国政府更加积极地推动东西方首脑峰会。艾森豪威

---

① 关于麦克米伦积极推动欧洲缓和的情况,不少著作或文章已经梳理分析了,这里不再赘述。

② R. Gerald Hughes, *Britain, Germany and the Cold War: The Search for a European Détente 1949-1967*, Routledge, 2007, p. 60.

③ R. Gerald Hughes, *Britain, Germany and the Cold War: The Search for a European Détente 1949-1967*, Routledge, 2007, p. 59.

④ R. Gerald Hughes, *Britain, Germany and the Cold War: The Search for a European Détente 1949-1967*, Routledge, 2007, p. 58. 还可以参考滕帅的《麦克米伦、大国首脑会议与冷战的缓和(1959—1960)》,《首都师范大学学报》(社会科学版)2014年第3期。

尔提出四大国首脑峰会需要更多准备,而麦克米伦在1959年10月的下议院辩论中透露英国一直强烈支持举行峰会。麦克米伦说,英国希望尽可能早地举行一次峰会以便保持缓和的势头,"总体形势"(the general situation)已经改善,英国不希望再滑回去;紧张关系已经减弱,英国不希望它再次加强,因此英国将为尽早确定首脑峰会的日期而继续努力。他希望英国能够成功,表示英国不会不去尝试。他认为峰会的基础是已经缓和的欧洲局势和美苏关系局势(也就是他说的"总体形势")。但是在1959年9月30日,麦克米伦在英国大选的演讲中不是说尽早确定峰会日期,而是说将在数天内确定峰会日期,显得更加急切地需要四国峰会。英国的观点影响了美国。[①] 麦克米伦对缓和的热切态度显然是为了使英国跟上国际关系演变的潮流,在国际形势变化中寻获一席之地。

1960年5月,美、英、法、苏四大国政府首脑终于在巴黎举行了峰会,但是峰会的效果大打折扣。一个原因也许是美苏已经在戴维营举行了首脑会议,西方联盟的一致立场被打破了;另一个原因是赫鲁晓夫拒绝在形势不明朗的情况下开始谈判,比如美国即将举行大选,再如1960年5月1日美国的间谍飞机飞越苏联上空进行侦察,这导致会谈中断、苏联领导人回国。苏联方面似乎在等待美国新政府——肯尼迪政府——的上台。但是1961年6月初当肯尼迪和赫鲁晓夫在维也纳进行了为期两天的会晤时,两人的交流似乎冷酷而无果。此后,1961年9月和10月,苏联进行了一系列核试验,美苏的坦克在柏林前线陈兵对峙,欧洲形势再次变得极度紧张。但也正在此时,美国的立场出现了变化:东德的存在必须被接受为一个真实的事实,尽管这令人不快;核武器不能移交给联邦德国军队。肯尼迪在1961年9月的联合国大会演讲里暗示了这些观点。同一时间,肯尼迪与国务卿腊斯克(Dean Rusk)、苏联外交部部长葛罗米柯、英国外交大臣道格拉斯—霍姆(Sir

---

① Northedge, *Descent from Power: British Foreign Policy 1945-1973*, London: George Allen & Unwin Ltd., 1974, p.258.

第一章 英国谨慎寻求欧洲缓和（1945—1971 年）

A. Douglas-Home）的谈话似乎取得了进展，反映了赫鲁晓夫在苏共二十二大（1961 年 10 月 18 日）上的观点，赫鲁晓夫说不会在 1961 年年底之前与东德和解（make peace）。[①] 由此可见，欧洲缓和的关键仍然是"德国问题"，四国峰会无法回避该问题。

从以上事实可见，自第二次世界大战结束至 20 世纪 60 年代前半期，冷战的发展——包括美苏关系和欧洲东西两部分的关系——让欧洲缓和异常艰难，英国寻求欧洲缓和的努力成果十分有限。但是英国的确在主动寻求欧洲缓和并付出了努力，无论是主动的还是被动的，无论是步幅大一点还是受盟国立场束缚。英国寻求欧洲缓和的行动是持续的。英国保守党和工党都曾提议召开首脑峰会，尽管原因各异，但是都把举行大国峰会作为目标，所以英国寻求缓和的行动似乎也跨越了党派分歧，并受到英国民众欢迎。值得注意的是，丘吉尔始终坚持必须等《巴黎协定》签署并批准以后才能邀请苏联举行峰会，这显然是出于对"德国问题"和西欧安全的考虑。可见，英国不会也不能超越欧洲安全秩序而追求欧洲缓和。

英国寻求缓和的本质是追求大国地位，其核心前提条件是保持西方联盟团结。英国的大国地位深受国际关系变化的影响，特别是西欧一体化进程被法德主导，英国与美国的核合作等出现罅隙，英国在苏伊士危机中失败并最终被迫从"苏伊士以东"（East of Suez）撤退，这使得英国难保其大国地位。有研究者认为，1967 年，英国面对的三重困难——英镑贬值、从"苏伊士以东"撤退、第二次申请加入欧共体——意味着英国作为"世界大国"的结束，不得不接受作为中等的"欧洲大国"的现实。[②] 对英国来说幸运的是，尽管西方盟国质疑并忧虑苏联的缓和政策，但是美国政府（从肯尼迪政府开始）似乎更加愿意与苏联缓和。美国的这一态度和英国的有一致性，也让英国意识到有

[①] Northedge, *Descent from Power: British Foreign Policy 1945-1973*, London: George Allen & Unwin Ltd., 1974, p. 259.

[②] R. Gerald Hughes, *Britain, Germany and the Cold War: The Search for a European Détente 1949-1967*, Routledge, 2007, p. 5.

可能缓和东西方关系。在寻求欧洲缓和方面，英国把苏联作为最重要的接触对象，也作为欧洲缓和的突破口，这既是对第二次世界大战后欧洲国际关系格局的承认，也是对苏联影响力的忌惮。另外，必须注意的是，在"德国问题"固化前，特别是联邦德国恢复主权前，英国在寻求欧洲缓和时自觉地把"德国问题"作为首要考虑，并且不会为追求缓和而急切地与苏联妥协。"德国问题"的固化与西方国家无力改变现状直接相关。尽管阿登纳紧紧盯住西方盟国，避免德国利益被牺牲，但是欧洲安全议程的演变——特别是中欧地区安全问题——表明西方联盟逐渐分散了其关注焦点，德国分裂变成了不可避免、西方联盟无能为力的现实。至于东欧现状，尽管西方联盟曾经在东西方会议上对苏联表示不满，但是它们知道自己改变不了东欧，能做的并不多。

20世纪50年代，英国常常比它的盟国更积极地看待欧洲缓和，也更愿意抓住与苏联缓和的机会。换言之，英国在寻求欧洲缓和方面虽然受欧洲国际关系形势和重大问题的约束，但仍是相对积极的。英国寻求欧洲缓和的出发点是西欧安全和本国安全，但同时也十分注意避免自己的积极态度被苏联用以宣传苏联的缓和政策。在维护西方联盟团结和寻求缓和这两个问题上，英国更重视前者。由于英国相对积极的态度，联邦德国始终怀疑英国的可靠性。联邦德国的怀疑不无理由，因为英国——也包括其他西方国家——逐渐认为久拖不决的"德国问题"似乎是无解的，也不愿意为此刺激苏联，导致欧洲局势紧张。

第三节　英国滑向欧洲缓和的边缘（1962—1971年）

自20世纪60年代初，英国明显逐渐——主动地或者被动地——滑向缓和的边缘，在美苏缓和方面如此，在欧洲缓和方面也如此。一方面，在世界范围内，20世纪60年代国际关系最显著的变化是美苏直接

第一章 英国谨慎寻求欧洲缓和（1945—1971 年）

接触的增多。在欧洲，"德国问题"的固化以及"欧洲现状"的确立既让欧洲国际关系陷入僵局，也让欧洲缓和成为可能。当 1961 年柏林墙筑起时，欧洲的分裂、德国的分裂成为不得不承认的事实了，西方国家也因此不得不在这一事实的基础上考虑与苏联的交往，除非西方——以及苏联——意图发动核战争。正因为如此，诺塞芝把 1962 年的古巴导弹危机及其最终解决作为东西方关系缓和的发端。但是诺塞芝认为缓和只属于美苏，不包括欧洲。[①] 虽然笔者不赞成把古巴导弹危机作为东西方缓和的开始，因为 1955 年的四大国峰会正是缓和的体现，但是古巴导弹危机的确是国际关系的重要转折点之一。另一方面，对于欧洲缓和而言，"德国问题"的影响更加深远。英国对美苏缓和显然有一定的影响力，这主要凭借英国对美国领导人的影响。比如古巴导弹危机期间，尽管美国政府只向英国政府通报事件的进展，但是肯尼迪在那一周里却不断询问麦克米伦的意见。[②]

在世界范围内，20 世纪 60 年代，英国对美苏缓和的影响力明显衰退，日益被排除在超级大国对话之外。古巴导弹危机及其解决大概是 1960 年美苏戴维营首脑会谈后最令英国人沮丧的事件之一了，因为这次危机让美国的盟友们被迫置身事外，大西洋联盟的牢固性备受质疑。美国在处理危机的过程中没有和它的西欧盟国协商，那么，1949 年英国视如根基的大西洋联盟究竟变成了什么呢？英国希望美国至少在重大国际关系问题上与盟国磋商，但是美国这次没有这么做，那么美国以后是否会继续忽视西欧国家、美国以后在处理危机或重大国际问题时是否会在乎西欧盟国的立场、美国以后是否会全权代表西欧盟国、美国将来是否会让西欧国家自行处理与苏联的关系，这些问题都深刻困扰着英国。此外，美国是否会利用苏中矛盾寻求美中关系的缓解？如果美国真

[①] Northedge, *Descent from Power: British Foreign Policy 1945-1973*, London: George Allen & Unwin Ltd., 1974, p.261.

[②] 关于英国与古巴导弹危机，可参见滕帅的《英国首相麦克米伦与古巴导弹危机》，《山东理工大学学报》（社会科学版）2012 年第 5 期。

这么做,那西欧国家应该采取什么态度?① 总之,20世纪60年代美苏关系和欧洲国际关系的重要转折使包括英国在内的每个西欧国家都感到了压力,它们努力调整各自的外交行动。

1963年,美、英、苏三国签署的《部分核禁试条约》(Partial Nuclear Test Ban Treaty)不仅对国际关系有重要的安全意义,也影响了冷战缓和的方向,英国也借此宣告自己仍然是世界大国,仍然保持着对美、苏两国的影响力。但是事实上英国对美苏的影响力日渐衰退,以至于美苏1967年8月为讨论中东危机而召开的首脑会议竟把英国直接排除在外。尽管后来1967年11月联合国安理会第242号决议是以英国草案为基础、为日后解决危机确定了努力方向,可是没人认为英国有能力说服中东危机的双方以此决议为基础解决问题。② 与此同时,《部分核禁试条约》严重刺激了戴高乐政府。戴高乐政府不仅对英国充满敌意,也日益敌视美国,并以拒绝英国加入欧共体、退出北约军事指挥系统分别回击了两国。戴高乐越来越强烈地希望发展独立的对苏政策,摆脱美国的影响。

在越南战争问题上,英国对美、苏两国的影响也相当有限。威尔逊政府竭力斡旋,结果却彻底失败。1973年12月,当越南战争各方在巴黎举行谈判并最终签订停火协议时,英国对此没有任何贡献,它没有被邀请参加这次会议,与冷战初期不同,美国和苏联都对英国的调解不感兴趣。英国此时已经没有资格作为东西方关系的斡旋者了。虽然英国仍是1954年日内瓦会议的主席,但是1967年越南问题多边谈判却已经不再需要英国了。③ 英国在越战问题上对苏联的影响微乎其微。1967年2月,威尔逊和柯西金(A. N. Kosygin)在伦敦讨论了越南问题,两人设

---

① Northedge, *Descent from Power: British Foreign Policy 1945–1973*, London: George Allen & Unwin Ltd., 1974, p. 263.

② Northedge, *Descent from Power: British Foreign Policy 1945–1973*, London: George Allen & Unwin Ltd., 1974, p. 268. 1967年8月,约翰逊(Lyndon Baines Johnson)和柯西金(A. N. Kosygin)在新泽西州的葛拉斯堡罗(Glassboro)举行峰会讨论中东危机。

③ Northedge, *Descent from Power: British Foreign Policy 1945–1973*, London: George Allen & Unwin Ltd., 1974, pp. 268–269.

第一章　英国谨慎寻求欧洲缓和（1945—1971年）

计了一套非常复杂的机制以实现越南和平。1968年，威尔逊访问了莫斯科，但是他没能改变苏联在越南问题上的强硬立场。① 事实上，英国和法国都无法在越南问题上扮演和平缔造者或者斡旋者的角色。英苏在20世纪60年代的接触体现了英国在对苏政策方面的灵活性，这是英国推动欧洲缓和的思想基础。实际上，20世纪60年代中期，英苏之间的互访比较多，讨论的主要问题除了越南问题外，还有《核不扩散条约》（*Nuclear Non-Proliferation Treaty*，英国工党政府致力于签署此条约，此前保守党政府已经签署《部分核禁试条约》）。为了推动该条约的谈判，英国领导人陆续访问莫斯科，如外交大臣斯图尔特（Sir Dugald Stewart，1965年年底访问）、首相威尔逊（1966年2月访问）、乔治·布朗（1967年11月访问）；苏联领导人柯西金1967年2月访问了英国。②

在欧洲，英国被法国和联邦德国甩到欧洲缓和潮流之后。英国虽然早在1951年就由丘吉尔提议举行四大国峰会，但是在20世纪60年代和70年代初却在缓和潮流中落后于其他西欧国家。戴高乐以访问东欧国家——罗马尼亚、波兰、苏联——的实际行动亲手开创了欧洲缓和局面。戴高乐访问东欧国家是他推动欧洲缓和的最重大实践。1966年6月20日，戴高乐又访问了苏联。这次访问虽然具有里程碑意义，但是它同时表明：欧洲缓和试图单独发展、独立于美苏关系是会受限的。这主要表现在：第一，当戴高乐呼吁东欧国家应该把自己从苏联的束缚中解放出来时，他没有得到东欧国家的回应，哪怕是罗马尼亚。当他在波兰议会的演讲中表达这个观点时，波兰领导人哥穆尔卡（W. Gumulka）非常坚定地回答说，东欧国家依赖苏联保护而免于主要危险，这种危险来自法国的盟友——联邦德国。第二，法国于1963年1月和联邦德国签订了友好条约和联盟条约，戴高乐因此发现他没有资格以联邦德国为

---

① Elisabeth Barker, *Britain in a Divided Europe 1945-1970*, London: Weidenfeld and Nicolson, 1971, p. 254.

② Elisabeth Barker, *Britain in a Divided Europe 1945-1970*, London: Weidenfeld and Nicolson, 1971, p. 256.

代价寻求与苏联、东欧国家的妥协,比如接受德国的永久分裂。① 尽管戴高乐接受了奥德—尼斯河边界(the Oder-Neisse border),这一点和他的西方盟国十分不同,但是他做不到既保持法德联盟又玩弄德国统一问题,哪怕是为了他亲自建立的欧洲缓和。对英国来说,戴高乐的行动令人担忧,英国绝不会寻求如此独立自主式的缓和行动。正因如此,英国才被挤到欧洲缓和边缘,只不过英国这次是自愿远离戴高乐制造的缓和潮流。

1964—1970年,威尔逊工党政府并不积极寻求欧洲"铁幕"两边的经济、技术和文化交流,而西欧国家纷纷尝试打破"铁幕"。威尔逊政府态度冷漠的原因主要有三个:第一,1968年1月至1971年,英国政府决定并完成从"苏伊士以东"撤出,威尔逊及其同事没有兴趣处理欧洲整体形势。当时,对绝大多数英国人来说,"欧洲"这个词仅仅指北约或者欧洲共同市场,"东欧"是国际关系地图上的一片空白。第二,工党政府的对外政策视线投向了东南亚国家、美国、中国,它对这些国家和地区的兴趣不比对欧洲的少,甚至超过了欧洲。第三,英国政府绝不会像戴高乐那样反对美国,因此英国的大臣们会因为脱离美国或者脱离其他西欧盟国、与共产主义国家做交易而有负罪感。②

20世纪60年代中后期,联邦德国大幅调整其"东方政策",掀起了更大一波欧洲缓和潮流。随着东西方关系的缓和,西方国家日益显得不愿意为了迫使苏联同意德国统一而放弃与苏联改善了的关系,于是"德国问题"只能由联邦德国自己推动解决。柏林墙的建立、德国分裂的事实,甚至英国提出的"脱离"设想,都让联邦德国认识到西方盟国事实上接受了德国的长期分裂,北约已经不再成为解决"德国问题"的主要力量。因此,联邦德国开始主动大幅调整与苏联、东欧国家的关

---

① Northedge, *Descent from Power*: *British Foreign Policy 1945-1973*, London: George Allen & Unwin Ltd., 1974, pp. 265-266.
② Northedge, *Descent from Power*: *British Foreign Policy 1945-1973*, London: George Allen & Unwin Ltd., 1974, p. 265.

系。这就是联邦德国新"东方政策"的根源。① 新"东方政策"的进程与成果则代表了欧洲缓和的一次高潮。英国对新"东方政策"的实际贡献并不多，它的基本立场是完全支持联邦德国并尽力避免联邦德国脱离西方联盟。但是英国很欢迎联邦德国的国际地位由此得到改善。

小　结

以上分析表明，英国对欧洲缓和的态度总体上比较积极，但是收获不多，最主要的成果大概是四大国首脑峰会以及与苏联的若干双边访问。随着欧洲国际关系的演变并逐渐走向缓和，英国也显著地滑向欧洲缓和的边缘。英国帮助推动了欧洲缓和，并客观上在其缓和议程中扮演了突出角色，但是它的努力也常常被不断发生的国际关系龃龉打断。虽然英国政府在20世纪50年代初就呼吁召开四大国首脑峰会，多位领导人为寻求欧洲缓和采取了积极行动，但是在20世纪60年代和70年代初它却远远落后于法国、联邦德国甚至意大利的缓和行动。② 英国落伍的原因不是英国领导人不够努力，而是欧洲形势的关键不在于英国，"德国问题"、欧洲一体化都不以英国为核心，所以当关键国家主动发力时，英国自然会落后或被边缘化。比如20世纪50年代后，随着美苏直接对话频率的增加，包括英国在内的西欧国家深感被排除在外。特别是1963年夏天古巴导弹危机结束后美苏建立"热线"，把欧洲国家——无论是西欧还是东欧——统统排除在

---

① 时任联邦德国总理勃兰特在《会见与思考》一书里明确表达了西方盟国无力解决"德国问题"的状况和希望依靠联邦德国实现与苏联、东欧国家和解的意愿。详见[德]维利·勃兰特《会见与思考》，张连根等译，商务印书馆1979年版。而比伦巴赫在《我的特殊使命》里则以在野党成员的身份询问西方盟国对新"东方政策"的态度，事实上表达了对西方盟国无力帮助德国实现统一的失望。详见[联邦德国]库尔特·比伦巴赫：《我的特殊使命》，潘琪昌、马灿荣译，上海译文出版社1988年版。

② 关于英国在推动缓和方面落后于意大利，参见 Northedge, *Descent from Power: British Foreign Policy 1945-1973*, London: George Allen & Unwin Ltd., 1974, p.265。

超级大国对话之外。① 英国希望能从美国那里多得到一点信息,但是只有在英美核合作方面才有一点特殊关系。英国转身加入欧共体,除了经济利益的考虑,也希望能通过欧洲合作提高自己的声音,但是现实却十分残酷,没有一个欧洲国家认为自己真正影响了这个时期的国际关系。英国也无能为力。

但英国推动欧洲缓和的努力并非全然无效,它坚持认为:通过长期地、耐心地争取,总能在东西方之间获得一个中间地带(some middle ground)。② 英国显然相信能够与苏联共存。但是在第二次世界大战后三十多年的外交中,英国越来越发现自己有些无能为力,这不仅因为其他国家更加强大,更因为英国自身的实力十分虚弱。冷战期间,英国保持了足够长时间的警觉,但发现它基于自身实力能够影响的国际事务少之又少。如果英国想影响国际事务而不是让国际事务影响自己,那么英国的实力必须足够强大。在欧洲缓和方面也是如此,英国对欧洲缓和常常显得有心无力,当然它也是西方联盟中批评苏联最激烈的国家。

---

① Elisabeth Barker, *Britain in a Divided Europe 1945-1970*, London: Weidenfeld and Nicolson, 1971, pp. 249, 250. 1963 年 11 月,肯尼迪被刺,苏联真诚地感到遗憾,这也是一个缓和迹象。

② Northedge, *Descent from Power: British Foreign Policy 1945-1973*, London: George Allen & Unwin Ltd., 1974, p. 361.

第二章

冰冻—"新阶段"—冷淡：
1973—1976年的英苏关系

如果一定要把整个冷战时期的英国对苏联政策划分为两个层次的话，那么一个是对苏联的冷战，另一个则是对苏联的缓和，这两者相生相伴、相互纠缠交叠，使英国对苏联和东欧国家的政策既连贯又矛盾，既强硬又妥协。正如缓和是冷战的另一副面孔，冷战斗争与保持交往甚至改善双边关系构成了英国对苏联政策的双重性。

冷战时期——包括缓和时期——英国与苏联的关系是一个非常有趣、值得思考的领域，也是已有研究关注较少的领域。国外学者的研究更加丰富一些：一方面，从时段来看，他们对缓和时期英苏关系的研究大多集中在第二次世界大战结束至20世纪70年代初，即大约在英国申请加入欧共体时期或者更早一些的新"东方政策"勃发时期，少部分研究关注到20世纪70年代以来的英苏关系。从研究内容来看，他们探讨的问题包括英苏两国对对方的政策、经济关系、安全关系、苏联与英国国内的左派、文化交流等方面，比较丰富。另一方面，相较于英国与欧洲一体化、英美特殊关系、英国与英联邦国家的关系、英国国内经济困境等问题，国内外研究者较少探讨英国和苏联、东欧国家的关系，研究成果相对较少且零散。关于英国与缓和的相关著作极少，学术论文稍多，但是研究多分散在英国对"德国问题"的态度和政策、第二次世界大战后英国外交等主题里。比较系统考察冷战时期英国对苏联政策或者英苏关系的著作尚未见到（也许是因为笔者接触和收集的资料有限）。

本章以及接下来的两章将集中考察 1973—1976 年的英国对苏联和东欧的政策。在简要回顾第二次世界大战结束后的英苏关系后，本章重点论述 1973—1976 年的英苏关系，讨论其基本演变及其特征。本章的观察角度主要是英国对英苏关系发展的思考和对两国双边关系重要问题的基本态度、政策、应对及其深远影响。首先回顾梳理自 1968 年捷克斯洛伐克事件以来的英苏关系基本发展和演变脉络，揭示欧洲缓和时期英苏关系的主要调整，然后考察此时期欧洲多边外交进程中的英苏关系，深入探讨英苏双边关系的发展演变，特别是 1974 年英国政府更迭前后的变化。本章还论述了英国对苏联缓和政策的分析、思考和应对，最后总结了缓和时期英国对苏政策以及英国缓和政策的重要特征。之所以选取这个时期，一方面是囿于收集到的英国外交档案，另一方面是因为这个时期恰好是欧洲缓和走向高潮的时期，能较充分地体现欧洲缓和时期的英苏关系，从而较全面地观察英国与欧洲缓和。但是由于笔者缺少苏联方面的资料，所以只能从英国角度分析英苏关系。

本章探讨英国对苏联政策以 1968 年"捷克斯洛伐克事件"为起点，因为这次事件是欧洲国际关系的分水岭，暂时中断了欧洲缓和，但没有终结欧洲缓和。以该事件为考察起点可以比较完整地分析缓和时期英苏关系。1968 年 8 月至 1976 年的英苏关系可以划分为几个比较明显的阶段：1968—1973 年是从"冰冻"（freezing）到"回暖"的时期，以保守党政府外交大臣道格拉斯—霍姆对苏联的访问为最高潮；1974—1976 年年中是英苏关系的新阶段（the new phase），以工党政府首相威尔逊正式访问苏联为最高潮；1976 年 9 月以来，英苏关系改善陷入停滞甚至倒退。

第二章 冰冻—"新阶段"—冷淡：1973—1976年的英苏关系

第一节 敌对与交往：1945—1968年的英苏关系

第二次世界大战结束后，以丘吉尔、艾登、麦克米伦为代表的英国领导人积极地推动美、英、法、苏四大国首脑会议，以减缓欧洲紧张局势。他们的行动可以看作英国寻求欧洲缓和的初步行动。1955年四大国日内瓦峰会、1960年四大国第二次巴黎峰会形成了欧洲缓和的第一阶段，英国在其中发挥了比较重要的作用。英国对欧洲缓和态度积极，英国和苏联也借此展开了一些高级别接触和交流。可是英国也许并未把苏联置于其外交政策的突出位置，因为在1950—1951年的英国大选中，关于苏联的讨论微乎其微，人们并不关心苏联问题。苏联方面也把峰会提议看作英国选举的噱头。① 但在1953年斯大林去世以后，英国迅速而积极地与苏联方面接触，以便了解谁是苏联新领导，比如英国曾经和马林科夫、布尔加宁沟通过首脑会议或者欧洲安全的问题。

在赫鲁晓夫时期（1953—1964年，他1953年担任苏联共产党中央委员会第一书记，1958年担任部长会议主席），虽然苏联外交政策调整较大、英苏双边关系波动剧烈，但是英苏关系也获得了改善机会。1956年4月，赫鲁晓夫和布尔加宁访问英国，象征着英苏关系改善的一次高潮。虽然这次访问被美国批评为英国在冒险采取"中立主义"（neutralism），但英国积极看待这次访问，首相艾登称之为"开始的开始"（the beginning of the beginning），《泰晤士报》（The Times）说英苏关系复杂得多，不该是军事威胁或者颠覆。② 1959年，

---

① Alex Pravda, and Peter J. S. Duncan, eds., *Soviet-British Relations since the 1970s*, Royal Institute of International Affairs, 1990, p. 35.

② Alex Pravda, and Peter J. S. Duncan, eds., *Soviet-British Relations since the 1970s*, Royal Institute of International Affairs, 1990, p. 36. 这次访问也是1987年之前苏共领导人第一次也是唯一一次访问英国。

麦克米伦访问了苏联,为推动英苏双边关系恢复奠定了基础,两国签订了新的贸易和文化协定,组建了英苏议会小组(an Anglo-Soviet Parliamentary Group),苏联最高代表团(a Supreme Soviet delegation)受邀访问英国。① 其间,英国对苏联的政策有较强的自我约束性,比如当苏联在 1953 年 6 月 17 日镇压东德骚乱时,英国的反应非常克制。再如,1955 年 5 月苏联终止了 1942 年与英国签订的联盟条约,因为英国推动联邦德国加入北约,但是一周后奥地利国家条约签署,似乎又表明苏联对中欧放松了控制,不过很快又出现了"匈牙利问题"和柏林危机。

20 世纪 60 年代,英苏关系有了一些新进展,但英国对苏联外交却明显受限。麦克米伦竭力推动 1960 年召开四大国首脑峰会,虽然由于苏联击落美国 U2 侦察机事件而失败,但是英苏关系也稍有进步,比如 1961 年英苏协商在伦敦和莫斯科分别举办主要工业展(major industrial exhibitions)。虽然柏林墙被建起、古巴导弹危机发生,可是英苏仍在持续交往,没有被这些问题彻底打断。事实上,英苏关系常常只受几个月影响。英国常常比它的盟国更强烈地批评苏联,但是绝不会就此终止与苏联的接触,这正体现了英国外交的妥协性。英国政府的更迭、首相的更替也没有中断英苏交往,丘吉尔、艾登、麦克米伦、威尔逊、卡拉汉(James Callaghan)等都曾寻求改善对苏关系。比如首相威尔逊 1966 年访问莫斯科,他执政时期的英苏关系并没有与麦克米伦时期的英苏关系有本质不同,英苏双边的科学、科技和文化接触都在已有基础上持续不断。1967 年,柯西金回访了伦敦,提出英苏签订"友好条约"(a Treaty of Friendship)。当然,英苏接触和交往并没有消除双方之间的敌意,更没有减少两国对对方的批评(苏联经常批评英国比其他西方国家更强硬)。

---

① Alex Pravda, and Peter J. S. Duncan, eds., *Soviet-British Relations since the* 1970s, Royal Institute of International Affairs, 1990, p. 37.

第二节 从"冰冻"到"回暖":1968—1973年的英苏关系

1968年8月的"捷克斯洛伐克事件"(西方国家称之为"布拉格之春")发生在欧洲缓和逐渐走向高峰的过程中,使英苏关系陷入困境。与其他西方国家相比,英国对苏联的批判更严厉、持续时间更长,但是1969年葛罗米柯还是访问了英国。此后,随着"捷克斯洛伐克事件"的淡化,特别是欧洲缓和势头的发展,英苏双边关系开始逐渐恢复。但是1971年希思(Edward Heath)政府一次性驱逐了105名苏联外交官员,作为回应,18名英国外交人员也被苏联驱逐出境,这使英苏关系彻底陷入"冰冻"(the total deep freeze)。[①] 虽然英国比较积极地准备并参与了苏联倡导的欧安会,但是未能挽救冰冷的两国关系,英国也并不热衷于恢复两国关系,英苏关系水平在整个欧安会进程中始终不高。

一 1972年的"冷淡"关系

1972年,英苏关系总体上处于"冷淡"状态(general coolness),不过英国也采取了行动并表达了改善与苏联关系的意愿。"冷淡"是英国驻苏联大使基利克(Sir J. Killick)对1972年英苏关系的概括。虽然英苏关系在1972年进展不大,但是他认为英国在这一年的政策是正确的,因为英国既没有以恳求或者道歉的姿态去刻意"追赶"(run after)苏联,又在所有适当的场合、在所有可能的领域表达了准备与苏联恢复正常交往的意愿。不过基利克也指出,英苏两国的"冷淡"状态被苏

[①] 关于1968年的捷克斯洛伐克事件和1971年的驱逐间谍事件,可参考拙文《从1968年捷克斯洛伐克事件看英国的东欧外交》,《廊坊师范学院学报》(社会科学版)2013年第6期;Alex Pravda, and Peter J. S. Duncan, eds., *Soviet-British Relations since the 1970s*, Royal Institute of International Affairs, 1990, p.39。

联延长了,这似乎是苏联刻意做出的政治决定,苏联政府还引用了英国最重要的三个盟国对英国的委婉批评,它们说英国是西方联盟里最主要的且顽固不化的保守派。不过,自从1972年年初以来,英国自认为平稳地、耐心地恢复与苏联的工作关系,这使英苏关系逐渐从彻底的"冰冻"状态走了出来。①

英国政府十分重视对苏关系,不会因为英苏关系糟糕而忽视对苏政策。英国内阁"防务与政策委员会"(the Cabinet Defence and Oversea Policy Committee, DOP)于1972年12月29日拟定文件分析了这一年英苏关系的优势和劣势,以便给英国高层官员调整对苏关系提供参考。该委员会认为优势有五个方面:其一,英国政府对苏联的态度是"诚实的"。其二,20世纪60年代,道格拉斯—霍姆爵士和其他英国大臣所持的立场是一致的。其三,苏联在英国的"间谍机构"规模已经被砍到低于苏联在英国的盟国的水平。其四,英国驻莫斯科大使馆仍正常运转。其五,英苏贸易关系没有受影响。该文件还指出了四个劣势:其一,英国没有与苏联对话,而英国的盟国却有。其二,鉴于对苏联市场的竞争加剧,冷漠的英苏政治关系也许会反过来影响英国的贸易平衡。其三,糟糕的英苏关系会妨碍英国与"最勇敢的东欧国家"的关系。其四,英国国内政治存在这样一种风险,即对苏政策可能会变成英国国内的党派争论。② 这份文件是为了让英国大臣决定是继续英国当前的政策还是调整英苏关系的方向。文件提出,如果英国的大臣决定改变"冷淡"的英苏双边关系,那么就应该评估要采取哪些步骤,比如可以邀请苏联驻英国大使拜访道格拉斯—霍姆外交大臣并做一次长谈。英国驻苏联大使基利克表示自己的观点和该委员会文件的观点一致。不过,这份文件没有得到英国外交和联邦事务部高层官员们的认可,因为他们认为英国政府没

---

① G. Bennett, K. A. Hamilton, I. Warner, R. P. Bevins, G. Quinn, E. Kane, *Documents on British Policy Overseas*, Series Ⅲ, Volume Ⅲ, *Détente in Europe*, 1972–76 (*DBPO* Series Ⅲ, Volume Ⅲ), London: The Stationery Office, 1997, p.187. 关于英苏关系的冰冻状态,见 *DBPO*, Series Ⅲ, Volume Ⅰ, *Britain and Soviet Union 1968-72*, pp.351–512。

② 五个优势和四个劣势详见 *DBPO*, Series Ⅲ, Volume Ⅲ, p.188。

第二章 冰冻—"新阶段"—冷淡:1973—1976年的英苏关系

有理由调整当前的对苏立场,英国应该关注对自己更重要的事情,比如西欧的防务能力问题。① 无论如何,这份内阁文件比较清晰地分析了英苏关系,也表明英国有意改善英苏双边关系,因此它至少体现了自1971年英国驱逐苏联间谍事件以来英国改善两国关系的迹象。

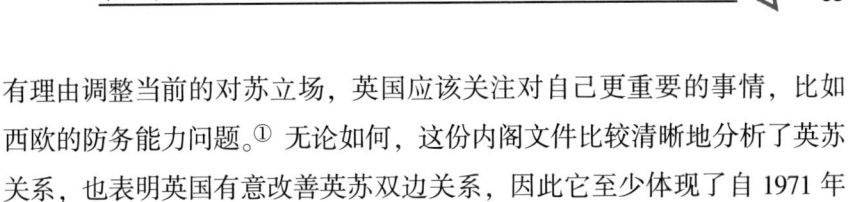

英国驻苏联大使基利克比较详细深入地分析了英苏关系现状,认为英国在1973年有必要调整对苏联的政策。他主张改善两国关系,因为他看到英苏关系比其他西方盟国与苏联的关系糟糕,英国的盟国和苏联的关系都比英苏关系好,西方盟国通过欧安会、对等裁军等渠道多多少少都与苏联保持着密切的双边联系,而英国却不能推动英苏关系,那么英国的具体利益很可能受到威胁。他提醒说,假如英国仍然局限于在欧洲多边谈判的走廊里和苏联进行一些双边接触,是不可能维护自己的利益的。② 基利克原本以为坐等英苏关系改善就可以了,毕竟英国和苏联都参与了欧安会,而且欧共体的扩大使西欧的贸易和工业合作日益密切、欧共体实行共同商业政策、外交政策合作也十分和谐,这些都会让苏联发现单独对付英国变得越来越不现实,可是1972年年底至1973年年初,基利克及其同事发现英苏关系出现了明显的甚至根本性的倒退,主要表现为苏联媒体攻击英国、勃列日涅夫在纪念苏联建国五十周年大会上的讲话严厉批评了英国。苏联媒体发起了一场运动,攻击英国,对英国的报道"异常负面",而勃列日涅夫更是在纪念讲话中说英国政府引发了对北爱尔兰人民的残酷战争。这两个情况让基利克及其同事十分震惊且失望,因为他们感到英苏关系改善无望。③ 英苏关系还有其他难题,比如两国外交领域里未来可能没有部长级会议,英苏由于间谍问题而引发的签证难题(英国拒绝给已经被确认为苏联间谍的人发签证),英国"东欧与苏联司"(Eastern European and Soviet Department,EESD)

---

① *DBPO*, Series Ⅲ, Volume Ⅲ, p. 196.
② *DBPO*, Series Ⅲ, Volume Ⅲ, p. 188.
③ *DBPO*, Series Ⅲ, Volume Ⅲ, pp. 188, 189. 关于爱尔兰问题,当时英国从爱尔兰共和军(the Provisional Irish Republican Army, i. e. IRA)那里缴获的武器中有苏制武器。参见 *DBPO*, Series Ⅲ, Volume Ⅲ, p. 190。

的有些外交官受到苏联的"阴险诽谤"等。重要的是，这些并不都是英国驱逐苏联间谍的遗产。不过基利克大使仍然对英苏关系抱有乐观态度，因为他说自己看到过无数次苏联因食言而改变最初态度的例子，只要那么做符合苏联利益。①

英国——或者英国保守党政府——为什么会被苏联单独挑出来加以批判？英国官员基利克、多布斯（J. A. Dobbs）、格林希尔（Sir D. Greenhill）等人都问过苏联领导人。这也是笔者在阅读英国外交相关资料和著作中经常会遇到的一个有趣的问题。苏联给出的答案是：英国政府的态度与其他西方国家的性质不同。1972年12月22日，基利克在克里姆林宫的招待会上遇到苏联官员斯米尔诺夫斯基（M. N. Smirnovsky，1966—1973年担任苏联驻英国大使），于是他使劲地询问缘由。基利克说，英国政府所说所想的与其他西方政府并没有根本不同，比如都认为需要谨慎、维护英国的安全，直到实现真正的缓和；再如，1972年12月7日，时任美国总统尼克松在北大西洋理事会上曾经强调说"和平的前景……必须取决于持续的军事准备这一基础"，可是尼克松的讲话并没有受到苏联的批评。斯米尔诺夫斯基试着解释说，英国政府的态度有某种性质上的不同，比如英国在香港驱逐为苏联收集情报的人员、英国媒体对在爱尔兰发现苏制武器的事情大肆渲染。基利克认为斯米尔诺夫斯基的说法一点也没有说服力。② 英国驻莫斯科外交官员多布斯也曾在1973年1月5日的鸡尾酒会上质问苏联外交部官员马耶夫斯基（V. Mayevsky），为什么英国被苏联媒体挑出来批评？马耶夫斯基表示，英国和其他西欧国家声明说有必要增加军费支出；英国历史上就敌视苏联，可是苏联从未进攻过英国。马耶夫斯基还说，英国仍然充满了"帝国精神"（the imperial spirit），声称在西欧扮演特殊角色，并希望在扩大了的欧洲共同市场里发挥特殊作用。③ 英国

---

① *DBPO*, Series Ⅲ, Volume Ⅲ, p. 189.
② *DBPO*, Series Ⅲ, Volume Ⅲ, p. 190.
③ *DBPO*, Series Ⅲ, Volume Ⅲ, p. 192.

第二章 冰冻—"新阶段"—冷淡：1973—1976 年的英苏关系

常务次官格林希尔爵士在 1973 年 1 月 17 日的一次午餐上也问过斯米尔诺夫斯基。格林希尔说，英国外交和联邦事务部打算改善英苏关系，实际上，英国官员们有时候想知道为什么英国被从西欧国家中分离出来，毕竟英国在东西方主要议题上的立场和其他盟国几乎是一样的。格林希尔注意到，英国有一点和盟国不同：英国情愿当着苏联的面表达，而其他盟国只在苏联背后说。① 所以，从格林希尔的话来看，英国大概比其他盟国更直接，因此让苏联感觉更不舒服。

鉴于苏联官员给出的理由显然没有说服英国人，于是基利克自己总结了一些苏联特别讨厌英国的理由。笔者将基利克谈及的原因归纳为三点：第一，苏联发现"英国托利党"（English Tories，1833 年改称英国保守党）和其他西方盟国的政党性质不同。由于英国托利党表达清晰、公开透明，而且和苏联在欧洲的目标背道而驰，所以苏联真的非常不喜欢托利党人。② 第二，苏联很可能把当前的英国保守党政府看作能带来欧共体重要的防务认同（a significant defence identity）观念和政策的最主要源泉。基利克认为苏联在这一点上是对的。第三，除了防务，苏联也对英国保守党政府决心发展欧共体共同经济政策和对外政策的行动感到不快。③ 所以，英国认为苏联的根本目的是阻挠欧洲一体化的发展。欧洲防务、欧洲一体化的共同政策都不符合苏联的利益，而英国偏偏在这些方面扮演主要角色，所以英国自然会让苏联厌弃。而苏联暂时（20 世纪 70 年代初）不会改变政策以迎合英国，不指望从英国获得更多政治利益（也许希望获得贸易好处）。苏联已经向美国、法国和联邦德国确认，希望从有效的双边交往中获得政治优势。不过，基利克说，勃兰特（Willy Brandt）的"东方政策"所能够提供的东西已经被榨干了，苏联下一步可能会鼓吹民族国家经济的优势和东西方之间的敌意，

---

① DBPO, Series Ⅲ, Volume Ⅲ, p. 197.
② 关于苏联长远的欧洲目标，英国驻外使团团长会议曾在 1972 年 4 月开会讨论过，参见 DBPO, Series Ⅲ, Volume Ⅲ, p. 191。英国使团团长会议的详细情况，参见 DBPO, Series Ⅲ, Volume Ⅰ, 第 95 个文件。
③ DBPO, Series Ⅲ, Volume Ⅲ, p. 191.

以此来阻挠欧共体的扩大。①

　　于是基利克得出结论：英国也许被苏联当成了"替罪羊"。外交大臣道格拉斯—霍姆同意这个结论并补充道，苏联总是抱着怀疑态度看待英国对欧洲政治共同体和防务计划的积极态度，苏联认为英国的这些计划超越了法国和联邦德国的想法。1973年1月17日，苏联《消息报》(Izvestia)发表了一篇由奥西波夫（V. D. Osipov）撰写的文章，恶毒攻击英国。文章指控英国想把欧共体变成"反对社会主义国家的军事—政治联盟"。文章认为英国由于国内困难而无法成为欧洲领袖，就只好借助自己的核能力来坚持自己的权利；英国倡导欧洲核力量，对东方的态度更强硬，可是如果缓和继续下去，那么作为法宝的核力量就没多少价值了。英国外交和联邦事务部"东欧与苏联司"司长布拉德（J. L. Bullard）注意到，苏联方面的批评绝大程度上是因为英国的公开言论激怒了苏联。他提出，为了改善英苏关系的氛围，英国官员必须避免那些让苏联讨厌、让西方盟国迷惑的话。可是英国外交和联邦事务部副次官布赖姆洛（T. Brimelow, the Deputy Under-Secretary of State, DUS, 后出任常务次官）则认为不能限制英国官员表达想法的自由，他不愿意按布拉德的建议做。所以，抛开冷战对峙的根本原因，也许是英国保守党政府的言辞过于直白和激烈而招致苏联的批评和孤立。与此同时，苏联政府还试图与英国政府的反对派（the Opposition）、工会（the Trade Unions）以及其他个人发展联系，让这些组织或个人疏远英国政府。② 这种做法自然也有损英苏关系。

　　英国政府不怕被苏联批评，但是很担心被苏联孤立，因为被孤立可能会导致西方盟国忽视英国，从而削弱英国的影响力。基利克就担心西方盟国像苏联一样认为英国无足轻重、保守落伍。他指出，由于英国和苏联之间缺少高层接触，英国无法直接了解苏联高层的想法，这会导致英国在欧共体和北约里给予忠告或提出建议的可信度降低并削弱英国对

---

① *DBPO*, Series Ⅲ, Volume Ⅲ, p. 192.
② *DBPO*, Series Ⅲ, Volume Ⅲ, p. 197.

第二章 冰冻—"新阶段"—冷淡：1973—1976 年的英苏关系

两三个主要伙伴国的影响力，这恐怕是苏联非常愿意看到的。可是，假如苏联认为英国最终总是会和大多数西方盟国保持一致，那么也会很危险，因为"英国人不合群"（the odd man out）的看法会在欧洲国家里蔓延，各国会以怀疑的眼光看待英国，英国——由于自身还有北爱尔兰问题、国内工业发展缓慢问题、其他国内困难等——很可能会变成"欧洲的麻风病患者"（a sort of European leper，即别人不愿意接触的人），那么英国作为欧共体新成员国的吸引力就会受到怀疑。所以，基利克认为，苏联的策略是把英国变成欧洲"不合群的国家"并且会一直这么做，直到 1974 年英国大选、政府换届。[①] 那么，怎样才能让苏联无法忽视英国呢？基利克认为，首先，英国必须对盟国产生"有效的"影响力；其次，英国一定不能忽视英苏双边交往。基利克所说的"有效"是指要让苏联看到英国的观点和影响力，也就是英国对欧共体的行动及主要盟国的说服能力。英国需要在欧共体中"有效地"扮演领导角色，推动欧共体发展，而不是成为欧共体中的"怪人"。基利克提出了四个英国可以采取行动的领域：欧共体的共同商业政策、共同外交、防务合作、欧安会与对等裁军。这四个领域的重要次序不同。基利克认为，当前英国可以发挥有效影响力的两个主要领域是欧共体的共同商业政策和外交政策协调。至于欧共体防务合作，他认为英国在这个问题上继续公开施压和毫不妥协是错误的，这不是因为苏联的反应，而是因为在即将到来的 1973 年实现不了共同防务。1973 年，至少要先看看英法核合作的发展情况，因此在欧共体共同防务问题上继续公开倡导和采取行动——英国的欧洲盟国却不采纳——等同于加强公众的印象，即英国跟不上步伐、无关紧要，而苏联正想加强这种印象。不过，基利克认为英国可以在北约和欧共体里悄悄地做一些巩固防务的有用的工作；英国还应该在欧安会和欧洲对等裁军等多边领域里发挥有效作用；英国不必强烈反对苏联，但是应该与中立国合作，提出重要建议并得到法

---

① *DBPO*, Series Ⅲ, Volume Ⅲ, p.192.

国、联邦德国的支持,或者在多边进程中加深与苏联的双边交流。① 可见,为了避免被苏联孤立,英国方面设想了一些应对措施。

虽然英国被苏联批评和孤立,但是英国认为一定不能忽视与苏联的双边交流。基利克提出,一方面英国不需要对苏联卑躬屈膝或者在政策上让步,另一方面英国可以而且应该有很多机会向苏联展示自己是"照常营业"(open for business),是苏联自己太消极了。英国还应该强调说,俄国人②憎恶的是"(英国的)大臣们"(Ministers)而不是官员们(officials),是英国保守党的某些"喉舌"媒体(mouthpieces of the Tories)而不是整个英国或者英国媒体,所以,英国正确的做法是精心策划一些推动英苏关系的行动。基利克说"东欧与苏联司"正在考虑采取一些具体行动。他认为,英苏关系改善的可能性在外交事务之外:首先,可以进行英苏部长级双边交流;其次,可以在低于部长级的其他级别上开展交往。英国"东欧与苏联司"官员布拉德询问基利克如何与苏联进行部长级交流,基利克表示不确定现阶段的部长级交流是否有益于缓解英苏的冷淡关系,英国不该把这作为1973年的重点。不过,他指出英国贸易和工业部(DTI)大臣沃克(P. E. Walker)和副大臣普勒斯顿(P. S. Preston)1972年年初对苏联的访问很好地回应了苏联"健康或住房部"部长(Ministers for Health or Housing)对英国的正式访问;英苏"联合委员会"(the Joint Commission)也很有前途。但是基利克不支持促成英国外交大臣道格拉斯—霍姆1973年4月访问苏联,因为苏联早已决定不参与这件事。可是英国也不能提议取消这次访问,否则就破坏了两国关系,并被苏联借以延迟英苏双边关系正常化。③ 所以,基利克向英国外交和联邦事务部副次官布赖姆洛建议,英苏可以举行一轮副外长级对

---

① *DBPO*, Series Ⅲ, Volume Ⅲ, p. 193.
② 英国在外交档案里称呼苏联人时都使用 Russian 一词,而很少用 Soviet 或者 Soviet Union,这反映出英国对苏联的蔑视。为了体现英国的态度,本书在必要的地方使用"俄国人"这一译文。
③ *DBPO*, Series Ⅲ, Volume Ⅲ, pp. 193-194.

第二章 冰冻——"新阶段"——冷淡：1973—1976年的英苏关系

话，作为两国部长级会议的前奏。基利克分析道，由于苏联不清楚英国政府的想法，而是过于依赖苏联大使的报告和大量剪报（press-cuttings），然而这些信息绝大多数都是反对英国的；由于勃列日涅夫还没有和英国首相或者外交大臣会晤过，没有建立私人友谊，所以英国有必要通过和苏联的直接联系让苏联了解英国、了解英国现代保守党。基利克的观点得到了英国驻苏联外交官多布斯的赞成。[①] 关于加强英苏双边交往，1972年12月29日，英国内阁"防务与政策委员会"文件建议，"有计划地采取一些措施是正确方式"，这些行动不必只是程序性的。为此，基利克大使完全支持道格拉斯—霍姆外交大臣与苏联外交官斯米尔诺夫斯基举行一次认真的长谈，长谈既不要显得英国有任何不安和虚弱，又要避免对苏联的敌意。"防务与海外政策委员会"文件建议道格拉斯—霍姆告诉斯米尔诺夫斯基自己对与葛罗米柯的会见（1972年6月，在柏林）没有带来英苏关系的全面改善而感到遗憾，然后再提出改善英苏关系的四点建议：第一，英苏双方都应该从政府层面充分支持双边关系事务。第二，双边关系中的任何"事故"（incidents）都应该本着尽量少引起公共困难（public difficulty）的原则加以处理。第三，双方都应该回应对方公开言论里的积极因素。第四，两国大使应该每月和对方外长或者副外长举行一次全面谈话。[②] 英国政府将劝说英国媒体不要发表不实的反苏联文章，但是基利克反对干涉英国媒体，因为这会给英国媒体和苏联造成错觉，也会让苏联抓住英国的把柄，英国应该坚持媒体自由。[③] 其次，基利克提出，英苏两国在低于部长级别的其他级别上也可以做不少事，比如，议会交流、英国—苏联协会（the GB/USSR Association）恢复活动、记者交流、定期的科技和文化交流（他认为这可以走在前列）。此外，英国女王伊丽莎白二世的丈夫爱丁堡公爵（the Duke of Edin-

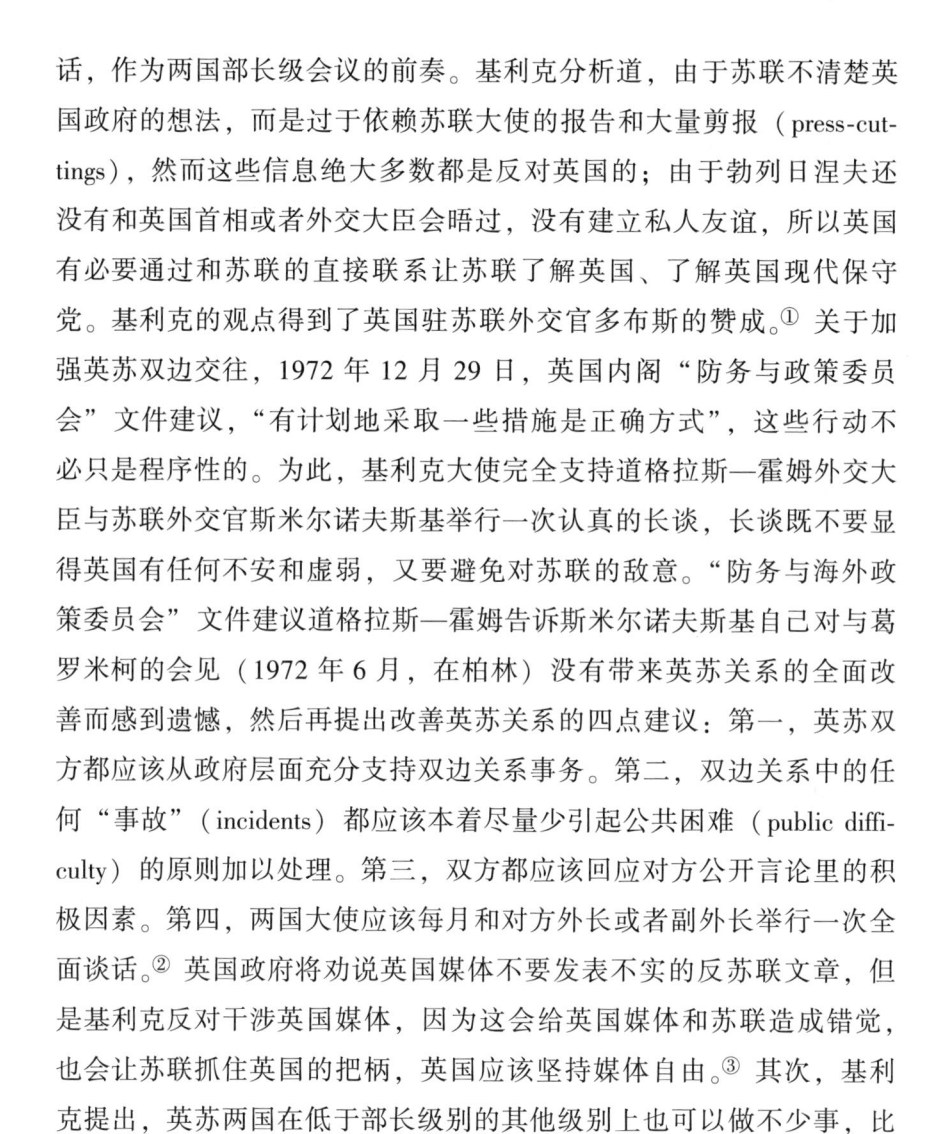

---

① *DBPO*, Series Ⅲ, Volume Ⅲ, p. 199.
② *DBPO*, Series Ⅲ, Volume Ⅲ, pp. 193, 194.
③ *DBPO*, Series Ⅲ, Volume Ⅲ, p. 194.

burgh) 将于 1973 年下半年前往基辅参加为期三天的马术活动 (horse-jumping)。苏联外贸部部长帕托利切夫 (N. S. Patolichev, the Soviet Minister of Foreign Trade) 邀请英国部长访问苏联, 这是英苏"联合委员会"工作的一部分。时任英国首相希思也有可能在 1974 年访问苏联。① 英国外交大臣道格拉斯—霍姆也表达了希望英苏关系恢复正常。他指出, 自从 1971 年驱逐苏联外交人员后, 英国有几个希望: 希望苏联最终能停止报复; 希望苏联逐渐让双边关系回归正常; 希望苏联停止试图派遣已经被识别的情报特工到英国; 希望两国部长级访问和其他双边交流在一段时间后逐渐回到传统水平。② 由此可见, 英国十分清楚英苏关系的困境, 但仍积极主动寻求改善英苏关系。基利克大使对 1972 年英苏关系的总结明确反映了他本人以及英国官员们普遍希望英苏关系恢复甚至提升的立场, 尽管他们相当谨慎。这种主动不仅是英国驻苏联外交官, 英国国内官员也有这种意识, 说明英国政府普遍认为应该与苏联保持交往。

总的来看, 捷克斯洛伐克事件和间谍事件的负面影响逐渐开始被淡化, 1972 年的英苏关系即将向正常化方向恢复。英国方面明确表达了恢复双边关系的意愿, 这不仅是英国驻苏联外交官们的立场, 也是英国内阁、外交和联邦事务部等部门官员的明确立场。不过需要注意的是, 在发展英国与苏联、东欧关系方面, 英国驻苏联、东欧外交官们通常比英国国内官员更积极, 但是他们的观点并不总能成为英国外交部门的正式立场, 其中不少会被英国外交部门拒绝。比如上述基利克对英苏关系的分析, 最终没有被英国外交和联邦事务部接受, 而英国内阁"防务与政策委员会"官员瓦尔登 (G. Walden) 撰写的文件也没有被英国外交部门高层官员批准。这说明英国政府在恢复与苏联的关系方面依然十分谨慎, 并不急于前进。不过外交大臣道格拉斯—霍姆的表态说明英国

---

① 爱丁堡公爵的基辅之行成行了; 希思首相的访苏未能成功, 不过道格拉斯—霍姆正式访问了苏联; 英苏"联合委员会"此后恢复了会议, 为英苏经济关系创造了一定条件。参见 *DBPO*, Series Ⅲ, Volume Ⅲ, pp. 194-195。

② *DBPO*, Series Ⅲ, Volume Ⅲ, p. 196.

政府事实上已经开始认真思考恢复英苏关系的问题了。恢复英苏关系的行动在1973年逐渐密集起来。

二 1973年英苏关系的改善与升温

经过一段时间后,特别是从1973年开始,英国的希思保守党政府更加明显地希望改善英苏关系并采取了实际行动。这主要反映在英国外交官员对英苏关系的分析(备忘录、信件、公文等)密集起来,而且这些文件大多表明了希望推动两国关系发展的立场,尽管英国方面仍然谨慎保守。此外,改善英苏关系已经不再是少数英国外交官——特别是英国驻苏联外交官员们——的想法,而是成了英国政府的基本立场。从以下六个方面看,英国确定无疑已经决定改善英苏关系。

第一,英国外交大臣道格拉斯—霍姆对英苏关系进行了全面思考,认为英苏关系的改善表现在多个领域,但是缓慢、不完整。

英苏关系的改善过程是艰难的,有反复,而且进展缓慢。英苏政治关系改善的迹象是英国首相希思的友好表态,但是苏联歪曲了这个表态;经济关系的改善表现在恢复英苏商贸关系的可能性,但是从苏联方面的订单看,英国对苏联的出口会继续衰退。1972年,希思在三次演讲中友好地谈及了苏联,其中第一次讲话被苏联歪曲为明显反苏,另两次讲话则被忽略了。苏联方面在1972年年底、1973年年初仍在批评英国。道格拉斯—霍姆指出,自从1972年12月的北约部长会议以来,苏联《真理报》发表了好几篇文章,批评道格拉斯—霍姆关于西欧防务和英国外交政策的几次声明。1973年1月左右,苏联又开始批评英国,其原因大概是英国媒体撰文表示苏联卷入了爱尔兰问题,说苏联向"爱尔兰共和军"(IRA)提供了大量火箭弹,这个报道惹恼了苏联。英国驻东欧国家的一些外交官反映,东欧各国政府似乎受了苏联的阻挠而不敢与英国外交官发展关系。道格拉斯—霍姆还指出,自从1971年英国驱逐苏联间谍以来,英国外交部门就没有官员访问过苏联;英国驻莫斯科大使见不到苏联的部长们,而苏联驻伦敦大使却可以见到英国的大臣们；苏联外交部仍然偶尔为已经被英国认出的苏联情报特工申请英国签证，英国却很难为会说俄语的英国官员申请到苏联签证。① 道格拉斯—霍姆的描述表明英苏关系至少在1972年年底前后仍然非常冷淡。

道格拉斯—霍姆总结了英国在发展英苏关系方面的三个劣势：首先，英国没办法像美国、法国、西德、加拿大一样和苏联进行对话。尽管他认为这些对话是否有价值还是一个疑问，但在苏联眼里英国看起来很古怪，没法获得关于苏联想法的第一手信息。布拉德和基利克都曾告诉布赖姆洛，由于英国外交官长时间没有和苏联方面举行高层接触，所以英国对苏联政策理解的质量和深度会受影响，英国在西方盟国眼里的地位也可能会降低。不过，布赖姆洛不赞成这个观点。其次，西方国家争夺苏联市场的激烈程度已经上升了，英苏政治关系的冷淡反过来会影响英国对苏联的贸易平衡。英国与某些东欧国家的部长级交往也许被苏联抑制了。最后，对苏政策正在引发英国的党派论战。苏联显然更愿意接触英国的反对党和左翼组织。② 可见，英国对本国在恢复和发展英苏关系方面的地位有比较充分清醒的认识。

鉴于此，在是继续当前的政策还是努力改善英苏关系的问题上，道格拉斯—霍姆显得比较矛盾。此时（1973年年初），他本人对改善英苏关系的态度还稍显模糊，没有明确下令努力恢复两国关系。在某些具体事务上，比如英国驱逐苏联间谍的问题，道格拉斯—霍姆认为，英国方面不能做任何道歉或者表现得做错了。他说，英国绝对不能迎合苏联，任何迎合都不会带来回报，而且会被苏联解读为软弱，苏联很可能会提出一些令人不可接受的要求。不过，道格拉斯—霍姆又请他的同事们"从现在到欧安会开始之前这段时间继续悄悄地、坚定地阐述英国的防务和安全观"；不要让英国媒体误读英国政府的对苏政策，表达英国继续愿意改善和苏联、东欧各国政府的关系。英国也不应害怕发展同中

---

① *DBPO*，Series Ⅲ，Volume Ⅲ，pp. 196-197.
② *DBPO*，Series Ⅲ，Volume Ⅲ，pp. 197-198.

第二章　冰冻—"新阶段"—冷淡：1973—1976年的英苏关系

国、南斯拉夫、罗马尼亚的关系。① 所以，道格拉斯—霍姆的态度是"悄悄地、慢慢地"改善英苏关系，但绝不公开讨好苏联。这十分符合英国保守党政府的立场，它既想要正常的双边关系，又不愿意妥协让步。

第二，英国政府在1973年年初开始比较频繁、细致地讨论举行英苏部长级接触和首脑会晤事宜。

1972年时基利克建议英苏有必要开展部长级接触，甚至首脑会晤。这些建议当时没有被英国外交和联邦事务部正式接受，但是1973年年初，英国外交部门已经开始较多地讨论争取举行英苏部长级对话、推动首脑会晤的问题了，而且讨论涉及首相、驻外官员、议会成员等各级别人物。英国政府增加英苏直接接触的目的是获得苏联的信息、避免误判。

英国许多官员都支持英苏举行首脑会晤，但是也有不赞成的。希思首相曾经表示，愿意在条件具备时于1974年访问莫斯科并会见勃列日涅夫。只是会晤方式和时间不易确定。英国驻苏联大使馆官员多布斯赞成举行英苏部长级对话。英国大使馆认为有必要推动勃列日涅夫和希思会晤。② 基利克更是希望勃列日涅夫和希思也能建立像勃列日涅夫和蓬皮杜（Georges Jean Pompidou）、勃兰特那样的关系。他认为，除非英国和苏联也建立起顶层关系，否则英苏关系的冷淡状况就不会结束。有些英国官员似乎并不羡慕勃列日涅夫与西方领导人的私人关系。布赖姆洛（1973年11月起担任常务次官，PUS）认为，希思和勃列日涅夫的关系与勃列日涅夫和蓬皮杜、勃兰特的关系不是同一类型的。他指出了蓬皮杜和勃列日涅夫个人关系的弊端：蓬皮杜公开表示对与勃列日涅夫的私人关系而感到骄傲，可是在一次私下谈话里，蓬皮杜说他没有从这种私人关系中得到多少结果；蓬皮杜还谈及必须对苏联共产主义保持警觉，因为苏联影响了法国共产党。英国驻苏外交官们普遍认为1974年

---

① *DBPO*, Series Ⅲ, Volume Ⅲ, p.198.
② *DBPO*, Series Ⅲ, Volume Ⅲ, p.199.

是希思访问莫斯科的最佳年份,希思可以先访问莫斯科再访问北京,这样皆大欢喜。当然,并不是所有英国官员都赞成首脑会晤,比如外交和联邦事务部常务次官格林希尔和埃默里(J. Amery)就不赞成。布赖姆洛不反对英苏高层会晤的倡议,但是认为在策略、时机、内容方面有许多困难。他主要指英国当时要接待多场国事访问,如果勃列日涅夫愿意等待或者进行非国事访问,那么他和希思会晤就会容易些。此外,他也指出苏联官员科济列夫(S. P. Kozyrev)1971年的那次访问成果寥寥。他建议外交大臣道格拉斯—霍姆可以在有关越南问题的会议上与苏联外长葛罗米柯会见,为英苏首脑会晤创造条件。① 所以,此时英国方面考虑的不是能否举行英苏首脑会晤,而是如何在恰当的时机举行、确定合适的议题。

英国官员们一方面主张或赞成英苏部长级接触或者首脑会晤,另一方面又坚持不对苏联妥协让步。布赖姆洛提出,如果希思访问莫斯科,那么苏联也许会试图利用英国的兴趣迫使英国做出不情愿的让步,比如在欧安会和对等裁军方面、在缓和(*détente*)、西欧防务等问题上让步,还有可能在诸如苏联驻伦敦大使馆的规模、苏联贸易代表团应该被免税、苏联继续向英国派出情报官员等棘手的细小事务上迫使英国让步。布赖姆洛说,英国不能允许这些事情发生,希思和勃列日涅夫会晤之前就应该克服这些难题。② 他认为苏联已经认识到英国是西方联盟的领导者之一,如果不是英国,西方联盟的立场会温和一点、好对付一些;苏联不一定非要把英国当作"替罪羊";只要苏联认识到了解英国比辱骂英国更有价值,那么苏联的政策很快就会改变。③ 英国方面特别坚决地反对为了推动英苏首脑会晤而危及或者削弱北约和西欧的防务能力。英国外交文件显示,凡是关系到西欧或者西方联盟的安全能力、防御能力、防务安排的事,英国的立场总是非常明确、非常坚决、毫不妥协,

---

① *DBPO*, Series Ⅲ, Volume Ⅲ, pp. 200-201.
② *DBPO*, Series Ⅲ, Volume Ⅲ, p. 201.
③ *DBPO*, Series Ⅲ, Volume Ⅲ, p. 199.

第二章 冰冻—"新阶段"—冷淡：1973—1976 年的英苏关系

绝不给苏联任何破坏西方联盟和西方防务（包括未来防务合作的可能性）的机会，比如防止美国从欧洲撤军、英苏首脑访问一定不能做明显削弱北约的事情。这说明英国十分重视西方联盟团结，特别是美国对西欧安全的保障。

英国一直在猜测苏联对改善两国关系的想法。保守党政府很明显地感觉到苏联不喜欢自己。1973 年 2 月 2 日，多布斯提醒布赖姆洛说，有迹象表明苏联政府已经决定"在英苏关系方面原地踏步，直到（英国）下一次大选之后"（英国将在 1974 年 3 月左右举行大选），而下一次选举中英国工党可能获胜。此前，英国"东欧与苏联司"的"防务和海外政策文件"草案（1972 年 12 月）已经提醒了苏联正在试图接近英国反对党领袖和工会人员的情况，指出苏联似乎想用迂回战术战胜当前的保守党政府。[①] 这些猜测表明英国没能掌握苏联的真实想法和信息，因而对英苏关系改善——特别是在保守党执政时期——没有信心。

第三，随着时间的推移，越来越多的英国高层官员不仅赞成英苏高级别接触，而且肯定了英苏关系改善的事实，英国内阁也肯定了这一事实。

英国外交大臣道格拉斯—霍姆、英国外交和联邦事务部的常务次官、副次官等官员都比较乐观地看待英苏关系改善及其前景，尽管他们的乐观程度有所不同。1973 年 4 月 6 日，英国内阁"防务与政策委员会"（the Cabinet Defence and Oversea Policy Committee）举行第九次会议，集中讨论英苏关系，很多大臣或者官员都谈到英苏关系的改善。"东欧与苏联司"的布拉德指出英苏关系的氛围已经有了"很大改善"（a considerable improvement），道格拉斯—霍姆认为英苏关系"有所改善"（some improvement）。[②] 道格拉斯—霍姆所说的"有所改善"主要表现在：苏联媒体对英国不那么尖刻了；英国驻莫斯科大使馆的外交官们更容易接触到苏联官员了；苏联明智地召回了自己的武官（Military

---

[①] DBPO, Series Ⅲ, Volume Ⅲ, p. 202.
[②] 布拉德和道格拉斯—霍姆的不同评价，参见 DBPO, Series Ⅲ, Volume Ⅲ, p. 205。

Attaché)及其一名助手,这两人做了一些英国无法接受的事情,苏联召回他们以后,英国就不必驱逐他们了。此外,英国贸易和工业大臣沃克将要访问苏联,参加英苏"贸易和技术联合委员会"(the Anglo-Soviet Joint Commission on Trade and Technology)会议;爱丁堡公爵将于1973年秋季访问基辅;苏联新任命的驻英国大使伦科夫(N. M. Lunkov)有一个好名声。① 但是道格拉斯—霍姆也指出英苏关系还有一些不太好的情况:苏联没有放弃间谍活动,它利用其他社会主义国家驻伦敦大使馆——特别是捷克斯洛伐克和古巴的大使馆——帮助他们搞间谍活动;苏联仍把英国当作西方联盟里的强硬派(hardliners),西方盟国也把英国看作强硬派,但是英国官员认为英国的强硬是为了捍卫西方利益。布拉德比道格拉斯—霍姆乐观,他认为英苏关系总的来说正朝着正确方向前进,英国对此十分满意。"正确的方向"表现在:1973年3月,六名苏联议员访问了英国;英苏"贸易和技术联合委员会"计划在1973年4月16—18日开会;爱丁堡公爵确定将在1973年9月3—9日访问莫斯科和基辅。这些都表明英苏关系好转了。布拉德表示,英国希望目前这种趋势继续发展,从而为希思首相和勃列日涅夫在欧安会第三阶段首脑会议期间举行初步的、破冰性的会见创造氛围,然后继续为希思1974年访问莫斯科创造可能性。无论是苏联方面邀请,还是希思首相自己提出,都可以。布拉德还认为,英国不能邀请葛罗米柯访问伦敦,因为按照顺序轮到苏联邀请英国外交官访问莫斯科了。多布斯提出,下一次部长会见要么在伦敦,要么在莫斯科,部长们将讨论更实质的问题,而不是在诸如越南问题等的国际场合见面了。② 可见,英国方面已经确定英苏关系改善了,而且在精心计算英苏首脑会晤的条件和时机,可以在欧安会第三阶段的首脑会议期间或者单独举行双边首脑会晤。显然,英国想要的是一次真正意义的双边会晤。

---

① *DBPO*, Series Ⅲ, Volume Ⅲ, pp. 205-206. 伦科夫是苏联外交部第二欧洲司的司长,接替斯米尔诺夫斯基出任苏联驻英国大使。
② *DBPO*, Series Ⅲ, Volume Ⅲ, p. 203.

第二章 冰冻—"新阶段"—冷淡：1973—1976 年的英苏关系

1973 年，英国外交部门正在考虑邀请苏共中央第一书记勃列日涅夫或者总理柯西金访问伦敦。邀请一事是基利克向布拉德提议的，是为希思首相访问莫斯科创造氛围。不过，布拉德不赞成邀请柯西金访问英国，因为他不相信邀请勃列日涅夫或者柯西金就能换来希思 1974 年访问莫斯科；而且鉴于勃列日涅夫的 1973 年的行程，已经来不及安排他对英国进行国事访问了。布拉德还说出了一句名言："如果你想和俄国人友好相处，那么你必须表明自己可以不和他们相处。"这个道理也适用于英苏高层访问和其他方面。① 不过，1973 年 7 月，希思告诉苏联大使伦科夫，如果葛罗米柯在结束参加联合国大会从美国返回的途中能经停伦敦，他将非常高兴（联合国大会于 1973 年 9 月在纽约举行）。8 月 23 日，道格拉斯—霍姆也表示，如果葛罗米柯能访问伦敦，英国将非常高兴。② 所以，1973 年时英苏恢复双边高级别接触已经成为英国官员们的心之所向，改善英苏关系已经成为英国对苏外交的基本目标之一。英苏各类双边往来互动不仅是事实，也为改善英苏关系奠定了基础。

1973 年 6 月 7 日英国举行女王生日庆祝活动时，苏联政府派官员参加了英国驻伦敦大使馆的庆祝活动。基利克指出，苏联代表的级别可以揭示英国在苏联心中的地位上升了多少，英国被提升了两个等级，但是也没有更高了：参加庆祝活动的苏联官员有苏联"部长委员会"副主席吉洪诺夫（N. A. Tikhonov）；苏联军方代表的级别也提升了，有 9 名三星将军、1 名海军上将，不过没有重要的空军官员；苏联对外贸易部副部长曼茹洛（A. N. Manzhulo）参加了，苏联商会联盟（the All-Union chamber of Commerce）也派了高级别代表参加，但他们都没有超过英苏"联合委员会"官员的级别。苏联东正教教会（the Orthodox Church）无一人参加，可能因为那天恰逢"耶稣升天日"（Ascension Day，在复活节后的第 40 天），但是东正教会没有表达任何祝福或者不能参加的歉意。"旧约信徒原执事"尤斯蒂诺夫（George Ustinov, the

---

① *DBPO*, Series Ⅲ, Volume Ⅲ, p. 204.
② *DBPO*, Series Ⅲ, Volume Ⅲ, p. 226.

Proto-Deacon of the Old Believers) 出席了活动,还带了莫斯科和全俄罗斯人的大主教尼科迪姆（Archbishop Nikodim）的贺信。基利克认为,总的来说,苏联政府派出的人员让英国无法挑剔,但是某种程度上也没有达到英国的期待,因为苏联外交部"第二欧洲司"（Second European Department）和其他苏联官员宣称英苏关系的新黎明到来了,他们的话让英国期待更紧密的双边关系。① 女王生日庆祝活动非常成功,因为事后苏联外交部第二欧洲司新任司长苏斯洛夫（V. P. Suslov）向基利克"严正抗议"（a stern protest）,说基利克在庆祝宴会上把他的工作人员都灌醉了,以至于没法工作。接着,苏斯洛夫打开了一瓶亚美尼亚产白兰地,和基利克以毒攻毒地喝起来（as a hair of the dog）。② 这次庆祝活动是英苏关系改善的体现之一,至少两国官员可以近距离接触和交流了。这也让英国有机会了解苏联的想法。

总之,1973 年,英国大臣或者官员们不仅讨论了英苏政治关系的改善,还探讨了提升英苏贸易水平的问题（详见第三章的"英苏贸易关系"部分）。很显然,英苏关系已经从 1972 年的"冷冻"状态逐渐朝着正常的方向发展,英国部分实现了与苏联建立直接联系以获得清晰信息的外交目标。英苏双边接触不仅包括政治互访和会见,还有一些"非政治的"（non-political Soviet Ministers）部长级接触,比如苏联的科技部长、住房部长、健康部长访问英国,以及英国的住房和建设大臣夏浓（H. P. G. Channon）、英国公共建筑与工作大臣埃默里访问苏联,英国健康与社会保障司有可能与同意和苏联签订一份医疗合作协议,以及英苏"联合委员会"会议的恢复。③ 此外,1973 年晚些时候,英国海军可能访问列宁格勒（Leningrad,即今圣彼得堡,St. Petersburg）,希思还会邀请即将离任的苏联大使斯米尔诺夫斯基话别,这也会改善英苏关系氛围。不过希思也表示,虽然种种访问有助于改善英苏关系,但是

---

① *DBPO*, Series Ⅲ, Volume Ⅲ, p. 214.
② *DBPO*, Series Ⅲ, Volume Ⅲ, p. 215.
③ *DBPO*, Series Ⅲ, Volume Ⅲ, pp. 203-204.

第二章 冰冻—"新阶段"—冷淡：1973—1976年的英苏关系

不能夸大它们的效果，这很重要。英国内阁"防务与政策委员会"同意希思首相的总结。① 所以1973年英苏关系虽然事实上已经改善不少，但是英国仍然非常谨慎、理智地看待双边交流。无论如何，英国寻求改善双边关系的意愿越来越明确，讨论也越来越具体和深入，英苏关系改善的势头已经比较明显。

第四，在英苏关系方面，英国绝不愿意成为"要求者"（demandeurs）或"迎合者"（run after），但也希望避免被当作"不合群的人"（the odd man out），以免由于被孤立而损害本国的影响力。

在寻求改善英苏关系、肯定两国关系确有改善的同时，绝大多数英国官员都明确反对迎合苏联。不少英国官员（比如布拉德、沃克）提出，英国不能成为英苏关系的"要求者"或者为了改善英苏关系而迎合苏联，但是也应该避免由于态度强硬而成为"不合群的人"。有英国官员提出，有时英国可能采取了不必要的强硬态度或者说话太直白，假如英国赚个"不合群的人"的名声，那么就会失去对盟国的影响力。如果英国的强硬路线——相对于西方盟国而言——继续是公开而过分的，那么英国的对苏贸易就会衰退，而西方盟国的对苏贸易却在增长；英国在欧洲事务和在北约内的话语也许会逐渐不被重视。② 道格拉斯—霍姆指出，英国应该继续为改善英苏关系而努力，但是不能为了取悦苏联而牺牲本国的根本利益。布拉德认为，英苏关系虽然改善了，可是好在英国并没有牺牲本国的基本原则。布拉德指出，英国一直在陈述苏联的军事威胁这一事实；在情报领域，自从1971年9月驱逐苏联间谍行动以来，英国没有允许任何已经被辨认出来的苏联间谍来到英国，还限制了苏联外交机构的人数上限。正是英国的坚决，使苏联在最近数周（大约是1973年4月——笔者）调整了对英国的态度。③ 所以，不迎

---

① *DBPO*, Series Ⅲ, Volume Ⅲ, p. 207.
② *DBPO*, Series Ⅲ, Volume Ⅲ, p. 206. 需要稍作区分的是，"要求者"主要是针对英苏贸易而言，最初由英国贸易与工业部大臣沃克提出，参见 *DBPO*, Series Ⅲ, Volume Ⅲ, pp. 210-211。
③ *DBPO*, Series Ⅲ, Volume Ⅲ, p. 206.

合、避免成为"要求者"是英国对苏联政策的基本原则之一,英国认为这符合英国利益。

英国方面也适当注意不成为"不合群的人",这主要表现为英国大臣和官员们的言辞以及英国媒体的报道。关于苏联非常不喜欢英国大臣们发表声明时的语气和腔调,布拉德解释说,这些语气是说给当时在场的听众以及英国民众的,不是说给苏联外交官听的。不过他承认,在过去几年里,一些英国大臣的讲话偶尔有点粗鲁,但是英国方面正在进行微调。可是英国媒体从不考虑自己的言辞会对敏感的苏联领导人造成何种影响,英国外交和联邦事务部也不会要求它们考虑,但是英国媒体的文章有时候的确让人咋舌。比如多布斯说自己被《每日电讯报》(The Daily Telegraph)惊吓到了,该报在1973年2月24日提到,现在的苏联领导人是1917年杀害英国女王亲戚以及无数其他人的凶手的"精神继承人"(spiritual heirs)。多布斯说,问题不在于这是否真实,而在于苏联领导人会被这个指控深深地伤害,更何况,这话还有些真实成分。[1] 在合不合群的问题上,英国官员们显得有些无奈,他们既不愿意停止批评苏联,也无法约束英国媒体对苏联的负面报道。就这样,无奈与希望相互纠缠,导致英苏关系不断波动。

第五,苏联方面也表现出愿意改善与英国关系的意图,但是不太坚定。

苏联大概也抱着比较积极而谨慎的态度寻求改善与英国的关系。在女王生日庆祝活动期间,多布斯在宴会上和苏联外交部第二欧洲司副司长瓦肖夫(V. M. Vasev)、苏联文化关系司副司长卡利亚金(V. V. Karyagin)有过一次对话:瓦肖夫对多布斯说,苏联政府已经得出结论,认为英国正在"认真地"对待欧安会,苏联政府现在希望在对英关系方面更加积极;卡利亚金似乎想说明,葛罗米柯个人对希思首相驱逐间谍行动很生气,这仍然是妨碍英苏关系完全正常化的巨

---

[1] DBPO, Series Ⅲ, Volume Ⅲ, p. 205.

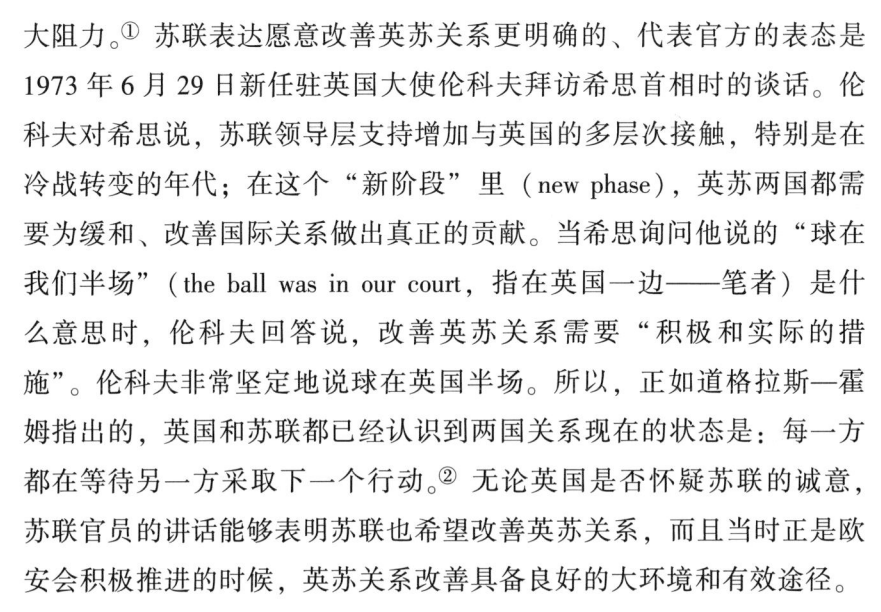

第二章 冰冻—"新阶段"—冷淡：1973—1976 年的英苏关系

大阻力。① 苏联表达愿意改善英苏关系更明确的、代表官方的表态是 1973 年 6 月 29 日新任驻英国大使伦科夫拜访希思首相时的谈话。伦科夫对希思说，苏联领导层支持增加与英国的多层次接触，特别是在冷战转变的年代；在这个"新阶段"里（new phase），英苏两国都需要为缓和、改善国际关系做出真正的贡献。当希思询问他说的"球在我们半场"（the ball was in our court，指在英国一边——笔者）是什么意思时，伦科夫回答说，改善英苏关系需要"积极和实际的措施"。伦科夫非常坚定地说球在英国半场。所以，正如道格拉斯—霍姆指出的，英国和苏联都已经认识到两国关系现在的状态是：每一方都在等待另一方采取下一个行动。② 无论英国是否怀疑苏联的诚意，苏联官员的讲话能够表明苏联也希望改善英苏关系，而且当时正是欧安会积极推进的时候，英苏关系改善具备良好的大环境和有效途径。

不过，伦科夫的表态显示苏联并不是毫不犹豫地坚定地推动两国关系。这也许是苏联的策略。伦科夫向希思转达了勃列日涅夫的消息，其中没有明确邀请希思访问莫斯科，也许苏联还没有准备好。可是与此同时，苏联似乎又显得准备接受希思自己提出访问请求。苏联好像在算计近期勃列日涅夫对波恩、华盛顿和巴黎的访问，这些访问将突出英国"不合群"的形象，从而向英国施压，让英国主动发出访问苏联的请求。伦科夫甚至暗示，英国应该为访问苏联付出代价，既要在双边关系方面，也要在整个东西方关系方面付出代价。③ 所以，英国不能确定苏联是否真的想得到良好的英苏关系，甚至不能确定苏联是否会积极回应英国改善双边关系行动。

关于如何把球踢给苏联，布赖姆洛提出再和伦科夫举行一次谈话，尝试在苏联建立某种"联合工业企业"（joint industrial enterprise）。希思赞成这个建议。道格拉斯—霍姆询问基利克的意见，基利克的意见

---

① *DBPO*, Series Ⅲ, Volume Ⅲ, p. 215.
② *DBPO*, Series Ⅲ, Volume Ⅲ, p. 216.
③ *DBPO*, Series Ⅲ, Volume Ⅲ, p. 216.

是：建立"联合工业企业"不会成功扭转英苏关系的形势,俄国人是出了名的慢悠悠的谈判者,所以可能会花费数年时间谈判才能使两国立场稍稍接近。基利克指出,苏联的逻辑是:经济合作和主要交易不是改善政治关系的步骤,而是结果。①

从以上情况来看,英苏关系改善有些胶着,双方都不愿意迁就对方。苏联更加被动,尽管它似乎并不反对改善关系。无论如何,1973年,英苏关系已经到了一个"确定无疑的拐角"(a definite corner,布拉德语),现在要以更友好的关系开始。至于谁先迈出步子,双方都在迟疑,都在等待时机。这个时机的到来并非易事,而是存在三个基本障碍。1973 年 7 月 27 日,道格拉斯—霍姆在和伦科夫的会见中指出了英苏关系的三个基本障碍:(1)苏联领导人的意识形态观,他们想要破坏资本主义体制。(2)苏联是一个"封闭的社会"(closed society),西方人没法了解苏联国内正在发生什么。(3)苏联的军事政策和华约军力的增强,然而苏联"东方战线"(the Eastern Front)不需要这么多军力。② 不过,道格拉斯—霍姆在英国下议院演说中指出,英国政府认为与苏联的关系是英国对外政策的重要部分,苏联政府也希望在不同领域发展对英国的关系。③ 1973 年 8 月 14 日,英国驻苏联大使基利克应布赖姆洛的要求分析了苏联希望改善英苏关系的动机。基利克的分析非常有趣,他认为苏联希望改善英苏关系的根本原因可能是苏联没能通过"雪藏英国"(keeping us in the freezer)实现自己的目标:英国不仅继续在各种欧洲论坛上说出自己的所想,而且引得欧洲伙伴国越来越留心倾听英国的观点;英国没有表现出急躁,反而对不稳定的英苏关系泰然自若;苏联试图把一个欧洲国家排除在外是不利于苏联领导层的,因为其他国家会凑近看看苏联想要些什么;法苏关系、德苏关系已经有不满和急躁的迹象。鉴于这些原因,苏联领导层决定把英国从袋子里放出

---

① *DBPO*, Series Ⅲ, Volume Ⅲ, pp. 216, 217.
② *DBPO*, Series Ⅲ, Volume Ⅲ, p. 224.
③ *DBPO*, Series Ⅲ, Volume Ⅲ, p. 221.

第二章 冰冻—"新阶段"—冷淡：1973—1976年的英苏关系

来，并从另一个方向靠近英国。简而言之，是英国提升了自己的价值，并让苏联的"冷藏策略"（the cold-storage tactic）适得其反。经历两年时间（指1971—1972年——笔者），苏联得出结论：英国是最不容易受公开攻击和排斥伤害的，反而更善于接受微笑和伸出的手。基利克说这是对英国最公平的评价。1973年7月28日，布拉德写信给基利克说苏联好像在告诉英国，只要英国稍微表现得像个好孩子，那么苏联的阳光就会照到英国身上。苏联不会把任何东西白纸黑字地写下来，因为这样它就好像变成了"要求者"或者日后会被用来反对自己。基利克相信，苏联迟早会发现英国在欧共体里也很有影响力。苏联惧怕欧共体发展更紧密的政治团结、共同防务能力，害怕英国和法国的全力支持，试图离间英国和法国，所以，苏联像对待麻风患者一样对待英国，避之唯恐不及，可是苏联最后一定无处可逃。现在，苏联已经知道，离间英法不可能，在英法关系上搬弄是非效果有限，只有与英法两国好好交流才是正确的。[①] 可见英国不打算为改善英苏关系而改变对苏联的强硬立场。英国很自豪地认为正是自己的坚定和影响力换来了苏联转变态度。

苏联改变对英苏关系的态度出现在欧安会第二阶段会议之前（即1973年下半年——笔者）。一方面，英国欧安会代表团的良好表现使苏联不得不重视英国。苏联已经发现英国欧安会代表团是最有效率、最有影响力的代表团，也是最有专业能力的代表团，如果苏联继续排斥英国，那么苏联就不可能减弱英国在欧安会第二阶段谈判期间的影响力。另一方面，英国还是最能说清苏联对欧安会第二阶段谈判所思所想的国家。在苏联眼里，英国是欧安会相关利益最少的国家，同时也是阐发苏联言辞的字里行间的意思的国家，所以英国对有关苏联的问题的解释更加有效力。苏联也许希望英国帮助它成功地举行或者完成欧安会第三阶段首脑会议。[②]

[①] *DBPO*, Series Ⅲ, Volume Ⅲ, pp. 222, 223.
[②] 关于欧安会问题，可参见拙著《英国与欧安会的起源：1968—1975》（南京大学出版社2009年版），其中第四章详细讨论了欧安会第二阶段会议期间的各主要议题。

基利克认为勃列日涅夫和伦科夫是推动英苏关系的人，而葛罗米柯则是阻挠因素。基利克在 1973 年 8 月 8 日写给瓦尔登的信里分析，葛罗米柯虽然是苏共中央政治局（the Politburo）成员，但却仍然不是外交事务的决策者。虽然他在执行勃列日涅夫的"喊价"（Brezhnev's bidding），可是他修复英苏关系的热情很可能没有勃列日涅夫高。英国必须接受一个事实："球赛"（the ball-game）现在是在希思和勃列日涅夫之间进行，而不是在外长级别上进行。基利克在 8 月 17 日写给布赖姆洛的信里这样评价葛罗米柯：如果让葛罗米柯全权处理英苏关系，英苏关系的休眠状态会望不到头。① 因此，英国注意到有些苏联领导人希望改善英苏关系，有些则态度消极，总体上苏联领导人们的言行飘忽不定，不容易琢磨。

第六，英国驻苏联大使基利克明确提出了英国改善英苏关系的五个目标。

这五个目标是基利克在 1973 年 8 月 14 日写给布赖姆洛的信里提出的。这封信是私人信件，不是政府公文，所以它只是基利克的个人观点。基利克认为，面对苏联的积极倡议，英国不可能缩回壳里或者躲在"马其诺政治防线"（a political Maginot Line）后面。他提出了五个目标：(1) 大幅扩大苏联从英国的进口规模。苏联说英苏商业关系受政治关系拖累，他认为这个说法是骗人的，但是英苏贸易额的确非常低。英国官员可以向苏联建议增加进口英国商品，作为英苏关系恢复的表现之一。道格拉斯—霍姆曾指示基利克利用英苏"联合委员会" 1973 年 4 月会议后的形势，利用每个恰当时机加深苏联领导人的印象，让他们认为必须尽早地、实质性地开展对英贸易，这是政治需要。苏联外交官苏斯洛夫在和基利克的谈话中表示，改善贸易是英苏相互的任务，希望能尽早签订英苏十年经济合作协议（这个协议是沃克 1973 年 4 月访问苏联、参加"联合委员会"第二次会议期间确定的）。(2) 英国应该借首脑会晤之机向苏联解释清楚，有些事物苏联不可兼得，包括：推动欧

---

① *DBPO*, Series Ⅲ, Volume Ⅲ, pp. 222-223.

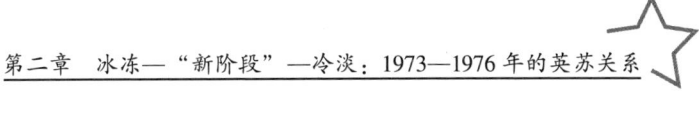

第二章 冰冻—"新阶段"—冷淡：1973—1976年的英苏关系

洲缓和与继续破坏英国在其他方面的利益；在经济、科学和技术合作方面，西方敞开大门，而苏联则神秘兮兮过于警惕；苏联既想与西方资本主义世界开展长期经济合作，又继续心怀敌意并与资本主义体制进行意识形态斗争。(3) 英国可以利用苏联的"试金石"观点努力反败为胜。苏联把英国在欧安会第二阶段期间（即1973—1975年——笔者）的政策作为检验英国是否真心改善英苏关系的"试金石"，想让英国配合他们缩短欧安会第二阶段并让第二阶段谈判一无所成。(4) 英国一直对改善与其他东欧国家的双边关系、商业关系以及其他关系很感兴趣，如果英苏关系改善的话，将有利于英国与其他东欧国家的关系。(5) 基利克认为，如果由希思向苏联和欧共体阐述英国的目标，那么对苏联是有益的。[①]

从以上论述可见，英国领导人的讲话和基利克的建议都表明，英国非常希望改善英苏关系并详细分析了英苏关系，也采取了一些行动。虽然英苏首脑会议尚未实现，但是其他级别的接触已经开始或保持下来，英苏关系改善已经迈出实质性步伐。尽管两国政府都比较谨慎，两国领导人内部的立场也并不完全统一，但是1973年英苏关系"回暖"已经成为明显的事实，只是有点疲弱。

三 道格拉斯—霍姆对苏联的访问（1973年12月2—5日）

英国外交大臣道格拉斯-霍姆这次访问的根本目的是希望与苏联领导人建立私人关系，更直接地了解苏联的想法，以便推动英苏关系改善。他的访问被视为英苏首脑会晤的前奏。英国希望实现希思和勃列日涅夫的首脑会晤，结果只实现了道格拉斯—霍姆的访苏。不过基利克也曾表示，英苏首脑会晤不是"囊中物"（not yet 'in the bag'）。[②] 事实上，道格拉斯—霍姆的访问是在英苏关系波动之时成行的，这种波动源于访问的不确定性，即英国在犹豫、苏联准备不足，于是没人认为这次

[①] 基利克提出的这个五个目标，参见 *DBPO*, Series Ⅲ, Volume Ⅲ, pp. 223-224。
[②] *DBPO*, Series Ⅲ, Volume Ⅲ, p. 226。

访问必须成行。比如1973年8月基利克认为英国可以推动英苏首脑会晤，但是不必一定求得结果。这一观点当时代表了英国官员们的主流立场。这里的"结果"指苏联和其他西方国家互访时签订了不少条约或者协议，基利克把这些称为苏联的"战利品"（trophies）。① 他说，勃列日涅夫在演讲或报告里频繁提到这些"战利品"，所以如果英国不和苏联签订类似文件，那么勃列日涅夫访问伦敦的可能性就比较小。英国现在也许可以考虑能提供什么样的"战利品"，但是必须排除核协议（英苏已经达成共识，一定不谈核武器协议）。伦科夫曾告诉希思说，苏共中央政治局和最高苏维埃都强调，苏联政府很重视其他国家"放弃使用武力宣言"和"放弃使用核武器协议"。就当时的情况而言，英国能够提供的"战利品"是在欧安会谈判方面，比如"国家间关系原则宣言"②，即软化立场、推动欧安会第二阶段谈判尽快前进。

关于如何沟通和安排英苏首脑会晤，基利克认为应该和苏联大使伦科夫保持联系，而不是由两国外长沟通，因为此前的英苏外长沟通没有取得什么成果，而且基利克强烈感觉苏联不希望由两国外长来准备这场首脑会晤。他举了1971年勃列日涅夫访问巴黎的例子，那时大量准备工作是法国驻苏联大使赛都（M. R. Seydoux）和葛罗米柯沟通的，法国大使馆和法国外交部的较低级别人员也做了大量工作。基利克认为，英国最好先和伦科夫保持联系，但不提前决定签订何种形式的文件。如果前述英国的五个目标被认可，那么越少准备越好，如果双方都没有积极意愿，甚至不需要准备会晤议程。③

1973年9月，英国外交大臣道格拉斯—霍姆接受了访苏邀请，9月25日他在纽约参加联合国大会时收到了葛罗米柯的邀请。葛罗米柯说，访问可以安排在11月末或者12月初。道格拉斯—霍姆个人非常倾向于

---

① 尼克松1973年5月22—30日访问了莫斯科；勃列日涅夫1973年5月18—21日访问了波恩，6月17—25日访问了华盛顿。这些访问期间都签订了条约或者协议。
② *DBPO*, Series Ⅲ, Volume Ⅲ, p. 225.
③ *DBPO*, Series Ⅲ, Volume Ⅲ, p. 226.

接受邀请，希思也向伦科夫表示非常高兴看到道格拉斯—霍姆受到邀请。① 不过，布拉德指出，英国外交和联邦事务部弄错了，葛罗米柯的邀请显然不是他自己愿意的，而是苏联高层的指示。苏联官员苏斯洛夫告诉基利克，虽然勃列日涅夫即将访问印度，葛罗米柯可能要随行，这使道格拉斯—霍姆的访问时间安排有点困难，但是英方的访问一定要成行，他希望基利克尽力创造条件。② 然而，基利克却很不高兴道格拉斯—霍姆接受邀请，因为他竭力推动的是希思和勃列日涅夫的首脑会晤，而不是外长会晤。苏联最高苏维埃主席团主席波德戈尔内（N. V. Podgorny，1966—1977 年在任）曾经在 1970 年邀请英国首相访问苏联，此后在 1973 年 9 月又表示这个邀请仍然有效，希望希思首相能在合适的时间访问苏联，可是希思在和伦科夫的谈话中竟然没有提到自己访问苏联的事，反而很赞许地提到葛罗米柯对道格拉斯—霍姆的邀请。这让基利克很不高兴。③ 因为连续举行两次高级别访问不现实，还会被苏联认为英国更愿意接受苏联的立场。基利克甚至请布拉德弄清楚希思首相当时没有对伦科夫提访苏邀请一事究竟有什么特殊原因。此外，由于希思没有回应波德戈尔内的邀请，让伦科夫误以为基利克没有向英国汇报情况，是基利克阻止了英国方面的回应。这让基利克蒙受委屈，被看成了英苏首脑会晤的障碍④，难怪基利克不高兴。

英国外交和联邦事务部把道格拉斯—霍姆对苏联的访问称为与苏联恢复部长级接触的"关键因素"（the key element）。不过基利克不这么认为，他更看重希思访问苏联。好在希思最后接受了波德戈尔内的邀请，定于 1974 年访问苏联。但是由于 1974 年 2 月保守党在英国大选中丢掉了在下议院的多数优势，工党成为执政党，希思访苏的计划没有

---

① *DBPO*, Series Ⅲ, Volume Ⅲ, p. 230.
② *DBPO*, Series Ⅲ, Volume Ⅲ, p. 232.
③ 1973 年 9 月，波德戈尔内在和爱丁堡公爵的谈话中表示邀请继续有效，参见 *DBPO*, Series Ⅲ, Volume Ⅲ, p. 230。波德戈尔内第一次提出邀请希思首相是在 1970 年，参见 *DBPO*, Series Ⅲ, Volume Ⅲ, p. 233。
④ *DBPO*, Series Ⅲ, Volume Ⅲ, p. 231.

实现。

　　道格拉斯—霍姆1973年12月2—5日访问苏联,这次高级别访问标志着两国关系"回暖"。12月11日,加维(T. Garvey)接替基利克出任英国驻苏联大使,他总结了这次访问。访问期间,道格拉斯—霍姆和葛罗米柯举行了三场会谈,还拜会了苏联部长会议主席波德戈尔内。道格拉斯—霍姆对波德戈尔内印象不太好,他在给希思的私人信件里说波德戈尔内简直就是英国议会里的工党主席霍顿(Douglas Houghton),三次会谈全都啰啰唆唆。①

　　如果不计较那些琐碎的细节和英苏的根本分歧,道格拉斯—霍姆的访问算得上比较成功,访问成果也比较丰富。第一,英苏两国发表了联合公报。这份联合公报的出台十分顺利。访问前,苏联并没有和英国磋商发布联合公报一事,但是当道格拉斯—霍姆到达莫斯科后,这项工作就开始进行了。苏联方面没有制造任何困难,除了因为熬夜工作让英国官员们感到非常疲惫。英苏官员就联合公报的原则避免了很多争吵。苏联方面由外交部第二欧洲司司长苏斯洛夫带领,他显然得到苏联政府的授权,避免让英国感到非常为难。这份联合公报是中性的,篇幅简短。公报说,两国外长的谈话是"友好的、务实的"。两国外长"高兴地指出了国际形势中的积极趋势,特别是欧洲的,这为进一步发展英苏友好与和平合作创造了机遇,尽管两国的政治、经济和社会制度都不相同"。第二,苏联创造了友好的访问氛围,提供了高级别、友好的接待,双方互动良好。加维大使说,访问前,苏联官员就已经使用"友好"一词了,表明苏联希望此次访问能够成功;苏联政府刻意为访问塑造良好的印象;苏联媒体也为了访问成功而降低调门(in a minor key),批评的声音减少了。苏联的友好表现十分充分,甚至为英国大使馆人员预留了大量芭蕾舞会的座位(芭蕾舞会在克里姆林宫举行),在两次会谈间歇都举办了适当的娱乐晚会。苏联还给英国访问团提供了充足的供给(provisions)和交通,包括道格拉斯—霍姆在列宁格勒的旅

---

① *DBPO*, Series Ⅲ, Volume Ⅲ, p. 245.

行。葛罗米柯代表苏联政府在列宁格勒山的别墅举办了一次奢华的宴会。苏联官员也参加了道格拉斯—霍姆在英国大使馆举办的午餐会。① 第三，英苏双方决定于1974年举行双边首脑会晤。道格拉斯—霍姆认为这是访苏的主要成果。两国决定，道格拉斯—霍姆访问结束后，由葛罗米柯访问伦敦，然后希思将在1974年访苏。道格拉斯—霍姆认为另一个成果就是西方国家的部长可以与苏联进行坦率而直接的对话，并且不会导致不利反应。② 葛罗米柯在与道格拉斯—霍姆磋商时，尽可能让自己礼貌，避免对抗甚至避免争论，在任何关于苏联或者西方国家政策方面，他都不挑战道格拉斯—霍姆，而当时苏联宣传机构正在攻击这些政策，特别是当前欧共体加强欧洲防务合作的行动，葛罗米柯总体上很乐意让英国自己处理自己的事情。道格拉斯—霍姆按计划提出了英苏的不同观点，比如两国对世界的看法、对缓和的不同观念、通过欧安会"第三只篮子"（Basket Ⅲ，即关于东西欧之间人道主义交流等议题——笔者）使欧洲人民之间更加接近、更多交流，限制苏联对国外外交官采取行动，等等。葛罗米柯回答这些问题时都没有恶语相向，并且坚决拒绝了可能会引起争论的问题。所以，道格拉斯—霍姆和葛罗米柯之间的谈话就像"一场应该爆发而没有爆发的战争"。③ 总之，访问氛围极好，成果务实。只有一件令人不快的事，英国拒绝给苏联官员普罗斯基（M. Pronsky）发放签证。普罗斯基是苏联科学和技术国家委员会对外关系部（the Head of the Foreign Relations Department of the State Committee for Science and Technology）的司长，苏联派他出任驻伦敦大使馆的部长级顾问（Minister-Counsellor），作为苏联科学与技术国家委员会驻伦敦的代表。苏联很希望趁访问期间申请到普罗斯基的签证，可是在整个访问期间，苏联方面没有谁提及这件事。最后，苏联为了抗议而不让"科学和技术国家委员会"参加英苏磋商，不过派了负责经济

---

① *DBPO*, Series Ⅲ, Volume Ⅲ, pp. 245-246.
② *DBPO*, Series Ⅲ, Volume Ⅲ, p. 249.
③ *DBPO*, Series Ⅲ, Volume Ⅲ, p. 246.

互助委员会（Council of Mutual Economic Assistance）事务的副总理参加，以便确定会议的级别。① 所以很显然，苏联不愿意破坏访问的友好氛围，这次访问成功了。

  道格拉斯—霍姆的访苏彻底结束了自 1971 年 9 月英国驱逐苏联外交官员以来苏联刻意排斥英国、英苏关系陷入"冰冻"的局面。英国推动了英苏关系的改善，并使双边首脑会晤近在咫尺。英国大使加维认为，苏联想要和英国发展出一种长远的关系，而不是签订一些具体协议，苏联甚至试图直接影响英国在某些国际问题上的想法，比如中东问题、欧安会、欧洲对等裁军等。事实上，苏联的目标仅仅是恢复英苏政府层面的友好关系，它相信这样的友好关系符合苏联的利益。加维分析了苏联态度友好的两个主要原因：第一个原因是苏联关心的是英苏关系能在苏联的欧洲缓和总政策中扮演什么角色。对苏联来说，在欧洲国际关系中和法国关系极好、和联邦德国关系良好，而把英国作为潜在的麻烦制造者，这肯定讲不通。苏联已经在赫尔辛基、维也纳、日内瓦等地的多边谈判中看到了英国的重要性，看到了英国在欧洲问题上是一个制定西方联盟政策的重要角色，而不是麻烦。苏联可能不指望英国同情苏联的政策，但是却希望通过改善双边关系而减少来自英国的阻力。苏联应该认为，与英国进行更密切的对话还可以在中东等国际问题上发挥作用。简而言之，苏联的目标是重建英苏正常关系，以便追求勃列日涅夫的总体缓和政策。道格拉斯—霍姆也认为苏联已经抛弃了在欧洲政治中试图孤立英国、阉割英国的意图。第二个原因很可能是勃列日涅夫个人希望改善英苏关系。加维指出，勃列日涅夫具有人性中最常见的弱点，好奇心重、胸有抱负，年事已高，显得非常享受首脑会晤的盛典，和他的同事在国际舞台上相见，也很享受苏联媒体对他外访的吹捧。所有这些外交成功都加强了勃列日涅夫的国内政治地位。勃列日涅夫访问伦敦、希思访问莫斯科，都是十分有价值的行动。现在苏联正在把英国带

---

  ① *DBPO*, Series Ⅲ, Volume Ⅲ, p. 247.

第二章 冰冻—"新阶段"—冷淡：1973—1976 年的英苏关系　　81

入勃列日涅夫所希望的圈子。① 从加维的分析来看，英国非常清楚苏联有改善双边关系的意愿，但是对苏联的目的保持高度警惕。

英国也注意到苏联关于一些问题的立场毫不妥协。加维指出，葛罗米柯仍然强调苏联那些世人皆知的立场。加维自己和英国大使馆官员印象最深的是葛罗米柯在对外政策事务方面十分强调苏联的国内利益，在任何关乎苏联安全或者苏联国内需求和规则的问题上都毫不动摇、坚定无比。葛罗米柯拒绝了道格拉斯—霍姆所说的"意识形态斗争"一词，认为"斗争"可以描述为"分歧"（differences）。葛罗米柯表示，对苏联意识形态的讨论不会有任何结果。他也不同意以欧安会"第三只篮子"的规定为基础创办一份联合杂志或者联合电视节目，还拒绝了关于消除两国驻对方大使馆外交官旅行限制的建议。② 所以，英国官员的感觉是对的，即苏联在某些国家根本利益上毫不妥协，同时又为了配合英方访问、制造友好氛围而不与英国争论。这说明冷战在某些领域是不可调和的，英苏关系在某些问题上无法取得共识。道格拉斯—霍姆访苏确认并推动了英苏关系改善，于是英国开始思考如何利用改善了的英苏关系。比如，英国认为也许可以借此机会一定程度上影响苏联的政策，特别是在贸易领域。再如，英国认识到苏联只会自己来判断本国安全和国内秩序，不会受他国影响。事实上，英国确实高估了自己对苏联的影响力。

第三节 "新阶段"：1974—1976 年的英苏关系

1974 年 2 月 28 日英国举行了大选，保守党失去了下议院多数席位，3 月 4 日工党领袖威尔逊（Harold Wilson）成为首相，卡拉汉出任外交大臣。③ 英国政府更迭为英苏关系带来了历史性新契机，威尔逊工

---

① *DBPO*, Series Ⅲ, Volume Ⅲ, p. 247.
② *DBPO*, Series Ⅲ, Volume Ⅲ, p. 248.
③ *DBPO*, Series Ⅲ, Volume Ⅲ, p. 79. 此后，1976 年威尔逊因病辞职，卡拉汉出任首相，克罗斯兰（C. Anthony R. Crosland）担任外交大臣。

党政府不仅继承了促进英苏关系改善的立场和势头,还进一步将两国关系推进"新阶段"(the New Phase)。"新阶段"是英国工党政府对英苏关系提出的期待并最终得到苏联承认。在对苏政策上,英国工党政府远比保守党政府更加积极主动。时任英国首相威尔逊成功访问苏联,实现了保守党政府此前未能做到的英苏首脑会晤。英苏两国也实现了其他领域(包括贸易领域)的合作与发展,双边关系几乎得到全面提升。

关于"新阶段"开始的时间,理论上看,从1974年2月英国工党政府组建就开始了,但是由于威尔逊政府在1974年10月10日举行了一次大选①,决定重新谈判英国加入欧共体的条款,最终工党获胜,巩固了执政地位,所以"新阶段"自1974年10月算起更恰当。不过,"新阶段"概念也许并未在工党政府内形成共识。比如英国"东欧与苏联司"的布拉德在1974年10月4日的文件中在"新阶段"这个表述旁打了个问号,并且提出了两点理由:一个是欧安会的进展,苏联代表团在欧安会续会(the Follw-up of CSCE)问题上不急不慌的态度;另一个是葛罗米柯在联合国大会上的演讲,语调平静而威严,对世界问题有种超然的感觉,好像苏联不会受到影响。② 布拉德注意到,葛罗米柯演讲的口气与1973年12月会见道格拉斯—霍姆外交大臣时的口气一样。③布拉德的两个观察表达了对"新阶段"的怀疑或者不确定。所以,"新阶段"可能不仅用来描述英苏关系,还要结合东西方关系的发展。"新阶段"既指英苏关系度过了冷漠期,开始出现"融冰",同时也与东西方关系的变化(特别是自1973年10月爆发中东战争及其后的石油危机以来)有某种时间上的重叠。

一 卡拉汉改善英苏关系的强烈愿望

英国工党政府成立后,英苏关系改善的势头得到继续保持。1974

---

① DBPO, Series Ⅲ, Volume Ⅲ, p. 344.
② DBPO, Series Ⅲ, Volume Ⅲ, p. 344.
③ DBPO, Series Ⅲ, Volume Ⅲ, p. 348.

第二章 冰冻——"新阶段"——冷淡：1973—1976年的英苏关系

年5月7日，威尔逊会见苏联驻英国大使伦科夫。伦科夫向威尔逊表示，苏联领导人希望与英国首相重建过去那种良好关系，希望威尔逊不久就能访问莫斯科。1974年5月10日，卡拉汉会见伦科夫。伦科夫对卡拉汉说，苏联领导人希望"把英苏关系提升到更高水平"。5月15日，卡拉汉对英国驻苏联大使加维说，他想认真考虑苏联的访问邀请，并提议在未来六个月里为改善英苏关系而付出实质性努力。加维赞成认真对待苏联提升英苏关系的建议，但是也认为英国不应该放松警惕。①

卡拉汉、加维等官员不仅在政治上表态希望继续改善英苏关系，还提出了改善两国关系的具体方式和行动。卡拉汉对加维表示，希望给苏联领导人一个回信，表达这样几个意思：(1) 对伦科夫提出的欧安会问题给出建设性回复。(2) 提及对等裁军谈判问题，并暗示这依旧非常重要。(3) 写一段关于中东或者其他国际问题的文字，使英苏在这些事务上建立高级别对话的原则。(4) 英国政府对英苏关系态度的一份声明，在其中给出比苏联已经提到的更具体的建议。加维认为给伦科夫一个建设性的回复很容易做到，而对等裁军谈判是检验苏联意图的真正"试金石"。加维建议卡拉汉以新风格、新语言谈及英苏最高级别对话和英国政府的态度。他还建议：英国可以"复活"一些建议，以便在英苏定期的会谈中磋商特定议题；建立英苏高级别磋商机制，比如签订"磋商议定书"（加拿大、法国已经和苏联签署了这类文件）以及其他安排；确定英苏已经原则性同意了的访问日期，为邀请勃列日涅夫访问伦敦做准备。加维说，伦科夫曾经邀请威尔逊首相访问莫斯科，此后葛罗米柯也被邀请访问伦敦，这就是"复活"。很显然，卡拉汉和加维等人在认真思考切实推动英苏关系的方式，他们这么做是为了让英国和其他西欧国家（英国称之为"西欧竞争者"——笔者）在对苏交往方面地位平等，向苏联表明英国政府在做一些新的事情，让英国更好地处理各种"小陷阱和种种困难"。1974年5月20—22日，加维返回伦敦参加英苏"联合委员会"会议，这被认为是一个与葛罗米柯会谈的好

---

① *DBPO*, Series Ⅲ, Volume Ⅲ, pp. 289, 291.

机会，还可以从英国外交部门得到指示。①

可见，英国对改善英苏双边关系十分积极，保持并发展了希思政府自1973年以来的双边关系势头。苏联方面似乎也更积极了，甚至在1974年5月的一两周里疯狂讨好英国。加维说苏联讨好英国政府是因为苏联更加感到西方国家发展前景的不确定性，因为此时，1974年5月16日勃兰特因间谍案辞职（其内阁高级官员被指控是民主德国的间谍）、蓬皮杜1974年4月2日在任内去世、尼克松因水门事件其总统职务岌岌可危（1974年8月尼克松辞职），苏联也许想通过讨好英国而找到欧安会的突破点，促成欧安会第三阶段首脑会议，从而展示其"和平"政策的成功。苏联也想和英国发展贸易并知道英国也有此意，所以它可能会趁英国国内经济困难而利用英国的政治地位，把英国变成它"心甘情愿的共犯"。加维分析，苏联希望从英国得到的东西包括：(1) 同意在1974年夏季召开欧安会首脑会议（赫尔辛基）。(2) 不要继续在欧安会"人道接触"（human contacts）和"第三只篮子"（Basket Ⅲ）方面吹毛求疵。(3) 解除苏联驻伦敦代表的最高人数限制，以便苏联重建以伦敦为基地的情报网。作为交换，苏联将会扩大食品出口(bread and butter export)，再签订一些规模非常大的合同，其中一两项合同已经比较成熟了。不过英国方面谨慎看待苏联的积极言行。加维认为，英国的问题是如何开启游戏并利用机会，比如英苏商业贸易。但是卡拉汉表示，他将根据苏联的成绩再判断，他不想付出不合理的代价，但是也不会歧视某个建议，如果这个建议的本质没有被歪曲的话。② 所以，卡拉汉虽然积极处理英苏关系，但是没有贸然前进。

卡拉汉积极推动英苏关系改善的愿望还体现在他1974年6月让加维转给葛罗米柯的口信儿里。卡拉汉在口信儿里说，英国深受苏联方面的邀请和近期英苏合作成果的鼓舞，英国很清楚苏联政府希望改善英苏

---

① *DBPO*, Series Ⅲ, Volume Ⅲ, p. 291.
② *DBPO*, Series Ⅲ, Volume Ⅲ, p. 290. 关于苏联希望英国不再阻挠欧安会进程并顺利举行欧安会首脑会晤的详细情况，参见拙著《英国与欧安会的起源：1968—1975》（南京大学出版社2009年版），第四章"英国与欧安会重大议题"。

第二章 冰冻—"新阶段"—冷淡：1973—1976年的英苏关系

关系的质量、提高英苏关系的水平，这也是英国政府的愿望和意向。威尔逊先生和工党政府的一些成员过去在相互尊重和互利的基础上努力创造一个更安全、更富有成果、更持久的对苏关系政策，这仍然是英国的目标。英国相信，当前形势为改善英苏关系提供了更广泛、更有希望的背景。英国愿意在欧安会、对等裁军、中东、印度核试验等问题上和苏联一起寻找解决之道。卡拉汉十分希望能推动英苏政治接触，他设想两国可以开展外交部门高级别官员对话、建立两国外交使团机制化接触、更频繁更高级别的议会联系（甚至可以让一些非议员参加对话，比如媒体人士、工业界人士、工会和其他领域的人士）。可见卡拉汉对英苏关系的迫切期待和努力推动。不过，加维说，葛罗米柯对口信儿的评论平平淡淡，即便不是离题万里东拉西扯，也只不过是表达了苏联那些众所周知的立场。此后，1975年2月，卡拉汉访问苏联，其间他提醒葛罗米柯没有回复口信儿的事，葛罗米柯说他很抱歉，但是他并不知道卡拉汉在等回信。[①] 本质上看，卡拉汉的口信儿主要表达了一种态度，即英国政府决意推动英苏关系。口信儿中有不少虚词，没有太多实际意义，因此更多的是一种态度。这可能和工党政府刚上台不久，尚未正式展开对苏关系有关。卡拉汉的话比较委婉，也比较绕弯，大概是因为他没有办法就英苏关系给出定论，也可能是为了避开得罪苏联的言辞。不过，他对改善英苏关系的建议却非常具体，涵盖面广，可操作性很强，从这一点能看出他是真诚的。至于葛罗米柯的回应和没有回信则难以理解，也许他个人不感兴趣或者故意冷落英国。

综上所述，威尔逊工党政府上台后，英苏关系是继续改善的，继承了希思政府时期的改善势头。卡拉汉是真心实意希望继续推动改善英苏关系，提出了"更安全和更富有成果的英苏关系"的目标。卡拉汉1974年5月19日在下议院的演说中谈到了这个目标。[②] 加维虽然比较谨慎，但是也积极支持卡拉汉，为改善英苏关系提出了十分具体且积极

[①] DBPO, Series Ⅲ, Volume Ⅲ, pp. 294-295, 297.
[②] DBPO, Series Ⅲ, Volume Ⅲ, p. 349.

正面的建议。不过,也有英国官员不太赞成卡拉汉直截了当甚至有些激进地推动英苏关系的做法,比如布拉德。当卡拉汉表示想让英国拥有像美苏那样的关系时("比如没有错觉,只有真正的贸易"),布拉德认为英苏政治关系和贸易关系不能像卡拉汉想的那样直接。①

二 为威尔逊首相访苏做准备

威尔逊工党政府赢得1974年10月10日的大选后,继续推进英苏关系就成为工党持续追求的目标。10月16日,当伦科夫拜访威尔逊并转达勃列日涅夫的祝贺时,威尔逊说现在自己可以从稍微长远一点的角度看待英苏关系了,希望苏联政府早日邀请他访问莫斯科。1974年11月中旬,英苏达成一致,威尔逊和卡拉汉将在1975年年初访问苏联。②1975年1月3日,苏联驻英国大使馆顾问谢苗诺夫(Y. A. Semonov)向英国确认,苏联已经接受威尔逊和卡拉汉于1975年1月13—17日访问苏联的安排。加维立即返回伦敦商讨相关事宜。③ 英国方面为访问设定目标并展开细致分析。

第一,卡拉汉提出英苏关系的新目标:"更安全和更富有成果的英苏关系。"

卡拉汉设想英苏关系保持两个基调:一是"更安全和更富有成果的英苏关系"(1974年5月19日在下议院的演讲);二是希望威尔逊的访问成为英苏关系的"地标"(landmark)。威尔逊访问苏联的确成为英苏关系的"地标"。这是时隔七年后英国首相再次访问苏联。当时因为英国为回应1968年"捷克斯洛伐克事件"而没有访苏,后又在1971年驱逐苏联外交官员,所以七年里英苏关系改善都没什么成果。1973年12月初,道格拉斯—霍姆外交大臣对苏联的访问被英国两大党视为与过去的英苏关系的分割线。加维相信苏联政府在1974年年初就决定

---

① *DBPO*, Series Ⅲ, Volume Ⅲ, p. 296.
② *DBPO*, Series Ⅲ, Volume Ⅲ, p. 349.
③ *DBPO*, Series Ⅲ, Volume Ⅲ, p. 357.

翻开英苏关系新的一页,只是英国国内的经济危机和选举形势暂时中止了这个改善势头。他相信,随着英国十月大选的结束,苏联现在愿意继续向前。① 从这个角度说,"地标"论可以成立。

英国方面就威尔逊访苏一事做了比较充分的准备。威尔逊和卡拉汉都对英苏关系取得新进展抱有较大期待。1975年1月17日,卡拉汉告诉加维说,他和威尔逊都相信"翻开英苏关系新一页"的时间和背景都很恰当。卡拉汉建议访问期间或者结束访问后不久就发表双边声明,声明包括以下内容:(1)一份咨询议定书。(2)建立更好的英苏贸易、经济、工业合作基础。(3)改善科学和技术合作安排。(4)就第(2)点和第(3)点签署具体项目。(5)建立英苏圆桌会议。(6)签订健康服务协定(convention)。(7)文化交流。(8)超音速空中交通路线。(9)各种英苏交流。英国和苏联的相关方可以准备就各种问题提出正式建议,比如商业代理权(business representation)、新的大使馆建筑。加维除了与苏联方面多次沟通访问事宜之外,还提出访问应有两个主要目的:第一,要改善英苏关系的氛围;第二,要实质性地提升英国对苏联的贸易。加维认为这两点可以实现,即使访问不一定成功。他还认为,这两点需要同时实现,因为苏联心里想要的也是这两点。英国不能只要第二点,不要第一点。②

为使访问成功,加维建议威尔逊和卡拉汉做以下准备。(1)英国应该尽早拟定一份联合声明草案,表明英国寻求在访问期间和访问后创造一种英苏关系新氛围。英苏文件可以叫"公报",也可以叫"联合声明"。加维倾向于叫"联合声明",因为苏联不会把这个文件作为给未来英苏关系定调的正式文件。英国希望由威尔逊和勃列日涅夫签署"联合声明",以显示访问的重要意义。1975年1月21日,英国将"联合声明"草案交换给苏联,但是苏联2月5日的对应草案(counter draft)是个"剪刀加糨糊的作品……剪刀用的更多"。苏联的不认真态

---

① *DBPO*, Series Ⅲ, Volume Ⅲ, p. 349.
② *DBPO*, Series Ⅲ, Volume Ⅲ, p. 357.

度也许说明它不重视访问或者准备不充分。(2) 优先就商业计划纲要达成协议。英国"贸易和工业部"的意见是：说服苏联在 1975 年 1 月底派一名副部长到伦敦来签订这个协议。(3) 由英国确定不能做哪些政治让步。加维个人认为应当坚持不让步的问题包括对等裁军、驱逐 105 名苏联外交人员问题、欧共体关税安排问题、关于欧安会的更多建议（签订最后文件除外）。不过此后英国官员们很快就决定，欧安会和对等裁军方面的让步必须以扩大贸易为目标。① 从卡拉汉对英苏联合声明的设想、加维对英国目标和立场的分析可以看出，英国方面对威尔逊访苏准备得相当细致。但是苏联的回应不太令人满意，这一时期苏联的注意力很大程度上在推动欧安会谈判并召开首脑级别的第三阶段会议上面。

第二，加维分析了苏联对英苏首脑会晤的态度。

加维指出，苏联没有把与英国的良好关系视为最重要的事项，苏联感觉没有英国也可以。苏联最主要的西方伙伴是美国，在欧洲则是法国和联邦德国，它们为苏联提供了一切所需，因此如果英国想取得某种结果，就需要自己努力。现在的问题是：英国需要努力多久、需要努力到什么程度。英国方面要求勃列日涅夫参与这次访问，也就是访问邀请由勃列日涅夫发出，举行首脑会晤。加维向苏斯洛夫提出了这个问题。加维推测苏联也许要看看从现在（1975 年 1 月 16 日）到 2 月 13 日的访问质量。所以加维提出英国要避免两个危险：一是过分地拍苏联马屁，导致苏联不尊重英国；二是别让苏联认为英国什么也没学到、什么都记得，结果苏联就没有善意了。②

加维提醒威尔逊和卡拉汉要防止苏联突然变脸，就像 1974 年 10 月对联邦德国总理施密特（Helmut Schmidt）和外长根舍（Hans-Dietrich Genscher）那样。1974 年 10 月 28—29 日，施密特和根舍访问苏联，与勃列日涅夫会谈以增强两国政治和经济联系。在磋商过程中，苏联断然

---

① *DBPO*, Series Ⅲ, Volume Ⅲ, p. 358.
② *DBPO*, Series Ⅲ, Volume Ⅲ, pp. 357–358.

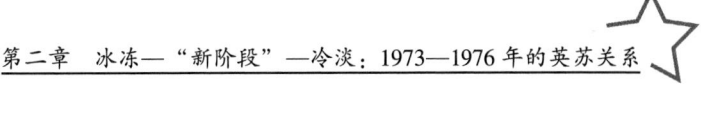

拒绝了联邦德国的要求，即等待签字的德苏一系列双边协议应该包括西柏林。加维还担心苏联方面很可能以健康为由不让勃列日涅夫参加。1974年年底，传闻勃列日涅夫健康状况不佳，后来证实是中风，正在康复。如果英国能点燃苏联的兴趣，那么就有成功的机会。① 不过此后在威尔逊访问期间，卡拉汉注意到勃列日涅夫的健康状况良好，看起来胸有成竹，仍能掌控一切。英国方面得出的清晰印象是，勃列日涅夫的缓和政策继续有效，并且会持续下去。②

从英国方面的准备工作来看，英国非常重视威尔逊和卡拉汉访苏，相关准备工作比较全面深入。卡拉汉的热情使他的思考和建议走在了前面，他设定的"更安全和更富有成果的英苏关系"这一目标也被加维大使落实得很好，这些都为英苏首脑会晤奠定了很好的基础。

三 威尔逊访苏及其丰富成果

1975年2月13日，威尔逊和勃列日涅夫在克里姆林宫举行会晤。第一天的谈判持续到晚上八点半，主要谈论多边问题。威尔逊建议第二天谈英苏双边关系，双边关系还有很多事要做。从英国方面对访问的记录看，访问十分成功。

其一，苏联非常欢迎威尔逊的访问，勃列日涅夫表达了对英国的重视。勃列日涅夫不仅表达了个人的欢迎和满意，而且表示苏共中央和苏联人民也很欢迎威尔逊的访问。其他苏联领导人都表达了欢迎。他还提到英国和苏联工人阶级的联系就像回到了苏联革命时代一样。他说，访问期间的一系列会议不应该探讨过去，他相信英国和苏联都希望未来能在世界事务中加强联系与合作、争取和平。威尔逊同意此次会晤不讨论过去。两人的表态意味着对1968年，特别是1971年以来英苏关系的"冰冻"和冷淡画上了句号，正式接受了英苏关系的"新阶段"。勃列日涅夫说苏联知道英国的重要性，知道英国的声音很有分量，苏联从来

---

① *DBPO*, Series Ⅲ, Volume Ⅲ, p.358.
② *DBPO*, Series Ⅲ, Volume Ⅲ, p.360.

没有把英国视为三等国家,苏联一直都很留心英国的声音,把英国当作一个主要的、发达的国家。① 这一表态无疑让威尔逊无比高兴。

其二,勃列日涅夫主张把首脑会晤的重点放在政治事务上,威尔逊认为磋商应该广泛涉及全球性问题。勃列日涅夫说,会谈毫无疑问会涉及经济事务,但是最重要的议题是政治事务。不过他也说,谈论政治事务时不应该忽视经济合作,因为这会促进更好的政治合作。他肯定了英苏经济合作在最近几年有一些发展,但是谁都不能说双方已经尽力了。勃列日涅夫指出,对于这次会晤,苏联政府没有严格的文本草案或者议程(即不固定会谈内容——笔者),他希望会谈是完全自由的。关于磋商主题,勃列日涅夫只表示应以政治问题为主,没有提出更多建议,反而邀请英国提出建议。于是,威尔逊请卡拉汉首先提议,卡拉汉提出了世界粮食问题、世界和平问题、欧安会"第三只篮子"问题、欧洲边界"不可侵犯"原则、美国向联邦德国派出两个旅的军事力量问题,等等。英苏在前两个问题上共识稍多一些,但是在后三个问题上分歧很明显,这主要源于双方根本利益差别无法调和。勃列日涅夫建议这次会晤解决不了的问题可以交给两国的部长们继续深入磋商。② 这为英苏进一步开展双边交流做好了原则铺垫。

其三,威尔逊在会晤中提出了英苏关系"新阶段"(a new phase)或者"新起点"(a new start)的概念。威尔逊说,英苏关系经历了起伏,但是现在双方正在寻找"新阶段"。两国都应该为"崭新的起点"(a fresh start)而努力,英苏磋商的关键词应该是"积极"(positive),他说勃列日涅夫曾提到这个词。卡拉汉后来解释说,"英国的中心目标是通过与苏联领导人在最高级别上的个人接触制造一个全新的开始"。加维在1975年2月7日(即首脑会晤结束后)分析了苏联对"新起点"的看法,揭示了苏联试图通过英国寻求"新起点"的态度而决定

---

① *DBPO*, Series Ⅲ, Volume Ⅲ, pp. 359, 360, 364.
② *DBPO*, Series Ⅲ, Volume Ⅲ, p. 360. 卡拉汉对这几个问题的详细阐述,参见 *DBPO*, Series Ⅲ, Volume Ⅲ, pp. 362-364。

第二章 冰冻—"新阶段"—冷淡：1973—1976 年的英苏关系

在英苏联合声明中求得政治回报，即让英国接受苏联关于"和平共处""缓和""欧安会"的构想。① 可见，尽管英国明确提出英苏关系进入了新阶段，但是苏联没有给予同等的回应。不过，无论如何，"新阶段"或者"新起点"概念的提出表明英苏关系已经走出驱逐间谍事件的阴影，标志着英苏关系的新发展。这不能不说是英国工党政府的外交成就之一。

其四，威尔逊和勃列日涅夫签署了英苏"关于不扩散核武器的联合声明"。这是在 1975 年 2 月 17 日威尔逊访苏期间签订的，也是应勃列日涅夫要求签订的。此时葛罗米柯即将前往日内瓦，与基辛格（Henry Kissinger）进行会谈，这份声明也许为美苏关系进展做了铺垫。该声明欢迎近年在限制战略武器和核试验方面的进展，确认英国和苏联致力于彻底停止所有核试验。它代表英苏在国际事务上的良好合作。威尔逊说，作为《核不扩散条约》成员国，英国政府愿意讨论减少核武器传播风险、各国核武器竞争风险的措施。英苏两国应该思考自己能在 1975 年 5 月的"评估会议"（the Review Conference，应该指《核不扩散条约》的评估会议——笔者）上做些什么，以减少上述风险，同时也减少化学武器、生物武器等带来的风险。②

其五，英国大使加维称英国获得了所有想要的文件。在首脑会谈中，威尔逊认为，两国应该磋商如何加强贸易与工业合作，开展联合行动，包括开发苏联丰富的物质资源，提高技术水平和科技创造能力；可以开展文化、科学事务合作，包括医疗研究合作；还有军事方面的密切合作。两国官员关于联合声明的讨价还价像英国事先预计的那样艰难，

---

① *DBPO*, Series Ⅲ, Volume Ⅲ, p. 361.
② *DBPO*, Series Ⅲ, Volume Ⅲ, pp. 361, 367.《核不扩散条约》（NPT）于 1968 年 7 月 1 日分别在莫斯科、伦敦、华盛顿开放签字，当时有 59 个国家签字加入。该条约于 1970 年 3 月正式生效。20 世纪 70 年代和 90 年代初是各国签署条约并加入的高峰期。截至 2010 年 1 月，缔约国已达 189 个（该条约的缔约国名单可查阅联合国网站，https: //treaties. un. org/pages/showDetails. aspx? objid = 08000002801d56c5）。
2020 年 3 月 10 日，中、法、俄、英、美五国外长发表联合声明，表达了对《核不扩散条约》的政治支持，重申对该条约各项义务的坚定承诺，表明对维护和加强条约机制的共同意愿。

谈判持续到卡拉汉在莫斯科的最后一晚，但是进展稳定，截止到访问最后一天的早晨，就只剩一个问题了。① 这样的谈判速度对于以拖延谈判见长的苏联来说非常难得。

加维说英国得到了所有想要的文件，其中有六个文件是在莫斯科签署的，还有一个留待日后处理。已签字的六个文件是：联合声明（本质上非常像公报的写法——加维语）、咨询议定书（the Protocol on Consultations）、两份细致的"经济与工业合作长期项目"、科学和技术合作、医疗合作协议、不扩散核武器的联合声明。此外，"信贷协议"（the Credit Agreement）已经在会晤期间谈妥，但是要日后通过信件交换双方的签字文件。新的信贷安排涉及9.5亿英镑（£950 million）新合同（苏联和英国公司的合同），利率参照其他西方国家给出的利率。②

英国认为"信贷协议"对苏联很有价值，因为这份协议是在美国国会限制向苏联提供信贷后不久签订的（1975年1月14日，基辛格发表声明称，"这段时期"1972年美苏贸易协定不能生效）。对英国而言，"信贷协议"也是英国与西欧国家展开竞争的必备品，因为英国希望增加对苏联的出口。所以，加维说它对英苏两国都有利益，殊途同归。加维认为，"信贷协议"的签署还表明苏联不会因为美苏贸易协定的终止而停止其缓和政策，这个协议是苏联向公众表明自己会继续推进缓和政策的一次绝佳机会。为了展示这方面的成功，苏联似乎很愿意付出更高代价。苏联对访问形成的官方文件以及媒体评论都强调了缓和的持续性和不变性。当然，苏联领导人也可以借此在1976年的苏共二十五大上展示其取得的成就。③

英苏除了签署切实的双边合作协议外，还在第一天首脑会谈结束时就决定好了如何向媒体发布消息。威尔逊在第一天会谈结束时向勃列日涅夫提出了这个问题。威尔逊说，英苏的会谈是机密的，他建议只告诉

---

① *DBPO*, Series Ⅲ, Volume Ⅲ, pp. 361, 373.
② *DBPO*, Series Ⅲ, Volume Ⅲ, p. 373.
③ *DBPO*, Series Ⅲ, Volume Ⅲ, pp. 375, 376.

第二章 冰冻—"新阶段"—冷淡：1973—1976年的英苏关系　93

记者会谈主题，不要涉及磋商的要旨。于是，勃列日涅夫让翻译读了一份给媒体准备好的声明稿，声明稿说，英苏讨论集中在加强欧洲和其他地区的和平与安全、改善缓和与合作，英苏之间需要建设性合作，希望英苏在诸如贸易等事务上拥有新动力。威尔逊同意英国的简报也秉持类似路线。① 英苏此时难得地取得一致。

其六，苏联对威尔逊访问的态度前后出现过大转变，保证了访问成功。访问前，苏联似乎并不积极，相关准备工作也没有做好，于是英国不得不和苏联讨价还价，商量访问的日期、声明的各项条款等。协商过程中，苏联不太理会且行动缓慢，苏联媒体也很少报道。② 但是访问开始后，苏联变得非常主动。卡拉汉刚刚抵达莫斯科，加维等人就被告知勃列日涅夫将参加这次会晤。当勃列日涅夫出现在克里姆林宫的圣凯瑟琳大厅时，苏联领导人很显然已经决定促成这次访问取得成功。很多英国随行记者都很惊讶，苏联竟然为威尔逊和卡拉汉铺了红地毯。很显然，英苏首脑会晤很顺利：勃列日涅夫参加了三场会谈、在克里姆林宫进行午餐和英苏文件签字仪式；两国部长们的磋商氛围极好（excellent）；苏联媒体、电视台也特别热情，报道数量多、报道时间长。这些媒体前两天主要报道勃列日涅夫参加会谈的情况，但是很快英苏关系成为报道浪潮，直到3月4日苏联媒体还在报道会谈的情况。后来，加维转告卡拉汉说，苏联总理柯西金称威尔逊首相和卡拉汉外交大臣的访问是历史性的。③ 这说明苏联很满意这次首脑会晤。苏联出于种种理由想让这次访问成功，也想公开确认勃列日涅夫对其缓和政策的承诺。

英国分析苏联竭力促成首脑会晤成功的原因主要有以下几点：（1）苏联"冷冻"英国多年而未获得想要的结果，英国仍然能在西方世界保持影响力，于是苏联发现了英国的价值，不再认为"雪藏"英国是

---

① *DBPO*, Series Ⅲ, Volume Ⅲ, p. 367.
② *DBPO*, Series Ⅲ, Volume Ⅲ, p. 372.
③ *DBPO*, Series Ⅲ, Volume Ⅲ, pp. 372-373, 379.

抑制英国的有效手段。英国被苏联视为一个瓦解的帝国，但是作为一个中等的、发达的欧洲国家仍然有能力，英国对苏联没有威胁，但是与其他国家一起发挥着远超英国自身力量的影响力。①（2）访问对苏联的内外政策有重要意义。从外部看，苏联借机成功展示其缓和政策的持续性，打消外界的质疑。从内部看，苏联可以进一步展现和巩固勃列日涅夫的政治地位，粉碎关于他的健康、身体、政治地位的谣言。访问之前，勃列日涅夫有七周没有公开露面，英苏首脑会晤结束了他长时间消失在公众视野的情况。②（3）英苏签订双边协议能给苏联——当然也包括英国——带来切实利益。比如两国经贸协议能带来实际经济利益，而访问之前英国交给苏联的"联合声明""磋商议定书""核不扩散条约"三份草案则让苏联相信会晤成功能带来好处。③ 也许正因为了解到访问成果如此丰富，苏联才转变了态度，保证了访问的成功。

其七，英苏关系结束"贫瘠时期"，"新阶段"概念被苏联接受。

加维认为威尔逊的访问很成功：领导人个人接触的建立、经济等合作协议的签订、苏联继续推行缓和政策的确认、和平共处新定义、苏联承认双边关系"新阶段"。英国成功结束了英苏关系的"贫瘠时期"，与苏联建立了最高级别的个人接触，这是英苏关系进步的重要标志。英苏关系"贫瘠期"的结束由勃列日涅夫、柯西金、葛罗米柯接受访英邀请，由英苏签署"磋商议定书"（the Protocol on Consultation）而得以确认。"磋商议定书"由英国提议，建议原则上英苏外长或者外长代表每年至少见一次面。加维认为，英苏签订的七个文件充分展示了苏联被英国的认真态度说服了，英国希望在实际事务上通过合作建立富有成效的政治关系，而不只是一种氛围。在经贸方面，英国成功地让苏联接受了这一观点，即正确地激励英苏扩大贸易。虽然英苏没有提到具体贸易额（a numerical target），但是"联合声明"不仅提到了未来五年里实质

---

① *DBPO*, Series Ⅲ, Volume Ⅲ, p. 425.
② *DBPO*, Series Ⅲ, Volume Ⅲ, p. 378.
③ *DBPO*, Series Ⅲ, Volume Ⅲ, p. 380.

性提高英苏贸易水平，还提到了达到更好的双边贸易平衡，这意味着减少苏联长期以来的贸易顺差。"联合声明"还提到苏联增加购买英国的机器和装备，其中特别提到有英国公司参与的苏联的重要项目。"联合声明"特别是"经济与工业合作长期项目"和新的"信贷协议"，给英国提供了英苏贸易的正式框架，这完全可以和西欧竞争国在苏联市场的地位相媲美。① 此外，英国还在"联合声明"、缓和、和平共处等问题上阐述了自己的观点，在重要的国际问题上表达了自己的意见。这是一次比较充分而且坦率的交流。英国希望影响苏联的观点。

更重要的是，英国提出的"新阶段"概念被苏联接受。加维指出，通过苏联媒体的大量报道、评论，苏联已经承认"新阶段"的存在。实际上，苏联走得更远。在1975年2月17日的演讲中，首相威尔逊提到了英苏关系的突破，柯西金回答说他同意威尔逊说的每一句话。在评论东西方关系时，苏联媒体现在提到英国时会和美国、法国、联邦德国相提并论。加维说，英国也许无法和其他三国比肩，但是英国不再是"不合群的人"。② 不仅柯西金接受"新阶段"概念，英苏"联合声明"里也表述了"新阶段"。卡拉汉在1975年2月21日的电报里说：这不仅是氛围问题。英国想把"新阶段"落实到英苏关系的实质中，把英苏关系置于更牢固、更具有建设性的基础上。看起来苏联希望利用威尔逊的访问展示他们——在美苏关系遭遇挫折后——对缓和政策的坚定承诺。但很清楚，苏联还希望开启一个"新阶段"，在这个新阶段里，苏联将把英国在勃列日涅夫缓和外交中的地位上升到和法国、联邦德国一样高。

如果说1974年工党执政是英苏关系"新阶段"的萌发，那么1975年2月威尔逊的访问就是"新阶段"的确定。这大概是1971年以来英苏关系最大的发展。

其八，英国努力在威尔逊访问结束后保持英苏关系持续改善的势

---

① *DBPO*, Series Ⅲ, Volume Ⅲ, p. 373.
② *DBPO*, Series Ⅲ, Volume Ⅲ, p. 375.

头。加维不仅提出保持双边关系势头,还提出了具体建议。卡拉汉和布赖姆洛都表示同意。

许多英国高级别官员——从首相到大使——都建议保持英苏关系改善的势头。1975年3月4日,加维早早地就建议,首脑会晤结束后,英国要保持英苏关系改善的势头,采取行动、抓住主动权。他希望英国赶紧维持双边关系发展势头并从中获益,尽早采取行动以扭转苏联在一些议题上对英国的批评。加维建议接下来可以采取这样一些行动:举行第一次非政府的英苏圆桌会议、议会间访问、防务交流、苏联领导人回访。布拉德也主张英国尽早行动,他的观点几乎和加维的观点一样。布拉德建议下一步要让"新阶段"体现英国的意志,而不是苏联的;英国的提议应该先于苏联;避免由于缺少改善势头而招致批评。此外,还有苏联领导人的回访,比如勃列日涅夫可以在1975年12月至1976年3月访问伦敦;葛罗米柯可以在1975年7月访问伦敦。加维说,英国现在被全世界视为缓和政策的积极参与者,外界对英国的评价很正面。英国在国际事务中的地位也由此受益。英国现在必须努力推动达成具体成果,竭力让苏联保证双边协议的落实,并使英苏关系连年加强和持续发展。英国官员们认为英国在根本问题上的坚定不移已经换来了苏联的让步,英国应该在回报合理的事情上灵活一些。英国——作为一个中等大国——应该充分利用对苏联这种超级大国的影响力,保持和苏联的经常性接触是一个好办法。英国还应该通过与西方世界保持密切联系而维持自己的影响力。英国必须保证英苏关系不会因为缺少努力或者其他恰当的理由而倒退、陷入低谷。威尔逊和卡拉汉也都认为提出后续行动的倡议、维持英苏关系势头很重要。英国希望借此让"英苏关系模式更适合英国而不是苏联"。布赖姆洛说,英国外交和联邦事务部现在正在做必要的一切以保持英苏关系的良好政治势头。他说加维大使与苏联方面的两次接触就很好。布赖姆洛说,英国自己不应该翻旧账,不要重提以前的紧张关系和困难,"新阶段"应该着眼于未来。[①] 所以,让英苏关

---

① *DBPO*, Series Ⅲ, Volume Ⅲ, pp. 377-378, 380-382.

第二章 冰冻—"新阶段"—冷淡：1973—1976年的英苏关系

系保持改善势头不是在迎合苏联，而是为了保证英国对苏联的影响力，让英苏关系发展更符合英国的预想。英国希望在英苏关系方面抓住主动权。

英苏关系改善势头在访问结束后继续保持，一是举行了英苏圆桌会议，二是推动落实双边合作。卡拉汉曾在访问期间提议建立英苏"圆桌会议"，为的是在英苏高层接触之外扩大和加强其他所有层面的联系，官方的或者其他层面的接触都可以。1975年10月24—25日，第一次圆桌会议在伦敦召开。英国方面由皇家国际事务研究所主任斯科菲尔德（A. A. Schonfield, Director of the Royal Institute of International Affairs）率领，苏联方面由世界经济与国际关系研究所所长伊诺仁杰夫（N. N. Inozemtsev, Director of the Institute of World Economics and International Relations in Moscow）院士率领。这次会议没有产生什么重大的新景象，不能指望新景象一下子就出现，但是理解——不一定是共识——会随着相互熟悉而增加（卡拉汉语）。特里维廉勋爵（Lord Trevelyan，曾出任英国驻苏联大使）在第一次圆桌会议上提出了一个观点：与苏联"永远谈判"的价值（the value of 'a state of permanent negotiation' with the Soviet Union）。这个观点常常被引用。卡拉汉对这个观点很有兴趣，认为英国应该致力于此。卡拉汉说，对于苏联的行为和思想，英国应该在任何时候、任何阶段都形成自己的判断，英国从来都不应该依赖二手观点。[1] 可以看出，英国不仅主张延续英苏关系改善的势头，并且付出了不少努力。英国的努力不会白费，因为这既可以让它增加对苏联的直接了解，也可以让英国保持对苏联的影响力，提高英国在国际政治中的地位。卡拉汉曾在1975年3月4日指示加维通知苏联外交部，说英国政府希望落实英苏"联合声明"中关于"系统性扩大关系"的内容，英国政府特别希望建立工作小组（working parties），处理两国间长期的、复杂的双边难题。3月5日，加维把这个消息正式转达给苏联外交部。英国的立场得到了苏联的积极回应。3月10日，加维与葛罗米柯会见，葛罗米柯说苏

---

[1] *DBPO*, Series Ⅲ, Volume Ⅲ, p.431.

联政府会尽一切努力落实威尔逊访问期间达成的协议。葛罗米柯还说，就他而言，今年秋季（即1975年秋季）他自己访问伦敦是可能的，也许是和去参加联合国大会一起安排。①

威尔逊的访问开启了英苏关系的新篇章，是一个新起点。这次访问是自1968年"捷克斯洛伐克事件"和1971年驱逐苏联外交官事件以来的第一次首脑访问。20世纪60年代末，英国在柏林问题的四国谈判、欧安会、对等裁军等方面都扮演了积极角色，但是英苏关系看起来极不和谐，也不符合欧洲缓和的潮流。1973年，道格拉斯—霍姆访问苏联时，两国都准备和过去划清界限，但是都没能开启双边关系的新阶段。此后，英国工党虽然执政，但是由于工党在下议院席位数没有过半，所以延迟了英国关于首脑访问的提议。工党通过赢得1974年10月大选巩固执政地位以后，才开始竭力促进威尔逊的访问。

英国真诚地希望改善英苏双边关系。整体而言，英国非常满意威尔逊的访问，而且认为苏联也十分满意。威尔逊和卡拉汉以及其他英国官员都很期待英苏首脑会晤，苏联也有意加强与英国工党政府的联系，加之希思保守党政府时期的英苏双边交往形成的铺垫，威尔逊的访问收获满满。这是工党政府相对保守党政府的外交突破。访问期间，苏联方面没有设定会晤主题，只强调以政治议题为主，这给了双方讨论很大的自由，使卡拉汉可以在会谈中既谈国际问题，又谈双边问题，即使展现了英苏分歧也不会受到苏联的指责。

不过，此次英苏首脑会晤没能解决一些敏感的问题，比如苏联驻伦敦外交官的人数、英国曾经驱逐苏联外交官。威尔逊访问期间，英国期待苏联能减少驻伦敦外交官人数，并且不再纠结于驱逐外交官事件，但是苏联没有停止在这些方面的尝试。加维猜测苏联未来可能想派更多人来伦敦，并希望英国在双边关系"回暖"的情况下不再坚决限制苏联外交官的人数或者拒绝发放签证。苏联明确表示，访问结束时，他们想把签证问题纳入未来关于驻两国首都的商业代表问题的磋商中。所以，

---

① *DBPO*, Series Ⅲ, Volume Ⅲ, p. 381.

驱逐苏联外交官事件确定无疑有"后遗症"。

威尔逊的访问以及此后希望保持英苏关系发展势头的愿望虽然展示了英国的诚意和认真态度，但是英国方面也同样保持了一贯的对苏警惕。访问期间，英国在一些重要国际问题上与苏联有根本分歧，有些分歧无法弥合。英国更多的是从东西方关系角度看待英苏关系，比如在欧安会问题上、在欧洲对等裁军问题上、在缓和问题上，这些都不是英苏双边关系能容纳得了的。而且，英国希望访问取得的成果最终符合英国的预想，避免苏联"改写"（re-write）某些文件。① 也就是说，英国希望通过保持英苏关系势头、落实双边协议、开展双边合作来保持对苏联外交的主动性，创造影响苏联的机会，同时也保住英国在西方联盟乃至世界舞台上的主要角色地位。

第四节 "更安全和更富有成果的双边关系"和"新阶段"的衰退

更稳定、更有成效的英苏关系是英国对苏外交政策的重要目标之一。英国工党政府成功地开创了英苏双边关系的"新阶段"，通过首相威尔逊的访问达成了丰富的政治和经济成果。但是无论何种看似友好的氛围和访问都弥合不了英苏之间的根本分歧。威尔逊访问结束后，英苏开展了一系列双边交流，但是两国的争论和摩擦似乎更多，"新阶段"逐渐衰退，双边关系陷入低迷。这是英苏关系在 1975 年 2 月至 1976 年 12 月的主要特征。

一 "更安全和更富有成果的英苏关系"的提出与坚持

"更安全和更富有成果的英苏关系"是"新阶段"里英国外交政策的目标。这个外交目标是英国外交大臣卡拉汉提出的，在较长时间

---

① DBPO, Series Ⅲ, Volume Ⅲ, p.382.

里成为英国政府对苏联外交政策的重点。1975年12月6日,英国驻苏联大使加维卸任时表示,在他担任大使的两年里,英苏关系经历了从冷淡、停滞到"新阶段"的转变。1975年2月,威尔逊和卡拉汉的访苏之旅为两国带来了新机遇。英国虽然没有像美国、法国、联邦德国那样被苏联重视,但是已经被作为一个值得了解,甚至可以借重的西方国家。如果英国能继续坚决捍卫自己的利益和优势,那么英苏关系的改善即便不是"不可逆转",至少也会像绝大多数外交安排一样是持久的(durable)。①

卡拉汉在1974年5月19日的下议院演讲时提出了英苏关系的两个目标,一是"更安全和更富有成果的英苏关系",二是希望威尔逊和卡拉汉的访问成为英苏关系的"地标"。② 威尔逊访问的成功实现了"地标"这个目标,此后英国继续以"更安全和更富有成果的"双边关系为目标。前文已经阐述了英国方面付出的种种努力。1975年11月17—19日,英国驻苏联和东欧国家的大使们召开了一次大会,大使们认为英国在评价苏联的目标时持防御性甚至失败主义的态度。但是卡拉汉表示自己与这种态度相反,对东西方关系积极态度。他还表示,英国政府的目标曾经是并且仍然是真正改善与苏联、东欧的关系。③ "更安全和更富有成果的英苏关系"这个目标至少到1976年9月仍然被作为英国的对苏外交政策。英国驻苏联大使馆顾问卡特里奇(B. G. Cartledge)向萨瑟兰(I. J. M. Sutheerland)汇报说,总体而言,英国政府很满意"更安全和更富有成果的英苏关系"正在实现,英苏部长级、官方和非官方交流在持续,这些接触范围在扩大。④ 实际上,卡拉汉的不少观点

---

① *DBPO*, Series Ⅲ, Volume Ⅲ, pp. 425-426. 1973年11月29日,加维(T. Garvey)接替基利克(J. Killick)出任驻苏联大使,1975年12月6日卸任。参见 *DBPO*, Series Ⅲ, Volume Ⅲ, p. 233。

② *DBPO*, Series Ⅲ, Volume Ⅲ, p. 349.

③ *DBPO*, Series Ⅲ, Volume Ⅲ, p. 430.

④ *DBPO*, Series Ⅲ, Volume Ⅲ, p. 460. 卡特里奇曾任英国驻苏联大使馆顾问(HM Counsellor in Moscow)。萨瑟兰曾任英国驻苏联大使馆次官(Minister),后出任英国外交和联邦事务部副次官(AUS)。

都比英国驻苏联、东欧国家大使们更积极。他一方面坚决维护英国利益，另一方面则对缓和持更积极的态度，更乐观地看待东西方关系。而他的前任道格拉斯—霍姆以及希思首相则更谨慎。这也许因为卡拉汉个人对国际关系期待比较高，尽管英国工党政府实际上也比保守党政府更加积极。

二 葛罗米柯访问英国（1976年3月22—25日）

邀请葛罗米柯访问英国一事是威尔逊和卡拉汉1975年2月访问苏联时提出的。1976年3月22—25日，葛罗米柯到访伦敦，这是"新阶段"以来英苏关系得到发展的又一个例证。

卡拉汉和葛罗米柯都认为实现了访问目标。英国实现了两个既定目标：一是巩固了1975年2月英苏首脑会晤以来两国继续改善双边关系的成果、保持接触；二是牢固重建了英苏部长级政治磋商。卡拉汉认为第二个目标更重要。与葛罗米柯的谈话氛围良好，没有尖刻的话语，双方坦诚地表达各自的观点。这些谈话总体上是有益的、建设性的。英苏关系重新进入稳定状态，能够吸纳意见分歧。1976年3月25日，葛罗米柯在记者会上非常积极地评价了英苏对话，并邀请卡拉汉回访苏联，卡拉汉答应了。卡拉汉认为，葛罗米柯的主要目标似乎是保持缓和潮流，反对最近出现的对缓和的抵制。葛罗米柯再次确认了苏联对缓和的承诺，这是勃列日涅夫在1976年2月25日的苏共二十五大上界定过的。葛罗米柯还确认要以1975年2月签署的双边协议为基础进一步提升英苏关系。葛罗米柯没有给英国方面施压，要求英国接受苏联在国际问题上的立场，尽管他一如既往地详细说明苏联的既定政策。总而言之，葛罗米柯及苏联方面给英国留下的印象是：希望尽可能显得令人愉快、乐于交流（agreeable and forthcoming）。[①]

卡拉汉表达了对缓和的肯定与追求。他对葛罗米柯说，自从1975年访问以来，英苏关系继续秉持"新阶段"精神。在葛罗米柯访问前

---

① *DBPO*, Series Ⅲ, Volume Ⅲ, p. 438.

的一年里（从 1975 年 2 月到 1976 年 2 月），英苏之间的联系大幅度拓展，英国政府希望这一势头继续下去。卡拉汉说，英国政府想推动苏联缓和政策成功，不怕使用"缓和"这个词。①

英苏还就两国关系的未来发展做出进一步安排。访问结束后，两国发表了英苏公报，公报规定两国外交官将于 1976 年年内进一步举行会议；两国部长互访将促进互利领域的合作。葛罗米柯向卡拉汉转达了勃列日涅夫的口信儿，表示原则上接受英国首相威尔逊的邀请，于 1976 年访问英国一事。卡拉汉和葛罗米柯同意稍后再协商访问的具体日期，卡拉汉希望勃列日涅夫 1976 年年底前访问，因为 1977 年上半年英国的事务安排十分繁多，到时候可能没法接待勃列日涅夫。卡拉汉和葛罗米柯还讨论了一些国际问题，包括欧安会、对等裁军、中东问题、南部非洲问题（安哥拉问题），双方的分歧仍然存在。此外，两人还讨论了英苏贸易问题，认为自从"新阶段"以来，英苏商业关系有了大幅度提升。②

卡拉汉认为葛罗米柯的访问总体氛围良好且而积极。他与葛罗米柯一共会谈了三次，共 6 个小时左右。葛罗米柯还与威尔逊首相会谈了一次。三天的访问，除了正式会谈，卡拉汉与葛罗米柯还有很多次非正式对话。会谈范围从国际到双边，非常广泛。葛罗米柯的访问是英苏关系继续发展的证明。这是英国需要的，也是苏联需要的。葛罗米柯在和英国领导人讨论时没有对抗，气氛良好，但是也显现出两国的分歧。双方的讨论有实际用处。可以说，这次对话比较坦诚、温和，体现了英苏关系"新阶段"的继续。

三 "新阶段"的衰退（1976 年 9 月左右开始）

1976 年 4 月，英国工党政府调整，威尔逊因阿尔茨海默症辞去首

---

① *DBPO*, Series Ⅲ, Volume Ⅲ, p. 441.

② 限于篇幅以及笔者已经进行过的部分研究，这里不再一一阐述两人在这些国际问题上的观点。详细可参见 *DBPO*, Series Ⅲ, Volume Ⅲ, pp. 438-439, 441。

第二章 冰冻—"新阶段"—冷淡：1973—1976 年的英苏关系

相职位，卡拉汉出任首相，克罗斯兰任外交大臣。

"新阶段"的衰退是指英苏关系遇到一系列困难。英国认为这些都是小困难，而苏联却在双边对话中频频提出这些问题，以证明英苏关系遇到了阻碍。英苏关系陷入衰退这一论调更多地是苏联提出的（这未必是苏联的真实想法，也许只是策略），英国则仍然坚持追求卡拉汉提出的"更安全和更富有成果的"双边关系。英苏关系"新阶段"的衰退主要表现在以下几个方面。

第一，苏联提出英苏关系陷入"停滞"，英国和苏联就勃列日涅夫访英问题无法达成共识。

英苏关系陷入低潮是苏联外交官库贝金（V. D. Kubekin, Third Secretary in the Soviet Embassy in London）的观点。1976 年 9 月 7 日，卡拉汉的政治顾问麦克纳利（T. McNally）和库贝金举行了会谈，库贝金评论了英苏关系，他说"苏联现在强烈感到英苏关系似乎处于停滞状态（in the doldrums），实际上可能比 1975 年威尔逊访问时倒退了"。库贝金还说，苏联只能考虑通过勃列日涅夫的访问来开启英苏关系的新篇章，苏联希望这次访问能在国际层面（比如全面禁止核试验条约，The Comprehensive Nuclear Test Ban Treaty）上发出新倡议。不过，苏联无法确定访问的具体日期，因为苏联感到这次访问不过是一次"公关活动"（a public relations exercise），英国没有热心积极地思考英苏关系。对于库贝金的说法，克罗斯兰认为，无论勃列日涅夫最初的意图是什么，只有英国提前承诺提供某种特别的政治奖励，才会让他觉得访问是值得的，比如英国政府以某种形式同意苏联当前的一个或者多个倡议，这些倡议包括召开全欧交通、能源和环境大会，禁止发展新的大规模杀伤性武器，不使用武力的国际条约，全面禁止核实验条约。[1]

关于勃列日涅夫访问英国的问题，卡拉汉 1976 年 10 月 7 日在唐宁街 10 号接见了伦科夫。当卡拉汉询问伦科夫关于勃列日涅夫和柯西金访问伦敦一事时，伦科夫回答说，问题在于苏联领导人"受到的重要

---

[1] *DBPO*, Series Ⅲ, Volume Ⅲ, p. 455.

邀请太多了",他建议与其进行一次政府首脑访问,不如安排一次为期两天的工作访问。卡拉汉说,这完全可以接受。① 但是克罗斯兰说自己不会同意英国政府为了追求英苏最高级别对话而付出新的政治代价,他想不出英国值得为此付出什么代价。尽管英国可以在对苏联的出口低于预期这一问题上向勃列日涅夫施压,可是英国增加对苏联出口不足以让英国做出政治让步。根据1976年9月14日的文件,自从英苏首脑会晤以来,英苏两国贸易水平让人非常失望,苏联也很少使用英国提供的信贷。② 所以,英国难以利用经济联系促进英苏关系。

与卡拉汉相比,克罗斯兰在英苏关系问题上要谨慎得多,对苏联的疑虑和敌意也更多。不过,克罗斯兰仍然提出了一些可能有助于推动英苏关系的建议,比如签署一两份英苏双边协议(防止核事故协议、防止海上撞船事故协议)。他认为这既对苏联有用,也符合英国利益。与此同时,大概由于克罗斯兰的谨慎态度,苏联大使伦科夫不太容易见到首相卡拉汉了。1976年9月23日,克罗斯兰认为伦科夫和卡拉汉的实质性会见早了点,他希望伦科夫先和自己见面。后来,伦科夫与卡拉汉进行了一次非正式会见,那时,卡拉汉去黑池(Blackpool)参加工党大会,伦科夫恰好也在黑池,于是两人得以见面。③ 英苏高级别交流变得困难了,这自然不利于双边关系发展。

第二,苏联认为英苏关系陷入停滞的主要原因是苏联大使馆顾问库普雅科夫(Y. P. Kuplyakov)被英方拒签一事,也包括其他一些难题。

库普雅科夫被英国政府认定为苏联情报人员,被认为是来伦敦出任克格勃的常驻人员(the new London KGB Resident)。库普雅科夫于1976年6月提出签证申请,后被拒签。9月22日,克罗斯兰把拒绝库普雅科夫作为苏联部长级顾问(as Soviet Minister-Counsellor in London)的决定转达给伦科夫,于是伦科夫提到了一些较小的双边问题,比如英国方

---

① DBPO, Series Ⅲ, Volume Ⅲ, p. 457.
② DBPO, Series Ⅲ, Volume Ⅲ, p. 455. 关于英苏贸易情况,详见后文"英苏贸易"部分的阐述。
③ DBPO, Series Ⅲ, Volume Ⅲ, p. 456.

第二章 冰冻—"新阶段"—冷淡：1973—1976年的英苏关系

面拖延批准签证以及苏联大使馆医生的地位问题（the status of the Soviet Embassy's doctor）。卡拉汉已经知道了库普雅科夫被拒签的事，苏联政府已经被要求撤回他的签证申请。① 很显然，卡拉汉没有反对英国政府的决定。

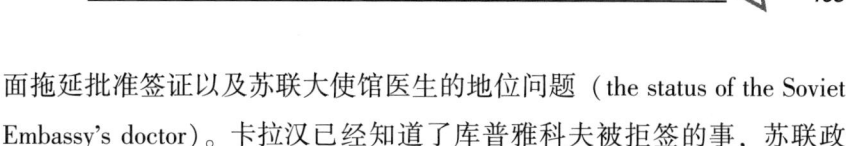

与此同时，1976年9月前后，英苏之间还存在其他一些难以调和的问题。比如英国内政大臣（the Home Secretary）拒绝了一位来英国参加"科学工作者世界联合会"（World Federation of Scientific Workers）会议的苏联代表团成员的签证；苏联不愿意承认他们计划新建的大使馆（位于肯辛顿，Kensington）存在严重缺陷；英国拒绝苏联的科研船只"海洋研究者号"（Okeanograph）停靠苏格兰东海岸（因为当时北约正在那里进行重要的海军演习）。克罗斯兰的私人顾问弗格森（E. A. J. Ferguson）说，卡拉汉首相很显然不愿意和伦科夫讨论这些事务，卡拉汉只想建议伦科夫及时地与克罗斯兰全面讨论英苏关系。② 由此可见，"新阶段"的衰落主要源自英苏关系中的次要问题，但是根本原因是英苏在冷战中的敌对立场。

第三，英国虽然认识到英苏关系遇到了困难，但是认为两国关系的总体形势仍然是建设性的，困难只是些不影响大局的小问题。

一方面，英国官员认为苏联夸大了英苏关系中的一些小问题，所以仍积极推动英苏关系。比如弗格森提议，卡拉汉在和伦科夫会面时可以强调以下一些事实：英苏关系正在建设性地发展；1976年，已经有四位苏联部长（包括葛罗米柯）访问英国，两位苏联部长（航空部部长、石油工业部部长）也许将要访问英国；工党邀请苏联共产党代表团于1976年10月访问英国（苏联代表团以波诺马廖夫（B. N. Ponomarev）为团长）；英国和苏联三军（all three Services）的军事交流令人满意地发展着；英苏第二次圆桌会议将于1976年10月中旬在莫斯科召开。弗格森建议，卡拉汉还可以指出，英苏长期以来承诺的石油和化工部门之

---

① *DBPO*, Series Ⅲ, Volume Ⅲ, p. 456.
② *DBPO*, Series Ⅲ, Volume Ⅲ, p. 456.

间的合作很快就会实现。卡特里奇对英苏关系积极方面的总结和弗格森的观点差不多，主要包括：(1) 1976 年，已经有四位苏联部长访问过英国，包括葛罗米柯。(2) 官方交往继续令人满意地发展。(3) 三军的军事交往已经进行过或者即将进行。(4) 英国商界人士与苏联的往来在整个 1976 年都保持了较高水平，这是 1975 年 2 月英苏首脑会晤后的发展。① 从弗格森和卡特里奇的总结来看，英国方面充分注意到了英苏关系的发展，并且希望苏联也留意两国关系的进步，他们不希望英苏关系倒退。

另一方面，卡特里奇也全面总结了英苏关系遇到的困难（1976 年 9 月 28 日），包括：(1) 苏联抱怨英国拖延签证问题。(2) 英国限制苏联驻伦敦外交官最高人数。(3) 英国拒绝苏联在伦敦建立新大使馆的计划。(4) 苏联大使馆医生签名的药方没有递送。(5) 不同意苏联的"科研船只"访问英国港口。(6) 英国政府没有批准 1968 年的"英苏商业航海条约议定书"。(7) 英国扣押了一艘在康沃尔海岸（康沃尔郡在英格兰西南部）捕鲭鱼的船。卡特里奇认为，苏联似乎故意夸大了这些事件的政治意义，悲观地看待当前的英苏关系。苏联这么做，也许是希望诱导英国政府在一些国际议题上让步。②

英国认为英苏关系仍然处于既定轨道，不会由于一些小困难而偏离正轨。这个轨道由 1975 年英苏首脑会晤建立，后由 1976 年 3 月葛罗米柯访英而再次确认。卡拉汉的总体路线是：强调英国政府希望继续发展与苏联的关系，不受双边关系中时不时出现的小问题的影响。不过并非所有英国官员都像卡拉汉一样从积极的角度看待英苏关系，比如卡特里奇就认为英苏关系"很显然进入了一种脆弱状态（fragility）"。他认为，苏联大使馆现在正在使用苏联惯用的策略，即夸大小困难，以便精心策划一个主题，即是英国在拖英苏关系发展的后腿，没有让英苏关系振作起来。不过，卡特里奇承认，无论勃列日涅夫是否访问英国，英苏关系

---

① *DBPO*, Series Ⅲ, Volume Ⅲ, pp. 456, 458.
② *DBPO*, Series Ⅲ, Volume Ⅲ, p. 458.

第二章 冰冻——"新阶段"——冷淡：1973—1976年的英苏关系

最近和当前的建设性行动水平都超过了苏联喋喋不休的那些困难。①

卡特里奇还指出，英苏关系已经并且还会继续比英国其他的双边关系更容易受双方氛围起伏波动影响。这是由苏联政策和对外实践的长期特征造成的，比如苏联的情报活动；苏联施行"意识形态斗争"造成对英国政策和英国社会的批判。这些因素更容易刺激英国媒体的神经，因为英国媒体持续高度关注苏联。英苏双边关系碰巧出现一些小困难，英国媒体的日益怀疑的态度，英国公众对缓和与东西方关系的怀疑，这些因素共同使英苏关系陷入了一个低谷。假如这时勃列日涅夫进行一场成功的访问或者英苏进行一些重要接触，也许会拉升双边关系。此时，英国政府的政策应该是尽英国之所能向苏联展示立场：英国不会因为一些小问题而偏离总体上积极的双边关系路线，无论苏联如何夸大这些小问题。当然，英国也不会为了改善英苏关系氛围而让步或者提出一些意义不明的倡议。②

第四，卡特里奇提出了为实现英苏良好关系而应该采取的路线。

卡特里奇提议英国政府应该采取的路线包括六个方面。（1）英国政府的政策不变，即和西方盟国一起为建立"更安全和更富有成果的"对苏关系，为发展与苏联在所有层次上的合作、接触和交流而努力。（2）总体上，英国政府对这一政策的实施方式感到满意；英苏关系的良好势头正在保持，包括部长级、官方和非官方层次的交往，接触范围也正在拓展。（3）英苏贸易肯定有更大更迅速的发展空间；英国政府非常重视苏联的承诺，即1975年达成的9.5亿英镑的信贷额度将会被使用。英国工业界现在对苏联市场越来越感兴趣。（4）应该客观看待英苏双边关系暂时遇到的困难，无论是签证问题，还是其他事务，都不应该让它们损害英苏关系中更重要的部分。英国政府认为，英苏关系现在基础很好，足以承受双方在特殊议题上时不时出现的分歧。（5）英国外交和联邦事务部将以建设性态度、在适当的工作层次上处理苏联大

---

① *DBPO*, Series Ⅲ, Volume Ⅲ, pp. 457, 458.
② *DBPO*, Series Ⅲ, Volume Ⅲ, p. 459.

使及外交官员最近几个月提出的各种问题；没有必要让这些相对次要的议题破坏了氛围。(6) 英苏原则上同意的1976年10月或者11月举行正式对话，应该为英苏继续进行政治对话提供机会。如果能尽快就对话日期达成一致将会很有价值。卡特里奇建议英国外交大臣克罗斯兰采纳上述路线，并且把这些路线体现在英国大臣们的声明里、与苏联代表们的磋商里。①

卡特里奇的分析得到了英国官员们的普遍接受。1976年9月30日，英国"东欧与苏联司"官员萨瑟兰对卡特里奇的上述主张和建议表示同意。萨瑟兰已经和"东欧与苏联司"相关人员讨论过卡特里奇的文件草案，他认为，苏联说英苏关系停滞了，但是英苏关系不应该被小困难损害，英苏关系仍然是牢固的（substantial）。格伦威-罗伯特勋爵（Lord Goronwy-Roberts）在1976年10月2日补充说："所以，让我们冷静下来，实事求是……实际上，这与首相和外交大臣对东欧的态度的总体观点是一致的。卡特里奇的第6段非常有用（即前述英国政府对苏政策应该采取的六个路线——笔者）。"②

但是克罗斯兰的想法和卡特里奇有些不同。卡特里奇在1976年9月23日给史密斯爵士（Sir H. Smith，1976年出任英国驻苏联大使）的信里说，考虑到英国媒体对最近捷克斯洛伐克外交部部长访问英国的负面评价，考虑到英国官员缺席伦敦"卡廷事件纪念碑"开幕式而招致的一阵阵敌意，克罗斯兰对"与东方发展双边关系多少感到有些灰心丧气"。克罗斯兰感觉英苏关系发展的速度有些快（a little too brisk），势头减弱一点不会有害处。卡特里奇认为这有道理，如果苏联和东欧国家得偿所愿（had their way），那么整个英国内阁就会身处来自东欧各国无尽的到访队伍中。卡特里奇感觉有一种摇摆不定的危险，即一端是英国政府对当前的公众情绪有点反应过度，另一端是英国"东欧与苏联

---

① DBPO, Series Ⅲ, Volume Ⅲ, pp. 460-461.
② DBPO, Series Ⅲ, Volume Ⅲ, p. 461. 格伦威-罗伯特勋爵是英国外交和联邦事务部的政务次官（Parliamentary Under-Secretary of State for Foreign and Commonwealth Affairs），可参见 DBPO, Series Ⅲ, Volume Ⅲ, p. 409.

司"以恢复平衡为目标。①

综上所述，虽然不少英国官员都认识到英苏遇到的困难和关系衰退，但是英国对此并不悲观，认为双边关系中积极和建设性的一面大于困难，英苏关系仍然在既定轨道上运行，困难只是由一些小问题引起的。卡特里奇在分析中再次提到"更安全和更富有成果"的英苏关系是英国的目标，这个提法再次出现不是偶然的。卡特里奇的分析被英国官员普遍接受，这反映了英国希望继续推动改善英苏关系的意愿。不过，值得注意的是，从英国外交档案来看，苏联显得比较消极，似乎在等待英国让步，而英国则在克罗斯兰担任外交大臣后明显变得谨慎和保守，他的立场比卡拉汉冷淡很多。正是从这个意义上，英苏"新阶段"走向了衰落。

小 结

1973—1976年，英苏关系经历了从"冰冻"到"回暖"再回落的基本演变。英国在1974年2月经历了由保守党政府到工党政府的更迭，此后又于10月进行了留欧全民公投，英国与苏联的关系同时也进入了所谓的"新阶段"。1973—1976年，虽然保守党政府已经开启了英苏关系改善的引擎并实现了外交大臣道格拉斯—霍姆访苏，但是工党政府比保守党政府更积极地寻求改善英苏关系，并最终实现了英苏首脑会晤，将英苏关系推向新高峰。工党政府之所以更积极主动，最重要的原因是希望保持英国在西方国家中的影响力，避免由于"不合群"而失去对苏联的影响力。事实上，工党政府的这个目的和保守党政府并无根本差异，只是工党领导人特别是时任外交大臣的卡拉汉更加积极而已。保守党官员时常指出要避免成为英苏关系的"要求者"、苏联的"追求者"，但这些字眼在工党政府的文件中很少出现。不过，也并非英国所有官员或者英国外交和联邦事务部都认同卡拉汉的积极态度，因为这不仅显得

---

① *DBPO*, Series Ⅲ, Volume Ⅲ, p.460.

英国像在迎合苏联，而且还会大大增加英国外交官们的工作量，毕竟他们需要用实际行动充实卡拉汉的目标。传统上，英国外交和联邦事务部相信，只有采取"纯粹防御的姿态"才能充分保护本国利益，可是卡拉汉却颠覆了这个传统。不过需要注意的是，经过一段时间的积极努力后，卡拉汉大致在他出任首相后似乎就不再过分热衷于推动英苏关系了。外交大臣克罗斯兰和其他高级别外交官也对英苏关系有些心灰意冷，不抱太多幻想，这也许是因为他们未见苏联方面的诚意，也许与国际形势的变化而导致的缓和衰退息息相关。

英国自认为被苏联"雪藏"了很久，但是自 1973 年以来，两国关系逐渐"融冰"。英国认为是自己的坚定改变了苏联的态度。也许这个评价比较公平，因为从英国公开的外交材料看，英国政府的确是在没有故意迎合苏联的情况下实现了两国关系的改善。正如英国驻苏联大使加维所观察到的，苏联经常食言，会在符合自己利益的情况下忽然改变态度。英国自认为苏联发现英国是一个说话算数、对其他西方国家有较大影响力的国家，并且不会因为被苏联孤立而改变立场。英国在这方面十分自信。

英苏关系的"新阶段"似乎是昙花一现。实际上，两国关系氛围改善不少，也在政治和经济领域开展了许多合作，突破了英国 1971 年驱逐苏联外交官事件以来的冷淡状态。不过，鉴于自 1974 年秋季英国留欧全民公投至 1976 年 9 月苏联官员和英国官员谈论两国关系陷入停滞，英国公众对欧洲缓和不再抱有幻想，"新阶段"的发展十分有限。此外，考虑到英苏经贸关系的有限性（详见后文第三章）、英苏两国在"缓和"问题上的分歧以及英国的疑虑，"新阶段"期间的英苏关系究竟有多少实质性提升实在充满了疑问，也许氛围多于实质。实际上，英苏关系"新阶段"的衰落和美苏关系、欧洲国际关系密切相关。安哥拉问题、限制战略武器谈判（Strategic Arms Limitation Talks，SALT）、欧安会、欧洲对等裁军等都或轻或重地影响了英苏关系的发展，让英国难以相信苏联会继续推行缓和政策，两国关系也自然转冷。

第三章
英苏经济关系的进展与徘徊
（1973—1976 年）

  冷战时期的英苏经济关系始终比较脆弱，双边贸易量和贸易额都不大。英国对苏联的出口额占英国全部出口额的比例很小，苏联利用英国信贷的数额也比较小。总的来看，英苏经济关系并非决定两国关系走向或水平的根本因素。但是不能否认经贸因素在英苏关系中的重要地位，因为它既是改善英苏双边关系的突破口之一，也能让英苏各自获得一定的实际利益，更是英国希望借此影响苏联的途径之一。英国不希望在与其他欧共体成员国或者西方盟国竞争苏联与东欧各国市场时被击败，所以争取发展与苏联、东欧的经济关系便成为英国对苏联、东欧政策的重要内容之一。1973—1976 年，英苏经济关系如同两国政治关系一样经历了波折，不是大起大落，而是一直在较低水平上徘徊。这一方面和英国自身竞争力有限、国内经济发展遭遇危机有关，另一方面也和苏联经济具有较强的自给自足性质有关。英国非常清楚欧洲缓和时期英苏经济（特别是贸易）关系的现状。本章通过梳理英苏经济关系的起落，展示两国经济关系的演变，剖析英国在推行经济外交政策时的基本考虑和主要特征，以及英苏政治关系对两国经济的影响。但是限于各种条件，笔者没能完整收集这一阶段英苏经济关系的具体数据，所以本章主要从政策角度进行论述。

第一节　英苏经济关系的前进与限制

大约从1973年开始，英苏经济关系随着英苏政治关系的改善而有明显提升。英国驻苏联大使基利克认为1972年的英苏经济关系和贸易关系都十分友好，只是没有实际内容。[①] 1972年年底，英国内阁"防务与政策委员会"文件分析英苏关系时（由瓦尔登撰写），列举了英苏关系的优势，其中一个优势是两国贸易关系没有受到英国驱逐苏联外交官事件的影响。[②] 无论如何，与西方盟国相比，英苏相对冷淡的政治关系、英国自身在苏联市场竞争力不强严重制约了英苏经济关系发展。当1973年英苏政治关系改善时，两国经济关系也明显进步。此时，英国政府在着力提升英苏经济关系方面主要做了以下事情。

第一，英国政府从政策层面上比较重视提升英苏经济关系。

英国政府高层——比如内阁——非常重视英苏贸易关系。1973年4月，当英国内阁"防务与政策委员会"开会讨论英苏关系时，首相希思表示，沃克访问苏联时应该努力扩大英国对苏贸易的可能性。他说，英国不指望得到巨大提升，因为过去英国和苏联对话常常会产生一些不切实际的建议，最后根本实现不了。苏联也曾经想让英苏贸易不平衡变成合理的事物，苏联声称自己与英镑区其他国家的贸易也应该算在英苏贸易内。希思认为必须坚决抵制苏联的这个观点。会上，有内阁成员提出英国应该努力提升对苏贸易水平，但也有内阁成员认为容易夸大英苏贸易的可能性，"追求更高的英苏贸易的行动始终是一个令人倍感挫折的任务"。可是如果不追求英苏贸易，苏联市场就会被英国的伙伴国抢走。英国外交和联邦事务部官员布拉德希望沃克（内阁成员，贸易与工业部大臣）建议"防务与海外政策委员会"允许英国向苏联做更多

[①] *DBPO*, Series Ⅲ, Volume Ⅲ, p.189.
[②] *DBPO*, Series Ⅲ, Volume Ⅲ, p.188.

第三章 英苏经济关系的进展与徘徊（1973—1976年）

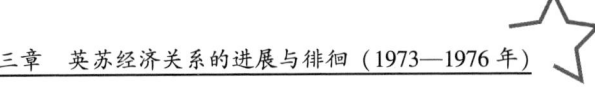

政治让步，以获取商业利益。①

英苏政治关系改善期间两国还签署了贸易备忘录。这是1973年12月道格拉斯—霍姆和葛罗米柯会见时应邀拟订的，由英国贸易与工业部起草。备忘录上显示，英国成为欧共体成员国不会危害英苏两国未来的贸易水平，苏联对英国出口的各类商品也不会由于欧共体共同对外关税（the EC's Common External Tariff）而大幅度减少。② 后来，这份备忘录由基利克转交给葛罗米柯。

第二，英苏经济关系在实践层面上有了新发展，特别是英苏"联合委员会"的恢复。

英国经济部门官员访问苏联成为改善英苏经济关系的重要行动之一。这是英国方面推动的除部长级交流之外的稍低级别交流的内容之一。比如，1972年年初，英国贸易与工业部大臣沃克和副大臣普勒斯顿访问苏联，此前苏联"健康房屋署"（Ministers for Health or Housing）官员曾正式访问英国。再如，1973年1月22日，普勒斯顿访问莫斯科。③ 此外，基利克大使极力主张沃克访问苏联，参加英苏"联合委员会"（A Joint Commission）第二次会议，一方面体现英苏关系改善，避免苏联延缓双边关系正常化；另一方面英国可以直接了解苏联的要求。④ 基利克认为这些访问与合作非常好，"英苏贸易问题并不是没有前途"。他认为英苏"联合委员会"前景很好。⑤

英苏"贸易与技术联合委员会"是比较重要的双边经济纽带之一，它的恢复与活动代表了英苏经济关系的前进。"贸易与技术联合委员会"是1970年建立的，为了推动英苏贸易和技术等领域的合作。它和英苏经济关系中的指导与合作委员会相类似，属英苏高级别联系。"贸易与技术联合委员会"不能确定实际的经济交易，只能通过拟订文件

---

① *DBPO*, Series Ⅲ, Volume Ⅲ, pp.206-207.
② *DBPO*, Series Ⅲ, Volume Ⅲ, pp.204, 205-206.
③ *DBPO*, Series Ⅲ, Volume Ⅲ, p.189.
④ *DBPO*, Series Ⅲ, Volume Ⅲ, p.194.
⑤ 基利克的话参见 *DBPO*, Series Ⅲ, Volume Ⅲ, pp.189, 194。

为经济交易创造有利环境、指导发展方向。该委员会第二次会议原计划在1972年2月召开，但由于1971年9月的驱逐苏联外交官事件，苏联方面取消了这次会议，给予英国"一年的惩罚性不接触"。1973年4月16—18日，"贸易与技术联合委员会"在莫斯科恢复举行第二次会议，这次会议是为了评估英苏贸易和技术协议的相关情况，并推动这些领域的合作。英国贸易与工业大臣沃克前往莫斯科参加了这次会议。会议由沃克和基里林（V. A. Kirillin，苏联"国家科学技术委员会"主席，院士）共同担任会议主席。沃克也是希思政府上台以来第一位为推动英苏经济关系而访问苏联的内阁大臣。基利克称这次会议是自1971年9月以来英苏关系中最重要的发展。①

英苏"贸易与技术联合委员会"会议是苏联提议恢复召开的，英国对会议成果谨慎乐观。1972年10月，苏联指派普罗斯基访问伦敦②，其间普罗斯基提出"贸易与技术联合委员会"应该在1973年春季恢复第二次会议。英国贸易与工业部副大臣普勒斯顿回答说，英国方面将于1973年1月回访莫斯科。道格拉斯—霍姆希望"贸易与技术联合委员会"第二次会议能打开英苏贸易的大门，挽救自1969年以来停滞的双边经贸。不过，基利克不认为互访和苏联方面的言行能证明"贸易与技术联合委员会"将会为英苏商业和经济关系带来令人满意的结果，尽管"贸易与技术联合委员会"会议无疑具有政治意义。基利克认为苏联没有改善英苏关系的诚意，他注意到，苏联除了恢复接触外没有设定任何重要的具体目标，苏联只是想经过两年多时间重启"贸易与技术联合委员会"会议。他不确定苏联判断会议成功的标准是什么。苏联对外贸易部副部长曼茹洛向基利克保证说，苏联没有锦囊妙计。③

既然苏联缺少诚意，那么它为什么提议"贸易与技术联合委员会"

---

① DBPO, Series Ⅲ, Volume Ⅰ, p. 207; DBPO, Series Ⅲ, Volume Ⅲ, pp. 189, 203, 208.

② 普罗斯基（M. Pronsky）是苏联"科学与技术国家委员会"（the State Committee for Science and Technology）成员，后来担任"联合委员会"苏联一方的主席。

③ DBPO, Series Ⅲ, Volume Ⅲ, pp. 208-209.

第三章 英苏经济关系的进展与徘徊（1973—1976年）

复会呢？基利克分析了几点原因：（1）苏联也许一开始就认识到不能永远让英苏关系陷入困境。它也许从1972年就得出结论，认为疏远英国不符合苏联的利益，毕竟有众多欧洲外交进程正在开展。因此，也许苏联只是做个姿态，而商业和经济关系是最合适的领域，这些不会让苏联看起来退让了。（2）苏联的最终目标也许是改变英国政府当前的主要政策路线，一个是对"缓和"与东西方关系的批评，另一个是对日益扩大的欧共体未来发展的观念和影响力。由于苏联不能通过疏远英国而达到目的，所以它只能激起英国的兴趣并把英国拉进来，而贸易与经济合作就是一种拉拢手段。（3）沃克的坚定立场和回击应该打破了苏联的幻想，即苏联幻想英国政府的政治立场是可以稍微改变一点点的。苏联有两个选择：要么只是出于商业利益而与英国开展贸易，要么利用苏联的商业和经济前景引诱英国在外交政策方面采取更加合作的态度。基利克相信苏联已经对其他国家这么做了。可是苏联不可能给每个国家以相同的回报，所以结果只能是"西伯利亚泡泡"（a Siberian bubble）。基利克注意到，勃列日涅夫的对外政策中包含了越来越明显的"经济合作"成分，这是个新时代。也就是说，在苏联，贸易利益对政治政策的影响会越来越大。[①] 所以，在基利克看来，苏联是为了拉拢、影响英国对外政策才提议恢复"联合委员会"第二次会议，而经济合作是最容易着手的领域，可以避开两国的根本政治分歧。

沃克访问苏联（1973年4月）被英国认为是本国的一次大胜利，因为英国方面准备得比较充分，而苏联方面却准备不足。沃克的任务是修复英苏贸易关系，为改善两国关系迈出重要一步。关于两国贸易和经济合作的实质性提议都是沃克提出的。也许苏联没有料到沃克会提出如此有力有效的提升双边贸易的方法，以至于让苏联感觉错误都在自己这边。沃克和苏联官员谈论了英苏经济关系的几个事实：（1）英苏贸易在英国全部贸易结构中占比很小。（2）如果苏联不尽力鼓励和恰当对待英国公司，那么英国公司可能会失去对苏联市场的兴趣。（3）从

[①] 基利克的分析参见 *DBPO*, Series Ⅲ, Volume Ⅲ, pp. 209-210。

1980年开始,北海气田将能完全满足英国的天然气需求,北海油田可以满足一半的英国石油需求量,英国也已经有了很充足的核燃料,未来也不会缺。基利克指出,从能源方面看,英国和法国、联邦德国、意大利、日本、美国的处境完全不同。(4)最重要的是,沃克自信地回答了柯西金对英国加入欧共体的质问,他指出苏联对英国的出口不会因为欧共体关税而大幅减少,合理回击了苏联的质疑。(这是基利克给葛罗米柯的备忘录里的观点,沃克引用了基利克的观点。)从沃克的谈话来看,英国在英苏贸易关系方面比较自信。沃克回国后曾经表示,苏联没有理由不理解英国的立场,尤其是苏联没有理由不知道英国绝不是"要求者"。基利克指出,令人奇怪的是,苏联方面茫然不知如何回答沃克提出的这几个问题,他对苏联总理柯西金抛开英苏经济问题,没有坚持批评欧共体而感到诧异。基利克猜测,也许苏联被彻底打倒了,也许苏联需要消化一阵子再反击。后来他为了弄清楚原因而追踪了关于苏共中央委员会全体会议(1973年4月26—27日召开)的报道和评论,会议谈到了加强苏联和"经济互助委员会"(the Council for Mutual Economic Assistance,CMEA)国家的经济合作、加强社会主义国家的经济和"防御能力"。基利克说,这可能是苏联在讨价还价,即如果苏联和"经互会"国家不搞防务一体化,那么欧共体也应该一样。① 英国非常清楚,苏联的目标之一是阻止和破坏欧洲一体化,而英国应该避免英苏协议帮助苏联实现其目标。沃克的谈话表明英国希望真正推动英苏经济关系,同时也向苏联表明了英国的经济自信。

沃克的访问和英苏"联合委员会"复会产生了一些具体成果。英国和苏联签订了为期十年的长期合作协议。道格拉斯—霍姆认为,苏联政府显然把这样的协议当作一种保证,一种至少在十年内与英国建立稳定关系的保证。②

英国还提出了一些其他建议,其中两点获得了苏联的同意:一是在

---

① DBPO, Series Ⅲ, Volume Ⅲ, pp. 210-211.
② DBPO, Series Ⅲ, Volume Ⅲ, p. 218.

第三章 英苏经济关系的进展与徘徊（1973—1976年）

"联合委员会"下建立若干个"工作组"（working groups），以便促进两国科学、技术和经济合作，这些都有利于贸易发展；二是两国都同意大幅度、双向地提高贸易水平。基利克虽然对苏联同意这两点建议表示赞同，认为苏联收获了长期协议会比较满意（因为苏联本来没有对"联合委员会"第二次会议抱多少期望），但是他也提醒说，要观察一下苏联究竟会把协议落实到什么程度，还要观察英国工业界是否愿意、是否能够努力推动这些双边合作。[①] 基利克认为"联合委员会"第二次会议的恢复不会自动带来好处，英国将评估进展情况，得让苏联了解这一立场。[②] 所以，英苏长期经济合作协议是一个好的开始，但是能够落实到什么程度好像并不乐观。

此后，英苏"联合委员会"连续举行会议，着重推动英苏经贸合作。第三次会议于1974年5月20—22日在伦敦召开，标志着英苏关系继续改善。卡拉汉认为，基里林访问英国、英苏"联合委员会"第三次会议在伦敦召开，意味着英苏贸易结束了令人不太满意的阶段。卡拉汉还说，毫无疑问，科学和技术合作对英苏关系也很重要，最近英苏文化合作也克服了一些困难。他希望两国在这些方面也能步入新阶段。[③] 1975年5月，英苏"联合委员会"在莫斯科举行了第四次会议，沃克去莫斯科参加了会议，英国大使加维认为这是推动英苏贸易的关键时刻。加维认为英国工业界决定着英苏贸易的合作程度，英国政府应该千方百计地让英国工业界参与进来。[④]

第三，英国官员对苏联市场的重要性有不同认识。

一部分英国官员认为苏联市场不是最重要的，比如英国工业联盟主席克拉彭爵士（Sir M. Clapham, the Chairman of the Confederation of British Industry）和贸易与工业部大臣沃克。克拉彭作为英国代表参加了英苏"联合委员会"第二次会议（1973年5月），他对这次会议没

[①] *DBPO*, Series Ⅲ, Volume Ⅲ, p. 212.
[②] *DBPO*, Series Ⅲ, Volume Ⅲ, p. 208.
[③] *DBPO*, Series Ⅲ, Volume Ⅲ, p. 296.
[④] *DBPO*, Series Ⅲ, Volume Ⅲ, p. 378.

什么深刻印象，也没什么期待，他感觉对英国工业而言，苏联市场不是最重要的。沃克也持相同看法。① 他们的观点主要基于对苏贸易在英国整个出口贸易中所占比重较低这一事实。

但是英国驻苏联大使基利克认为英国应该重视苏联市场，英苏贸易不能落后于其他西方盟国。1973年5月，在分析英苏"联合委员会"第二次会议时，基利克总结了英苏贸易前景，提议英国应该重视苏联市场，一方面，因为已经有一些大大小小的英国公司在苏联设立了企业，它们能够而且应该经营得更好，它们值得获得英国大使馆的全力支持；另一方面，因为英国有望在未来若干年把对苏出口额翻一番。他说，"经互会"虽然仍以自给自足为目标、苏联的对外交往仍然有难处，可是苏联的外贸却必须扩大，而英国对苏出口远远低于该有的水平。未来若干年内，英国对苏出口额翻番（比如达到2亿英镑）不是不可能，而且值得去做，哪怕其中一部分以"对等贸易"（counter-trading）或者工业合作为基础。基利克认为苏联市场的潜力很大。有些英国官员频繁地说苏联市场远不如表面上看起来那么有潜力，他反对这个观点。他指出，苏联有广阔的领土和众多的人口，它急需先进技术和装备、消费品和轻工业，还有规模巨大的尚未开发的自然资源。反对者认为，除了自给自足原则和外交问题外，苏联市场最大的障碍可能是缺少吸引人的投资环境：比如苏联担心会对资本主义世界产生"战略依赖"（strategic dependence）；再如苏联根深蒂固的保密状态和赤裸裸的低效的官僚制度会妨碍信息交流。苏联似乎不可能建立有效的管理，特别在接受市场调节作用方面（market forces）。西方工业可能不会得到及时的、充分的回报。苏联的明确目标是开发市场，以便销售它的工业制成品（finished products），也希望向西方直接出售能源。基利克说，他感觉美国已经开始考虑开发苏联市场了，并且开始考虑更好的美苏经济关系前景。苏联想推进美苏关系的政治意愿是明显的，已经到了避开两国主要政治差异的程度了。不过，基利克并不主张英国为了发展同苏联的贸易

---

① *DBPO*, Series Ⅲ, Volume Ⅲ, p. 212.

第三章　英苏经济关系的进展与徘徊（1973—1976年）

而甘愿付出任何政治代价。他认为是苏联需要和西方开展经济合作，而不是西方的需求。美国、日本都有优势，欧共体也有潜在优势，只要英国善加利用。基利克还说，苏联也许还存在一种幻觉，认为西方需要苏联市场，同时却没有意识到发展对外经济关系存在的种种障碍。这只能由勃列日涅夫自己去发现，英国没有责任自找麻烦地拯救他。①

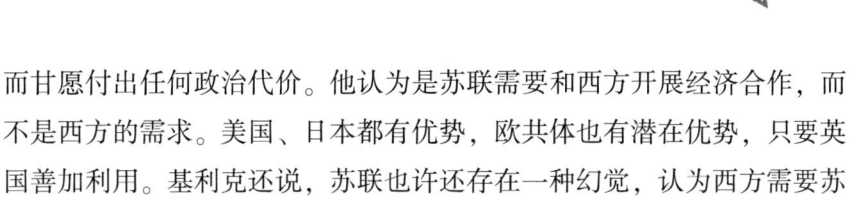

可见，英国官员们没有在推动英苏经济关系方面达成一致。一般而言，英国国内官员比英国驻苏联外交官更谨慎。事实上，英国官员们的类似分歧常常出现。但是，即使基利克积极主张开发苏联市场，他也十分清楚苏联国内存在的种种阻碍。另外，1973年英苏政治关系已经明显改善，但是苏联在开展两国经济合作方面还准备得不够充分，相比之下，英国的准备和行动显得更加积极。

第四，英苏政治关系的改善并不必然提升两国经济合作与贸易往来的水平。

1973年6月29日，当苏联大使伦科夫拜访英国首相希思时，双方都表达了改善两国关系的愿望，尽管英国认为苏联的意愿显得不太坚定。伦科夫提到，需要以"积极和实际的措施"来改善英苏关系，球在英国一边。于是，英国积极思考改善双边关系的具体行动，除了谋划领导人访问外，还提出了在苏联境内建立某种"联合工业企业"（some joint industrial enterprise）。布赖姆洛相信，建立"联合工业企业"是把球踢还给苏联的最令人满意的方式。希思赞成这个提议，认为如果有可能就这么做。道格拉斯—霍姆于是紧急咨询英国贸易与工业部，还请大使基利克两天内用电报形式发回意见。基利克指出，苏联的逻辑是：经济合作和贸易往来不是改善政治关系的步骤，而是结果；建立"联合工业企业"不会成功扭转形势。他说俄国人是出了名的慢悠悠的谈判者，所以建立这样的联合企业可能会花费数年时间才能使两国立场稍微接近一点。②

---

① *DBPO*, Series Ⅲ, Volume Ⅲ, pp. 212-213.
② *DBPO*, Series Ⅲ, Volume Ⅲ, p. 217.

可见，英苏关系在1973年已经到了一个拐点，两国各方面的联系都在增加，但是双边经济关系并不像两国政治关系改善得那样快。从英苏关系的发展来看，政治关系的好坏不必然决定经济关系的强弱，经济关系绝大程度上是政治关系的从属结果。英苏政治关系与经济关系虽然有联系，但不必然呈正相关关系，也不一定是伴随发展。英国官员布拉德说的也许有道理：对于英苏关系而言，"政治因素从来没有明确地影响过苏联的贸易"[①]。

第二节 英苏贸易长期在低水平徘徊

虽然英苏关系在1973年有了新进步，1975年2月，威尔逊的访苏将两国关系带入"新阶段"，可是英苏贸易却始终低迷，难以提升。英国非常清楚英苏双边贸易额很低的情况，但是对此似乎无能为力。

造成英苏贸易低迷的原因之一是20世纪70年代初资本主义经济危机和英国国内经济滞胀。英国经济不仅受1973年中东战争造成的资本主义经济危机的影响，还陷入了长达十年之久的滞胀期，通胀严重、企业大面积亏损、公共债务不断攀升，产生了一系列社会乱象。1974年11月，加维（时任英国驻苏联大使）汇报说，苏联媒体和电视台经常播放西方特别是英国的经济困难，可是苏联低估了英国解决本国经济问题的能力。最重要的是，英国应该向苏联领导人展示自己的实力和努力克服难题的认真劲儿，无论是国内难题，还是国际难题。和其他西方国家相比，英国缺少相对经济优势。正如加维所说，英国没有诸如联邦德国那样的经济实力、法国那样的离经叛道、日本那样的制衡中国的作用和开发苏联远东资源的能力。不过，加维认为英国手里有牌，那就是北约和欧共体。英国的确有能力影响西方国家的政治、战略和经济决策和

---

① *DBPO*, Series Ⅲ, Volume Ⅲ, p. 206.

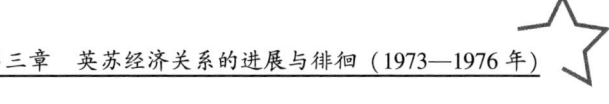

第三章　英苏经济关系的进展与徘徊（1973—1976年）

决定，从而影响苏联政府的重要关切。① 可是经济这张牌却始终是英国对苏政策的弱点。在科学技术合作方面，英国是有资本与苏联合作的。

英苏贸易提升大致能以1973年为分水岭，两国政治关系的改善为两国经济合作带来乐观前景。20世纪60年代初，英国曾是苏联的第一供应国（supplier），直到1969年英国才掉到第五位，此前一直保持在前三位。1973年之前的十年里——其中主要是1968年以来——英国占苏联市场的份额（指英国出口到苏联的贸易份额）从20%多降到8%以下，英国对苏联的出口贸易额停留在每年大约1亿英镑，这个贸易额实际上缩小了。在1973年之前的十年里，英国对苏贸易下滑很多。加维指出，苏联对外贸易占该国国内生产总值的（GDP）4%以下，是非常小的比例，苏联超过2/3的贸易是和经互会国家进行的。英国、联邦德国、日本、法国、意大利、美国是苏联的六个主要供应国和出口对象。1968—1973年的六年里，苏联从除英国外的五个国家的进口至少增加了一倍。苏联与上述六国的贸易似乎每五年（即苏联的一个计划经济周期——笔者）就会至少翻一番。在苏联1976—1980年的五年计划里，如果苏联能保持贸易优势（它没有受到1973年能源危机冲击），那么它与六国的贸易增长会更快。②

英苏贸易下滑既有政治原因也有经济原因。从政治因素看，英国对捷克斯洛伐克的同情态度、英国在西方防务事务上的坚定立场、1971年的驱逐苏联外交官事件，都让苏联为了获取更多、更有用的政治结果而与英国的竞争对手们（即其他西方国家）做交易。从经济因素看，虽然苏联开始逐步与原来的敌对国家关系正常化，开始注重与这些国家的经济联系，可是苏联自身的问题很多，不容易加强与英国的经济关系。比如，苏联的"可兑换货币的购买力"（convertible-currency purchasing power）一直很有限，可供出口的商品也很少。虽然苏联的经济发展受挫，但是苏联的自然资源开始备受推崇。1973年左右，苏联通

---

① 加维的汇报详见 *DBPO*, Series Ⅲ, Volume Ⅲ, p. 352。
② 相关数据参见 *DBPO*, Series Ⅲ, Volume Ⅲ, pp. 353, 354。

过出口石油和天然气获得意外之财,提升了苏联的"可兑换货币的购买力"。苏联石油和天然气出口增加很可能主要惠及联邦德国、日本、法国、意大利、美国。英国注意到,其他西方国家拥有比英国强的对苏经济优势。比如联邦德国有能力向苏联出售大直径输油管道(large-diameter pipe),是这一贸易领域的关键国家,而且联邦德国也同意苏联以天然气抵扣出售管道的款项。在汽车工业方面,美国、联邦德国、意大利、法国都和苏联签署了合同,但是英国的汽车工业深受国内经济滞胀问题的困扰,争取不到合同。加维感叹说,要是英国的经济更强些,英国就可以做得更好,即使不如20世纪60年代初时那样好。加维也指出,英国商人比其他西方人更了解苏联市场、更务实[1],不愿意冒险开拓苏联市场。

  英苏贸易随着两国政治关系的改善而有所发展,但是比较缓慢。比如,英苏签署了超过2亿英镑的合同。根据1975—1976年的"交付流程"(delivers flow),英国对苏联的出口至少增加到每年1.5亿—2亿英镑。鉴于价格优势和信贷协议,英国公司的出口有望达到每年2亿英镑。英苏之间还有可能进行一些更大规模的补偿贸易,比如木材和纸浆、民用飞机发动机和石油。莫斯科决定申请举办1980年奥运会,这为建筑和旅游业带来了机遇。[2] 再如,1975年2月威尔逊访问苏联期间,英国和苏联签署的六个文件中包括两份规定比较详细的"经济与工业合作长期项目"(the two detailed Long-Term Programmes on Economic and Industrial Co-operation)、科学和技术合作。英苏"信贷协议"新的信贷安排涉及9.5亿英镑的新合同(即苏联方面和英国公司的合同),利率参照其他西方国家给出的利率。[3] 加维认为这个"信贷协议"对苏联很有价值,像商业协议一样有价值。因为当时美国国会限制美国政府向苏联提供信贷,苏联中止了美苏贸易协定,不

---

[1] *DBPO*, Series Ⅲ, Volume Ⅲ, p. 353.
[2] *DBPO*, Series Ⅲ, Volume Ⅲ, pp. 353-354.
[3] *DBPO*, Series Ⅲ, Volume Ⅲ, p. 373.

第三章 英苏经济关系的进展与徘徊（1973—1976年）

久后，英苏就签订了"信贷协议"，这种情况下，英苏"信贷协议"就很有价值了。英苏"信贷协议"增强了英国相较于其他欧共体国家的竞争力，是"竞争的必需品"，有利于英国增加对苏联的出口。协议对英苏两国都有利，虽然获得收益的方式不同，但结果是一样的。此外，威尔逊访苏时签署的英苏"联合声明"表达了两国鼓励扩大双边贸易的态度。声明虽然没有提到具体的贸易额，但是提到了未来五年里实质性地提高英苏贸易水平，达到更好的贸易平衡。声明还提到苏联增加购买英国的机器和装备，特别提到了有英国公司参与的苏联重要项目。英苏"联合声明"，特别是"经济与工业合作长期项目"和新的"信贷协议"，为英国提供了英苏贸易的正式框架，这完全可以和西欧竞争国在苏联市场的地位相媲美。[1] 因此，英苏政治关系改善为两国经济关系发展指明了方向、创造了机会，但是关键在于落实。虽然英国获得了推进英苏经贸关系的动力，也对两国经贸关系的前景持乐观态度，但是英国也很清楚其中的严重障碍以及本国在对苏贸易方面的劣势。

英国对苏联市场不太满意，认为苏联市场总体上是狭窄的、特殊的，对英国竞争要求很高，比自由市场的要求高。1974年，受刺激政策的影响，英国攀升的物价和商品短缺严重破坏了英国与苏联讨价还价的实力。加维说，在1974年下半年的几个月里，英国驻苏联大使馆越来越难从英国公司套出报价单（quotations），但是英国大使馆的外交官们仍决心为提升英苏贸易创造条件。加维建议英国学习法国、美国的做法，设定英苏贸易目标。他指出，考虑到主要企业从订货到交货需要的时间，要在三年内使英国对苏联出口翻一番不太现实，但是在苏联1976—1980年发展计划期间把英国对苏出口额增加两倍、把英国占苏联市场份额恢复到10%左右，不是不可能的目标。[2]

---

[1] *DBPO*, Series Ⅲ, Volume Ⅲ, pp. 375, 373.
[2] *DBPO*, Series Ⅲ, Volume Ⅲ, p. 354.

与此同时，加维认为英苏贸易的增长不直接取决于英国的让步。他认为，假如英苏设定一个共同贸易目标，那么苏联就会要求英国承诺付出一些代价，比如一份有利于苏联的出口信贷协议；苏联"无歧视地"进入英国市场，包括让英国——像法国和联邦德国那样——重新保证苏联的最惠国待遇；签署可能增加苏联驻英国贸易代表团工作人员数量的协议；减少审批苏联商务访问者的签证麻烦。其他西方国家也面临类似要求，不过它们绝不会全部让步。所以，英国对苏贸易增长不完全由英国方面的让步程度来决定，而应该是双方互利性的让步，包括苏联让英国商业代表更便利地入境。当然，苏联也会评估英苏关系的性质，从而决定是否做出承诺。苏联对英国的评估最主要是看英国工业能提供什么、价格上有什么竞争力。[①]

所以在对苏贸易方面，英国和其他西方竞争者相比没有太多优势，只是随着英苏关系的改善而有所进步。英国政府有所期待，然而现实状况却并不尽如人意。

第三节　欧共体"共同商业政策"及其对英苏经济关系的影响

欧共体"共同商业政策"（the EC's Common Commercial Policy, CCP）既是欧洲经济一体化深化的表现，也一定程度上提升了英国应对苏联的经济能力，不过这项政策也对英国加强与苏联和其他东欧国家的经济联系形成障碍。"共同商业政策"是欧共体专门针对苏联等社会主义国家而制定的经济政策，为的是欧共体各国能统一政策和行动、维护共同经济利益。它不允许欧共体成员国和苏联、东欧各社会主义国家开展双边贸易谈判。"共同商业政策"计划于 1975 年 1 月 1 日生效并实施，它要求欧共体成员国在 1974 年 12 月 31 日前终止所有与苏联、东

---

① *DBPO*, Series Ⅲ, Volume Ⅲ, p. 354.

欧各社会主义国家之间的双边贸易协定。① 此外,"共同商业政策"是国家层面的贸易政策,并不针对贸易双方的具体企业。

一 欧共体国家在"共同商业政策"上的分歧及其原因

"共同商业政策"概念提出以前,不少欧共体成员国已经与苏联签订了经济合作协议。法国是最早和苏联签署长期经济合作协议的国家,1971年10月,两国签署了十年期经济与工业合作协议。1973年7月1—11日,法国经济与财政部部长德斯坦(M. V. Giscard d'Estaing)访问苏联,参加"法苏大委员会"(the French-Soviet *Grande Commission*)第八次会议,签署了法苏合作大纲(programme)。这表明法国在对苏贸易方面走在前列。英国官员注意到,法国说这个协议不是商业的,但是却拒绝公开,这不禁让人起疑。英国认为,在未来法国和苏联细化该协议的每个阶段,英国大概都不可能了解其核心内容。基利克抱怨法国外交官们对法苏经济项目的内容闪烁其词,不肯说出真相。但是该大纲却被法苏视为等同于两国贸易协议的纲要,将为两国带来巨大的贸易额增长。② 而此时英国尚未与苏联签订任何落实双边经济合作的协议。

英国猜测联邦德国可能会步法国后尘,与苏联签署类似的经济协议。这是英国驻波恩大使亨德森(Sir Nick Henderson)的观察。1973年7月18日,亨德森在一封电报里解释说,德国人(指联邦德国人——笔者)对欧共体很灰心,很大程度上是因为欧共体没能在政治领域取得进展。假如德国人开始怀疑建立"欧洲联盟"这个目标,假如他们仍然不相信美国对欧洲防务承诺的绝对可靠性,那么联邦德国和其他西方盟国之间就会出现国家利益裂痕,这很危险。德国人就可能试着更直接地和东方做交易,以便追求本国的目标。③

英国认为,欧共体国家在对苏联经济政策上的不一致会带来潜在危

---

① *DBPO*, Series Ⅲ, Volume Ⅲ, p. 188; *DBPO*, Series Ⅲ, Volume Ⅱ, *The Conference on Security and Cooperation in Europe, 1972-75*, p. 8.
② *DBPO*, Series Ⅲ, Volume Ⅲ, p. 219.
③ *DBPO*, Series Ⅲ, Volume Ⅲ, pp. 219-220.

险，欧共体会受到双边主义（bilateralism）的危害。就当时的国际形势而言，这种双边主义危险主要来自法国和联邦德国。英国认为，包括英国在内的每个欧共体国家都想，也应该与苏联发展经济合作，但是单独发展与苏联的经济合作等于在助长苏联对欧共体国家的离间，使欧共体国家之间相互争斗，使苏联得以利用欧共体国家间的分歧一点点地破坏"对共产主义国家出口合作委员会"（Co-ordinating Committee on Exports to Communist Countries）的工作，削弱整个西欧在苏联市场的竞争力（与美国和日本相比）。苏联还会通过散布"政治让步会带来更好的商业前景"这样的观点而赢得政治胜利。对英国而言，苏联主张的政治让步之一就是：不要迫使欧共体"共同体商业政策"前进，以免阻碍经互会更紧密地联系。英国官员认为苏联的政治让步的说法是骗人的，因为经互会内部合作本来就很密切，苏联不会让欧共体影响这种联系。法国显然很喜欢这样的政治让步。基利克认为法国目光短浅。法国可能也不相信苏联的说法，而只是想利用它发展法苏关系获得更多利益。法国想成为对苏经济合作中的领头羊（chef de file），带领西欧其他国家的企业联盟（consortia）一起行动。法国雷诺公司（Renault）就参加了苏联的卡玛斯公司项目（Kamaz project）。卡玛斯公司是著名的重型卡车制造商。1969 年，苏联规划建造世界上最大的汽车生产中心，选定沿着苏联的卡玛河（Kama River）建设，法国雷诺公司参与其中。不过，基利克认为这个项目是个累赘，它十分耗时且效率低下，还不清楚能不能赚钱。至于联邦德国方面，德国工业家告诉勃列日涅夫，苏联设想的主要工业合作项目都太大了，单独一个西欧国家承担不了。无论如何，英国都担心，如果英国坐视勃列日涅夫继续玩"双边游戏"（the bilateral game），那么美国、日本趁机占领苏联市场的机会就更大[①]，英国的机会就少之又少了。

英国外交官莱特（J. O. Wright，1975 年 10 月出任英国驻波恩大使）详细分析了实行"共同商业政策"的困境：缺少共同意愿。实际

---

① *DBPO*, Series Ⅲ, Volume Ⅲ, p. 220.

上，缺少共同意愿也是欧共体发展面临的难题。欧共体国家总体上知道"共同商业政策"的政治意义，但是落实意愿不足，主要原因有如下四点①。

第一，最重要的原因是，有些欧共体国家——首先是法国——能够从单独谈判而不是集体谈判中获得更多商业利益。有些欧共体国家与东方的贸易情况比较良好，所以它们认为欧共体联合行动不符合自己的国家利益。英国驻比利时大使、常驻欧共体代表帕利泽（M. Palliser）在1973年10月2日的一封信里描述了欧共体国家在诸如经济合作协议、出口信贷（export credits）、配额（quotas）等问题上的各自为政。帕利泽说，配额和关税这两点在共同商业政策里最不重要，因为欧共体实施了"最惠国待遇机制"（a Most Favoured Nation regime），从东欧进口货物的进口配额问题即将消失。相比之下，"出口信贷"条款重要得多，因为欧共体国家感到在相互竞争，当它们感到出口利益受到危胁时，就"没有朝着奉献自我的法规（即共同商业政策——笔者）猛冲"。至于双边经济合作，帕利泽和莱特的观点一样，认为这"适合所有各方"。

英国希望避免苏联利用信贷条款离间、分裂西方联盟。1976年12月的一份英国文件指出，虽然苏联比西方更需要贸易，但是苏联可以利用西方国家之间的竞争，利用一国反对另一国。其中最重要的问题之一就是信贷条款。1976年7月，加拿大、法国、联邦德国、意大利、英国和美国签订了一份规定了最低信贷和偿还条款的协议，这个协议被称为"绅士协议"（the Gentleman's Agreement）。这个协议理论上是针对世界各国的，但是法国迄今为止不愿意把它运用到苏联和东欧国家身上。1976年12月，英国外交大臣克罗斯兰指出，西方正面临两个失败：一个是接下了援助发展中国家的负担，另一个是向苏联提供补贴信贷（subsidesed credit）。英国认为可以收紧"绅士协议"以改善形势，应该把它变成正式协议，以便覆盖"欧洲经济合作组织"的所有成员，

---

① 这四点原因参见 DBPO, Series Ⅲ, Volume Ⅲ, pp. 239-240, 后文不再一一标注。

而不只是当前的七个国家。①

法国竭力反对欧共体在共同信贷政策方面的合作。尽管其他欧共体国家已经表达了愿意进行信贷政策合作的意愿,法国仍竭力反对。英国财政大臣巴特勒(M. D. Bulter)希望巴尔(R. Barre)出任法国总理后能改变法国的政策。欧共体国家形成共同立场,将会有助于在"欧洲经济合作组织"国家之间达成更广泛的协议。不过,英国也不清楚欧共体对苏联、东欧的信贷补贴和在其他领域的信贷补贴的情况,英国方面没有全部统计数据。②

第二,推行"共同商业政策"不是欧共体的首要任务。欧共体总部的工作量十分繁重。1973年上半年,欧共体忙于国际金融改革问题、关税与贸易总协定的多边贸易谈判、欧共体的地区政策(Regional Policy)、经济和金融联盟(Economic and Monetary Union)、与"联合组织"及地中海国家的关系(Relations with the Associables and with the Mediterranean)等。英国驻波恩大使莱特说,"共同商业政策"的进展十分缓慢,欧共体在充实"共同商业政策"方面推进极慢。当初欧共体国家认为有必要实施一项有效的共同商业政策,但是大家似乎低估了达成这项政策的难度。莱特估计,该政策在1974年会进展更多一些。③ 从欧洲一体化进程来看,"共同商业政策"不可能成为欧共体的首选方向,毕竟该政策只是针对与苏联、东欧各社会主义国家的贸易问题,而欧共体发展首先要实现内部市场的一体化。

第三,法国坚决反对把欧共体的能力扩大到新领域(比如工业合作),特别是欧共体委员会的能力。也就是说,法国反对欧共体拓展共同商业政策。英国对欧共体发展的总体观点没有像法国那样限制重重。英国一直声明想要一个有活力的欧共体,英国期待达成一些新政策以便充分发挥欧共体各个机构的作用。虽然法国也说想要一个有活力的欧共

---

① *DBPO*, Series Ⅲ, Volume Ⅲ, p. 468.
② *DBPO*, Series Ⅲ, Volume Ⅲ, p. 468.
③ *DBPO*, Series Ⅲ, Volume Ⅲ, pp. 240, 239.

体，但英国认为那只是字面上的、不是法国人精神层面的需要。

第四，欧共体内部存在一些不利于推动"共同商业政策"的观点。这种观点认为，"共同商业政策"会导致经互会更紧密的一体化，所以不能强行发展该政策。法国就持这样的观点。但英国认为这个观点是骗人的。英国的观点是：欧共体的共同政策不会对经互会内部的一体化造成太大影响，但是如果真有影响，欧共体应该避免采取那些积极鼓励经互会一体化的政策。莱特说，不应该以停止发展欧共体政策为代价阻止经互会一体化。英国必须依赖东欧国家自己在经互会内部战斗。英国常驻欧共体代表帕利泽认为，英国在接近经互会、利用和东欧国家的关系方面具有优势，比绝大多数西方盟国对经互会更热情、更鼓舞人心。①

基利克指出，如果欧共体缺少"共同精神和哲学"，那么就不会有真正的"共同商业政策"正式协议。② 可见"共同商业政策"的制定和推行之难。欧共体国家在是否应该着力推动"共同商业政策"方面举棋不定、矛盾重重，既想推动欧共体合作，又不愿意让共同政策和一致行动削弱能够带来更多国家利益的双边行动。因此，欧共体内部在经济政策协调方面、在共同商业政策方面远没有形成一致立场。不过，鉴于英国和苏联关系的缺憾，英国的机会比法国、联邦德国更少。英国更担心苏联利用欧共体国家的分歧。基利克认为经济合作的形式并不是最重要的，最重要的是欧共体形成共识、协调行动。实际上，自从1973年资本主义危机爆发以来，欧共体合作就随之受到较大影响，毕竟每个国家都在寻求自己的利益。

二 英国对欧共体"共同商业政策"的态度

英国总体上积极支持"共同商业政策"，但是在某些方面又有所保留。英国担心苏联可能会伺机在"共同商业政策"建立之前就破坏掉它。由于苏联的一贯立场是破坏欧洲一体化，所以它否定"共同商业

---

① 帕利泽的观点，参见 *DBPO*, Series Ⅲ, Volume Ⅲ, p. 240。
② *DBPO*, Series Ⅲ, Volume Ⅲ, p. 219。

政策"也理所当然。经互会在 1973 年 8 月 27 日提出了一个重要倡议。经互会秘书长法捷耶夫（N. V. Faddeyev）8 月 27 日访问哥本哈根并对丹麦"对外经济事务"大臣和外交大臣（Danish Ministers of Foreign Economic Affairs and Foreign Affairs）说，经互会和欧共体应该"在广泛的目标上保持联系，深化缓和与合作"，两个组织应该派遣代表团"讨论进一步谈判的框架和内容"。①

身为驻苏联大使的基利克有机会直接观察苏联国内情况，在此基础上分析欧共体"共同商业政策"的发展变化及其对英国的影响。1973 年，英苏经济关系的相对快速发展，迫使英国不得不厘清自己的思路和期待。以下是英国对"共同商业政策"的基本态度。

第一，出于政治和商业利益考虑，英国不愿意在与苏联签署经济协议方面落后于其他西方国家。

从政治方面考虑，英国本能地反对和苏联签署经济协议。英国知道，苏联的目的是利用这些经济合作协议避开或者阻止欧共体"共同商业政策"及其发展。苏联已经或者提议跟欧共体成员国、与欧共体联系密切或者即将加入的国家签署经济合作协议。比如，苏联没有强调和美国、日本签订长期经济合作协议，苏联同它们之间的贸易也不会由于没有协议而受损，但是苏联却十分强调与欧共体国家建立长期合作。基利克相信英国决心与欧共体共同发展的立场足以打破苏联的阴谋。英国和苏联的协议不会允许苏联破坏欧共体。

从商业利益方面考虑，如果欧共体其他成员国都与苏联签订了长期经济合作协议，那么英国不签就会显得很愚蠢，损害了自己的利益和前途。在 1973 年 4 月英苏"联合委员会"第二次会议期间，英国已经开始考虑谈判英苏经济协议的事情了，贸易与工业部大臣沃克也已经同意了。基利克和沃克都认为不能对这个协议抱有幻想，它们不会影响英国的贸易前景，但是它们至少可以保证英国——和欧洲竞争者们相比——

---

① *DBPO*, Series Ⅲ, Volume Ⅲ, pp. 217-218.

第三章　英苏经济关系的进展与徘徊（1973—1976年）

不会处于天然的不利位置①。所以，英国的根本目标是不落后于其他欧共体成员国，不让英苏协议损害欧共体或者有悖于英国利益。

第二，基利克主张把信贷政策和实际合作（credit policy and practices）作为"共同商业政策"的关键内容之一。

虽然基利克不负责"共同商业政策"一事，但是他一直主张信贷政策和实际合作必须是该政策的关键内容，尽管不是唯一的关键内容。欧共体国家必须在对苏信贷问题上形成共识，不应该过分迷恋经济合作的形式，也不应该过分迷信英苏"联合委员会"应该在欧安会"第二只篮子"②里扮演什么角色的问题，还不应该过分迷信苏联是否愿意与其他国家签订毫无意义的、不必要的贸易协定。基利克认为这类事情只会鼓励苏联在经互会里也采取类似行动，并且伤害罗马尼亚以及其他东欧国家的利益，因为这些东欧国家与西方合作得更好。③

不过，苏联使用英国信贷的情况不太乐观。1975年11月，在英国驻苏联和东欧国家大使会议上，布赖姆洛询问其他官员苏联是否使用了英国信贷，英国驻丹麦大使特里（P. M. Terry）说苏联几乎从不使用，但是苏联为将来的项目做了抵押并表示他们可能会用一些。④从这个角度看，英苏经济关系的政策层面和落实层面出现了脱节。

第三，现存的英苏贸易合作法律框架和欧共体"共同商业政策"不匹配。

英苏商业关系的发展依据有这几个法律框架：1974年5月签订的"十年合作协议"（the 10-year Co-operation Agreement of May 1974），1968年的"技术合作协议"（the 1968 Technological Co-operation Agreement），1934年的"临时商业协议"（the Temporary Commercial Agreement of

---

① *DBPO*, Series Ⅲ, Volume Ⅲ, pp. 218-219.
② 欧安会"第二只篮子"（Basket Ⅱ of CSCE）包括经济和技术合作议题。参见 *DBPO*, Series Ⅲ, Volume Ⅱ, *The Conference on Security and Cooperation in Europe, 1972-75*, pp. 121-124；拙著《英国与欧安会的起源：1968—1975》，南京大学出版社2009年版，第217—256页。
③ *DBPO*, Series Ⅲ, Volume Ⅲ, pp. 220-221.
④ *DBPO*, Series Ⅲ, Volume Ⅲ, p. 414.

1934),1969 年的"长期贸易协议"(the Long-Term Trade Agreement of 1969)。加维认为这几个法律框架都不适合欧共体"共同商业政策"。苏联可能很快就会向英国提出处理两国贸易关系中的这些问题。① 所以,如何处理英苏双边协议和欧共体"共同商业政策"之间的关系,是英苏发展经济合作必须解决的问题。

第四,英国认为应该区别对待苏联和东欧国家。

英国"贸易与工业部"建议不要拒绝和苏联签订经济协议,因为英国已经和匈牙利、罗马尼亚、捷克斯洛伐克、波兰签署了经济合作协议。大使基利克说,也许"贸易与工业部"的想法是正确的,但是必须要把苏联和其他东欧国家区分开来,因为东欧国家肯定不会像苏联那样怀有邪恶目的,与东欧国家签订长期的双边经济协议可以让它们保持对西欧开放,防止它们进一步融入经互会,所以这是大好事。对于苏联,很遗憾的是经济协议是必需品。②

总体上看,英国原则上支持欧共体"共同商业政策",但比较谨慎,有其自身的考虑。1974 年 1 月,英国对东欧的政策规划文件分析了欧共体一般性共同政策的利弊,其中关于"共同商业政策",规划文件提出,英国应该确保欧共体收回 1974 年年底实施共同商业政策的承诺。至少,共同商业政策应该包括信贷条款和消除欧共体与东欧国家双边经济合作的协议。③ 基利克认为,英国必须决定自己需要什么样的共同政策和实践,然后循此方向前进并实施它们。合作不必拘泥于某种组织的成员之间,只要各国协调行动、共享信息(为了保护合法的商业利益)即可。英苏"联合委员会"不必充当英苏经济合作的监督者。苏联可以接受这些,也可以拒绝。经互会的其他成员国也是如此。如果苏联和东欧国家对"共同商业政策"的反应完全不同反而更好,因为英国恰好可以区别对待苏联和东欧各国。④

---

① DBPO,Series Ⅲ,Volume Ⅲ,p. 354.
② DBPO,Series Ⅲ,Volume Ⅲ,p. 219.
③ DBPO,Series Ⅲ,Volume Ⅲ,p. 260.
④ DBPO,Series Ⅲ,Volume Ⅲ,p. 221.

第三章　英苏经济关系的进展与徘徊（1973—1976年）

英国对欧共体"共同商业政策"的前景不作过高期待。欧洲存在两种"一体化"，一个是西欧的经济一体化，即欧共体；另一个是苏联和东欧的一体化，即经互会。英国外交和联邦事务部"东欧与苏联司"司长布拉德指出，在经济方面，欧洲两大经济集团——欧共体和经互会——也会继续开展各自的内部一体化，但是欧共体不会发展出政治一体化，更不会成为军事一体化组织。欧共体的"共同商业政策"将会发展缓慢，因为欧洲经济的全面合作遥遥无期。①

三　实现欧共体"共同商业政策"的其他障碍

欧共体成员国难以形成共识，这是"共同商业政策"实施的最大障碍。其他困难还包括苏联对欧共体及其政策的破坏、东欧市场价值相对较小、机构协调等原因。

第一，英国认为苏联一贯阻挠欧共体一体化的发展，因此"共同商业政策"被视为抵御苏联、增强欧共体能力和自信的方式之一。

1973年5月8日，英国内阁通过了一份备忘录，表达了英国在共同商业政策问题上的立场。这份备忘录名为《欧共体对苏联和东欧的共同商业政策》（EEC Common Commercial Policy towards the USSR and Eastern Europe）。它批准了这样一种观点：一个有效的共同商业政策将能够有力地阻止和抵制苏联试图削弱和分裂西欧的行为。文件还认为，尽管不能阻挠欧共体的政策，但是应该避免采取那些促进经互会内部一体化的政策。5月17日，这份备忘录在"欧洲部长委员会"（the Ministerial Committee on Europe）上进行了讨论。② 所以可以得出结论：英国看待欧共体共同商业政策问题时更加强调它抵御苏联的政治意义。

1973年11月，莱特（英国驻波恩大使）在一份文件中表示，一项真正的共同商业政策在与苏联、东欧各社会主义国家开展商业合作时具有重要的政治意义。这项政策将是苏联试图削弱西欧的有力屏障，能降

---

① *DBPO*, Series Ⅲ, Volume Ⅲ, pp. 235-236.
② *DBPO*, Series Ⅲ, Volume Ⅲ, p. 241.

低苏联及其盟国离间西欧的能力,反过来也能给欧共体提供对苏交往的更大的政治自信。英国希望推动欧共体九国的共同政治政策和共同经济政策,因此英国支持共同商业政策的进一步发展。英国还希望在某些特定领域,欧共体伙伴国能走得更快点。①

莱特还认为,苏联对欧共体"共同商业政策"的政治重要性的分析与英国的认识非常相似。所以,苏联想阻止共同商业政策的发展,利用"合作协议"这个漏洞与欧共体国家发展双边经济合作,让西欧国家相互争斗。② 在英国看来,"共同商业政策"不仅面临欧共体成员国之间的协调难题,还需要应对来自苏联的政治破坏。

第二,英国认为东欧市场对欧共体而言并不是非常重要,欧共体国家更应该努力建立真正的内部共同市场。

欧共体内部有一种观点认为,西欧必须联合起来与美国、日本竞争东欧市场,西欧联合成一个整体可以更具竞争力,可以和苏联开展宏大的工业合作项目。英国不赞成这个观点,理由是:东欧市场容量有限,欧共体国家与东欧的贸易只占欧共体九国对外贸易的极小部分(占比低于4%)。英国不相信这个比例会在未来数年里快速增长。东欧国家仍在约束其经济体系,这个问题很重要。东欧国家1971—1975年的五年计划里绝大部分经济交往都发生在经互会内部(匈牙利和罗马尼亚除外),这部分增长很快,但是与世界其他国家的经济交往则发展得很慢。东欧国家的出口(用来赚取硬通货——莱特语)不会增长很快,除非东欧国家大规模改革经济结构,但是现在还没什么迹象。与西方的经济合作似乎也不会像东欧希望的那样进展迅速。所以,英国认为,西欧国家发展经济的最好方式是欧共体内部融合成一个真正的、有规模的共同市场。这比拓展东欧国家市场更有效。③

第三,关于"共同商业政策"由哪个机构来推动,欧共体国家之

---

① DBPO, Series Ⅲ, Volume Ⅲ, p. 239.
② DBPO, Series Ⅲ, Volume Ⅲ, p. 239.
③ DBPO, Series Ⅲ, Volume Ⅲ, pp. 240-241.

第三章　英苏经济关系的进展与徘徊（1973—1976年）

间存在分歧。

1973年10月，荷兰曾抱怨欧共体部长理事会在界定对苏联、东欧的共同商业政策方面缺少进展。1973年11月6日，欧共体部长理事会讨论了共同商业政策问题，这被视为共同商业政策建议的开始。1973年11月23日左右，莱特说，有迹象表明，欧共体内部对建立共同商业政策的乐观情绪正在增加。英国认为，应该由欧共体委员会提出相关建议，欧共体委员会比欧共体成员国更有资格提出建议，因为欧共体成员国都有各自的国家利益，或多或少会考虑与苏联的关系。因此，时任欧共体委员会副主席索姆斯爵士（Sir Christopher Soames）着手处理共同商业政策一事，这令人鼓舞。未来数月里，欧共体都会处理共同商业政策问题。索姆斯则坚持认为，与东方的合作协议虽然可以由欧共体各成员国分别签署，但是必须在欧共体内协商、合作，必须以欧共体为基础。[①] 因此，究竟是由欧共体部长理事会还是欧共体委员会负责处理"共同商业政策"，英国与其他欧共体国家存在明显分歧。从后来的发展来看，欧共体委员会成为主要负责机构。

第四，欧共体如何与经互会打交道是"共同商业政策"必须考虑的问题。

关于欧共体和经互会的关系，莱特认为欧共体协议回旋余地很大，英国对此很满意。他认为英国可以考虑一下欧共体和经互会实际接触的好处。莱特本人非常赞成这类接触，但是这类接触并不意味着欧共体积极鼓励成员国与经互会搞交易。莱特认为，应该思考一下欧共体未来若干年如何与经互会做交易，但是得由东欧国家自己决定想要哪种接触形式。东欧国家已经开始这么做了。如果东欧国家提出了能够吸引英国商人的建议，那么英国政府将鼓励欧共体认真考虑这些建议。[②] 欧共体与经互会的贸易涉及欧共体政治合作或者"欧洲身份"（the European Identity）问题。不过这里的"欧洲身份"并不是指一体化，而是指欧共

[①] *DBPO*, Series Ⅲ, Volume Ⅲ, p. 241.
[②] *DBPO*, Series Ⅲ, Volume Ⅲ, pp. 243-244.

体九国如何在共同政策方面合作，涉及共同政策和共同利益。

英国考虑了"共同商业政策"实施过程中可能会遇到的不利局面。帕利泽列举了可能会面临的一些不利形势：（1）英国的欧共体伙伴可能会得益于"共同商业政策"，并可能对东欧的计划产生更强烈的影响。（2）"共同商业政策"可能会导致不同成员国的公司之间不成熟的合作。（3）欧共体将会助力经互会的超国家性。（4）"共同商业政策"会鼓励欧共体发展出其他的新能力。① 1974年年初，英国"规划文件"谈到了欧共体与东欧的关系，英国认为欧共体应该与东欧建立更广泛的联系，英国可以接受某种形式的欧共体—经互会关系，如果这种关系更便利。英国应该向东欧展示自己的开放态度，并准备在有效互惠的基础上与东欧讨论贸易问题（英国不要正式的讨论）。东欧自由地向欧共体出口农产品将使英国获得特别收益。② 综上所述，关于如何实施"共同商业政策"，英国主要思考了两个问题，一个是欧共体和经互会如何合作，如何避免不利于欧共体的合作；另一个是英国如何借助"共同商业政策"加强与东欧国家合作，争取利益。

四 英国对未来"共同商业政策"磋商的主要看法

欧共体部长理事会于1973年11月6日开始讨论"共同商业政策"，下一轮磋商内容包括：合作协议、配额谈判、出口信贷政策、农业问题。③

关于"合作协议"，鉴于欧共体和经互会国家的经济与工业合作日益重要，欧共体委员会提出了各种建议，不仅覆盖了欧共体成员国的相关经济与工业合作，还覆盖了与经互会国家谈判补充性合作框架协议的范围。欧共体委员会批评了欧共体成员国单独与东欧国家签订合作协议的行动。英国的立场是随大流，只要英国的主要贸易伙伴和

---

① DBPO, Series Ⅲ, Volume Ⅲ, p. 244.
② DBPO, Series Ⅲ, Volume Ⅲ, p. 260.
③ 关于这几个问题的磋商，参见 DBPO, Series Ⅲ, Volume Ⅲ, pp. 242-243, 后文不再一一标注。

竞争对手坚持签订合作协议,那么英国也必须签订。东欧毫不掩饰地表示对合作协议的满意。对于已经签订的合作协议,英国没有办法做什么,在以后要签订合作协议时,英国会充分考虑共同商业政策的条款,会小心翼翼地不把最惠国待遇等规定包含在内。可是其他国家——比如意大利——就不那么细心。英国赞成建立共同商业政策,支持欧共体委员会的工作。

关于配额谈判,欧共体内有人认为应该安排一下1974年欧共体从经互会进口商品的配额。英国曾经劝说其他欧共体伙伴国不要就配额问题举行双边谈判,要列出一个具体的1974年配额清单,但是支持英国观点的人不多。现在,英国"贸易和工业部"正面临困境,它在和东欧国家磋商的时候没有权利谈判1974年配额问题。1974年,配额协议将由欧共体成员国咨询欧共体工作组(EEC Working Group),考虑其他成员国的建议后单独决定。欧共体国家可以和经互会国家"磋商",但是不可以"谈判"包含欧共体成员国一致意见的备忘录和交流信件。欧共体的行动名为"对国家贸易实行统一的自由化措施"(the uniformisation of liberalization measures towards state-trading countries),英国认为这个名字很可怕。这项工作的目的是制定一份所有欧共体国家的进口商品配额清单,但是欧共体各国还远未达成协议。

关于出口信贷政策,莱特和加维都认为这是个重要领域,并主张任何协议都要留有充分余地,以便与美国、日本竞争。英国现在卡在了欧共体在信贷领域里的法律层面问题。英国还要充分考虑支持欧共体"共同商业政策"能给英国带来哪些商业利益。此后在威尔逊1975年访苏期间,英苏达成了"信贷协议",规定了一些具体目标(参见前文)。

关于农业问题,英国注意到,欧共体共同农业政策已经阻碍了英国与经互会国家的贸易(与苏联的贸易没有受到影响)。英国在这方面的利益与其他欧共体国家不同。英国在共同农业政策方面小心谨慎,因为这个问题在欧共体内十分敏感。欧共体共同农业政策推行后，英国从东欧进口粮食将会遭遇风险。1973年5月8日，英国内阁关于共同商业政策的文件指出，英国消费者将得益于从东欧进口农产品，与此同时，经互会国家也仍然以双边思维为基础考虑贸易问题，如果它们无法对英国出口农产品，那么反之，英国也将因无法向它们出口农产品而受损。英国表示将尽力保持从东欧国家的农产品进口。

从以上论述可以看出，英国总体上支持欧共体出台"共同商业政策"，但是又在不同问题上有不同的担忧，特别是在共同农业政策方面。英国比较担心"共同商业政策"会限制英国从东欧国家进口粮食等。1973年左右，欧共体"共同商业政策"仍然有很多不确定的地方。事实上，1974—1975年是资本主义危机比较严重的时期，包括经济危机、货币危机、前宗主国与前殖民地之间的危机、能源危机、主要资本主义国家之间的危机（主要是美欧日之间），还有所谓的资本主义国家内部的政治和意识形态危机（这是苏联提到的）。① 在这种背景下，的确不能确定英国以及欧共体其他成员国一定愿意全力推动欧共体"共同商业政策"，它们都希望能将本国利益最大化。欧共体成员国与苏联、东欧国家关系密切程度各不相同，既有合作程度也不相同，因此实施"共同商业政策"的意愿强度也不同。英国正是希望能合理利用欧共体各国的差异现实维护本国和苏联、东欧的经济合作。英国支持"共同商业政策"，但在行动方面却不会全力以赴，它会参考其他欧共体伙伴的行动。英国明确区分了苏联和东欧两个市场，因为"共同商业政策"主要影响英国的东欧市场，对苏联市场影响较小。所以，观察英苏经济关系时必须注意一个基本事实，即英国——包括其他欧共体国家——不愿意受"共同商业政策"的束缚，并且想出了一些规避办法。这正是英国务实的本性。

---

① 这几个危机是苏联在1974年1月21日纪念列宁逝世50周年会议上提出的主要观点，英国认为这是为了让共产主义政党在随时可能发生激烈变革之际扮演重要角色。参见 *DBPO*，Series III，Volume III，p. 250。

第四节　英国工商业界落后于英苏经济合作的步伐

英苏经济合作虽然受政治关系改善而"转暖",但是由于上述诸多困难而发展缓慢。除了政治和政策领域的困难,英苏经济关系还常常受英国商人的约束。英国商人是英苏经济关系中的关键因素之一,他们大多对苏联市场持负面看法,不愿意奋力开拓苏联市场,于是英苏经济关系就形成了英国政府竭力呼吁、努力推动,而英国商人裹足不前的矛盾状况。

前文已经阐明英苏经济关系在政府层面上的发展,特别是1975年2月初威尔逊访苏的成果,英苏"联合声明"为两国的经贸合作提供了指引。可是,英国商人却很大程度上没有跟随英国领导人的步伐,导致英苏经济与贸易合作进展十分有限。英国相关外交文件常常提到英国官员对英国商人不愿意涉足或者拓展苏联市场而感到遗憾和无奈。

第一,1975年2月,威尔逊访问苏联后没有掀起英苏经济合作与贸易往来的新高潮,英国工业界对开拓苏联市场不感兴趣。

布赖姆洛认为,英苏保持政治关系的势头很好,但是英国判断威尔逊访问是否成功的标准是它对英苏贸易有什么作用,特别是英国公众会以此为判断标准。[①]

英国工业界对拓展苏联市场、推动英苏贸易始终不感兴趣。英国驻苏联大使加维认为威尔逊访问之后是英苏贸易的关键时期,英国政府应该借助这次访问大力推动两国贸易。可是在这个"关键时刻",很多英国企业却对苏联市场十分挑剔或者不感兴趣。1975年3月10日,当加维和葛罗米柯会面时,葛罗米柯表示苏联将尽一切努力落实威尔逊访问

---

① *DBPO*, Series Ⅲ, Volume Ⅲ, p.381.

期间达成的协议①，表达了苏联愿意发展英苏经济关系的意愿。1975年5月，威尔逊访问结束后的一段时间，英苏签署多个合作协议，英国工业界似乎对英苏贸易仍然提不起兴趣，以至于加维大使特别向外交大臣卡拉汉解释并呼吁英国工业界为英苏贸易尽一份力。同年5月，英苏"联合委员会"第四次会议在莫斯科召开，虽然英国政府派出了部长级官员参加（贸易和工业部大臣沃克参加了会议），可是很多英国企业都对开拓苏联市场无感。事实上，英国企业在其他国家经营得非常成功，但是它们甚至从来没有考察过苏联市场。想要做成生意不容易，要花时间。② 1976年，新上任的英国驻苏联大使史密斯爵士说，有些英国银行家认为，既然苏联需要更多的钱，那么就应该实行浮动利率（the going rate）。③ 可见，苏联的市场环境并不符合英国商人的预期，英国商人不愿意进入苏联市场，而英国政府对此无能为力。

  英苏贸易额在威尔逊访问后并没有出现大幅度、快速增长。加维大使向卡拉汉汇报说，在过去的18个月里（即1975年3月之前的18个月——笔者），英苏贸易额根据合同交货的总值达到1.5亿英镑。1975年3月起英国的出口开始扩大，可能会从1974年的1.1亿英镑增加到1975年的1.5亿英镑。1977—1978年，英苏贸易额很有希望达到2亿英镑，是现在（即从1974年3月至1975年3月）的两倍。④ 外交和联邦事务常务次官布赖姆洛同意加维预测的数据，如果这些数据都能实现，那就证明威尔逊的访问具有商业价值。但是贸易问题现在取决于英国工业界，英国外交部门应该尽力鼓励英国企业和商人抓住英苏关系"新阶段"的机遇。⑤ 从加维总结的英苏贸易额数据来看，英苏贸易额并不大，发展也不算太快。英国政府认为，由于英国产品的价格不断上涨，所以和苏联签订合同时必须找到一个可以接受的价格基础。加维指

---

① *DBPO*, Series Ⅲ, Volume Ⅲ, p. 381.
② *DBPO*, Series Ⅲ, Volume Ⅲ, p. 378.
③ *DBPO*, Series Ⅲ, Volume Ⅲ, p. 415.
④ *DBPO*, Series Ⅲ, Volume Ⅲ, p. 378.
⑤ *DBPO*, Series Ⅲ, Volume Ⅲ, p. 381.

第三章　英苏经济关系的进展与徘徊（1973—1976 年）

出，如果英国工业界真的开始为推动英苏贸易而工作，那么英国有望在两三年内把两国贸易的总体不平衡缩小到 2：1 的比例（具体数额见上）。① 可见，加维对英苏贸易抱有信心，但是也担心英国工业界的消极态度，而这种消极态度是英国政府无法强迫他们改变的。英苏政治关系改善的势头不会必然促进英苏经贸关系，这也是英国政府的无奈。

英国政府积极推动英苏经贸发展，在双边会谈中多次谈到推进两国经济合作。1976 年 3 月 22—25 日，葛罗米柯访问英国（此次访问是 1975 年 2 月威尔逊访苏时发出的邀请），于 23 日同卡拉汉会晤，磋商的主题之一就是两国贸易问题。卡拉汉说，英国政府重视苏联与英国工业界的主要联系，这是英国的目标之一。葛罗米柯说，苏联政府已经达成一致，英苏贸易额要达到整整 9.5 亿英镑，即 1975 年英苏信贷协议所规定的数额。但是在 1976 年 3 月葛罗米柯访问时，苏联只用了 2500 万英镑的信贷，占英国可提供信贷的比例非常小。1976 年 3 月 24 日，威尔逊在会见葛罗米柯时强调说，他很高兴英国 1975 年对苏联的出口额翻番了，但是英苏两国还可以做得更好，英国商人正怀着更大的信心进入苏联市场，他很高兴看到两国商业联系在英苏关系"新阶段"里大幅度提升。威尔逊说，现在是苏联进一步利用 1975 年信贷的时候了。② 卡特里奇（英国驻苏联大使馆顾问）1976 年 9 月 28 日在总结英苏关系的文件里提出，英国应该向苏联强调使用信贷的重要性。他向英国外交部门提议，英苏贸易肯定有一个更大、更迅速的发展空间；英国政府非常重视苏联的承诺，即 1975 年达成的关于使用 9.5 亿英镑信用额度的保证。英国工业界现在对苏联市场越来越感兴趣。卡特里奇的提议得到了英国外交和联邦事务部主要官员的赞成。③ 从这里可以看出，英国政府——特别是在公开讲话里——常常表示很重视和苏联的贸易关

---

① *DBPO*, Series Ⅲ, Volume Ⅲ, p. 378.
② *DBPO*, Series Ⅲ, Volume Ⅲ, p. 441.
③ *DBPO*, Series Ⅲ, Volume Ⅲ, pp. 460, 461. 赞成卡特里奇提议的相关人员包括"东欧与苏联司"官员萨瑟兰（I. J. M. Sutherland，时任英国驻苏大使）、外交和联邦事务部政务次官格伦威—罗伯特（Lord Goronwy-Roberts）。

系，对英苏贸易期望较高。可是，英国方面的言辞透露出两国贸易增长面临的困难不小，不仅政府间协议落实不足，而且也没有激发英国工商业界的兴趣。潜力巨大有时意味着做得远远不够。

第二，英国注意到苏联市场具有自给自足性质以及对苏贸易在英国总体出口额中的比例过低，所以部分英国官员怀疑是否值得竭力推动英苏贸易。

英国认为苏联的经济是自给自足性质的，其主要对外贸易也是在经互会内部完成。这种自给自足的性质在缓和期间并没有多少改变。更重要的事实是，英国对苏联出口额占英国总出口额的比例始终很小。这些都严重影响英国商人对苏联市场的评估。英国贸易与工业部副大臣普勒斯顿说，英国对东欧的出口额只占英国总出口额的2%—3%。其他欧共体国家也耗费精力想扩大对东欧的出口，但是效果甚微。英国外交和联邦事务部常务次官布赖姆洛质问：英国推动英苏贸易的努力是否值得？一位英国商业界人士曾经对布赖姆洛说，英国可以在其他国家做更多生意。英国对东欧国家的出口年均只有1900万英镑左右，英国驻保加利亚大使宝兰（Edwin Bolland, HM Ambassador in Sofia during 1973-1976）质疑为了这么点出口额而大费周章是否值得？普勒斯顿认为值得，特别是考虑到英国工业形势不佳这一现状，英国官员们的努力没有白费。加维也认为英国驻苏联和东欧的官员们的工作没有浪费。[①]

尽管英国驻苏联、东欧国家的大使们不看好英苏经济合作的发展前景，尽管有不少英国官员对苏联市场的看法比较消极，但是时任首相卡拉汉却把英国经济发展的相当一部分目标放在增加对苏联、东欧出口方面。他对1976年英国经济的发展很有信心，说英国的通胀率已经大幅度下降，英国外交官们应该告诉苏联、东欧国家英国经济增长的信心。卡拉汉还说，英国的出口增长是英国经济恢复的关键。英国与贸易国的良好关系本身并不能保证英国能够获得订单，但是可以让英国企业与欧洲其他竞争者拥有同样的条件。英国大使们明确提出，与经互会国家发

---

① *DBPO*, Series Ⅲ, Volume Ⅲ, pp. 414, 416.

第三章 英苏经济关系的进展与徘徊（1973—1976年）

展贸易常常耗费大量时间，工作量巨大，在部长级别和普通官员级别上都是如此，但是商业回报却经常不足。有些参与谈判的英国官员质疑：这种做法是否值得继续？卡拉汉回答说，从英国政府的观点看，每一个出口订单都是赢，即使是在像保加利亚这样小的市场，都是对英国国内经济恢复和就业的明确贡献。他鼓励英国外交官为英国政府处理国内经济问题做出牺牲并自律。[①] 卡拉汉的观点表明英国政府决心推动英国与苏联、东欧各社会主义国家的贸易。

有英国官员认为，在制定贸易政策时应该充分考虑政治目标。比如英国可以借助贸易关系使东欧国家获得更多独立性（如在匈牙利），但是英国发展对苏贸易会减轻苏联在资源方面的压力，从而使西方处于不利地位。增加东西欧之间的贸易，可以让苏联为了拉拢匈牙利而付出更多资源。可是布赖姆洛指出，英国的经济规模小，不能像美国那样让苏联大规模转移资源。美国的目标是把苏联的资源从提高军事力量上转移，美国政府希望让苏联政府选择：要么实现更高期待，要么遭受动荡。但是英国做不到这一点，因为它的实力远不及美国。[②] 所以英国考虑英苏经贸问题时更多地从本国以及欧共体角度出发，而无力从整个冷战时期的国际关系设计。

第三，苏联国内经济表现不佳降低了英国工商业人士进入苏联市场的兴趣。

苏联虽然没有受到1973年开始的资本主义经济危机的冲击，凭借其能源资源和原材料稳住了经济，但是1975年苏联经济的表现不太好。1975年，苏联农业歉收，必须从美国进口粮食，这会让苏联的国际收支雪上加霜，也会影响苏联在1976—1980年的五年计划期间扩大从西方进口技术。[③] 这种状况妨碍了英国工商业界对苏联市场的判断，不利于英苏经济合作与贸易的继续发展。此外，苏联几乎没有使用英国提供

[①] *DBPO*, Series Ⅲ, Volume Ⅲ, p. 432.
[②] *DBPO*, Series Ⅲ, Volume Ⅲ, pp. 414, 415, 416.
[③] *DBPO*, Series Ⅲ, Volume Ⅲ, p. 396.

的信贷,这也让两国贸易合作难以推进。

第四,英国政府鼓励但不强迫英国商人进入苏联市场,而是让英国商人或企业自行决定。

这是英国政府的基本立场。布赖姆洛指出,英国政府对贸易领域的控制效果不如对政治领域的控制。他相信英国政府已经给英苏贸易创造了正确的、可持续发展的环境,这些贸易有利于英国保持收支平衡。① 普勒斯顿认为,英国不应该为了政治目标而开展贸易,应该让英国商人们自己去判断。② 卡特里奇也认为应该由英国企业自己判断是否与苏联、东欧各社会主义国家做贸易。1975年11月,在英国驻苏联和东欧国家大使会议上,卡特里奇指出,英国企业可以做出最好的判断。英国官员们的任务是尽力让英国企业进入苏联、东欧国家市场,获得平等的机会并且盈利。所以,英国企业应该从政府这里得到所有能与竞争者"撕杀"的武器,包括各种文件、有利的信贷、英国官员们的时间。如果英国政府认为那些合同不符合英国的利益,并因此减少官员们的劳动以迫使英国企业到其他地方寻求商机,那么这些企业也许会、也许不会在其他市场取得成功。卡特里奇说,应该记住,正是英国企业自己最初根据商业判断进入东欧市场,没有人强迫它们这么做。③ 在英国驻苏联东欧国家大使会议上,布赖姆洛说,英国必须以自己的经济利益为指导,就像英国企业负责人判断的那样。④ 普勒斯顿说,英国贸易与工业部对英国政府推动与苏联、东欧国家的工业合作持中立态度,不打压这类合作,让人们了解机遇,但是最终让英国企业自己决定。⑤ 这样看来,英国商人和英国政府完全脱节了。英国政府似乎仅仅为英国商人进入苏联和东欧各国市场创造条件,而且似乎并没有竭尽全力(比如双边文件的落实),是否进入苏联和东欧各国市场完全由英国商人自己决

---

① DBPO, Series Ⅲ, Volume Ⅲ, p. 381.
② DBPO, Series Ⅲ, Volume Ⅲ, p. 414.
③ DBPO, Series Ⅲ, Volume Ⅲ, p. 417.
④ DBPO, Series Ⅲ, Volume Ⅲ, p. 416.
⑤ DBPO, Series Ⅲ, Volume Ⅲ, p. 413.

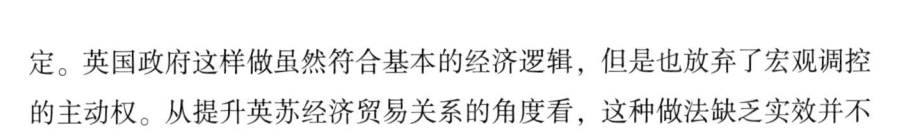

定。英国政府这样做虽然符合基本的经济逻辑，但是也放弃了宏观调控的主动权。从提升英苏经济贸易关系的角度看，这种做法缺乏实效并不奇怪。

英国政府为推动英苏经贸合作做了不少工作，但是英苏经济关系的进展却十分缓慢，尤其是出现了英国政府的努力推动与英国工商业界止步不前的矛盾现象。这当然是众多原因造成的，但客观上导致英苏经济关系和贸易额长期徘徊在较低水平。与英苏政治关系的发展明显不同，英国工党政府——威尔逊和卡拉汉担任首相时期——并没有成功地推动英苏双边贸易或大幅度提高双边贸易额。实际上，英国政府的努力没有得到多少回报。这与英国工商业人士对苏联（以及东欧国家）市场的有限预期直接相关，一方面因为他们不看好苏联、东欧各国的市场，另一方面因为他们可以在其他国家市场获得更多利益，所以他们不愿意沿着英国政府努力的方向行动。在欧洲缓和时期，英苏政治关系与经济关系不平衡，而造成这种不平衡的主要原因之一是英国商人，这十分有趣。

小　结

英苏借着"新阶段"的政治东风签订了一些协议、恢复了双边经济关系，经贸合作有所发展，但是英苏经济总体水平不高且障碍重重。英苏双边贸易额比较小，占英国出口总额的比例很低。虽然英国政府竭力推动两国贸易并创造各种条件，但是受多种因素的困扰，进展很不理想，特别是英国工商业界对苏联市场的谨慎态度很大程度上抑制了两国之间的经济合作。对英国而言，与苏联的经济关系一方面反映了两国政治关系的"回暖"、改善，另一方面也能促进英国国内经济的发展，缓解英国国内经济困境。

东西方贸易对西方和对苏联、东欧的意义各不相同。1976 年 11 月底,东西方贸易增长已经成为东西方关系发展的重要因素,也可以认为苏联经济可能走出自给自足。虽然东欧国家积累了越来越多的债务(债权人是西方国家),可是东西方贸易在西方国家的贸易总额里仍微不足道。但是对苏联而言,东西方贸易是其外交政策决策中非常重要的一个因素。与此同时,苏联的某些对外经济政策(比如船运和渔业)还会引发政治难题。苏联和东欧国家还拒绝直接和欧共体进行贸易,这引发了一些问题。如果让苏联借此加强经互会各成员国的联系,这不符合西方的利益。[①]

东西关系是英国看待与苏联关系的重要角度之一。英国认识到英苏关系还有很大的提升空间,英国有所作为的地方有很多,但是正如英国驻苏联大使加维指出的,英国发挥积极性不是为了追上其他西欧国家,而是为了让英国的观点更有分量,比如在欧安会、对等裁军这类谈判中。英国不应该害怕遵循自己的风格。平淡而娴熟好过浮夸卖弄,强调本质好过制造氛围,英国这样的风格才是有效的。[②] 所以,英国会在英苏(以及东欧)经济合作方面追求实际利益,但是也会考虑政治因素并受制于英国自身国内形势。英国追求的目标似乎仅限于不落后于其他西方盟国,而不是超越盟友。英国与西方盟国的对苏经济政策有不少分歧,但是从欧共体"共同商业政策"的谈判看,它并没有抛开西方一致立场而与苏联、东欧单独交易。总的来说,对苏经贸利益、政治地位,英国都想要,但遗憾的是,这两者无法齐头并进,英苏政治关系"回暖"没有大幅度促进两国经济合作。

除了英苏之间波折的经济与贸易合作,英苏在其他领域开展合作的可能性也被提了出来。加维认为,英苏合作协议、科技合作等不会产生贸易额,但是会促进英苏之间的人员交往(比如官员、技术专家、科学家),从而使英国能够了解苏联的意图并抓住机会。此外,英苏还可

---

① *DBPO*, Series Ⅲ, Volume Ⅲ, p.463. 英国指责苏联商业船队通过降低运费来争夺更大的世界货运份额。大量苏联拖网渔船沿西方国家海岸线作业,这导致捕鱼范围必须在200海里以外的谈判遇到困难。

② *DBPO*, Series Ⅲ, Volume Ⅲ, p.356.

第三章 英苏经济关系的进展与徘徊（1973—1976年）

以在农业研究、纯科学（pure science）、聚变研究（fusion research）、环境保护、互利的医疗协议等方面合作。文化领域合作也被认为有潜力。自1971年英苏文化关系明显暗淡下来，直到1973年春季英国前景戏剧公司（the Prospect Theatre Company）的游览和1974年12月在艾尔米塔什举办的英国水彩画展览，还有1973年夏季苏联莫斯科大剧院芭蕾舞团（Bolshoi Ballet）访问伦敦，英苏文化关系才重新恢复生机。1975年2月末，英苏将会开始谈判新的英苏文化协议。英国应该利用首相访问苏联的势头推进这些谈判目标，减少教育交流领域里不时发作的困难，扩大文化交流项目。加维说，英国现在需要计划一系列交流，以便产生一些影响。虽然他不主张浪费，但是英国文化项目的规模和质量是苏联判断英国的指标。1975年10月，很有希望举办特纳（Turner）[1]画展，这是当时和苏联谈判的主题之一。加维认为，画展应该在莫斯科和列宁格勒举办。加维把文化交流视为与苏联人民接触的桥梁，因为苏联人民会影响苏联的政策。加维相信，英国应该谨慎地扩大与苏联政府关键部门的接触。[2]

---

[1] 威廉·特纳（William Turner）是英国最知名的风景画家，擅长画光与影的变化。
[2] *DBPO*, Series Ⅲ, Volume Ⅲ, pp. 355-356. 苏联芭蕾舞团访问英国时遭到英国民众游行抗议，原因是苏联政府处理其国内犹太人问题。后来在演出过程中，有观众向舞台扔大头钉。苏联方面向英国驻莫斯科大使馆和外交和联邦事务部提出了抗议。

第四章
英苏关系背景下的英国与东欧[*]（1973—1976年）

每次读到冷战时期有关英国或者其他西方国家与东欧关系的资料时，笔者都会感到一丝无奈。西方制定并推行的东欧政策不一定有利于东欧国家，西方国家不一定有能力根据己方利益制定和推行自己希望的东方政策。无奈的感觉即来自于此：在冷战旋涡里，东欧国家——事实上有时也包括英国在内的西方国家——无力追求独立自主的本国政策。东欧国家、西欧国家都会受冷战进程特别是欧洲国际关系进程的影响，它们的对外政策在某种程度上都缺乏独立性。西方国家与苏联龃龉不断，与东欧国家的关系也充满矛盾。对英国而言，这种矛盾尤为明显，一方面是英国希望东欧国家能更加独立，尽可能脱离苏联的严密控制；另一方面是英国担心东欧越独立越易引发苏联更紧密的控制，从而更加不利于与东欧国家交往。结果英国只能寻求东欧"一定程度上"独立于苏联，争取"一定的"自由空间。所以，英国制定和实施对东欧政策时常常受到很大限制。英国虽然希望东欧变得所谓"自由民主"，可是在欧洲缓和时期，它不能保证一旦获得"自由民主"的东欧会给欧

---

[*] 本书所使用的"东欧"概念指除苏联以外的欧洲东部社会主义国家，它们也是苏联的盟国。英国外交档案中也常常以"东欧"区别于苏联。特此说明。

第四章 英苏关系背景下的英国与东欧（1973—1976 年）

洲带来什么后果。这是英国无法回答的重大问题。从英苏关系的角度看，英国对东欧的认识和政策有较大的连贯性和一致性，连贯性指英国对东欧国家持续的密切的关注没有中断，一致性指英国对东欧依附于苏联或者苏联对东欧的严密控制有清醒的认识，以及英国始终只会"在一定程度上"鼓励东欧增加自主性，但绝不为此刺激苏联。

本章主要考察 20 世纪 70 年代英苏关系改善之际英国与东欧国家关系的基本状态，分析这一组"双边关系"的主要演变和特点以及英国的东欧外交对欧洲国际关系的意义。英国对东欧形势有较多分析，每当英国分析对苏联政策时就会连带讨论东欧形势。从这个角度看，英国的东欧政策很大程度上从属于英国的对苏政策。英国对东欧形势也做了比较细致的分析，特别是每当东欧国家出现社会变革甚至社会动荡时。本章探讨了英国在东欧的利益、英国对东欧变革可能性的分析、英国对东欧国家发展趋势的分析、英国和东欧的经济关系、英国对东欧基本政策等问题。本章的相关讨论也可以一定程度上充实冷战研究。

第一节 英国在东欧的利益

英国外交和联邦事务部每隔一段时间就会详细分析英国与苏联、东欧各社会主义国家的关系以及苏联与东欧的关系，这些文件是判断英国对苏联、东欧关系或者苏联、东欧发展趋势的重要依据。总体上看，英国始终认为东欧只有非常有限的自由行动空间，苏联对东欧的控制很严密，苏联推动缓和并不意味着放松了对东欧的管控。不过英国也看到，东欧国家愿意与西方国家发展联系，但每个东欧国家在这方面的意愿各不相同，这取决于它们对苏联的忠诚度。

1974 年 2 月，英国外交和联邦事务部出台了一份系统分析英国未来对东欧的政策文件。这份政策文件假定未来十年（即大约 1974—1984 年这十年）东西方关系模式不会发生根本变化，即西欧继续一体化，继续和美国保持防务伙伴关系，继续保持基本团结和对苏关系方面的自信，美国继续保持和苏联对等的战略力量，苏联不会发生颠覆或者方向性的重大变化。这些因素都能对东欧产生重要影响。假如这些因素继续发展，那么欧洲形势很可能变得更加有利于苏联，比如欧洲军事平衡会进一步倾向于苏联，跨大西洋团结可能会被进一步侵蚀。而且，能源问题会制约西欧经济增长，放缓一体化进程，而苏联却不受能源问题困扰。所以，西欧经济衰退和持续不良的社会影响会使西欧失去光彩，而东欧则日益在经济上依赖苏联。① 这份政策分析文件是英国思考东欧发展、制定其东欧政策的依据之一。

英国非常清晰地指出东欧国家对苏联有离心力，不同国家与苏联的密切关系各不相同，但是东欧会长期受苏联的严密控制。1973年11月2日，布拉德（英国外交和联邦事务部"东欧与苏联司"负责人）应加维大使的要求，分析了英国与苏联、东欧的关系。这份分析报告是在联邦德国重要官员巴尔（Herr Egon Bahr）② 1973年10月29—30日访问伦敦后拟定的。文件指出，除了保加利亚以外，其他东欧国家与苏联的联系看起来很不自然，从长远看也不稳定。英国认为，苏联对外政策的首要目标越来越清晰，就是要扭转世界均势，使之有利于社会主义国家。勃列日涅夫和赫鲁晓夫的选择不同，赫鲁晓夫选择了经济生产和"第三世界"，而勃列日涅夫则把欧洲作为决战前线。布拉德甚至预测了20世纪80年代苏联在欧洲的目标：在军事方面，欧洲两大军事集团肯定不会消失，也不会失去其重要意义。美国军队可能会撤走绝大部分或者全部撤走，只剩下苏联强大的军事存在。欧洲对等裁军最终会建立一个无核化的、非军事化的或者中立的中欧。西欧肯定会认为抵御苏联威胁这种防务理念是徒劳无用或无关紧要的，或者两者都是。在经济方面，欧洲两大经济集团——欧共体和经互会——会继续各自的内部一体

---

① *DBPO*, Series Ⅲ, Volume Ⅲ, p. 252.
② 巴尔是联邦德国总理办公室政务委员（Minister without portfolio attached to the German Federal Chancellor's Office），也是勃兰特新"东方政策"的具体执行者。

第四章　英苏关系背景下的英国与东欧（1973—1976年）

化。但是布拉德认为欧共体不会发展出政治一体化特性，更不会成为军事一体化组织。欧共体的"共同商业政策"将会发展缓慢，因为欧洲经济的全面合作遥遥无期。欧洲的所有发展都会受到欧洲安全与合作会议这个全欧组织的监督。与此同时，东欧会继续受到苏联的严密管控。①

英国一直认为，苏联推行缓和政策并不意味着放松对东欧的控制，也不意味着允许苏联国内或者东欧社会主义国家内部出现自由化。布拉德转给加维的英国外交和联邦事务部文件（1973年11月2日）分析了英国、联邦德国和苏联、东欧的关系。文件指出，苏联为了实现自己的欧洲局势设想会继续严格控制东欧，因此，西方的第一个任务应该是坚决捍卫自己的利益以对抗苏联的侵犯，第二个任务是确保西方民众了解现实形势、苏联在欧洲的所作所为、当今东欧的地位、苏联的缓和原则（即缓和需要加强政治、经济和意识形态斗争）。欧安会、对等裁军谈判都是教育公众的好机会。②

英国注意到东欧国家不同程度地希望与西欧（或者西方国家）加强联系，但是英国从来不会高估东欧国家自由行动的能力。这已经成为冷战时期英国外交的自觉。鉴于未来东欧的发展趋势，英国界定了本国在东欧的利益。1974年2月12日，英国外交和联邦事务部出台了《未来对东欧政策规划文件》（*Planning Paper*），界定了本国在东欧的利益，该文件当天就获得了英国"常务次官计划委员会"（PUS's Planning Committee）的通过并分发给英国驻东欧各国大使。这份文件代表了英国政府对英国—东欧关系的认知③。

第一，安全利益。英国很清楚东欧国家属于华约这个敌对的军事联盟，它们为该联盟贡献了超过100万人的常规军力，包括14000辆坦克，2000架战斗机。它们还帮助苏联向世界其他地区的代理国供

---

① *DBPO*, Series Ⅲ, Volume Ⅲ, pp. 235-237.
② *DBPO*, Series Ⅲ, Volume Ⅲ, p. 236.
③ 关于英国外交和联邦事务部的"规划文件"提出的四项利益，参见 *DBPO*, Series Ⅲ, Volume Ⅲ, pp. 252-253, 后文不再一一标注。

应武器，在外交领域、情报领域、颠覆行动方面也帮助苏联展开行动。东欧国家越是宣称自己拥有对苏联的独立性，苏联就越少依赖它们的支持，东欧以及西欧面临来自苏联的压力就会越小。但是东欧的独立性、苏联对东欧的依赖程度、东西欧关系等问题的发展能带来哪些优势，这需要依据一个重要因素来权衡，即东欧国家是否会刺激苏联采取反制措施？苏联的措施不一定只限于东欧。即便没有东欧国家，苏联在欧洲北部和中部前线的部队也已经超过了北约的军队。可见，英国一方面认为东欧国家扮演了苏联帮手的角色，另一方面又希望东欧发展出更多独立性。

第二，经济利益。东欧国家与英国的贸易只占英国对外贸易的2%，而且在1974年以前的20年里这个比例都没有太大变化。欧共体与东欧的贸易额只占欧共体对外贸易额的不到4%。东欧国家赚取外汇的能力有限，这会限制未来与英国贸易额的增长。但是与有些东欧国家开展贸易的机会较多，并且能够扩大，比如波兰的煤炭越来越有吸引力，波兰减少农业进口方面的障碍以及工业合作计划的增多。英国认为，"非社会主义世界"的衰退也会提升东欧市场的吸引力，未来东欧经济也许会比英国更好地保持扩张速度。无论如何，东欧都会在世界商品市场上更加重要，特别是谷物食品行业，可能还有金融市场。英国的贸易前景将会由于东欧更大的独立性、经济自由化、与西方更好的关系而更加明朗。可见英国看待在东欧的经济利益时，首先仍然需要判断东欧的政治地位。虽然英国期待在东欧拥有更多的经济利益，但现实是英国在东欧的经济利益很少，且受苏联、东欧政治关系影响。

第三，欧共体因素。虽然欧共体伙伴国是英国的商业竞争对手，但是它们的利益和英国类似，都希望看到东欧更加独立、与西方联系更密切。这一利益可能会由于欧共体国家国内政治压力而增强，会让某些欧共体国家为了欧洲缓和的利益而做出更大让步（甚至为了东欧的政治自由化而让步），而这些让步可能不是英国想要的。鉴于此，以及为了推动欧共体一体化，英国认为欧共体九国发展一项对东欧的共同政策符合本国利益。这可能需要英国对东欧的关注更广泛,而不是只关注英国自己的利益。

第四,苏联的反应。英国认为,东欧的发展本质上符合英国和西方的利益,更多的国家独立、国内自由化、更多地与西方接触,这些都会减弱苏联向西欧施压的能力,并可能最终刺激苏联内部发生某种"有益"的变化。但是,如果英国或者其他西方国家太快推动东欧独立,那么苏联也许会认为"欧洲现状"和苏联基本利益受到威胁,苏联侵犯或者向西欧施压的风险就会增加。英国认为,东欧的重大改变或者显著的不稳定不符合英国的利益。对英国而言,无论好坏,东欧的重要性始终低于苏联。但是,英国认为自己的选择不必如此刻板,也认为英国的政策对东欧的影响很显然比对苏联的影响大。

从英国外交和联邦事务部"规划文件"看,英国在分析本国在东欧的利益时依次思考了安全利益、经济利益、欧共体因素、苏联的反应四个方面,这说明英国最重视的是安全问题。英国剖析本国在东欧的利益时非常谨慎,认为自己在东欧的利益是有限的而不是无限的,实现这些利益是有条件的,因为这和苏联直接相关。此外,英国也关注了欧共体在东欧的利益,表达了愿意和欧共体成员国共同努力的意愿。不过度鼓励东欧国家的独立性和离心倾向、尽量保持东欧稳定、不刺激苏联,是英国保障在东欧利益的基本原则。

第二节 英国对东欧变革可能性的分析

英国在认识和分析东欧变革问题上比较务实,态度谨慎。英国文件使用的概念是"自发变革"(autonomous change)[①],这说明英国更大程度上希望东欧自行变成西方所希望的那样,而不是主要由英国等西方国家推动实现。这反映了英国的慎重态度。不过,英国当然不愿

---

① *DBPO*, Series Ⅲ, Volume Ⅲ, p. 253.

意坐等东欧自行变革，它在实践中仍然会尽力抓住机会促进变革（也包括促进苏联变革）。英国主要从以下几个方面分析东欧变革的空间和前景①。

第一，东欧有变革的冲动。英国认为东欧有变革的冲动，并且很可能每个东欧国家的统治者都有这种冲动。英国认为，东欧统治者们有两个主要目标：人民的满足（a contented population）和更强的国家独立性。东欧是一个内在不稳定的区域，在20世纪五六十年代曾经发生三次外部武装力量镇压政治变革的情况。英国认为东欧想要取得的成就就是使苏联放松统治和改革共产主义体制，它们更相信西欧的模式。西欧国家领土大小和东欧国家差不多，文化传统相似，已经实现了东欧国家想实现的目标。不过，英国认为，保加利亚可能不太愿意加强国家的独立性；南斯拉夫拥有某种中介的地位，对东欧以外的地区也有些影响；民主德国最拥护苏联；罗马尼亚离心倾向最强。很显然，英国注意到了东欧国家的差异，这将影响它对不同东欧国家采取不同的外交政策和行动。

英国注意到，20世纪60年代中期以来，东欧在上述两个目标方面取得了显著进步，尽管这种进步不持续或者不一致。英国认为，只要东欧各国政府在官方层面鼓励欧洲缓和氛围，鼓励与西方更多接触，那么东欧变革的自发冲动可能会更进一步发展。实际上，正因为如此，从1972年到1973年年中这18个月里，苏联才会在华约内部加强经济一体化（即经互会的一体化），才会加强意识形态纪律。

第二，东欧变革受多种因素的束缚。英国认为这些束缚不是能轻易挣脱的，主要包括：东欧各国政府和党的统治阶层要维持其既得利益，他们要维持共产主义和自己的权力；他们对苏联的依赖；他们对本国政治和经济变革的怀疑；他们对民族主义表现的关注；他们对西方诱惑的

---

① 以下几个方面的分析为笔者根据英国外交档案总结，均参见 DBPO, Series Ⅲ, Volume Ⅲ, pp. 254—256，后文不再一一标注。由于英国外交和联邦事务部的政策"规划文件"是1974年2月制定的，所以后文提到的"未来十年"指20世纪70年代中期到80年代中期的十年。

第四章　英苏关系背景下的英国与东欧（1973—1976年）

焦虑，特别是民主德国。① 在公众面前，东欧领导层更谨慎，有时候是因为民主德国的疑虑，有时候是因为他们不喜欢西方社会的某些方面。东欧在意识形态和军事安全方面过度依赖苏联，在经济方面也十分依赖苏联，英国认为东欧需要放弃这种依赖带来的利益导致东欧变革的冲动可能不足。

英国认为东欧是苏联的根本利益所在，这表现在以下几个方面：其一，在战略上，东欧使苏联可以保持前沿防务（a forward defence posture）、保证德国继续分裂。其二，在政治上，东欧加强了苏联在欧洲事务中的影响力。保持东欧的共产主义的重要性不亚于保持苏联共产党在国内的统治。其三，在意识形态上，东欧（即便没有罗马尼亚）为苏联共产党在和中国共产党的竞争中提供了必要的多数支持。至少，在经济和外交层面，苏联从东欧国家获益良多。毫无疑问，苏联领导人会继续控制东欧，也会继续让西方和中国在东欧的影响力降到最低。根据以往的经验，苏联也许愿意容忍东欧国家在一定程度上实现国内自由（比如匈牙利），或者容忍东欧国家一定程度的外交事务自由（比如罗马尼亚），但是不会容忍这两者同时发生。

第三，东欧变革可能出现的结果。英国认为，虽然东欧变革面临各种约束，但是这些约束可能阻止不了一个或者多个东欧国家试图进行更大规模、更快的改革，而这些改革很可能超出苏联的接受范围。东欧很

---

① 西柏林是欧洲冷战斗争的焦点之一，它被西方资本主义国家视为"橱窗"，可以向苏联、东欧国家展示西方的繁荣富足，同时被苏联、东欧国家视为"毒瘤"，欲除之而后快。2021年4月1日，陈平先生（自号"眉山剑客"）在他的视频《不战而统一？我来讲讲柏林墙倒塌后的亲身观察》里揭露西柏林繁荣富足是联邦德国的战略性欺骗。当时联邦德国举全国之力支持西柏林，给西柏林大量资助以造成西柏林的繁荣景象，用以诱惑苏联、东欧国家。但是德国统一后，西柏林不再拥有这些支持，于是这个城市快速萧条，后来伴随着德国的发展而再次复兴。视频网址：https://www.bilibili.com/video/BV1PZ4y1c73z/?buvid=494ceae1b0e6f01944cef1e5cebb728e&is_story_h5=false&mid=IDQDickHX3hb5UAQ5gPSXw%3D%3D&p=1&plat_id=116&share_from=ugc&share_medium=iphone&share_plat=ios&share_session_id=044DC9AA-840E-4A7F-AE7D-5F101B65614E&share_source=WEIXIN&share_tag=s_i&timestamp=1677763597&unique_k=Eyc8v2e&up_id=526559715，2023年3月2日访问。

可能会比 20 世纪 50 年代发生更多动荡，苏联也许会发现更加难以镇压这些变革。不过，苏联实力强大，东欧领导人在政治上日益圆滑，所以东欧的变革会被继续控制在一定范围内。英国认为，一定范围内变化的可能性比以往更大，即便有时候会爆发；同时有些东欧国家可能会退化，不愿或者不敢变革，就像 1956 年后的波兰和 1968 年后的捷克斯洛伐克。

英国认为东欧会继续追求与西方缓和关系，同时也会在国内采取预防手段。在生活水平、政治容忍度、精神生活的活力方面，东欧国家的变革会继续快于苏联。在东欧，经济的"去中心化"也会继续发展，与西方的联系——包括工业合作和西方的直接投资——可能也会继续发展，特别是罗马尼亚、匈牙利、波兰。

英国外交和联邦事务部政策"规划文件"的附件 C 分析了东欧国家可能发生的变化。文件预测波兰会继续快速发展经济，国内政策相对自由，但是波兰教会和国家的关系仍然是最大的政治难题。保加利亚和其他东欧国家不同，它特别想和苏联继续保持密切联系。英国怀疑保加利亚如果没有苏联的支持还能不能存在下去。英国预测，到 20 世纪 80 年代初，没有一个东欧国家会获得独立或者像南斯拉夫一样享有比较宽松的共产主义。[1]

英国欢迎东欧的快速变革，但前提是不超过苏联能够容忍的程度。英国担心如果东欧变革超出了苏联可接受的范围，那么也许会导致苏联武装干涉，使变革国家倒退回去。所以，东欧变革过程中不排除会发生动乱的情况，而苏联干涉不利于英国和西欧的利益，甚至增加苏联对西欧安全的威胁。[2] 英国预测，在外部环境不变的情况下，东欧未来十年有可能发生进一步变化，东欧也许会拥有多一点的对苏联的独立性和稍稍放松对本国国内的管制，但是这种变化仍然受制于苏联。这种放松有利于英国和西欧的利益，尽管这些利益不会太重要，除非能软化苏联对

---

[1] *DBPO*, Series Ⅲ, Volume Ⅲ, pp. 255, 256, 257.
[2] *DBPO*, Series Ⅲ, Volume Ⅲ, p. 262.

第四章 英苏关系背景下的英国与东欧（1973—1976 年）

西方、对东欧各国国内自由化的强硬态度，但是未来十年内苏联不会软化。①

总而言之，英国预测东欧的变革有一定空间，但不会是根本性变化。英国 1974 年 2 月的"规划文件"附件 B 预测，维护共产主义政党的领导地位仍然是苏联稳定东欧的根本努力；共产主义政党必须首先控制国内安全、武装部队、经济和媒体；任何试图脱离这些路线的东欧国家都会受到苏联严厉的打压，并被迫回归。苏联部队会继续留在东欧，以维护苏联的利益。就外交政策而言，罗马尼亚的立场可能是东方阵营里的极端情况。英国认为，东欧国家的经济改革可以相对明显一些，也容易被认为是合理的，即使这些改革稍稍偏离了苏联定下的准则（norms）。这些经济改革支持东欧与西方贸易，包括：鼓励建立联合企业，利用经济改革与西方开展贸易，鼓励联合企业和使用成本效益高的技术（cost-efficient technology）。② 1974 年 5 月，布拉德在给加维的信里指出，过去两年（即 1972 年和 1973 年——笔者），苏联对东欧的控制加强了，这一点从欧安会和对等裁军谈判可以看出来，只有罗马尼亚没有成为苏联的"应声虫"，华约内部一定有不少分歧。③ 所以，英国很清楚东欧变革不可能顺利。

英国欢迎东欧变革，但是认为东欧变革对英国而言并不是最重要的事情。英国认为，东欧变革可以为英国商人和外交官提供便利，减少摩擦，增加英国在一些边缘问题上——比如在东西方非直接对抗的国际问题上——影响东欧各国的机会，但是东欧仍然是英国潜在的敌人，比如意识形态上的敌视、对苏联的某些外交支持等。英国还认为，东欧对本国放松意识形态控制、放松抵制西方的强度会使苏联感觉东欧不太可靠，并且也许会传染给苏联本身，苏联当然很害怕这种情况。未来数十年里，东欧对苏联的潜在影响肯定会继续存在。苏联态度的变化对英

---

① *DBPO*, Series Ⅲ, Volume Ⅲ, p. 261.
② *DBPO*, Series Ⅲ, Volume Ⅲ, p. 255.
③ *DBPO*, Series Ⅲ, Volume Ⅲ, p. 278.

国、对整个西欧都很重要。假如东欧变革不至于刺激苏联而招致干涉,那么英国和西方国家都欢迎,因为这种变革对西方更有利。但是苏联不会容忍东欧国家大幅度偏离"正轨",比如目前偏离最多的是罗马尼亚。如果其他东欧国家也像罗马尼亚一样变革经济,争取主权,那么苏联就不会容忍。英国认为,如果东欧变革的尝试被苏联摧毁,那么还不如不变革,因为西欧没有能力阻止苏联对东欧各国的武装干涉,东欧其他领域的进步也因此将会被卡住,国际紧张局势和苏联对西欧的敌意也会增加。所以,西方虽然期待东欧变革,而且认为快速变革更有优势,但是一旦苏联加以限制,西方的期待就会消失。英国认为,当东欧变革源自西方的影响而不是国际压力时,苏联对东欧变革的容忍度是比较低的。①

英国外交大臣詹姆斯·卡拉汉(后在1976年2月出任首相)似乎比一般英国官员更热情地看待东欧变革。他提出改善与东欧国家的关系也是英国的首要目标,英国应该鼓励东欧国家争取更加独立。他在总结英国驻苏联、东欧大使会议时表示,英国大使们已经非常清楚,东欧国家既有和苏联一致的利益,也有它们自己的利益,它们自己的利益有时候与华约、经互会的集体利益不一致。英国的着力点在于利用东欧国家单独、发展本国政治、经济的强烈愿望,特别是在东方的"集团忠诚"(bloc loyalties)出现裂痕的地方,鼓励东欧政府逐渐扩大独立空间。英国想看到波兰人更像波兰人,捷克斯洛伐克人更像捷克斯洛伐克人,甚至保加利亚人更像保加利亚人。这种趋势越强,苏联就越难威胁东欧国家。即使当苏联的缓和政策不再继续时,东欧和西欧之间的联系也不易被割断。卡拉汉说,英国不能自欺欺人,认为苏联会愿意放弃或者放松对东欧地区的控制,但是东西欧之间联系网络的发展至少一定程度上抑制了"勃列日涅夫主义"的推行,这本身就值得成为一个目标。②

幸好,英国并非一味希望东欧变革,而是非常谨慎,否则英国的外

---

① *DBPO*, Series Ⅲ, Volume Ⅲ, pp. 256, 257.
② *DBPO*, Series Ⅲ, Volume Ⅲ, p. 431.

交压力会陡增。1973年11月初，布拉德指出，英国无意让东欧人民反对他们的政府，但是英国会试着实施一些政策，让东欧各国政府拥有某种程度的独立性（独立于莫斯科），让它们能自主决策。这首先要求英国把东欧国家视为完全主权国家，它们有平等、独立的国际地位，有自己的权利。英国试着推动与东欧国家的政治对话，超越传统水平，达到苏联不知道、不同意的程度。也就是说，英国希望与东欧谈论一些苏联不太赞成的内容。在贸易方面，英国想最大限度地直接和东欧国家接触。在工业合作方面，西方比苏联更有能力向东欧提供先进技术和资本，西欧应该成为东欧的合作目标。在文化活动方面，英国将尽最大努力和东欧联系，促进文化交流。英国表示自己并不期待发生重大事件，比如罗马尼亚脱离华约或者匈牙利脱离经互会。但是英国相信，当东欧国家反抗苏联控制的情况发生时，当东欧国家对于苏联的安全没那么重要时，西欧可以向东欧表现出同情和耐心或扮演某种角色。[①]

从上述分析来看，英国对东欧国家的变革始终处于矛盾而谨慎的状况，它没有太大信心，但是又抱有期待，关于苏联对东欧的控制程度，英国十分清楚。英国一方面期待东欧变革，想方设法加强与东欧的接触、扮演某种推动变革的角色，希望东欧拥有更多自主权，但另一方面又忌惮苏联反击，明确表示避免刺激苏联，因此英国在外交行动上谨小慎微，顾虑重重。

第三节　英国对东欧国家发展趋势的分析

英国驻苏联、东欧各国的大使们会向英国外交和联邦事务部汇报苏联、东欧各国国内的发展形势，也会每两年召开一次会议集中讨论，这些汇报、讨论形成的文件是英国政府制定对东欧政策的基础之一，也是认识英国对东欧政策的重要依据之一。英国官员对东欧国家的观察有一

[①] *DBPO*, Series Ⅲ, Volume Ⅲ, pp. 236-237.

些差异,绝大部分持比较悲观的观点,乐观的是极少数。一般而言,英国驻东欧各国的大使在对东欧政策方面比英国国内官员更积极,但是他们的积极观点不一定会被英国外交部门接受。

英国官员在是否支持东欧国家增强独立性方面存在分歧。1974年1月11日,英国外交和联邦事务部官员埃默里在一份备忘录里主张,考虑到苏联可能会在铁托去世后对阿尔巴尼亚和南斯拉夫施压,英国在东欧最优先的任务应该是保持这两国对苏联的独立性。埃默里进一步建议说,西方应该鼓励希腊、土耳其、南斯拉夫发展与保加利亚的关系,保加利亚具有重要的战略意义;欧洲对等裁军也许提供了某种使苏联转身离开匈牙利的机会。但是在2月12日英国"规划委员会"(Planning Committee)评估埃默里的备忘录和前述规划文件时,布赖姆洛直接表达了反对意见。布赖姆洛认为,总的来说,埃默里提议更主动地对待巴尔干国家和匈牙利是不太现实的,巴尔干国家的局势何其复杂,保加利亚和南斯拉夫之间、阿尔巴尼亚和南斯拉夫之间的和解是不可能的;匈牙利政府的政策也不允许以埃默里所希望的那样发展与英国的关系。布赖姆洛的观点得到了大家的认可。"规划委员会"一致认为埃默里的主张无法有效解决欧洲对等裁军和"匈牙利问题"。[1]

1974年5月3日,布拉德(时任外交和联邦事务部东欧与苏联司司长)分析了苏联和东欧的发展趋势,提出了如下三点主要看法。

第一,布拉德分析了苏联和东欧国家的内部发展形势,认为总体形势不太乐观。他认为苏联迄今毫无困难地化解了针对其缓和政策的各种挑战,无论是外部影响(比如游客、商人、外来广播),还是内部异见。苏联通过镇压、流放、分裂等方式破坏了国内的异见运动,苏联假装有些活动会危及国家安全。苏联科学院推迟周年庆祝活动也许就是因为这个。波兰国内有一些鼓舞人心的发展,比如对外贸易的拓展、与西方交往的自主性增加、民众生活水平的快速提高。但是这些成就不是东西方关系发展的结果,而是哥穆尔卡(Wladyslaw Gomulka)和盖莱克

---

[1] *DBPO*, Series Ⅲ, Volume Ⅲ, pp. 262-263.

(E. Gierek)换届的结果,是波兰政府更迭和变革的结果。① 但是1971年波兰的形势不太好,而且受到来自莫斯科的压力,波兰政府对媒体的控制更加严格。在匈牙利,1974年新上任的总理普亚(F. Puja)是共产主义正统思想的忠实信徒,所以匈牙利会采取更谨慎的新经济制度,会受到苏联的欢迎。布拉德猜测苏联可能插手了匈牙利的新经济制度。民主德国变得更实际了,不那么爱争论了。在1972年和1973年这两年里,英国认为自己和民主德国的双边关系发生了一些重要变化。1973年,民主德国加入联合国,其国际地位得到认可,但是这对民主德国国内政策没有多大影响,实际上,民主德国受苏联控制得更严了,其外交政策也和过去一样继续追随苏联。捷克斯洛伐克的国内政治状况和过去一样黑暗,政治犯仍然很多,因政治观点而被劳教的人更多。英国认为,捷克斯洛伐克国内的各项表现都比较糟,当局极其小心。罗马尼亚在过去数年里工业化经济有比较快的发展,有了经济撑腰,齐奥塞斯库(N. Ceausescu)开始公开不听苏联的话。但是随着国际形势的变化,齐奥塞斯库不再像过去那样重要了,罗马尼亚有点从舞台中心走向了边缘。南斯拉夫从早前的纪律严明到现在比较宽松,它的国内和对外政策模式呈周期性循环。英国指出,南斯拉夫内部的纪律严明源于其国内政治形势,而不是苏联的压力。英国还认为,铁托看起来和其他东欧领导人一样见风使舵,尽管他们各自的理由不同。铁托很瞧不起苏联驻扎在波兰和匈牙利的4万军队,也瞧不上北约为施压而在北亚得里亚海(the Northern Adriatic)搞军演的几艘美国军舰和意大利军舰。自从1971年10月铁托访问美国并与尼克松总统签署联合公报以来,南斯拉夫没有继续与美国发展双边关系。英国认为,西欧的虚弱和混乱将严重危及南斯拉夫的均势,有时是实质性影响。英国认为保加利亚的国内形势倒退了,因为1974年保加利亚共产党大会的文件论及了苏联,显得

---

① 1970年12月,盖莱克接任哥穆尔卡成为波兰团结工人党(the Polish United Workers' Party)中央委员会第一书记。参见 *DBPO*, Series Ⅲ, Volume Ⅲ, p. 279; *DBPO*, Series Ⅲ, Volume Ⅰ, p. 295。

像在 1954 年而不是 1974 年。不过，英国驻保加利亚大使宝兰认为，让保加利亚保持独立和主权完整符合苏联的利益。①

第二，布拉德认为苏联和东欧的发展形势不是英国或者西欧造成的，而是三个因素造成的：首先，是美苏特殊关系。有英国官员指出，以前大家反对用"双边主义"（bilateralism）这个词描述美苏关系，但是现在大家认为只用"共同统治"（condominium）这个词描述美苏关系有点过分。在这种情况下，东欧"掉队"的国家会被重新整合到苏联旗下，像罗马尼亚这样的国家带来的挑战就减弱了。其次，是 1973 年第四次中东战争引发的能源危机加强了苏联的经济杠杆力量。由于苏联几乎没有受能源危机的影响，所以它的经济影响力显得更强。1975 年，所有东欧国家都得问问苏联能源和原材料是什么价格，因为 1974 年及以前的经济安排都到期了，需要重新安排经济合作事宜。所以，那些依赖苏联能源的东欧国家会更重视与苏联的关系（除了罗马尼亚）。最后，是西欧的虚弱。欧共体的发展与繁荣对东欧有吸引力，从而能够激发东欧的独立性。但是反过来未必正确，欧共体如果不成功，那么东欧就会被苏联吸引过去。美国的衰落也会强化这一点。②

第三，布拉德认为英国可以从苏联和东欧的发展趋势及其原因中吸取一些经验教训。布拉德列出了两条特殊经验：一是英国必须关注与每一个东欧国家的双边关系的价值；二是要注意英国与东欧国家贸易往来的水平较低这一状况。关于双边关系价值，布拉德举了波兰的例子。他指出，波兰在国际会议上的表现很普通，但是在过去一年半的时间里（即 1973 年至 1974 年 5 月），波兰人是有价值的，值得人们去讨论。波兰外交部部长奥尔谢夫斯基（S. Olszowski）曾经在 1974 年 4 月 8—10 日访问伦敦，奥尔谢夫斯基对外交大臣卡拉汉说，波兰把英国视为最重要的合作伙伴，他提议两国外交部门建立定期磋商制度。布拉德对他的

---

① 苏联、东欧国家内部形势的变化，均参见 DBPO, Series Ⅲ, Volume Ⅲ, pp. 279, 293。

② 三个因素参见 DBPO, Series Ⅲ, Volume Ⅲ, p. 282。

第四章　英苏关系背景下的英国与东欧（1973—1976 年） 163

观点感到震惊。布拉德认为，如果欧安会能取得恰当的成果，比如令人满意的"第二只篮子"宣言（即欧安会经济合作的篮子——笔者），那么东欧就有可能借助欧安会的经济合作而增强抵御经互会体系的能力。欧安会其他议程可以推动东欧更加独立。关于英国与东欧国家贸易水平低的问题，布拉德指出，英国对东欧的贸易只占英国外贸的一小部分，具体而言，英国对东欧的出口量大约占英国总出口量的 3%。与此同时，英国政府和官员都没有在促进与东欧贸易方面花费太多时间和金钱，东欧和苏联也没有试着努力从英国增加进口。此外，英国市场疲软、缺少本土产品、不能抵制外国商品等弱点，东欧国家很清楚。所以，英国国内存在一种传统观点：认为共产主义国家作为一个群体，对英国有大量危害，而没有多少好处。①

除了布拉德的分析，英国驻莫斯科大使馆官员多布斯也分析了东欧各国的发展趋势。多布斯赞成布拉德的观点，并进一步提出了两个观察。

其一，东欧国家根本没有机会独立于苏联。英国驻莫斯科大使馆外交官多布斯、英国驻匈牙利大使威尔逊（R. J. M. Wilson）、英国驻波兰大使布伦奇利（T. F. Brenchley）等都认为东欧被迫成为苏联的傀儡，一点儿也不独立，它们在国际多边论坛中（比如欧安会、对等裁军）都站在苏联一边，它们的领导人为了继续执政也必须完全依赖苏联。②所以，东欧根本没有独立的机会，也许罗马尼亚是个特例。英国驻莫斯科大使加维说，东欧国家有时会努力调整苏联的强制命令并取得成功，但是它们只能保持现状，而不是表达自己的观点。③ 此外，由于国际石

---

① DBPO, Series Ⅲ, Volume Ⅲ, p. 283.
② DBPO, Series Ⅲ, Volume Ⅲ, p. 292.
③ DBPO, Series Ⅲ, Volume Ⅲ, p. 292. 波兰是成功提出欧安会倡议并被苏联接受的国家。"腊帕茨基计划"（the Rapacki plan）是 1957 年 10 月 2 日由波兰外交部部长腊帕茨基首次在联合国提出的。它建议禁止在波兰、捷克斯洛伐克、联邦德国和民主德国生产和存储核武器。这个提议后来被苏联政府采纳了。"腊帕茨基计划" 参见 DBPO, Series Ⅲ, Volume Ⅲ, p. 292；拙著《英国与欧安会的起源：1968—1975》（南京大学出版社 2009 年版），第一章相关内容。

油和原材料价格上涨,东欧国家从世界其他地区寻找石油和原材料的代价极高①,所以会更加依赖苏联。

其二,英国不能错误地认为苏联近十年来出现了"倒退"(retrogression)。有英国官员认为自 1964 年赫鲁晓夫卸任以来,苏联出现了自由主义的倒退,但是加维认为,虽然勃列日涅夫在位时间越长,苏联的文化和艺术氛围就越晦暗,但是不能认为苏联是在"倒退",因为赫鲁晓夫时期的苏联并不是以自由主义为特征的,比如当时发生了鲍里斯·帕斯捷尔纳克事件(the Boris Pasternak affair)。② 由于苏联的不同政见者运动(the dissident movement)——这是在帕斯捷尔纳克事件后大量繁育出来的——并没有启动,所以可以猜测苏联是如何处理这些不同政见者的。赫鲁晓夫对待不同政见者的态度和他的继任者一样严厉。赫鲁晓夫极其善变,而他的继任者则乏味地一贯坚持。所以,加维认为苏联并不是倒退了,只是领导人的风格不同罢了。加维还说,除了苏联文学界和艺术界外,很少有人会怀念 20 世纪 60 年代初的苏联,因为自赫鲁晓夫以来,苏联的视频、娱乐、房屋、耐用消费品都大量增加了,苏联绝大多数城市居民都感觉他们从来没有过得这么好。③ 多布斯与布拉德的观点比较一致,都对东欧发展趋势持悲观看法。

但是也有英国官员比较积极乐观,甚至激进地评价东欧的发展趋势,比如英国外交和联邦事务部国务大臣哈特斯利(Roy. Hattersley)。1974 年 7 月 30 日,哈特斯利应卡拉汉的要求撰写了一份审视英国和东欧国家关系的文件。由于卡拉汉决心改善英苏关系,所以他希望哈特斯利能准备一份总体性文件,剖析英国的立场。哈特斯利反驳了英国外交和联邦事务部在英苏关系方面采取保护姿态的传统立场,主张以积极主

---

① *DBPO*, Series Ⅲ, Volume Ⅲ, p. 293.
② *DBPO*, Series Ⅲ, Volume Ⅲ, p. 293. 1958 年 10 月,苏联作家帕斯捷尔纳克(B. Pasternak)因其作品《日瓦戈医生》(*Dr. Zhivago*)接受了诺贝尔文学奖,结果他在苏联被污蔑为社会主义的敌人。此后,对他的辱骂越来越多,直到他被逐出苏联作家联盟,这是顶点。还有人建议应该剥夺他的苏联公民资格。后来,他拒绝了诺贝尔文学奖,并为自己的行为公开道歉。参见 *DBPO*, Series Ⅲ, Volume Ⅲ, p. 293。
③ *DBPO*, Series Ⅲ, Volume Ⅲ, p. 294.

第四章　英苏关系背景下的英国与东欧（1973—1976 年）

动的态度寻求英国的最佳利益。哈特斯利批评了英国外交和联邦事务部的传统，即只被动回应东欧方面的立场而不敢主动倡议，他相信英国的最佳利益可以通过积极作为实现。① 当然，他坚决主张英国应该和盟国一起行动，而不是追求一项新的独立政策。但是他坚决反对英国充当西方联盟的"备用锚"（a sheet anchor），英国应该向盟国说清楚这一点。合作并不意味着顺从，英国可以在西方联盟里扮演更积极的角色，而不是西方阵营的"备用锚"②。哈特斯利还提出了英国追求缓和的两种方式：一种是在诸如欧安会、对等裁军等多边谈判中设定目标；另一种是通过双边倡议的方式。比如，英国可以帮助欧洲对等裁军克服当时（1974 年年中）的"龟速"。哈特斯利认为西方联盟的利益要求欧洲对等裁军取得成功，英国应该考虑为裁军谈判注入动力。同时，西方联盟应该区分对等裁军的目标中哪些是重要的、不可改变的，哪些是可以调整的，以便取得具体谈判成果。不过，布拉德不同意哈特斯利的观点，布拉德认为苏联不会觉得签订裁军协议对自己有利。对于英苏关系，哈特斯利的观点算相当激进了，他不仅提出了改善两国关系的具体措施，而且认为只要发展两国关系的指导精神是正确的、政策细节是正确的，那么就能改善英苏贸易。哈特斯利完全赞成卡拉汉提出的"更安全、更富有成果的双边关系"，并认为最能实现英国自身利益的是积极性和提出倡议，而不是回应其他国家的建议和政策。③ 也就是说，哈特斯利极力主张英国积极主动地改善与苏联和东欧的关系，英国应该主动提出倡议而不是被动回应。这个观点固然符合英苏关系改善的趋势，可是却过于乐观甚至激进。他虽然反对英国外交的传统保守姿态，但是他的新理念、新措施却完全脱离了英国外交传统，因此不容易被接受。

　　对于哈特斯利的观点，英国外交和联邦事务部存在较大分歧，各位官员的回应十分谨慎。外交大臣卡拉汉十分赞成哈特斯利的观点，并愿

---

① DBPO, Series Ⅲ, Volume Ⅲ, p. 319.
② DBPO, Series Ⅲ, Volume Ⅲ, pp. 319, 324.
③ DBPO, Series Ⅲ, Volume Ⅲ, pp. 322-323, 324, 326, 327.

意在欧洲对等裁军和英苏双边关系中遵循这些路线。可是卡拉汉也指出，英国的路线还必须接受英国"规划委员会"研究部负责人奥查德（E. E. Orchard）提出的"两个主题"的指导。奥查德认为，西方未来的政策应该建立在两个主题上：(1) 让世人知道苏联的自私自利，为苏联的发展和行为提供外部刺激；(2) 通过签订协议和建立机制形成一个网络，防止苏联的对抗行为并扩大苏联的责任。① 布拉德和不少英国驻苏联、东欧各国的外交官们不同意哈特斯利的观点。布拉德认为，哈特斯利丢掉了英国官员们早先就质疑的三个问题：第一，英国错误地假定苏联的每个行动都是在坚定地追求世界共产主义这一目标；第二，与东方的贸易成功与否仅仅取决于积极或被动的政治态度；第三，自从1971年9月的驱逐苏联外交官事件以来，英国失去的比获得的多。② 由于对哈特斯利观点的不同意见太多，所以布拉德没有把这份文件散发给英国驻外官员。实际上，哈特斯利的主张最终没有成为英国政府的官方立场。不过，布拉德肯定了哈特斯利的贡献，即确认了一个事实：英国应该对东欧采取更加积极的态度并采取实际行动。③ 1974年4月24日，从哈特斯利的私人秘书古尔丁（M. I. Goulding）的备忘录来看，布拉德相信：要想实现英国与东欧成功的关系，要求英国做的不多，不要求英国采取某些宏大战略，只要求英国有技巧地、耐心地把一些细小成分按照正确的比例、正确的方向汇集起来即可。④ 布拉德的判断非常重要，而且显然符合实际。

从以上英国官员的分歧可以看出，英国官方的正式立场以及许多英国外交官对苏联、东欧国家的发展趋势不太乐观，不仅认为苏联对东欧的控制加强了，而且认为英国在东欧可做的事情（或曰推动东欧独立的行动空间）非常少。实际上，苏联对本国国内的控制也更加严厉了。加之英国和东欧国家的贸易额比较低，英国政府的兴趣有限，这些都限

---

① 奥查德的"两个主题"，参见 *DBPO*, Series Ⅲ, Volume Ⅲ, p. 319。
② *DBPO*, Series Ⅲ, Volume Ⅲ, p. 326.
③ *DBPO*, Series Ⅲ, Volume Ⅲ, p. 327.
④ *DBPO*, Series Ⅲ, Volume Ⅲ, p. 318.

第四章　英苏关系背景下的英国与东欧（1973—1976年）

制了英国和东欧国家的关系。事实上，英国在改善东欧国家地位方面能做的不多，英国方面也不期待以比较激进的方式改变与东欧国家的关系。

第四节　英国和东欧的经济关系

前文已经论及英国与东欧的贸易额占英国对外贸易总额的比例很小，1974年2月，英国"规划文件"指出这一比例仅为2%，并且在过去20年里都没有重大变化。[①] 1975年11月，英国贸易与工业部大臣普勒斯顿说，英国对东欧的出口只占英国总出口量的2%—3%。英国——也包括其他欧共体伙伴国——花费精力想提高对东欧的出口量，但是收效甚微。[②] 英国主要从东欧进口农产品。英国认为，如果东欧能够自由地向欧共体国家出口农产品，英国将获得特别的收益。[③] 英国和东欧国家的贸易发展缓慢主要是因为东欧国家的大部分贸易都是和苏联进行的，是在经互会内部完成的，但是英国仍十分重视与东欧的贸易。即使在1975年和1976年英苏关系"新阶段"衰退的时候，英国首相卡拉汉、贸易大臣普勒斯顿仍然强调与东欧开展贸易的重要性。不过，英国政府官员和商人对东欧市场始终心存疑虑。

除了较低的贸易额，英国与东欧的经济关系主要有以下几个特征。

第一，英国政府总体上比较重视与东欧的贸易，但是也有不少官员怀疑是否值得努力拓展东欧市场。

部分英国官员认为，对东欧的贸易很重要，而且不一定完全受政治关系制约。1974年7月，布拉德分析了英国和东欧的贸易情况。布拉德完全同意约翰·威尔逊（John Wilson，时任英国商务大臣）的观点。

[①] *DBPO*, Series Ⅲ, Volume Ⅲ, p.253.
[②] *DBPO*, Series Ⅲ, Volume Ⅲ, p.414.
[③] *DBPO*, Series Ⅲ, Volume Ⅲ, p.260.

约翰·威尔逊引用英国驻匈牙利大使馆负责商务的外交官佩恩（A. J. Payne）的观点说，英国出口总额是由一个一个单独的公司的交易额组成的，很多英国公司在东欧的贸易额都在该公司总贸易额中占据重要比例，所以英国政府要在贸易领域提供更多、更好的服务。布拉德说，承认政治氛围与贸易的关系是一回事，努力营造良好政治氛围，从而获得贸易利益则是另一回事。布拉德的意思是良好的政治氛围不一定是贸易的主要决定因素。加维承认政治和贸易有关，但同时也认为，在苏联的商业奖励（commercial prizes）从来都没有成为英国主要的经济利益，也不会变成决定英苏政治关系的首要因素。[①]

不少英国官员质疑东欧能为英国带来哪些贸易利益。1975年11月，当英国驻苏联、东欧各国大使举行两年一度的大会时，英国官员们仍然表示非常重视与东欧的贸易，但是也有好几位官员质疑英国值不值得为了那么一点点贸易额付出巨大努力。普勒斯顿谈到了东西方贸易与合作，特别谈到了波兰，他认为英国与波兰的贸易合作太多了；英国不能确定是否可以从中获益，毕竟苏联、东欧的市场相对较小。他提出英国必须考虑三个问题：（1）如何确定英国与波兰合作的重要项目——这些项目获得了英国方面的特别支持——总体上符合英国的利益？比如波兰的Ursus项目，要考虑信贷、补贴、回购义务等问题。[②] 从商业或者战略角度考虑，英国正在东欧建设的工业项目未来会不会被破坏？这种合作会不会让东欧各国民众对他们的政府更加不满？（2）英国是否应该为东欧国家提供优惠贷款？英国是否——比如波兰——给得太多了？联邦德国担心这一点。（3）英国政府更积极地通过工业合作而推动英国经济创新发展，这么做对吗？英国贸易与工业部持中立观点，它不打压工业合作，为英国商人提供了解其他市场的机会，但是也把选择

---

① DBPO, Series Ⅲ, Volume Ⅲ, pp. 331, 332.
② 关于Ursus项目，Ursus是位于华沙城外的一个小镇。这是1974年9月根据英国和波兰签署的大型合同建设的，生产Massey-Ferguson-Perkins拖拉机和发动机。这个项目使Ursus拖拉机厂的熔炉、锻造和生产变得现代化并且扩大了。参见DBPO, Series Ⅲ, Volume Ⅲ, p. 413。

第四章 英苏关系背景下的英国与东欧（1973—1976年）

权留给英国企业。① 可见，英国部分官员非常怀疑与东欧经贸合作的价值。

第二，英国官员为东欧国家要求签订新文件而烦恼。

英国驻东欧各国的外交官为波兰要求签订更多双边合作文件而烦恼，不愿意在这方面投入更多。英国贸易与工业部大臣普勒斯顿说，东欧国家热衷于签订新文件，但是绝大程度上都没有意义。波兰要求和英国签订一个"五年合作协定"，类似于波兰和其他欧共体国家签订的，但是英国告诉波兰说两国已经签订了一个很好的"十年协定"了，没有必要再签订五年协定。波兰还要求签订"长期信贷协定"，就像英国和苏联签订的一样（1975年2月），但是英国解释说，苏联的情况很特殊。英国认为，波兰的信贷有限制，英国不可能遂了波兰的心愿。波兰还希望把英波双边"联合委员会"提升到部长级。英国在这些方面对波兰特别强硬，拒绝了波兰的所有提议。宝兰（英国驻保加利亚大使）说，东欧国家喜欢文件，这是一种生活方式。但是英国贸易与工业部商业关系与出口司（the Commercial Relations and Export Division of the Department of Trade）的工作人员工作量太大了，因为要为东欧准备的文件太多，并且这个部门的工作人员数量已经严重超标了。况且，签订文件不仅仅是准备文件的问题，还要和两国相关的工业部门密集磋商、谈判相应条款。所以，该部门的工作人员根本没有时间进行商业调查。普勒斯顿说，如果欧共体伙伴国对东欧贸易做得更好，英国也许会重新审视与东欧的贸易问题。不过，英国的强硬态度也影响了其他欧共体国家，比如荷兰就拒绝了波兰签订另一份合作协议的要求。加维虽然很同情负责苏联和东欧工作的官员们，但是认为这些文件是有用的。② 所以，英国外交官的工作量陡增是英国拒绝东欧国家签署更多文件的主要原因之一，这真的十分讽刺。

第三，英国官员和商人们注意到东欧市场对英国的价值有限，质疑

---

① *DBPO*, Series Ⅲ, Volume Ⅲ, p. 413.
② *DBPO*, Series Ⅲ, Volume Ⅲ, pp. 413-416.

英国是否在东欧市场投入了过多的精力。

相较于开拓东欧市场,英国不少官员认为更应该建设欧共体统一市场,后者将使英国获益更多。1973年11月,在讨论欧共体共同商业政策时,有英国官员提出西欧必须和美、日竞争东欧市场,西欧联合成一个整体可以具有更大的竞争力,西欧可以和苏联开展大型工业合作项目。但是英国东欧与苏联司官员莱特以及其他官员不太赞成这个观点,他们注意到东欧的市场容量有限,欧共体与东欧的贸易只占欧共体九国对外贸易总量的一小部分,低于4%。英国认为这个比例在未来数年里会快速增长,但更重要的是,东欧国家对企业的约束仍然很严格。东欧国家1971—1975年的五年计划里绝大部分经济交往都在经互会内部进行(匈牙利和罗马尼亚除外),这部分贸易额增长很快,但是与世界其他国家的经济交往则发展得很慢。英国注意到,东欧用以赚取硬通货(hard currency)的出口似乎不会增长很快,除非东欧国家大规模改革经济结构,但是现在还没什么迹象。经济合作似乎也不会像东欧希望的那样进展迅速。所以,英国认为,西欧国家发展经济的最好方式是建立欧共体统一市场,这比拓展东欧国家市场更有效。①

英国驻东欧各国的大使更容易质疑英国和东欧的贸易关系。1975年11月,当英国驻东欧各国的大使们讨论英国与东方的关系时,好几位英国大臣都认为英国投入东欧市场的时间和精力太多了,他们还在会议上反馈了部分英国商人的类似看法。比如布赖姆洛问与会官员:英国在推动英苏贸易方面的努力是否值得?英国驻南斯拉夫大使斯图尔特(Sir Dugald Stewart)询问:欧共体伙伴国应东欧国家要求而自由地为它们提供信贷是不是做错了?英国驻保加利亚大使宝兰表示欢迎英国政府给出指导意见,回答一下英国为了少量的东欧贸易而付出相当大的努力是不是做错了?1900万英镑的出口是否值得付出这么大努力?英国是否应该把努力转向其他地方?② 这些官员的质疑说明东欧市场对英国的

---

① *DBPO*, Series Ⅲ, Volume Ⅲ, pp. 240-241.
② *DBPO*, Series Ⅲ, Volume Ⅲ, p. 414.

第四章 英苏关系背景下的英国与东欧（1973—1976年）

吸引力十分有限，英国不值得为此付出不切实际的代价。

不能忽视的是，仍有很多英国官员倾向于积极看待英国与东欧国家贸易的意义和前景。在大使会议上，英国贸易与工业部官员普勒斯顿认为英国的努力是值得的，特别是在英国国内工业形势不佳的情况下，英国官员们的工作没有浪费。[①] 卡拉汉也肯定了英国与东欧开展贸易的重要意义。他表示1976年英国的通胀率已经大幅下降了，他很有信心英国经济会在1976年实现增长。卡拉汉指出，大使会议上有不少官员认为与东欧国家签署太多文件甚是浪费人力、物力，与东欧开展贸易回报也不多，但是从英国政府的观点来看，每一个出口订单——哪怕是在像保加利亚这样小的市场——都能对英国国内经济恢复和就业做出重要贡献。[②] 卡拉汉是一位积极推动英国发展对苏联、东欧关系的领导人，保守党政府官员很少有人有这种热情，甚至在工党官员里像他这样乐观的人也是少数派。也许只有英国对等裁军谈判代表团团长的热情能与之相比，当时英国代表团团长在与苏联的非正式交往中也是热情满满。

第四，英国商人的自主权限制了英国开拓东欧市场的能力，但英国政府表示不干涉商人的选择。

英国政府表示不能规定或者强迫英国工商业人士必须进入东欧市场，只能让他们自己决策。这使得英国和东欧的良好政治关系不一定为双方带来经济收益。比如普勒斯顿和卡特里奇都认为应该由英国公司自己判断是否与东欧国家进行贸易。卡特里奇说，英国公司可以做出最好的判断，英国官员的任务是尽力让英国公司进入东欧市场，获得平等的机会，并且获利。如果由于英国政府没有做好相关服务而让英国公司到东欧以外的其他地方寻求机会，那么英国公司也许在别的市场也不会成功。卡特里奇说，应该记住，是英国公司自己最初根据商业判断进入东

[①] *DBPO*, Series III, Volume III, p. 414.
[②] *DBPO*, Series III, Volume III, p. 432.

欧市场，没有人强迫它们这么做。①

英国官员注意到，英国商人不会因政治关系改善而努力开发东欧市场。1975年11月，当英国驻匈牙利大使威尔逊（R. J. M. Wilson）询问英国在决定对东欧的贸易政策时是否充分考虑了政治目标，比如希望匈牙利获得更多独立自主权、加强与西方的联系时，普勒斯顿表示，英国也许在鼓励东欧独立方面做不了太多，并且会由于和苏联的贸易而减轻苏联在资源方面的压力，英国不应该为了政治目标而进行贸易。② 考虑到20世纪70年代初期至中期英国经济发展的现状，普勒斯顿的观点不无道理。

英国不是不在乎政治目标，只是没有信心通过贸易实现自己预想的政治目标。比如，普勒斯顿曾提到（1975年11月），英苏贸易会减轻苏联在资源方面的压力。他这句话是什么意思呢？英国驻美国大使莫顿（J. O. Moreton）等人给出了答案。莫顿说，美国的政策目标是把苏联的资源从军事力量的积累上转移走，美国政府希望让苏联政府选择：要么达到美国或者西方更高的期待，要么遭受动荡。布赖姆洛说，英国的经济规模太小，不足以让苏联转移资源，英国必须以自己的经济利益为指导，就像英国工商业界人士判断的那样。威尔逊大使也曾指出，美国人在与东欧进行贸易时就有政治目标的考虑。他认为，东西方之间贸易的增加可以让苏联为了拉拢匈牙利而付出更多资源。③ 所以，并不是英国不愿意通过与东欧的贸易改变东欧，而是英国自知本国经济规模有限，能改变的十分有限，所以英国不指望通过经济手段向苏联施压，而是更注重自身利益的获得。英国当然在乎经济手段的政治效果，只不过它的实力不足以让经济合作产生预期的政治效果。这就是英国国力的现实，也颇能反映国家实力在国际关系中的重要性，实力有限只能带来无奈的结果。

---

① *DBPO*, Series Ⅲ, Volume Ⅲ, pp. 415, 417.
② *DBPO*, Series Ⅲ, Volume Ⅲ, p. 415.
③ *DBPO*, Series Ⅲ, Volume Ⅲ, pp. 414, 416.

小　结

英国对东欧的政策既有政治目标，也有经济需求，更有意识形态方面的期待。但与此同时，英国的政策比较克制，且受英国自身综合实力的限制。根据英国官员的阐述，英国对东欧的政策可以归纳为以下几个方面。

第一，英国没有鼓励东欧各国人民反对本国政府，但是愿意鼓励东欧各国实践独立于苏联的政策。英国认为，除了保加利亚，其他东欧国家和苏联的联系看起来不自然，从长远看也不稳固。因此，英国把每个东欧国家都视为完全主权国家，而不是依附于苏联的有限主权国家，这些东欧国家拥有平等的国际地位和追求自主的权利。也就是说，英国更看重东欧国家的独立性，要减弱东欧国家与苏联的纽带联系。

英国希望尝试推动与东欧国家的超越传统水平的政治对话，而这些对话不必被苏联知晓，也不必征得苏联同意。① 这是英国政策"规划文件"里的建议。古尔登（P. J. Goulden, First Secretary of Planning Staff）质疑这个观点，他认为，如果苏联继续控制着东欧，如果苏联对西欧的政策仍然是以"威胁和实力"为基础，那么苏联很容易保持其在东欧的地位，因此英国政府不值得付出额外资源去推动苏联不赞成的政治对话。② 很显然，古尔登不认为东欧能摆脱对苏联的依赖。

英国政策"规划文件"还提出，在经贸方面、工业合作方面、文化交流方面，英国——以及西欧国家——都可以与东欧建立联系。英国不指望发生某些夸张的事件，比如罗马尼亚离开华约或者匈牙利离开经互会，但是英国——以及西欧——可以抱着同情心和耐心支持东欧国家，特别是当苏联对东欧的控制减弱时，或者当东欧不再是苏联至关重

---

① *DBPO*, Series Ⅲ, Volume Ⅲ, p. 257.
② *DBPO*, Series Ⅲ, Volume Ⅲ, p. 237.

要的安全因素时。①

第二，英国用于外交政策的财政支出可能会限制英国对东欧政策的推行。英国1974年2月的政策"规划文件"指出，为了保证英国在东欧的影响力和其他西欧国家一样大，英国政府1972—1973年花费了280万英镑，这些钱比花在欧洲中立国、澳大利亚或者远东的相应支出稍多一点。英国认为这些钱并没有浪费，即便预期的收获是有限的。但是如果英国政府削减外交支出，那么分配到东欧政策方面的资金也一定会缩减。英国驻波恩大使亨德森爵士对英国的政策"规划文件"持批评态度，他认为该文件过于消极地看待英国从东欧获得的机会。1974年12月，亨德森写信给"规划文件"的起草者凯博（J. E. Cable，英国"计划部"官员），表示很满意微调，而不是大幅度调整对东欧的成本效益（即外交支出——笔者），这是一项外交事务，需要施展人类的技巧和独创性，利用摆在英国面前的机会，展开英国的存在。②

第三，英国需要克服自身经济困难，以便于推行对东欧的政策。20世纪70年代初，由于西欧国家普遍经济萧条，英国可能需要付出额外的努力阻止这种衰退，苏联因不受能源危机影响而实力相对增长。英国政府面临的财政困难十分严重，国内经济形势不好，即使是给英国广播公司、信息工作、文化活动拨一点点经费也并不容易。英国与东欧关系最容易开花结果的做法是增加与东欧的贸易、信贷和投资，减少东欧对苏联经济的依赖，但是这要求在未来数年投入一些经费，英国需要从东欧进口能源和主要原材料，可是英国支付这些费用不太容易。③

第四，英国认为，在对东欧政策方面，欧共体国家应该共同努力，而不是单打独斗。英国怀疑只靠自己，而没有其他西方国家一起努力，就不能实质性影响东欧自发变革。英国需要搞清楚能影响哪些约束东欧国家变革的因素。英国担心，也许自己——或者其他西方国家——的努

---

① *DBPO*, Series Ⅲ, Volume Ⅲ, p. 257.
② *DBPO*, Series Ⅲ, Volume Ⅲ, p. 258.
③ *DBPO*, Series Ⅲ, Volume Ⅲ, p. 258.

第四章 英苏关系背景下的英国与东欧(1973—1976年)

力被东欧和苏联政府看出来,从而起反作用。英国认为,为了对抗黑暗力量和不合谐的因素,西方的努力需要欧共体九国合作,而不是只依靠英国一国的影响。尤其在东欧出现自发变革的时候,更需要九国合作。如果在某些国际问题上(比如联邦德国对民主德国境内骚乱的反应),欧共体九国各行其是,这不是英国想要的,也是危险的。当然,九国合作有很多严格的限制,比如九国既没有军事能力也没有经济能力阻止苏联在东欧任意妄为,但是在少数问题上,九国共同行动比某个国家单独行动影响力更大。如果西欧的经济优势注定消失,那么西欧在政策和外交上的团结也许可以抵消西欧影响力的衰落。①

英国希望推进欧共体九国在政治领域、经济领域的共同政策或者一致的基本原则,以利于推行对东欧政策。英国主张欧共体与东欧建立更广泛的联系。英国认为,东欧国家最好把欧共体看作一个国家。如果方便的话,可以接受欧共体与经互会建立某种形式的联系。英国自己应该向东欧展示开放态度,并准备在互惠基础上与东欧讨论贸易问题。东欧自由地向欧共体出口农产品将使英国获得较大利益。② 在贸易领域,英国希望最大限度地直接和东欧国家建立联系。英国认为,工业合作的目标是让东欧接受西方的技术标准,而不是苏联的技术标准。③

第五,英国认为西欧的政策不能控制东欧变革的结果。英国指出,东欧变革是自发的,西欧控制不了变革的结果,也阻止不了苏联对东欧变革的严重约束。但是西欧是东欧变革的诱因之一。西欧各国政府可以帮助东欧保持变革势头,只要对东欧保持兴趣和抱有理解的态度,积极回应东欧希望与西欧发展更密切、更独立的联系的努力。④

基于以上认识,1974年2月的英国政策"规划文件"指出,英国政府认为自己在东欧政策方面没有继续拓展的空间了,没有必要调整东欧政策。英国的东欧政策应该保持不变,同时推迟西欧对东欧共同政策

---

① DBPO, Series Ⅲ, Volume Ⅲ, pp. 258, 259.
② DBPO, Series Ⅲ, Volume Ⅲ, p. 260.
③ DBPO, Series Ⅲ, Volume Ⅲ, p. 257.
④ DBPO, Series Ⅲ, Volume Ⅲ, p. 262.

的发展。英国希望改善与东欧各国政府的关系,审慎地鼓励官方和民众争取更强的独立性和更加灵活的意识形态,这与英国其他更重要的目标是一致的,比如追求西欧一体化、英国的经济需求、维持欧洲的和平与稳定等。但是英国在东欧的利益不足以证明英国财政支出偏向东欧是合理的,英国仍然要把资源投入回报更高的就业岗位或风险投资里。[①] 所以英国对东欧的政策具有比较明显的双重性,英国希望推动东欧变革或政治独立,但又不能刺激苏联,以免招致更严厉的控制;英国希望与东欧发展贸易,但是英国自身经济处于衰退中,经济能力有限,相关外交支出也捉襟见肘;英国希望欧共体能发展出共同的原则或者政策基础,但是欧共体国家实际上在很多领域都存在较大分歧。所以,英国在东欧政策方面小心翼翼,时时显露出矛盾心理。

在阅读关于东欧问题的英国外交档案时,笔者有三个深刻的印象:一是英国与东欧(以及苏联)的贸易量占英国总出口量的比例非常低,这个低比例甚至在英苏政治关系改善以后仍没有提高,所以英国官员和商人们始终怀疑东欧市场是否有价值、是否值得开拓。二是英国政府官员多次表示不会强迫英国商人或者公司开拓东欧市场,要由他们自己决定。英国政府不干涉本国商人的决定,但是愿意做好相关服务工作,使本国商人拥有与西欧伙伴国同样的竞争地位。但是英国商人的反应始终很消极,不愿意进入东欧市场。至少到1976年笔者尚未看到英国商人积极投入东欧市场的相关资料,这证明东欧市场对英国商人吸引力不足。东欧市场属于经互会,平行于西方资本主义市场,其内部贸易远多于与西方国家的贸易。低水平的贸易关系使英国对苏联、东欧政策不宜从经济合作角度观察,至少不能把经济合作作为一个重要的考察角度。三是(最重要的是)英国始终把对东欧的政策从属于对苏联政策。虽然英国非常希望东欧国家能具有更强的独立性、进行更多社会变革,但是同时也会以不过度刺激苏联为边界,防止因鼓励东欧带来的负面作用。此外,英国清醒地注意到本国实力有限,不足以牵制苏联,只有美

---

① *DBPO*, Series Ⅲ, Volume Ⅲ, p. 262.

第四章 英苏关系背景下的英国与东欧（1973—1976 年）

国才有实力分散苏联的资源。

英国与东欧的关系应该从政治视角来观察，从东西方对峙的冷战视角来分析。尽管英国需要东欧的农产品，尽管欧共体也试图发展对东欧的共同商业政策，但是这些经济纽带不仅脆弱，而且对双方政治关系的影响也极小。从政治角度讲，英国本质上非常希望能增加东欧国家对苏联的独立性。通过英国外交官们提供的各种文件，英国政府非常清楚东欧国家的国内形势。有趣的是，当英国方面详细分析了每个东欧国家独立的可能性与程度后，最终得出的结论是：不鼓励东欧人民反对其政府，避免因为鼓励东欧追求更强的独立性而刺激苏联。实际上，英国早已注意到苏联对东欧加强了控制，东欧的自主空间十分有限，这种自由度一方面在20世纪70年代中期衰减了，另一方面只能以苏联的容忍程度为标准。所以，英国并没有把东欧变革作为重要的政治目标，相反，英国认为自己在增加东欧国家自由度方面能够做的很少。英国预测，20世纪80年代东欧的形势也不会有太大变化。更有英国官员提出：假如东欧发生剧变，将会造成什么后果？言辞之间似乎暗示英国承受不起这样的剧变。所以从本质上看，英国的东欧政策是从属于英国对苏联政策的，东欧在英国外交中的地位是受约束的、有限的，因此英国与东欧国家的关系对欧洲国际关系的影响也是有限的。只有深刻理解上述英国对东欧政策的诸多细节与特征，才能理解20世纪80年代末苏联、东欧走向剧变的非客观因素，那是苏联和东欧各国的执政者执政意志丧失造成的结果。冷战结束是苏联的失败，西方国家的外交努力不是主要原因。

第五章

英国与欧洲对等裁军（1973—1976年）（上）

欧洲对等裁军（MBFR，也常被称为中欧裁军、共同均衡裁军）[1]是欧洲国际关系缓和的重要多边进程，也是欧洲缓和高潮的象征之一。冷战时期，北约和华约两大军事集团都在欧洲中部部署了大量兵力，北约希望削弱华约（特别是苏联）在中欧地区的军事力量，这是欧洲对等裁军谈判出现的根本原因。欧洲对等裁军谈判是北约首先倡议并坚持举行的，特别是美国的坚持。它是西方联盟强加给苏联以之作为举行欧安会的前提条件之一。欧洲对等裁军谈判涉及地区是中欧，谈判内容包括常规军裁减和核力量裁减，谈判持续时间长（从1973年预备会谈开始，1973至1989年2月均为正式谈判），进展缓慢，成果寥寥无几。在欧洲裁军问题上，北约和华约不仅出发点和目标不同，而且互不妥协，导致裁军谈判沦为一场漫长的争吵。

欧洲对等裁军谈判是东西方在缓和问题上的一次较量，是第二次世界大战后欧洲国际关系不可缺少的篇章，也是一个重要研究领域。中国

---

[1] Mutual and Balanced Force Reduction（MBFR）或 Force Reduction in Central Europe 这两个概念在本书中含义相同。书中使用欧洲对等裁军、中欧裁军、对等裁军等概念均指同一事物，只为表述之流畅。

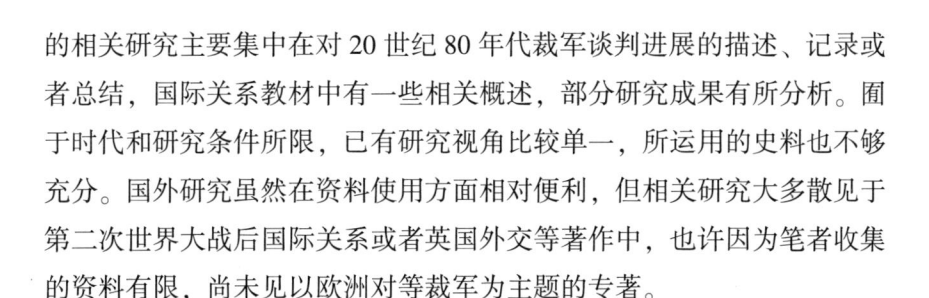

第五章　英国与欧洲对等裁军（1973—1976 年）（上）

的相关研究主要集中在对 20 世纪 80 年代裁军谈判进展的描述、记录或者总结，国际关系教材中有一些相关概述，部分研究成果有所分析。囿于时代和研究条件所限，已有研究视角比较单一，所运用的史料也不够充分。国外研究虽然在资料使用方面相对便利，但相关研究大多散见于第二次世界大战后国际关系或者英国外交等著作中，也许因为笔者收集的资料有限，尚未见以欧洲对等裁军为主题的专著。

本章讨论的欧洲对等裁军谈判主要集中在 20 世纪 70 年代初期至中期，也是欧洲国际关系从缓和逐渐走向高峰的时期。它主要包括两个阶段：持续数月的多边预备会谈和此后拖延数年的正式谈判。① 本章将以英国外交档案为基础，探讨英国在欧洲对等裁军问题上的态度、立场和政策，以及在谈判过程中扮演的角色和发挥的作用，进而展现英国对欧洲缓和的态度、政策及其对欧洲国际关系的深远影响。

第一节　欧洲对等裁军预备会谈与各方的准备

举行欧洲对等裁军谈判是召开欧安会的前提条件之一，因此对等裁军谈判略早于欧安会，但是两者大致同步并相互制约。对等裁军预备会谈从 1973 年 1 月 31 日至 6 月 28 日结束。英国称北约开启了对等裁军的"危险旅程"，因为北约的目标是分散的，准备是不足的，苏联的态度是不友善的，而基辛格和勃列日涅夫确定的谈判开始时间却是不能改变的。② 预备会谈还因匈牙利的参与身份问题而陷入僵局并暴露了北约内部的分歧。

---

① 欧洲对等裁军谈判的阶段划分：多边预备会谈从 1973 年 1 月 31 日至 6 月 28 日。正式谈判从 1973 年 10 月 11 日至 1989 年 2 月，一共持续 16 年。其中欧洲缓和时期，从 1973 年 10 月 11 日至 1976 年 12 月 22 日，一共进行了十轮谈判。欧洲对等裁军谈判彻底结束于 1989 年 2 月。

② *DBPO*, Series Ⅲ, Volume Ⅲ, p. 22.

一 北约对中欧裁军的基本态度与准备

欧洲对等裁军谈判是苏联欧洲安全与合作会议倡议的副产品,是西方联盟给欧安会设定的先决条件之一。① 苏联反对对等裁军谈判以集团对集团(block to block)的形式展开。北约不想要欧安会,但是希望借助裁军谈判削弱苏联在中欧的军力。北约成员国大多对中欧裁军持比较积极而谨慎的态度。北约不仅分析了国际关系形势、苏联的裁军立场,还积极沟通成员国的立场,设立相应的对等裁军问题小组等机构,为裁军谈判做了较多准备。

(一) 北约内部的多边和双边协商

协调并形成统一立场是北约在裁军谈判中对抗苏联的主要方式之一。北约较早就开始关注欧洲对等裁军谈判,对该问题展开了三年集中研究(1969—1971年)。② 除了在苏联以及华约的欧安会倡议期间做出回应外,1971年6月初,北约已经对裁军问题进行了多次协商,各成员国也基本形成了比较明确的立场。为了讨论欧洲对等裁军问题,1971年4月25日北约军事委员会(the Military Committee)领导人在布鲁塞尔举行了一次会议;6月2日北约又在里斯本召开了一次领导人会议(the Chiefs of Staff),北约各成员国还同意把欧洲对等裁军作为1971年的"盟军欧洲最高司令部欧洲行动"(Supreme Headquarters Allied Powers Europe Exercise)的主题(将召开三天会议)。③ 北约"欧洲盟军最高司令"(Supreme Allied Commander Europe, SACEUR)在1971年拟订"风险评估"报告,分析了对等裁军的各种可能性和军事影响。该报告认为北约所有的选择都会不利于西方联盟。④ 此外,北约成员国也分别就对等裁军进行了多次分析并形成文件。1971年6月2日,英

---

① 关于欧洲对等裁军谈判如何成为欧洲安全与合作会议的先决条件,可参考拙著《英国与欧安会的起源:1968—1975》(南京大学出版社2009年版)第58—65页。
② *DBPO*, Series Ⅲ, Volume Ⅲ, p.7.
③ *DBPO*, Series Ⅲ, Volume Ⅲ, p.1.
④ *DBPO*, Series Ⅲ, Volume Ⅲ, p.3.

第五章　英国与欧洲对等裁军（1973—1976 年）（上）

国国防部向北约提交了一份分析欧洲对等裁军谈判问题的文件，获得了北约领导人的赞成。这份文件不仅总结了北约各国在欧洲对等裁军问题上的基本立场、对对等裁军谈判的态度变化，还详细分析了英国自己对裁军谈判的立场和政策，对认识北约的裁军谈判立场有较大的参考价值。虽然北约对裁军谈判的分析和内部磋商比较多，但它们未能弥合北约成员国之间的分歧。

北约在对等裁军问题上的立场受欧洲国际关系形势变化的影响十分明显。1971 年，有两件事影响了北约对中欧裁军的态度，一个是勃列日涅夫持续呼吁缓和，另一个是美国国会否决了"曼斯菲尔德决议案"(the Mansfield Resolution)。缓和是勃列日涅夫时期苏联对外政策的重要内容之一，苏联十分明确地呼吁和坚持缓和政策。1971 年 5 月 14 日，勃列日涅夫发表第比利斯演讲(the Tiflis speech)，呼吁西方立即加入中欧裁军谈判，展示真正的缓和诚意。虽然西方联盟十分怀疑苏联的缓和动机、怀疑苏联是否会坚持缓和政策，但是苏联继续推进缓和的意图是明确的。西方国家无法忽视民众对缓和的支持，但是却忧虑缓和可能对西方防务造成的危害。同一时期，美国民主党议员曼斯菲尔德号召削减美国驻欧洲部队数量，从 30 万人削减到 15 万人。曼斯菲尔德指出，缓和已经开始，苏联和中国正在敌对，苏联想减轻防务负担，这都成为美国减少驻欧军力的有利时机。他的观点给美国政府对西欧安全的承诺带来巨大压力，也使西欧各国忧虑不安。1971 年 5 月，美国参议院就曼斯菲尔德提案进行辩论，该议案没有获得通过，美国政府可以稍微松口气。可是，美国政府始终面临国会的压力，所以对等裁军谈判可以帮助美国政府缓解削减驻欧部队的压力。于是，1971 年 6 月，北约部长里斯本会议宣布北约各国政府——除法国外——"有意继续与苏联一道探讨对等裁军的共同基础并尽快进行谈判"。但是欧安会分散了北约的部分注意力，使其无法全力协商和准备对等裁军谈判。不过，北约认为欧安会不应该使对等裁军谈判延迟。[①]

[①] *DBPO*, Series Ⅲ, Volume Ⅲ, p. 2.

北约为欧洲对等裁军谈判做了机构上的准备。首先,北约成员国任命了一位对等裁军问题"探索者"(the Explorer)。1971年10月,北约成员国的外交部副部长在布鲁塞尔开会,任命北约前秘书长布罗索(Signor Brosio,1964—1971年担任北约秘书长,1971年10月退休)为"探索者"(还有一名英国代表作为助手),为北约和苏联寻找谈判的政治基础。此后,北约将这一消息通报给了苏联方面。其次,北约设立了一个"对等裁军工作组"(the MBFR Working Group),处理所有与对等裁军相关的工作。这个工作组是政治性的,由北约军事委员会副主席领导。最后,北约成立四个专家小组,处理对等裁军领域的不同问题:"核实小组"(Verfication)既负责基础工作,也负责运用一些特殊方式为裁军谈判做准备,比如空中摄影、检查(inspection)。"控制小组"(Constraints)负责研究一些控制军事行动的措施并将其纳入"信任建立"阶段(confidence-building phase)。它主要研究华约的攻击能力、预警时间、对北约处理危机的限制能力等。"战术空军小组"(Tactical Air)主要调查对等裁军对战术飞机(tactical aircraft)的影响,研究那些陆军没有考虑到的概念,比如军事基地是否可用(sterilisation)。"数据库小组"(Data Base)负责统计各项事实和数据,为北约磋商提供基础。但是北约认为,对等裁军没有把"战术核武器"(battlefield nuclear weapons)纳入议程,这是当前北约工作的一个重要缺失。不过,北约也认为,即使对等裁军谈判讨论了战术核武器问题,也不会影响或者损害北约在限制战略武器谈判中关于"前沿核武器投送系统"(Forward Based Nuclear Delivery Systems)的立场。[①]换言之,北约认为,欧洲对等裁军谈判不应影响美苏之间的限制战略武器谈判。因此,欧洲对等裁军与美苏裁军谈判是并行的,互不作为对方的基础和条件。

除了集体磋商外,英国、美国、联邦德国等北约重要成员国之间也进行了双边沟通。1972年9月22日,英国官员蒂克尔(C. C. C. Tickell, Head of Western Organization Department of FCO)等访问华盛顿,与索南

[①] *DBPO*, Series Ⅲ, Volume Ⅲ, pp. 4—5.

费尔特（H. Sonnenfeldt，美国国务院顾问，基辛格的助手之一）等人秘密讨论了对等裁军和欧安会问题。虽然英国怀疑对等裁军的价值，但是承认对等裁军可以为西欧盟国提供更宽广、更集中的合作。再如，英国与联邦德国举行了定期的、双边性质的磋商。1972年10月20日，英国和联邦德国在波恩举行了双边磋商，蒂克尔认为，只谈论裁军本身是不够的，西方应该强调不能单边裁军，应该把裁军和欧洲防务联系在一起考虑，"裁军只能在经历了漫长的、曲折的、艰难的谈判以后才能达成"。蒂克尔坚持认为裁军不是唯一目标，还应该达成一些约束性措施以及保持东西方安全对话。① 蒂克尔主张把欧洲对等裁军谈判变成一个漫长而艰难的过程，这一点与英国在欧安会谈判上的立场如出一辙，欧安会就是一次"漫长的跋涉"（a long haul）。英国的策略是用时间换取谈判优势或者实际成果，同时避开苏联的宣传优势。

（二）北约组织对欧洲对等裁军的态度

北约在对等裁军问题上主要做了两方面的工作：一是政治准备，即适应或者迎合欧洲缓和形势，为西方联盟争取政治声誉，为此北约设立了相应的工作机构；二是为军事缓和做准备，即关注缓和的军事层面（military aspects），充实苏联的缓和理念。北约在这两个方面都比较谨慎，针对裁军问题采取何种立场的进展并不快。这一方面和裁军谈判的复杂性有关，另一方面也和美国态度不明确有关。北约虽然集中研究并且做了准备，可是显然并没有形成一致立场，也没有清晰地确定自己的目标和谈判策略。英国敦促北约尽快确定政策目标。② 北约对中欧裁军的立场与成员国的并不完全一致，这时它们只能相互沟通协商。

总体而言，北约对中欧裁军谈判态度比较积极，但是北约也并非始终如一地坚决寻求对等裁军谈判，特别是当欧安会问题花费了东西方大量精力时，北约对对等裁军问题十分淡漠。然而，北约对裁军谈判的探讨并没有停止，原因大致包括四个方面：第一，从政治影响考虑，北约

---

① *DBPO*，Series Ⅲ，Volume Ⅲ，pp. 10-11.
② *DBPO*，Series Ⅲ，Volume Ⅲ，p. 12.

必须展现对缓和的追求,因为对绝大多数北约成员国而言,欧洲对等裁军比美苏限制战略武器谈判和全面核禁试条约谈判更有意义。第二,一些北约成员国渴望对等裁军,希望借此削减其防务预算。第三,西方联盟有必要就裁军问题达成一致立场,以对抗苏联的相关提议。第四,美国政府急于向公众展示对等裁军的前景,以便应付单方面削减驻欧军力的舆论压力。时任美国总统尼克松反复说明,除非对等裁军实施了,否则美国不会削减驻欧部队。但是英国不仅担心美国削减驻欧部队,而且认为尼克松的观点只是为了让美国保持选择自由。① 由此可见,只能说北约基本支持中欧裁军谈判,但美国会否削减驻欧部队问题始终让西欧忧虑。

二 北约成员国对裁军问题的基本态度

北约成员国对中欧裁军态度差异较大。根据成员国向北约提交的裁军问题文件,英国外交和联邦事务部及其"西方组织司"(Western Organizations Department, WOD)都分析过北约成员国对中欧裁军谈判态度的文件,它们的基本观点是一致的。综合它们的两份文件,可以看出北约主要成员国对中欧裁军的基本态度。

(一) 美国积极而摇摆的态度

美国想举行对等裁军谈判,但是长期没有明确态度、摇摆不定。美国既要面对国内压力,又要面对盟国的要求,更要面对和苏联的谈判。美国虽然分析过对等裁军,但是直到1972年4月还没有特别深入的认识。美国的裁军数据、假设、分析方法都和北约立场不同,这造成了北约内部分歧。美国对北约的能力有点乐观,也没有在文件里向盟国表明自己的观点。② 也许是受国内单方面削减驻欧军队的舆论压力,也许深陷越南战争无法自拔,也许因为正在和苏联进行限制战略武器谈判,也许因为尚未考虑清楚中欧裁军的相关问题,美国裁军立场不仅和北约立

---

① *DBPO*, Series Ⅲ, Volume Ⅲ, pp. 2-3.
② *DBPO*, Series Ⅲ, Volume Ⅲ, p. 4.

第五章　英国与欧洲对等裁军（1973—1976年）（上）

场不一致，而且在裁军谈判预备会谈开始前尚未形成明确的态度立场。

英国注意到，尽管自1971年夏季"曼斯菲尔德法案"失败后，美国对裁军谈判的态度明显变得强硬了些，但仍有矛盾。在北约内部，美国对裁军谈判的立场可以通过尼克松1970年12月在北约国防部长会议上的发言体现出来，他说："考虑到我们盟友们的努力，美国不会减少驻欧部队，除非东西方开展了谈判。"这句话包含两层意思：一是美国不会不顾西欧盟国的感受而单方面裁减驻欧部队；二是如果东西方展开裁军谈判，美国就有可能减少驻欧部队。英国认为美国用对等裁军谈判减轻其国内要求裁军的压力，也借以阻止盟国单方面裁军。英国认为，除非所有的单方面裁军的压力和可能性都消失了，美国人才会确定对裁军谈判的立场，否则美国人就会一直让对等裁军话题持续下去。[①]

英国驻美国大使馆外交官特比特（D. C. Tebbit）看到了美国的犹疑态度，注意到"曼斯菲尔德主义"（Mansfieldism）对美国政府仍构成较大挑战。他和同事不确定美国是否已经度过了"新孤立主义"的高峰期，美国是否从越南撤出了全部剩余军队后消除了削减驻欧部队的压力，美国自由民主党人士是否会在削减驻欧部队问题上向政府施加更大的压力。特比特说，美国的一部分非孤立主义者（non-isolationist）、部分温和的国会议员（他们曾经反对"曼斯菲尔德法案"）显然希望找到裁减一部分驻欧美军的合理方式。特比特指出，绝大部分美国官员都认为"曼斯菲尔德主义"仍很盛行。虽然美国政府相信能够打败"曼斯菲尔德主义"，但是难以预测最终结果，即便是在1973年11月美国大选结束以后。[②]

英国注意到，美国人非常希望不要让通往对等裁军谈判的道路变得阻碍重重，不要让事情变得复杂。所以美国人积极回应了苏联的建议。1972年9月11—13日，基辛格访问了苏联，与苏联领导人见了面，积极回应了苏联的倡议，即欧安会预备会谈应该在1972年11月召开，对

---

① *DBPO*, Series Ⅲ, Volume Ⅲ, p. 6.
② *DBPO*, Series Ⅲ, Volume Ⅲ, p. 6.

等裁军的预备会谈应该从 1973 年 1 月开始，此后在 10 月开始正式谈判，谈判以"非集团"（on a non-block basis）的形式进行。① 基辛格的助手索南费尔特曾向蒂克尔表示了积极态度，并说要把裁军谈判变成一个"漫长的技术性谈判"（long drawn out technical negotiations）。②

由此可见，美国政府对裁军谈判的态度总体上是积极的，比北约其他成员国更乐于举行裁军谈判，但是美国迟迟无法明确立场。截至 1972 年 2 月，美国的立场仍不明确。影响美国立场的既有国内因素（曼斯菲尔德主义），也有外部因素。美国既不希望单方面裁军，又想裁减驻欧军队，十分矛盾。欧洲对等裁军谈判恰好给美国政府提供了一个缓和国内压力甚至裁减驻欧军队的时机。但是美国犹豫不决的态度给盟国造成了困扰，致使北约难以统一立场。

（二）联邦德国由热情转而冷静的态度

联邦德国的态度经历了一个由热情到冷静的过程，但是仍不明确。联邦德国最初十分热心，视对等裁军为"东方政策"的衍生物（an offshoot of *Ostpolitik*），但是后来冷静下来了，意识到中欧裁军可能会对北约造成风险，特别是联邦德国在地理上直接面对民主德国。③ 此后在对等裁军多边预备会谈期间，联邦德国的观点分成了两部分：一部分人认为对等裁军是"东方政策"的补充，另一部分人则认为对等裁军既有军事危害，也有政治危害。④ 这表明联邦德国尚未形成明确立场。

联邦德国对对裁军谈判提出了具体设想，建议分阶段举行，并且制定一个完整方案（a Phased, Integral Programme for MBFR）。根据这个方案，谈判一开始就宣布若干裁军原则、冻结中欧军力、公布一些相应的裁军措施（比如限制军事行动和演习等）。联邦德国认为，只有通过这种方式建立了信任并拥有了核查措施，谈判才能走向真正的裁军和撤

---

① *DBPO*, Series Ⅲ, Volume Ⅲ, p. 10.
② *DBPO*, Series Ⅲ, Volume Ⅲ, pp. 14, 12.
③ *DBPO*, Series Ⅲ, Volume Ⅲ, p. 4.
④ *DBPO*, Series Ⅲ, Volume Ⅲ, p. 29.

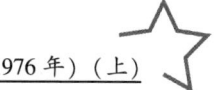

军。北约接受了联邦德国的这个提议，只是各国在如何认识限制军事行动的价值这一问题上仍有分歧。①

英国注意到联邦德国的态度是模棱两可的。一方面，联邦德国对中欧裁军进行了概念研究，把它视为东西方安全事务对话的途径；另一方面，它极不愿意让裁军谈判危及美国在欧洲的驻军。联邦德国对美国驻军极为重视，不希望美国在条件不成熟时就裁军，但是联邦德国自己也面临裁军和削减防务开支的压力，也许不愿放弃任何裁减本国部队的希望。②

（三）北约其他成员国的态度

其他北约成员国对中欧裁军谈判的态度各不相同，既有强硬派，也有温和派。有些北约成员国的态度由国内"鹰派人士"决定或者受其他国家态度的影响，有些北约成员国的态度则取决于本国地理位置。③

加拿大和比利时是"鸽派"，这两国寻求缓和，希望找到减少其防务努力的借口。由于加拿大在联邦德国有驻军，所以加拿大不希望撤回这个与联邦德国之间的唯一桥梁。英国推测，加拿大人实际上也许不想进行裁军谈判，因为这会削弱他们对欧洲事务的影响力。不过，也不能完全排除加拿大借对等裁军而寻求减少对北约的空军贡献的可能性。比利时希望撤回一部分驻德部队，一方面是要增加其国内部队的人数，另一方面要减轻防务开支压力。虽然比利时强烈要求严格安排对等裁军谈判事宜，但是它无疑是希望参加裁军谈判的。斯堪的纳维亚（北欧）国家也是"鸽派"。挪威似乎没有考虑过裁军事宜，立场比较明确，但是担心中欧裁军会威胁北约的侧翼国家（flank menbers of NATO）。挪威、希腊、土耳其都担心中欧裁军会威胁北约侧翼国家。不过，英国认为不必担心希腊、土耳其和葡萄牙，因为它们都没有裁军意向，只有丹麦已经大幅度裁军并减少了防务开支。

---

① *DBPO*, Series Ⅲ, Volume Ⅲ, p.4.
② *DBPO*, Series Ⅲ, Volume Ⅲ, p.13.
③ 英国对北约各国态度的分析，参见 *DBPO*, Series Ⅲ, Volume Ⅲ, pp.5-14，后文不再一一标注。

荷兰表面上强硬,但是它的防务预算同样备受压力。部分荷兰人希望通过对等裁军来削减部队人数,减少国防开支。荷兰在1972年11月左右举行了关于未来防务政策的辩论,辩论结果有可能是降低防务支出。卢森堡军队数量很少,因此裁军空间也很小。

意大利位于中欧裁军范围外,它密切关注对等裁军,但完全没有裁军压力,主要有学术兴趣(mainly academic interest)。意大利在裁军预备会谈之前对英国说,裁军谈判最好的结果是由美苏达成一份双边协议。

法国很坦率地说对等裁军是个陷阱,彻底拒绝讨论这个问题。法国拒绝参与对等裁军预备会谈和正式谈判,完全置身事外。法国担心裁军会削弱西方联盟的力量,认为东西方共同裁军而不危及安全只是一个白日梦。法国希望美国的驻欧军力尽可能长时间地维持现有水平。英国推测法国最终也许会重新考虑是否参与谈判的问题,但是即便法国参加,也只会甘当观察员。英国还指出,截至1972年11月30日,法国没有从联邦德国撤军的计划。

英国也注意到,时至对等裁军预备会谈即将开始时,北约各成员国还没有明确认识到对等裁军谈判对它们本国的意义。北约内部存在两个主要分歧,一个是美国决心进行实质性的对等裁军谈判,另一个是其他西欧盟国把对等裁军看作限制本国军队规模的方式。由此可见,北约成员国希望召开对等裁军谈判并借此削减本国的防务开支,但是不愿意裁军谈判危及西方联盟的防务安全。鉴于北约成员国情况各不相同,想要它们统一立场并不容易。

三 英国分析苏联的裁军态度

英国对苏联裁军态度的分析主要体现在两份重要文件里,即英国国防部文件和英国联合情报委员会(the Joint Intelligence Committee)文件。相比之下,前者的记录稍简略,后者的记录很详细。

对等裁军谈判预备会谈开始前,英国国防部拟定了一份分析苏联裁

第五章　英国与欧洲对等裁军（1973—1976年）（上）

军态度的文件，并于1972年年初分发给北约其他成员国。不过，英国国防部表示由于目前缺乏有关苏联对裁军谈判态度的事实依据，所以只能根据英国方面已经获得的消息做出判断。英国准备分析文件的目的是为北约协调立场做贡献。英国认为苏联的裁军态度大致如下：第一，苏联不会出于经济或者军事理由去追求对等裁军谈判。英国相信苏联会裁减驻中欧部队，但是裁减幅度不会大到为了节省苏联财力和人力的程度，也不至于达到提升苏联能力以应付来自西方的威胁的程度。第二，苏联可能不会减少当前在中东欧的驻军。这既源于苏联对西方威胁的考虑，又源于控制东欧卫星国的需要。英国认为，即使北约裁军，苏联也不会裁军。苏联当时在中欧裁军谈判区域可能驻有31个师，英国估计谈判空间不会超过3个师。第三，苏联的兴趣首先是政治性的。这是俄国人在世界范围内展示自己"爱好和平"的形象、缓和的追求者形象、暴力终结者的形象（beaters of swords into ploughshares）的一部分。英国认为，俄国人对裁军谈判倡议的真诚度必须连同他们对"全面核禁试"（Comprehensive Test Ban）和"全面裁军"（General and Complete Disarmament）、禁止化学武器和生物武器（Chemical weapons and Biological weapons bans）、限制海军（Naval Limitations）、世界核大会（world nuclear conferences）等议题一同考虑。英国相信，从狭义上讲，俄国人也许认为对等裁军是利用北约各国分歧分裂北约的手段。英国认为，苏联可能因为欧安会已经召开而失去了对裁军谈判的兴趣。[①] 英国不认为苏联是真心希望进行裁军谈判，而是为了获得政治优势。英国对苏联裁军态度的基本判断是：兴趣不足。不过，英国认为，如果苏联要遵守对裁军谈判的承诺，那么其他的世界性议题必须很快解决。[②] 可见，英国没有仅从裁军谈判本身考虑，而是把裁军谈判置于应对苏联缓和政策的多个议题中去评判。

在1973年7月12日对等裁军谈判预备会谈结束后，英国"联合情

[①] *DBPO*, Series Ⅲ, Volume Ⅲ, pp. 6-7.
[②] *DBPO*, Series Ⅲ, Volume Ⅲ, p. 11.

报委员会"向英国内阁提交了一份报告,详细分析了苏联对中欧裁军的态度。这份文件重点从政治角度进行分析,同时也分析了军事和经济因素,并提出了英国的评估以及对苏联的欧洲政策的看法①。

第一,英国"联合情报委员会"注意到,苏联对中欧裁军并不是特别感兴趣。直到1971—1972年苏联才回应西方的裁军倡议,也许苏联此时才看到对等裁军的价值,即借以说服西方参加欧洲安全与合作会议,或者使美国政府克服国会压力、积极回应苏联的要求。西方联盟把苏联参加对等裁军谈判作为西方参加欧安会的前提条件之一,苏联自然不太感兴趣。

第二,英国认为苏联希望促进欧洲安全形势有利于本国。英国指出,从长远看,苏联希望借对等裁军改变欧洲国际关系格局,包括:改变现存的欧洲均势,使之更有利于苏联;破坏北约的军事和政治效力;阻挠欧共体进一步发展政治和防务合作。英国认为苏联出于三个考虑不会减少驻中欧部队:一是维持其在东欧的实质力量,以保持苏联在东欧的霸权不受干扰;二是防止华约受北约侵犯(不过英国认为苏联显然高估了北约的能力);三是让苏联军队有机会提出军事倡议以反对北约。英国认为,苏联最重要的防务信条是:防御是不情愿的权宜之计,战争只有通过进攻才能获胜。这个信条要求苏联具备军事优势。

英国指出,苏联反对北约的对等裁军提议,也不打算同意北约有可能提出的非对称裁军主张。苏联可能会坚持"一对一"裁军或者其他北约无法接受的裁军形式。苏联还试图把北约在中欧裁军区域以外的部队也纳入裁军谈判。苏联方面——勃列日涅夫—尼克松的公报、葛罗米柯和道格拉斯—霍姆的会见——已经明确表示不接受北约的对等裁军概念。有趣的是,英国还谈到了中苏冲突对苏联进行裁军谈判的影响。英

---

① 以下几个方面是笔者根据英国"联合情报委员会"文件归纳而来,引文参见 *DBPO*, Series Ⅲ, Volume Ⅲ, pp. 49-52, 以及 *DBPO*, Series Ⅲ, Volume Ⅱ, pp. 132-140, 后文不再一一标注。

国认为中苏冲突也许已经影响苏联的全部外交和防务政策，但是中苏冲突尚没有成为影响苏联裁军谈判决策的重要因素，不会导致苏联减少在中欧的驻军。

第三，英国认为苏联十分重视与美国的关系，包括与美国的战略、经济、贸易关系。这使苏联倾向于直接和美国做交易，从而干扰苏联对中欧裁军问题的思考，也可能使苏联在对等裁军谈判期间与美国人达成双边交易。事实上，美国和苏联在预备会谈期间已经这么做过。苏联并不认为应该向整个西方联盟让步。比如匈牙利最后以观察员国而不是"直接谈判国"身份参加对等裁军正式谈判，这就是苏联的胜利，这使苏联意识到没有必要向西方让步。苏联也十分清楚西方联盟内的种种分歧。

第四，英国认为，苏联把对等裁军视为欧洲缓和的重要进程之一并希望从中获利。英国相信，从根本上看，经过了一段时间的缓和后，无论是在军事、政治方面，还是在经济方面，苏联都想成为欧洲的主导大国。苏联担心从东欧撤军会影响东欧各国政府和人民，也不愿意接受包含在苏联领土上进行现场检查的对等裁军协议。英国不确定苏联是否也反对在东欧进行类似检查。不过，英国猜测，苏联也许会同意提前通知军事演习（military exercise）和交换军事演习的观察员，但是大概率不会同意任何束缚苏联军队行动的措施。

英国文件指出，尽管苏联领导人不愿意看到对等裁军谈判突出欧洲军力不对等的状况，但是他们也许感觉到对等裁军能够带来红利。俄国人很清楚北约国家是裁军问题的"要求者"，北约各成员国政府面临着国内越来越大的压力。俄国人也许希望裁军谈判导致北约不团结并阻止北约提升防务的努力，维持欧安会结束后的缓和进程。

第五，英国认为，苏联更倾向于进行一场漫长的对等裁军谈判并最终获得在西欧事务上的发言权。漫长的谈判可以使北约成员国的国内压力更大，从而给苏联更多时间。苏联并不急于求得对等裁军成果。英国认为，最重要的是，苏联不是需要裁军谈判，而是想看看能从中得到什么。假如俄国人得不到什么,那么他们就会把对等裁军变成一场漫长的、令人筋疲力尽的宣传。事实上,把对等裁军谈判变得漫长也是美国和英国的策略,它们想用裁军谈判充实苏联的缓和政策。

第六,英国分析了苏联可能采取的对等裁军谈判策略。英国预计,裁军谈判正式开始以后,苏联会拒绝中欧军事失衡并对苏联有利的观点,也会拒绝中欧地理因素———一旦撤军后——有利于苏联的观点。苏联可能会指出北约在中欧地区以外的、干扰裁军区域的军力部署——比如攻击舰队(strike fleets)——必须纳入裁军考虑范围。英国指出,一旦落实裁军,美国从中欧撤出的军队一定会重新部署在大西洋两岸,而苏联撤出的部队则可以轻易地部署自己国土的西部,距离中欧地区非常近。英国推测,在正式的裁军谈判中,俄国人就可能会象征性地搞一点单方面裁军,然后鼓励北约裁军。它还会号召大规模的一对一裁军,或者提议一些其他北约无法接受的裁军方式。英国认为苏联的谈判策略是以获得军力优势为根本目标。

综上而言,英国认为,苏联的对等裁军目标和它的欧洲政策密切相关,包括:改变欧洲均势,使形势有利于苏联;破坏北约军事和政治效力;实质性减少美国驻欧军队,同时阻挠西欧发展防务合作。在制定对等裁军政策时,苏联一定会更加关注自己和美国的关系,两国有可能进行直接对话。经济因素或者中国因素都不会显著影响苏联对中欧裁军的考虑。对等裁军谈判会形成一份协议,其中包含的军事和政治因素将会不利于苏联在东欧的利益。英国推测苏联不会签署不利于自己的裁军协议,比如包含"现场核查"(physical on-site inspection)内容的协议。苏联领导人可能会看到拖延对等裁军谈判的好处,而对等裁军协议反过来也为苏联提供了一个持久地置喙北约防务的机会。

对等裁军预备会谈开始前,英国并不十分清楚苏联的态度和目标,预备会谈结束后,英国的认识变得清晰了。但与此同时,英国对苏联态度和目标的分析却仍有不确定性,这源自苏联自身决策的不稳定性,因为苏联此时更想要的是欧安会而不是对等裁军。

四 欧洲对等裁军预备会谈的确定、进程与结果

欧洲对等裁军谈判除了作为召开欧安会的前提条件之一，它也有自己需要面对的形势，那就是美国的积极态度和北约内部的分歧。对等裁军谈判预备会议从1973年1月31日至6月28日，为正式谈判确定框架。

（一）对等裁军预备会谈的确定

预备会谈的时间是由基辛格和勃列日涅夫在1972年9月定下的①，此后由北约相关国家向华约相关国家提出并被接受。1972年11月15日，在中欧地区拥有驻军的北约成员国——比利时、加拿大、联邦德国、卢森堡、荷兰、英国、美国——向华约的直接相关国（捷克斯洛伐克、民主德国、匈牙利、波兰、苏联）分别发出了一份内容完全相同的照会，共同提议1973年1月31日开始进行对等裁军预备会谈。照会说，北约的一些侧翼国家——丹麦、希腊、意大利、挪威、土耳其——也会参加对等裁军谈判，但是不全参与（without full status）。北约照会建议预备会谈应该处理对等裁军的程序、组织、议题，谈判地点在维也纳。1973年1月18日，华约的相关国家回复了北约照会，同意了预备会谈的时间和地点。华约表示不拒绝上述北约成员国参加裁军谈判，但是其他欧洲有关国家也应该有权在平等基础上参加裁军谈判，正式谈判的参与国应该由预备会谈决定。②

对等裁军谈判的一个重要问题是哪些国家参与、以什么身份参与。北约和华约位于中欧或者在中欧有驻军的成员国均有权参与对等裁军预备会谈和正式谈判，这些国家被称为"直接参与国"（the direct participants 或者 the full participants）。其中北约在中欧地区拥有驻军的国家包括美国、加拿大、比利时、法国、英国，它们都在联邦德国拥有驻军；

---

① *DBPO*, Series Ⅲ, Volume Ⅲ, pp. 21, 22.
② *DBPO*, Series Ⅲ, Volume Ⅲ, p. 11. 北约成员国的照会希望谈判地点设在维也纳，荷兰希望在荷兰城市谈判，后来华约回复照会时确定谈判地点为维也纳。实际上，华约选择维也纳是苏联的意见。美国不反对该谈判地点。

位于中欧地区的北约国家包括联邦德国、荷兰、卢森堡。① 一些"侧翼"国家、欧洲中立国则不自然拥有参与权,需要东西方协商。不过,比利时、荷兰和一些北约侧翼国家在北大西洋理事会(the North Atlantic Council)明确表示,它们准备接受保加利亚、罗马尼亚作为华约的侧翼国家,但是如果欧洲中立国也参与裁军谈判,那么它们就不参加。② 华约在1973年1月27日的回复中说,华约保留在对等裁军预备会谈期间邀请其他国家参加谈判的权利。华约不同意西方用"对等裁军"来描述谈判。北大西洋理事会认为华约的回复为对等裁军预备会谈提供了一个令人满意的基础。③ 所以,北约和华约仅就基本问题达成一致,一些重要问题留待预备会谈确定,比如参与国、议程等。

(二) 混乱的预备会谈及"匈牙利问题"

1973年1月31日,华约所有成员国、北约部分成员国(法国、冰岛、葡萄牙除外)共19个国家在维也纳开始了对等裁军多边预备会谈。④ 据英国观察,预备会谈不仅形式混乱,取得的成果也十分有限。

英国代表注意到,预备会谈期间,不仅会谈和接触的形式混乱,北约与会国的行为也很混乱。由于苏联不同意北约提议的主持程序及座次安排,所以预备会谈第一次会议是非正式的、毫无章法的,只持续了32分钟。此后,又有14个星期都是如此,直到召开第一次正式的全体会议。预备会谈期间举行了多次双边讨论,但双边接触都是非正式的、分散的。北约和华约成员国进行了较多非正式双边接触,它们的代表团几乎每天都会通过"特别小组"(the Ad Hoc Group)磋商。北约成员国代表团团长之间(比如美国、荷兰)也进行过双边磋商。从1973年2月13日开始,预备会谈又充斥着一系列定期的招待会(receptions),每周一次,由东西双方的代表团轮流主办。苏联代表团团长科列斯托夫(O. N. Khlesstov)称之为"鸡尾酒式全体会议"(plenary cocktails)。此

---

① DBPO, Series Ⅲ, Volume Ⅲ, p. 13.
② DBPO, Series Ⅲ, Volume Ⅲ, p. 11.
③ DBPO, Series Ⅲ, Volume Ⅲ, pp. 11, 19.
④ DBPO, Series Ⅲ, Volume Ⅲ, p. 21.

第五章　英国与欧洲对等裁军（1973—1976年）（上）

外还有午餐会和晚餐会，这也是东西双方进行接触的场合之一。英国官员对这种形势十分不满意，更不满美国和荷兰代表团的行为。英国驻维也纳大使馆第一秘书约翰逊（D. Johnson）回忆说，荷兰代表团团长于福德（B. Quarles van Ufford）总忍不住越过西方联盟的一致立场，而美国代表团团长迪安（Jock Dean）则总是准备迅速撤退（the fall-back positions），从而给东方寻求更多让步提供正当理由。[①]

预备会谈混乱也许还因为未确定参与正式谈判的与会国名单和正式谈判的程序，而"匈牙利问题"是主要障碍之一。英国代表说，"匈牙利问题"是预备会谈的主要障碍，它使预备会谈无法召开全体会议，花高价聘用的翻译、精心准备的新闻中心全都闲置无用。苏联代表团明确表示，如果东西方没有就以上两个问题达成谅解，苏联就不同意举行正式的全体会议。

"匈牙利问题"的本质是北约和华约侧翼国家是否属于裁军范围的问题。"侧翼国家"的与会地位是预备会谈期间两大集团争论的焦点。北约已经划分了"直接参与国"和"间接参与国"两类国家。北约各国认为匈牙利属于裁军谈判范围，苏联认为匈牙利的地位应该和意大利一样，如果匈牙利是"直接参与国"，那么意大利也应该是。北约各成员国代表在维也纳建立了一个"特别小组"（the Ad Hoc Group）商讨该问题。他们在维也纳争论，在"北大西洋理事会"也争论。北约各国认为，虽然把匈牙利纳入裁军谈判不会为西方联盟带来多少军事优势，但是匈牙利的参与具有很大的政治意义。英国坚决主张把匈牙利作为"直接参与国"，但是基辛格认为英国在这个问题上的观点错了，英国认为美国是为了尽快开始预备会谈。美国代表团团长迪安建议暂时搁置"匈牙利问题"，应该列出11个"直接参与国"（匈牙利除外），同时发布一份将匈牙利与会问题留待以后决定的声明。英国反对美方的"搁置方案"（abeyance formula），认为这会导致西方联盟不可能再商讨匈牙利与会问题。但是随后在1973年3月2—9日的"北大西洋理事

[①] *DBPO*, Series III, Volume III, pp. 21, 23.

会"会议期间,英国被孤立了,英国放弃了自己的立场,但是主张西方联盟不应正式向华约表明态度,除非西方派往东方的两名使者(emissaries)探查清楚苏联是否同意"搁置方案"①。美国代表团团长和荷兰代表团团长是西方联盟指定的北约发言人,负责向华约提出谈判程序建议。如果美国和荷兰代表团与苏联的磋商涉及"匈牙利问题",也会邀请匈牙利代表参加。

预备会谈开始后,苏联提出把匈牙利作为"次要参与国"(the secondary participants)。此前,罗马尼亚坚持自己以"直接参与国"的身份参加谈判并获得苏联支持,但一周后没有人支持它了。接着,苏联提出,如果匈牙利作为"直接参与国",那么裁军协议就应该覆盖法国。英国代表团认为,苏联的说辞是为了让北约放弃"匈牙利问题"的一种策略。②

1973年3月下旬,北约和华约决定暂时回避"匈牙利问题",以后再讨论,但是北约没有明确什么时候讨论,"匈牙利问题"就这样被搁置下来。该问题让北约陷入了很大的混乱,北约各国的目标分歧一一显露出来。根据英国代表维金(C. D. Wiggin,外交和联邦事务部助理次官)的观察,是美国代表团的态度让"匈牙利问题"陷入僵局。美国为了缓解国内压力、推进裁军谈判,改变了要求匈牙利以"直接参与国"身份参加正式谈判的诉求,准备接受其"次要参与国"身份。美国为了实现1973年下半年开始正式裁军谈判准备付出高昂代价。维金抱怨美国代表团对国内形势的考虑远重于对西方联盟一致立场的坚持。③ 此后,在1973年4月美国和英国讨论预备会谈和裁军问题时,英国人看到美国希望尽快解决"匈牙利问题",美国认为这个问题在军事上不是那么重要。美国国防部部长助理、美国总统国家安全事务副助理伊格尔伯格(L. S. Eagleburger)很坦率地告诉英国官员说,西方联盟在"匈牙利问

---

① *DBPO*, Series Ⅲ, Volume Ⅲ, pp. 21-22.
② *DBPO*, Series Ⅲ, Volume Ⅲ, pp. 23-24.
③ *DBPO*, Series Ⅲ, Volume Ⅲ, p. 25.

第五章　英国与欧洲对等裁军（1973—1976 年）（上）

题"上陷入混乱，对此美国应受指责，但是考虑到美国国会要求削减驻欧部队的因素，西方联盟必须减少外交损失而不是进一步失去政治颜面。英国代表团副团长芒福德（W. F. MumFord）指出，如果这时英国仍然坚持匈牙利方案必须被美国和西方联盟全盘接受，那么英国就会在"联盟团结"方面承受巨大压力。英国还注意到，在对等裁军问题上，美国白宫和国防部发挥了主导作用，而国务院则几乎没有影响力。白宫和国防部是从全球角度来看待对等裁军的，比如利用缅甸问题来平衡中欧裁军问题。但是英国在对等裁军问题上则不会太受欧洲以外事务的影响。芒福德还指出，美国白宫和国防部在和英国沟通时十分坦率，部分原因是国防部希望能获得英国的支持。[①] 不喜欢美国代表团行为风格的不止英国一个，英国代表团注意到其他西方联盟成员对美国的胁迫风格颇有怨恨。英国驻北大西洋理事会常驻代表佩克（E. Peck）汇报说，北约内部分歧很严重，英国暂时被孤立了，被认为拖了预备会谈的后腿；北约代表私底下认为，如果北约各成员国继续争吵下去，美国也许会抛开联盟磋商和与盟国的双边会谈。[②] 可见，美国的态度主导了北约对裁军谈判的应对。不幸的是，美国常常不顾其盟友的立场。

北约的南部侧翼国家希腊、意大利和土耳其希望借"匈牙利问题"提高自己的国际地位，用自己的完全参与换取匈牙利的完全参与。这三个国家最初十分不愿意参加裁军谈判，但是后来又积极参与。它们支持美国的观点，即西方联盟不该坚持让匈牙利作为"直接参与国"，这样可以换取北约侧翼国家无须参与裁军谈判。北约的北部侧翼国家丹麦和挪威也不是不想加入对等裁军谈判，只不过它们在"匈牙利问题"上不像希腊、意大利、土耳其那么敏感和感情用事。北约的"直接参与国"——比利时、荷兰、卢森堡、联邦德国、英国——坚决反对侧翼国家向匈牙利让步。荷兰主张不规避"匈牙利问题"，英国主张把"匈牙利问题"留到以后再说，优先讨论分歧不那么大的议程。北约和华

---

① *DBPO*, Series Ⅲ, Volume Ⅲ, p. 34.
② *DBPO*, Series Ⅲ, Volume Ⅲ, p. 26.

约都认为英国是立场最坚定的国家。①

北约国家的分歧一览无余地展现在华约面前。1973年3月中旬,华约成员国的代表向西方国家施压,要求拟订11个"直接参与国"的名单,并与其他国家合作(比如法国);还要求拟订一份8个"特殊参与国"(special participants,或叫侧翼国家,flank participants)名单,包括匈牙利在内。大约在1973年3月下旬,苏联开始和北约讨论"搁置方案"。虽然对话仍在继续,但是苏联并没有让步,匈牙利则很不喜欢自己被单独挑出来安排。美国和北约南部侧翼国家(即希腊、意大利、土耳其)又争论起来,因为三国现在想放弃把匈牙利作为"直接参与国"的诉求。北约的中欧地区成员国坚决支持"搁置方案"。北约的北部侧翼国家(即丹麦和挪威)介于两者之间。此后,意大利又强烈反对把北约侧翼国家排除在东西方磋商之外。英国分析,意大利也许会勉强同意北约和华约各有四五个成员国参加非正式磋商,但是意大利不同意北约成员国不在北大西洋理事会里讨论裁军问题。英国担心,华约国家兴高采烈地坐视北约纷争,并满怀信心地期待北约落入自己的圈套。美国代表团团长迪安试图顶住苏联的压力,但是无奈美国国内的新情况使迪安颇受打击,此时参议员曼斯菲尔德已经说服美国参议院民主党党团会议采纳一份决议,即在接下来的18个月里实质性削减美国驻海外部队。此时北约其他成员国不情愿地准备接受北约和苏联达成临时协定。②

在"匈牙利问题"上,英国比其他北约国家消极且坚定。英国的主要立场包括:第一,"匈牙利问题"主要是政治问题。英国认为,欧洲民众已经知道"匈牙利问题",并且知道东西方为此争论了数个星期,如果北约忽视"匈牙利问题",就会被认为是一种失败,招致批评,因为匈牙利显然是一个中欧国家,而且苏联在此驻有4个师和200多架飞机。第二,英国代表(比如埃默里)认为不能早早地决定"匈

---

① 北约各国在"匈牙利问题"上的立场,参见 *DBPO*, Series Ⅲ, Volume Ⅲ, p. 25。
② "搁置方案"是北大西洋理事会的立场,由美国和荷兰代表团团长提交给预备会谈。北约成员国对"搁置方案"的态度参见 *DBPO*, Series Ⅲ, Volume Ⅲ, pp. 27, 35。

第五章 英国与欧洲对等裁军（1973—1976年）（上）

牙利问题"的解决办法以遂了苏联的心愿。英国代表认为，拖延问题既可以松缓一下苏联对华约国家的控制，也可以鼓励非华约国家摆脱苏联，为正式谈判做一些策略准备。英国希望把"匈牙利问题"作为筹码，为西方联盟争取优势，但是美国对1973年秋季开始正式谈判的愿望比较迫切，不愿意在"匈牙利问题"上耽误时间，所以迪安把英国视为"隐患"（the nigger in the woodpile）[①]。第三，英国谨慎地不完全赞成美国的观点。比如美国代表团团长迪安提出，在对等裁军框架内削减美国驻欧军队比美国单方面削减驻欧军队更好，这样既可以使美国裁军和苏联裁军"联系"（link）起来，形成一个共同"基础"（floor），从而使欧洲军力水平更加稳定，美国政府再也不会感到心烦（upset），再也不会每隔两三年就要求盟国同意减少美国驻欧部队。英国基本认同对等裁军可以结束美国不断要求减少驻欧军队的问题，但是不完全赞同迪安的观点：（1）对等裁军也许会成为一个持续的进程，第一份裁军协议只会成为美国进一步削减驻欧军力的基础。（2）裁军原本可以只在美苏之间展开，但是已经有一些欧洲国家想要加入，这会危害欧洲防务团结，而苏联的目标正在于此。（3）美苏裁军"联系"可能会严重损害西方联盟的军事行动自由。英国认为，不需要把裁军目标拟订得十分清晰明确，对等裁军协议没必要规定好全部军力水平的削减程度[②]。可以看出，面对北约内部的严重分歧和美国的冒进，英国颇有些无力，既担忧，又无法阻止裁军谈判的开始。英国决定自己要在维也纳积累经验并用于正式谈判中。

英国注意到苏联在利用北约各国分歧，把北约变成"要求者"。苏联代表团的做法是：让西方提出所有的建议，但同时又不给任何相应的反馈，于是北约就变成了"要求者"。比如马耳他问题。[③] 英国认为苏

---

① *DBPO*, Series Ⅲ, Volume Ⅲ, pp. 24-25.
② *DBPO*, Series Ⅲ, Volume Ⅲ, p. 29.
③ *DBPO*, Series Ⅲ, Volume Ⅲ, p. 26. 马耳他总理明托夫（D. Mintoff）在1971年6月取消了"英国—马耳他防务协定（1964年）"，结果引起北约各国政府惊慌失措。明托夫迫使北约和马耳他重新谈判。

联成功地让"匈牙利问题跑了起来",消耗北约大量精力,使北约无法在欧安会上向苏联施压。苏联也善于利用美国与北约其他国家之间的分歧,优先接触美国代表并试图发展某种双边主义行动(比如确定裁军谈判程序)。英国注意到,苏联的行为造成了"Quarles-Dean 团队"(即荷兰—美国团队,意指对裁军预备会谈比较积极的西方国家——笔者)。苏联代表科维金斯基(Y. Kvitsinsky,曾经参加柏林问题四大国谈判)甚至送给迪安一件苏联生产的衬衣并请他穿着参加北约"特别小组","以表明谁是老板"。①

关于正式谈判的参与国和议程,北约内部、北约和华约之间也经历了一番争论。北约经过两个多月争论(从 1973 年 1 月底至 3 月)才确定了一份参与国名单,包含 11 个直接参与国和 8 个侧翼国家,另规定了主席、座次、平等的发言权、会议的机密性、官方语言等。与此同时,北约拟了两份声明,一份是关于西方对匈牙利地位的立场(这是北大西洋理事会的一致观点),另一份是回应匈牙利的文件,匈牙利表示只有在满足适当条件的情况下才会参加谈判,这个条件隐晦地指意大利。② 但是在 1973 年 4 月 18 日的北大西洋理事会上,英国反对北约的观点,认为这会让华约从谈判开始就占据政治和心理优势。英国主张北约可以拟一份简单议程和简要公报,把参与国问题和谈判程序问题留给其他外交渠道解决。不过,英国的观点在西方联盟内被孤立了,于是英国设法让美国保证充分参与西方联盟的讨论并保持"匈牙利问题"的开放性。不过,英国也默许了苏联的要求,即正式谈判的程序不能排除其他国家的参与。③ 英国阻挡不了急匆匆的美国,只能尽可能地应对苏联和华约。

"参与国问题"非常重要,它涉及一国的主权、自尊、安全。预备会谈的每次会议都会争论,有些国家的立场会调整,有些国家则经不住

---

① *DBPO*, Series Ⅲ, Volume Ⅲ, p. 27.
② *DBPO*, Series Ⅲ, Volume Ⅲ, p. 35.
③ *DBPO*, Series Ⅲ, Volume Ⅲ, p. 36.

第五章　英国与欧洲对等裁军（1973—1976年）（上）

诱惑。英国代表指出，如果北约侧翼国家以"直接参与国"身份参加裁军谈判，那么它们的军队和装备很快会被纳入削减范围。此外，一旦"中欧"这个地理概念被模糊处理，那么英国的领土也会很容易就被裁军谈判覆盖，因为英国在中欧有空军和地面部队，英国就会被视为中欧"战略区域"（the strategic area of Central Europe），而"战略区域"这个词是西方联盟费了不少力气最终说服苏联把它从预备会谈最后公报里剔除了。[①] 最终，西方联盟决定关于"参与国问题"的最终立场留待正式谈判时处理，以保持灵活性。对英国来说，"参与国问题"攸关本国安全利益，事项重大。

当预备会谈召开第一次全体会议时，东西方在参与国和会议议程等问题上的分歧再次出现，双方妥协后才达成了一份谅解文件。这次全体会议于1973年5月14日在国际原子能机构的会议室里举行。此后在5月15日、16日和17日分别又举行了三次全体会议，但是这些会议都无法弥合东西方之间在正式谈判目标和实质问题上的分歧。加拿大代表北约提交了一份详细议程：正式谈判阶段的分期及其时间、原则与标准、精确的覆盖范围、约束手段、军队决心的表达、裁减规模和方式（包括诚信，non-circumvention）、确认。民主德国和波兰代表华约提出了一份议程建议，认为正式谈判议程应该只包括三个议项：中欧地区的相互裁军，不降低安全的原则，建立工作组。鉴于东西方之间分歧巨大，预备会谈全体会议没有形成共识。接着在5月24日，"特别小组"决定讨论拟订一份简报，确定裁军谈判的一般目标和主要观点。经过一周的密集磋商，东西方在某些分歧上达成谅解，同时还就如何描述裁军谈判达成共识，即采用"在中欧相互裁减军队和装备，并采取相关措施"（Mutual Reduction of Armed Froces and Armaments and Associated Measures in Central Europe）。这个表述，既满足了华约希望进行"对等"（balanced）裁军的愿望，又满足了北约不希望出现"对等"字样

[①] *DBPO*, Series III, Volume III, p. 38.

的目标。① 可见，对等裁军不仅在谈判内容和目标上引起东西方分歧，连概念的使用也足以引发争论。此后又经过一段时间，东西方通过6月7—8日的非正式谈判，形成了一份公报并同意其余事项待定。6月28日，全体会议正式确定了预备会谈公报。但与此同时，裁军谈判进程受欧安会谈判的影响，西方国家会通过评估苏联在欧安会期间的表现确定自己在裁军谈判中的立场。当然，美国等几个北约国家不愿意在欧安会和对等裁军谈判之间建立正式联系，以免拖延谈判，但是它们也愿意施加压力让苏联遵守承诺。实际上，对等裁军正式谈判的开始时间（1973年10月30日）是勃列日涅夫6月中旬访问美国时定下的。② 从美苏这一协议看，北约内部的争论及其与华约之间的争论显得无足轻重。

总之，对等裁军预备会谈就这样在混乱中匆匆开幕了，为正式谈判打开了通路。英国预备会谈代表团团长汤姆森（J. A. Thomson，英国常驻北大西洋理事会代表）形容多边预备会谈是一个"早产的婴儿"，什么都没准备好，什么名字都没想好，什么设施都需要临时布置，谁能成为教父也争执不定，但他预计这个"婴儿寿命会很长"③。事实上，预备会谈只有半年多，而正式谈判却持续了很多年，直到1989年才彻底结束。直到全部谈判结束，对等裁军仍是不成熟的。尽管英国对裁军谈判的前景持非常消极的观点，但是它很清楚裁军谈判是欧洲缓和的多边进程之一。在对等裁军谈判和欧安会这两件代表欧洲缓和潮流的重要问题上，英国都充满矛盾：怀疑但无法拒绝，准备较多却始终消极面对。

（三）英国对北约合作的不满

对等裁军预备会谈开始约两个月后，英国国防部总结了会谈情况，除了指出预备会谈的混乱和非正式，还详细分析了北约的现状及其应该做到的事情。从中可以看出英国对北约团结一致的重视。

---

① *DBPO*, Series Ⅲ, Volume Ⅲ, p. 36.
② *DBPO*, Series Ⅲ, Volume Ⅲ, p. 37.
③ *DBPO*, Series Ⅲ, Volume Ⅲ, p. 23.

第五章 英国与欧洲对等裁军（1973—1976年）（上）

英国敦促北约制定一份清晰的目标，但需在美国观点明确以后。1973年3月，英国代表团副团长、国防部官员芒福德在备忘录里指出，接下来几个月，北约必须竭尽全力制定一份清晰的裁军谈判目标，这份目标不仅要包括裁军的性质、覆盖范围、规模，还要包括不同的谈判阶段需要解决的主要问题、签订何种协议、在何处实施辅助性的约束手段。芒福德指出，这个任务十分艰难，北约也许暂时无法确定是否接受只在美苏之间裁军，但是北约应该确定美国裁减多少军力不会危及北约安全。北约还应该研究一下应该在正式谈判的哪个时刻提出裁减问题，以及北约是否准备提出"关联"概念（a concept of constraints），以便在中欧以外的相关区域实施裁军（这样，"匈牙利问题"又会出现）。北约是等待美国的观点明确后，还是应该更积极应对局面？芒福德说，西方联盟正在等待美国的意见，但是美国的意见最早也要等到1973年4月初才会确定下来。芒福德说，虽然英国和其他北约国家正在研究裁军问题，但是只有等美国明确观点以后才能取得进展。蒂克尔同意芒福德的等待美国的建议，认为不应该马上公开对裁军谈判的看法。英国应该和美国协商后再进一步确定自己的态度。但是，拉姆塞（A. J. Ramsay，英国国防部第一秘书）不同意芒福德的观点，而是认为英国应该更积极，不能一味地等待美国。拉姆塞指出，由于英国不喜欢对等裁军，因此英国代表团一开始采取了比较安静的态度，但是自从英国获得了西方联盟国家的信任后，英国的态度应该变得更积极。如果对等裁军进程出了差错，就会严重威胁西方防务结构和英国的安全，所以英国应该努力保证不会发生这种情况。英国认为预备会谈最大的经验是：北约要么放弃裁军谈判，要么忍受漫长的谈判。对于正式谈判，英国认为北约一定不能有时间压力，急于结束谈判。英国也必须避免任何人设定时间期限。[①]

1973年4月30日，北约内部讨论了美国的文件《美国对对等裁军的态度》（*The United States Approach to MBFR*）。文件提出了三种裁军方

---

① *DBPO*, Series Ⅲ, Volume Ⅲ, p. 30.

式：第一种，双方分阶段裁减10%军队，北约先裁减驻欧部队，然后裁减相关国家的本土陆军，苏联和华约国家也按此顺序裁减，直到双方减到剩下的人数相等（to common ceilings for both sides）。第二种，把北约和华约驻扎在中欧地区的所有陆军裁减到相同数量，其中美国和苏联各裁减本国驻军的1/6。第三种，混合裁减，美国裁减约20%的核系统，苏联裁减20%装甲进攻能力，使双方都展现更多的防御姿态；双方同时裁减驻中欧陆军至相同人数。从美国的裁军方案可以看出，裁军的最终目标是北约和华约裁减至相等人数和大致相当的作战能力。所以，美国的主张是"人数相等"方案（common ceiling）。英国官员维金表示担忧，认为第三种方案对美国国会没多少吸引力，不能减少国会要求裁军的压力。美国政府认为这个方案能说服国会，即裁减前沿部队（teeth arms）是严肃的对等裁军行动。维金还说，一些西方国家采用这个方案会导致美国和西方盟国的分离，而且，北约用一部分战术核能力换取苏联大量的坦克，这种"交换"不一定能吸引西方各国，它们认为这种交换既让步太多又不合时宜。[①] 由此看来，美国政府始终受国会裁军要求的压力。这不仅影响美国在对等裁军问题上的立场，也影响美国和盟国之间的合作与协调。英国非常清楚美国政府面临的压力，但对此似乎也无能为力，只能尽力使美国和北约其他国家保持磋商。

英国认为，北约不能满脑子都想着裁军谈判成功的标准，而应该重视协商一致。英国主要是针对美国，认为美国应该敏锐地感受盟国的观点，并站在西方联盟的队伍里，不要试图充当"马车的车夫"。维金说，美国人仍然急匆匆的，导致西方联盟倾向于确定对等裁军的日期，这是可怕的现象，是对付俄国人最糟糕的办法。北约指定的发言人——美国和荷兰——应该有能力、团结一致，否则，一旦北约成员国之间出现误解并且被苏联察觉，那么北约就难以守住谈判地位。不过，当维金后来在1973年4月9—11日会见了美国官员后，得出的结论是：美国

[①] *DBPO*, Series Ⅲ, Volume Ⅲ, p. 33.

第五章 英国与欧洲对等裁军（1973—1976年）（上）

是把安全放在第一位。美国给他的印象还不错。①

英国提醒西方联盟要加强国内安全，防止谈判信息意外泄露给华约。英国代表芒福德指出，已经有充分证据证明华约十分清楚北约的内部磋商，所以北约应特别注意文件的处置，严格管理"北大西洋理事会"磋商程序和其他讨论等。维金说，俄国人似乎不需要通过间谍就能获得西方联盟的信息，西方阵营的散漫纪律严重到俄国人完全从公开渠道就能获得所需信息。② 汤姆森认为有些北约成员国代表团与国内的沟通方式导致了信息泄露。比如为了拟订预备会谈的两份最后公报，各国代表团都付出了巨大的努力：像丹麦这样的小型代表团竟然发送了250多封电报，美国代表团发送了700多封（好几份电报长达20页）。比利时代表声称他们发送了不超过12封电报，这是另一个极端。汤姆森说，也许比利时像联邦德国一样发了很多电报，这也许能解释为什么俄国人经常极其精准地了解西方联盟的立场。③

英国国防部对北约在预备会谈期间的表现并不满意。英国希望北约国家不仅要在维也纳合作，也要在北大西洋理事会合作。不过就预备会谈前半阶段来看，西方联盟的合作漏洞百出。英国认为西方联盟的合作与协调十分重要，一旦确定了北约的目标，西方各国就应该合理地灵活寻求实现这些目标，不必在正式谈判的每个转折点都重新回到北大西洋理事会举行磋商。虽然英国国防部认为应该由北大西洋理事会制定目标，但是英国官员佩克怀疑北大西洋理事会是否有能力控制好裁军谈判。他指出，西方联盟还没有目标，西方联盟各国代表团又太容易回到原来的立场，太容易为了蝇头小利而向苏联让步。佩克也不太赞成给予西方代表团过多的操作空间，因为这很可能使它们在实质性问题和战略问题上一再让步。④ 英国认为北约既缺乏清晰的目标，也缺少良好的合作。这主要归咎于美国，是美国的急于求成让北约在苏联面前处于弱势

---

① *DBPO*, Series Ⅲ, Volume Ⅲ, pp. 30–32.
② *DBPO*, Series Ⅲ, Volume Ⅲ, p. 31.
③ *DBPO*, Series Ⅲ, Volume Ⅲ, p. 49.
④ *DBPO*, Series Ⅲ, Volume Ⅲ, p. 31.

地位。也正因为要解决北约的协调与合作问题，英国和美国在预备会谈期间举行了一次双边讨论。

（四）英美在预备会谈期间的双边磋商

为了了解美国的观点，也为了协调美国和北约其他成员国的立场，英国代表芒福德（英国对等裁军谈判代表团副团长，英国国防大臣的私人顾问）于1973年4月9—11日访问了华盛顿。① 英国方面得出的结论是美国重视西方联盟安全，但是问题仍然存在：美国国会的压力并没有消失，美国的裁军方案尚未确定（尽管美国倾向于"共同人数上限"或者"非对称裁减"方案）。美国国防部和白宫的分歧仍然十分明显，前者强硬，后者温和。英国不知道美国究竟会怎么做。英国怀疑美国在正式谈判期间是否会坚持"非对称裁减"方案，是否会退回到苏联所坚持的对等裁减方案。美国人说英国不该低估美国方案对苏联的吸引力，但是美国人自己也不完全确信苏联是否会接受。美国人是想一劳永逸地解决裁军问题，还是仅仅把它作为持续裁军的开始？美国代表团如何做才能既与国会和解又和北约、华约周旋？② 英国太需要了解美国的立场。

关于美国国会的压力问题，英国官员听美国人一直说国会是关键，政府和国会陷入了一场空前的、前景不乐观的全面争论，对等裁军也是这场争论的一部分。索南费尔特（基辛格的助手之一）认为，美国政府在对等裁军方面承担了过多责任，国会现在把对等裁军看作一个"花招"（a device），政府和国会都深陷其中。英国注意到索南费尔特的观点是基于现实情况形成的，不是故意让西欧担忧。有些乐观的国会议员认为，裁军谈判或许会持续数年，但是谈判结果积累起来就会形成共识，这个共识迟早会裁减美国军力；重要的是尽量减小裁军规模，通过提升美国和欧洲的军备质量缓解裁军后果。美国方面反复告诉英国官员：如果对等裁军处理得当，应该可以真的加强西方安全，因为苏联裁

---

① 芒福德访问华盛顿期间的英美磋商，参见 *DBPO*, Series Ⅲ, Volume Ⅲ, pp. 33-35。
② *DBPO*, Series Ⅲ, Volume Ⅲ, p. 33.

第五章 英国与欧洲对等裁军（1973—1976年）（上）

减得会更多，还因为西方会提升军备质量以及其他原因。美国国防部还向英国官员提供了自己的最新研究，认为北约现在严重高估了华约这一威胁，严重低估了北约的常规打击能力。

美国强调要尽快推进预备会谈，并认为自己有能力应对这场艰苦而漫长的谈判，但是芒福德等人认为美国对预备会谈没有明确认识，比如什么样的预备会谈结果才能够成为正式谈判的基础。美国对预备会谈的看法是：不能总是纠结于原则和各种束缚，即便预备会谈真的是在放空炮（a non-event）。芒福德指出，美国白宫和国防部都非常希望能和英国密切合作。美国国防部还希望立即能和联邦德国、英国一起讨论对等裁军问题，三国可以进行非正式讨论。英国对此表示欢迎，但是它不确定美国国务院是否会阻止这种合作。

美国政府认为，如果正式谈判要谈裁军就要早点谈，因为国会也会参与讨论。芒福德等听到美国官员谈论说，如果1973年9月或10月开始正式谈判，时间已经很近了。美国白宫、国防部和国务院的官员在这一点上的观点是一致的。美国希望能在一两周内（从1973年4月16日英国文件记录的日期开始算）准备好包含有自己观点的对等裁军文件。美国方面大概认为不需要在北约内散发自己的文件，因为他们很显然认为，磋商得越多，就越难形成西方联盟的共同立场。

芒福德这样总结他的美国之行：令他担忧的不是美国政府的基本意图，而是美国各部门之间的疑虑，美国方面能否坚持这些意图；美国方面可怕的混乱也让英国担忧。美国方面还有一点没有考虑到，那就是俄国人可能采取的谈判立场是什么。

从芒福德的访美结果看，美国没有做好正式谈判的准备，不仅立场模糊不清，而且政府内部分歧显著。这些分歧主要发生在国务院、白宫、国防部之间，与此同时，国会的压力始终存在。芒福德认为美国白宫提出的观点最详细，国务院的观点更简要。美国仍没有研究苏联的谈判立场，而英国在分析苏联的立场问题上付出了不少努力，并且在整个预备会谈和正式谈判期间持续分析苏联的立场。由此看来，美国对中欧裁军的追求是急切的、匆忙的、一意孤行的，很大程度上受美国国内政治状况的约束。

（五）预备会谈期间的聚会宴饮

预备会谈于1973年1月31日开始，6月28日结束。根据英国外交文件，预备会谈除了战略和政策交锋外，有点像一场宴饮聚会，充满了趣闻①。

首先，预备会谈分为三个阶段，各阶段的情况截然不同。第一阶段持续时间最长，从1973年1月底会议开幕到5月中旬达成第一个协议。这个阶段沉闷又冷漠，苏联以坚韧战胜了西方的急躁。第二阶段是接下来的一个月，形势变了，西方把苏联置于压力下并获得了让步。第三阶段是最后三周，没什么重要的事情，各方代表都等着1973年6月中旬尼克松和勃列日涅夫的会晤，这次会晤将确定对等裁军正式谈判开始的时间。② 首脑会晤期间，苏联接受10月30日开始正式裁军谈判。各方代表都知道，未来的裁军谈判意义取决于这两个国家。裁军预备会谈于是在6月28日的全体会议上出台了联合公报。

其次，各国代表团的典型人物在预备会谈期间一一展现"风采"。英国代表评价了其他国家代表，认为东西方代表都展现了自己的个性。美国代表团团长迪安个性十分鲜明，他身兼多职、个人风格强烈，并且浑然不觉自己影响了其他人。他常用言辞欺哄西方盟国，更善于在和苏联对手谈判时用力捶桌子。联邦德国代表团团长路德（Fred Ruth）领导得当，有着坚定的信念，这种信念源自他广博的裁军知识。身为联邦德国外交部"对等裁军司"的司长，路德既忠诚又乐于合作。不过，就像其他联邦德国外交官一样，他也会以放弃立场为代价换取某些模糊不定的方案。荷兰驻维也纳大使于福德（B. Quarles van Ufford）很专业，有绅士风度，但是在争论中坚持不了太久。加拿大大使格兰迪

---

① 预备会谈期间各国代表们聚会宴饮和趣闻散见于 DBPO, Series Ⅲ, Volume Ⅲ, pp. 37, 44-49, 后文不再一一标注。
② 1972年，基辛格访问莫斯科并与勃列日涅夫达成协议，由两国首脑会晤决定何时开始正式的裁军谈判。参见 DBPO, Series Ⅲ, Volume Ⅲ, p. 44。

(G. K. Grande）和比利时大使阿德里安森（M. Adriaenssen），前者迟钝而顽固，后者多变而摇摆，常常被英国代表嘲笑。北约的北部侧翼国家的代表在预备会谈期间沉默而敏感，南部侧翼国家的代表则声音高亢而尖锐。土耳其和意大利代表性格和蔼可亲，他们只有两个任务：一是他们必须参加所有谈判，二是他们国家的任何事务都不能被纳入谈判。但是希腊代表塞菲里斯（M. Sekeris）对他们说这两者不能兼得。英国代表认为，经过北约内部"特别小组"的日常会议，北约各成员国表现出了高度团结和忠诚，这是一种高效的、必要的协商方式。

苏联、东欧代表也有突出的个性，角色的重要性各不相同。英国指出，东方代表的领袖是科列斯托夫教授，他是苏联外交部法律和条约司司长。他50岁生日那天正值谈判，苏联也没有送一个蛋糕。英国官员汤姆森说，苏联之所以派出科列斯托夫，可能是因为此人有拖延谈判的本领。另一位苏联代表科维金斯基十分阴险，是苏联代表团里的打手（the hatchet man），如果科维金斯基能被说服，那么其他苏联代表几乎一定会同意他的观点。后来当谈判由拖延转变为建设性时，他的职位由莫汉（Anatoli Movhan）接替了。蒂梅尔巴耶夫（Timerbayev）是苏联团队里的灵活人物（an India rubber man），他有点像比利时代表安德里安森，他的任务好像是故意提出一些日后会被否定的观点。其他东欧国家代表团一到关键时刻就发挥不了作用，尽管匈牙利、罗马尼亚是其中的刺头。匈牙利代表毫不在乎自己的国家不是一个"直接参与国"，罗马尼亚则是勇气十足的特立独行者。罗马尼亚代表团团长康斯坦丁内斯库（Constantinescu）聪明而坚韧，但是"巧妇难为无米之炊"。保加利亚代表无足轻重，几乎感觉不到他的存在。乌斯特（E. Ustor）是匈牙利外交部国际法司司长，是一位杰出的国际法学家。当匈牙利被降为非直接参与国后，他就离开维也纳了，匈牙利代表团自此也就无足轻重了。波兰代表斯特鲁拉克（Strulak）无疑是华约各成员国代表团团长中获知信息最详尽的，他精于算计，能力很强。民主德国代表团团长布里夫（Brief）坦承他个人不同情苏联代表团，他是华约各成员国代表团中唯一真正献身于共产主义的人物,他的禁欲主义态度("金钱完全不重要")完全不符合俄国人在谈判之余欢快而豪饮的风格。俄国人更喜欢捷克斯洛伐克代表拉霍达(Tomas Lahoda),他是一位成功的、欢乐的牧师,他是俄国人带进来的真正谈判的人物,可能因为波兰代表特鲁拉克和民主德国代表布里夫在驻莫斯科期间写的报告漏洞百出而得不到俄国人的信任。

汤姆森指出,东西方各有优势与弱点。苏联代表专业、耐心、坚韧,上级指令使他们可回旋的余地很小,于是他们不得不固守既定立场而缺少灵活性。西方代表动辄过于急躁冒进、过于乐观,既十分灵活,又十分自信,能坚守各自政府的核心立场。西方得益于他们卓越的倡议能力,因此可以利用东方的弱点。

东西方在预备会谈期间存在不少技术性障碍,主要是需要做大量解释性工作,使苏联代表了解西方的主张。有时候西方需要向苏联代表一而再、再而三地解释己方的观点,直到双方都厌倦了,对方最后才明白并且接受其中正确的内容。有时候,只有当苏联代表知道西方联盟的严肃态度及其政治和军事原因后才会做一些让步。英国认为自己需要准备新的谈判技巧和谈判态度,西方联盟也一定要有耐心,必须让俄国人明白西方联盟会坚持不懈。由于正式裁军谈判的时间已经确定,所以苏联代表不时会在西方代表面前显露出欢欣鼓舞的样子。苏联代表一般会严格落实指示(这些指示常常模糊不清),不会轻易接受西方新提出的建议。西方代表们一旦看出苏联指示的大致轮廓,就可以找到一些不会被苏联拒绝的建议。所以,西方联盟是在修补苏联的指示,帮助苏联代表在不违背其权威的情况下支持那些具有建设性的建议。有时候西方会故意假装理解不了苏联的立场,于是就会和苏联代表进行问答式对话(the Socratic method),这样反而得到很有用的解释和坦白,西方代表会记录下对话细节并在后面的谈判中提醒苏联代表他们自己说过的话,那么苏联代表就很难拒绝了。但是这样的做法并不总是成功,如果苏联代表发现自己说过不专业、随意的话,他们就会立即贬低对手的严肃性并

第五章　英国与欧洲对等裁军（1973—1976 年）（上）

施压。英国代表说，俄国人总是很无耻地把原因归咎于西方代表的建议，这有可能是因为他们要向莫斯科汇报，于是把自己说过的话硬说成是西方的提议。苏联代表还故意拖延达成协议，哪怕是已经达成的临时协议。临时协议达成后，苏联、东欧各国的代表比西方代表更重视最终协议前的那次磋商。

预备会谈的结果是两份短公报，第一份公报对华约有利，而第二份公报对西方有利。汤姆森认为预备会谈的结果总体上稍稍有利于西方。预备会谈结束后，各国代表纷纷离开了维也纳。苏联代表在最后一次全体会议结束后一小时离开了。"特别小组"在结束第 111 次会议后也休会了。

五　英国在预备会谈期间的角色和作用

英国驻北大西洋理事会代表、英国对等裁军谈判代表团团长汤姆森于 1973 年 6 月底向维金和蒂克尔汇报了对等裁军预备会谈的情况，既总结了预备会谈的情况，也谈到了英国的角色和作用。

预备会谈期间，英国政府给本国代表团的指导文件提出了三个目标：把西方联盟团结在一起；帮助美国人；降低中欧的军队和军备水平，同时保持西方联盟所有国家的安全不受损害。① 汤姆森认为第一个目标最难，西方联盟经常缺少共同立场，几乎在每份文件、每次磋商中都有分歧。西方联盟各国对正式裁军谈判的程序激烈辩论，每一次磋商——包括对字词表述问题的磋商——都是一次刺痛，精力都被耗费在了西方联盟内部，与苏联的谈判反而显得次要了。对于西方联盟在正式谈判之前始终没有形成一致立场，汤姆森表示理解，因为对等裁军比欧安会更能影响国家主权和安全，每个国家必须尽力趋利避害，激烈争论就是主要斗争形式。②

第一，英国坚定维护西方联盟团结。英国自认为义不容辞并且受盟

---

① 这三个目标详见 *DBPO*，Series Ⅲ，Volume Ⅲ，pp. 18-21。
② *DBPO*，Series Ⅲ，Volume Ⅲ，p. 38.

国信任。英国官员佩克在1973年3月21日致蒂克尔的信中说:"英国在维持(西方)联盟团结方面扮演着至关重要的角色。"无论英国是否喜欢,很多盟国都指望英国发出理性和适当的声音,代表西方联盟整体的利益。①

预备会谈期间,西方联盟争论最大的问题是"参与国问题",这也是美国和北约盟国的最大分歧之一。"参与国问题"的含义是,谁能参加哪些谈判、参与到什么程度、参与国的权利和责任是什么。由于它不仅事关北约部分成员国在中欧的军力问题,还直接关系到西欧国家的安全,因此备受重视。

关于裁军预备会谈的组织形式,双边对话小组和非正式对话是主要的谈判形式,汤姆森认为这种谈判形式估计也会在正式谈判中继续。他认为应该针对各国敏感的安全议题设立各种论坛和小组,这些工作组是有效的谈判方式,它们应该是严格限制参与资格的。北约侧翼国家也应该有在北约"特别小组"内充分讨论的机会。实际上,裁军谈判的设施条件比较有限,会议室容纳不下来自19个国家的150名代表。即使会议室够大,苏联及其盟国也会不愿让步,所以真正的"讨价还价"还是在双边均有代表出席的、非正式的小组讨论中。汤姆森指出,全体大会上的谈判只可能发生在美苏之间,这样美国和欧洲的团结就会岌岌可危。汤姆森认为,正式谈判期间应该定期召开全体大会,但那只是一个发表宣言的场合,不适合展开详细谈判。②

第二,英国确定"帮助美国人"的重要目标。预备会谈和正式谈判期间,"帮助美国人"是英国的第二大目标,它要防止美国和苏联发展双边主义,要让美国和其他盟国协调立场。英国认为,避免可能出现或者已经出现的"双边主义"自始至终都是英国最重要的任务,这个任务十分艰巨。③ 美苏双边主义问题备受西方各国代表的关注。尽管美

---

① *DBPO*, Series Ⅲ, Volume Ⅲ, p. 38.
② *DBPO*, Series Ⅲ, Volume Ⅲ, p. 39.
③ *DBPO*, Series Ⅲ, Volume Ⅲ, p. 40.

第五章　英国与欧洲对等裁军（1973—1976年）（上）　213

苏直接对话令双方都感觉很舒服，但是这种双边主义事实上没有发展起来。英国官员拉姆塞说，美欧分歧是个重要问题，因为美国人不希望欧洲的坚持加大国会给政府的压力，所以美国人很有可能试图通过"双边主义"避开欧洲人；而欧洲人也不希望东西方安全对话受有可能产生的美苏双边主义的影响。①

　　避免美苏双边主义的主要行动包括：首先，避免裁军谈判"工作小组"里的美苏双边主义。英国认为，与会国家不希望工作小组只有美、苏两国，西方代表可以轮流参与工作小组讨论（每次一个国家）。考虑到实际情况，只有英国和联邦德国可以成为工作小组的长期代表。汤姆森认为，由这两国担此重任或者轮流担任代表是正确选择，两国做了很多降低美苏双边主义风险的事。但他担心时间一长，美苏双边主义就有冒头之势。不过，英国官员拉姆塞认为美国在对等裁军问题上从来没有试图和苏联发展双边主义，虽然美国有时候会偏离方向，比如"匈牙利问题"导致某些西方国家不相信美国在正式谈判中会保持强硬立场。其次，适当平衡美国的主导地位。英国认为，美国在西方防务方面自然是占主导，但是有必要平衡美国的主导地位。汤姆森主张以欧共体九国的力量来平衡，但是应防止法国把问题复杂化，而且欧共体的平衡作用必须源自英国和联邦德国代表团的紧密合作，因为英国、美国、联邦德国三国实际上已经成为西方联盟合作的"指导小组"（the steering group）。三国会议把各种问题分类并制定西方联盟的策略，当三国达成一致时，其他西方国家总会紧随其后。正式谈判期间也可以采取以三国磋商为中心的合作模式。② 所以，英国把避免美国发展对苏联的双边主义作为裁军谈判第二大目标显得十分重要。英国既希望美国发挥安全保障作用，又不希望美国脱离西方联盟。借助西方联盟去拉住美国，是英国防止美苏双边主义的策略之一。最后，利用北约"特别小组"保持美国与西方盟国协调一致。英国认为自己在北约"特别小组"

---

① *DBPO*, Series Ⅲ, Volume Ⅲ, p. 42.
② *DBPO*, Series Ⅲ, Volume Ⅲ, pp. 39, 40.

里发挥了比较重要的作用，它和联邦德国紧密合作，平衡美国人的"统治地位"。北约"特别小组"不包括法国，因为如果法国加入，那么这个小组能不能达成一致就会成为问题。即使在法国人没有参与的情况下，"特别小组"也花了数周时间逐渐适应并建立相互信任。有的西方代表谴责法国缺席裁军谈判，但是汤姆森认为法国不参加就不会被覆盖到裁军范围内，这有利于西方。汤姆森认为美国代表团团长迪安十分强悍、成熟，最终迪安发现通过安抚西方盟国比威吓能得到更多东西。英国和联邦德国代表在"特别小组"里紧密合作，并借助欧洲国家平衡美国。联邦德国代表总是很慷慨，有时候则很犹豫，而英国代表获得的指示最坚定、最清晰，于是英国人在"特别小组"中扮演了更突出的角色。在"特别小组"里，如果英国人反对美国人（就像在预备会谈第一阶段里那样），那么后面的谈判就会十分困难而且障碍重重，但是如果两国代表团合作，那么小组里的其他国家几乎会和两国一致。①

在裁军问题上，英国始终保持警惕并提醒西方盟国裁军的危害。英国认为对等裁军是具有潜在危险的谈判，最大的风险不是军事层面，而是政治层面。政治风险不仅源于西方联盟的分裂、美苏双边主义，还源于俄国人十分了解并善于利用西方联盟的分歧。比如，苏联会放大美欧分歧，从而降低美国对西欧安全承诺的可信度。再如，苏联可以真正介入欧洲事务，特别是欧洲防务安排。苏联还有机会把德国置于特殊地位。对于西欧来说，对等裁军谈判的政治风险是巨大的。

第三，英国认为本国在预备会谈期间既获得了西方盟国的信任，也逐渐被苏联接受。英国认为自己在预备会谈期间获得了西方盟国的信任，认为自己最有能力为西方联盟确定对等裁军战略。西方盟国认识到英国不会屈从于任何压力。西方盟国都很尊重英国的军事判断，而且还很快认识到英国驻联邦德国的军队（British Army of the Rhine, i. e. BAOR）是所有北约国家中最高效的。② 这份信任大概源于英国对

---

① *DBPO*, Series Ⅲ, Volume Ⅲ, p. 39.
② *DBPO*, Series Ⅲ, Volume Ⅲ, p. 30.

中欧裁军的坚定态度,从不因为任何因素而推动裁军,也不彻底阻止,而是一以贯之地谨慎对待。

英国逐渐被苏联代表接受,成为一个能进行对话的对象。谁都能看出苏联最想和美国对话,但是预备会谈结束后,英国代表成了苏联代表的朋友。预备会谈期间,美国代表团团长迪安、联邦德国代表团团长路德、英国代表团团长汤姆森在工作之余和苏联代表科列斯托夫、莫夫汉、蒂梅尔巴耶夫见了很多次面,一起喝了数加仑的红酒(从此汤姆森不再推荐俄罗斯白兰地),这使得他们相互之间非常了解。欢乐的气氛还有助于建立信心,并使苏联代表更容易接受西方的观点。这些交往也帮助英国代表算计出最有效的谈判方式。于是,除了与美国代表对话外,英国代表在预备会谈结束时也成为苏联代表乐于与之对话的人。[①]不得不说,欢乐的宴饮是拉近东西方代表距离的好办法,也是借以谋划出务实有效的谈判策略的好办法。考虑到英苏相互强硬的立场,这些对话交流的确是外交收获。

第四,参加预备会谈的英国代表人数十分有限,影响工作成效。汤姆森总结说,预备会谈持续了五个月,这是谁也没有想到的(也许除了苏联),英国代表团只有一名常驻代表,其他成员都有各自的工作,分散在其他欧洲国家的首都(除在维也纳外),在各国间奔波往来,但经常忙碌的不是对等裁军事宜。英国代表团除了汤姆森担任过团长,还有四个人担任过这一职位,英国代表团成员也常常由于职务变化而离开维也纳。其中英国驻北约各成员国代表团的常驻代表佩克经常借给英国对等裁军预备会谈代表团成员,英国驻维也纳大使馆的外交官也为谈判付出了努力。英国代表团成员虽然流动性很大,但是一直保持着工作热情和高效率,特别是戴维·约翰逊(David Johnson)和克里斯丁·匹林(Christine Pealing,汤姆森的秘书)的努力,使英国代表团得以跟上美国人的步调。[②] 此外,英国代表团还曾经在预备会谈期间更换住处,原

---

① *DBPO*, Series Ⅲ, Volume Ⅲ, p. 47.
② *DBPO*, Series Ⅲ, Volume Ⅲ, p. 42.

本和华约成员国的代表们住在同一家酒店,但是后来考虑到信息安全和经济支出问题而换到了一家比较便宜的酒店。由此看来,至少在预备会谈期间,英国代表团非常不稳定,即使工作效率很高,也会影响磋商成效。

  在既降低中欧军力水平又保障安全方面,英国认为北约和华约在预备会谈上互有得失,西方联盟略占上风。英国十分明确,预备会谈只能讨论裁军谈判的程序问题,不能谈实质问题。谁也没有想到预备会谈持续了五个月(1973年1月31日至6月28日)。汤姆森评估,在预备会谈期间,东西方得失大致相当,整体而言,西方略胜一筹。在"匈牙利问题"上,俄国人胜利了。西方原本希望匈牙利以"直接参与国"的身份参加正式谈判,但是最后匈牙利只是一个"特殊地位"国家,实际上是观察员国(an observer)。苏联不可能减少它驻扎在匈牙利的军队和装备,这是匈牙利一开始就没有成为"直接参与国"的主要原因。但是西方成功地拓展了"对等裁军"的概念。根据苏联的设想,"对等裁军"一开始仅仅限于相互裁减军队和装备,但是西方坚持还应该包括一系列约束机制(constraints)、核查(verification)、分步骤裁减(step by step)、其他保障和预警程序(all other safeguards and cautious procedures),而这些都是苏联的"对等裁军"概念中原本没有的。由此西方拓展了"对等裁军"概念,使其更符合西方的设想,特别是约束机制和核查方面。预备会谈的最后公报中写进了西方主张的"一步步"(step by step)和"均衡"(balanced)这两个词。于是,苏联失去了"纯粹的对等裁军"。所以,在拓展"对等裁军"概念方面西方联盟胜利了。这为正式谈判奠定了基础,而这个基础更接近西方联盟的主张。所以,汤姆森认为英国不应该再使用数年前的裁军谈判政策了,而应该非常努力和清晰地思考对等裁军谈判能给英国带来什么、能有些什么选项、风险和获利分别是什么。汤姆森承认有些国家非常希望进行对等裁军谈判,但是他认为重新调整西方防务比通过对等裁军来缓和东西方关系更加重要。汤姆森认为,对等裁军谈判也许是复杂的多极世界中

第五章　英国与欧洲对等裁军（1973—1976 年）（上）

一次典型的充满大量外交行动的进程，这其中有挫折，有困难，但是也有一种魔力。对于这个进程，必须研究谈判技巧，但是真谛是：如果西方联盟能保持团结，就可以解决一切问题。①

对等裁军预备会谈乱糟糟、闹哄哄，有春华而无秋实。但是毕竟它已经启动，遂了美国人的心愿，满足了北约小国以及侧翼国家参与欧洲事务的虚荣心，拉住了半心半意的苏联，却引起了英国的担忧。

预备会谈没有完全满足苏联的"对等"裁军要求，也使西方联盟了解到苏联不会在裁军问题上让步，这是一场互有得失的对话。也许令西方联盟满意的是，"对等"的含义被拓展了，从两个集团共同、按一定比例裁军转变为共同的、分阶段的、包括辅助性约束手段的裁军。

从对等裁军的预备会谈来看，英国的基本态度是不喜欢，但是又不能拒绝，因为美国政府迫于国会压力想举行裁军谈判。英国的自我定位是西方团结的坚定维护者，并在预备会谈期间成为西方联盟核心成员。不过，英国对裁军问题始终比较冷淡，从英国外交档案中完全看不到英国对中欧裁军这一重大缓和进程的热情，更多的是质疑、担忧以及对美国政府坚持裁军谈判的无奈。所以，从对等裁军来看，很难说英国是一个缓和的追求者。无论如何，英国从预备会谈开始时不被苏联重视到预备会谈结束时成为苏联喜欢的交往对象，这是英国代表团的成功，也是英国外交的成功，更是英国赖以发挥重要作用和扮演关键角色的依据。

第二节　英国在对等裁军谈判中的目标、策略与作用

英国在对等裁军预备会谈期间发挥了重要作用，许多西方盟国都很重视英国的立场和观点，英国也自觉维护西方联盟团结，并约束美国可能和苏联发展双边主义。对等裁军正式谈判期间，英国仍积极分析苏联

---

① *DBPO*, Series Ⅲ, Volume Ⅲ, pp. 41-43.

方面的问题和立场策略，为西方联盟取得谈判胜利而努力。同时，英国也确定了本国的裁军谈判目标和策略。英国仍然继续扮演斡旋者或者协调者的角色，不仅协调美国和其他北约成员国之间的立场，也通过和苏联的"非正式接触"了解苏联的想法。这些都使英国成为对等裁军正式谈判中重要的西方国家。

一 英国对苏联国内形势的分析

认识苏联国内形势是英国确定对等裁军谈判策略的重要基础。随着裁军谈判的进行，英国对苏联领导人、苏联国内形势及其对裁军谈判的态度和政策的分析渐渐多了起来。1974年5月21日（第三轮裁军谈判期间），英国外交和联邦事务部东欧与苏联司司长布拉德分析了苏联的压力问题、勃列日涅夫的政治地位，从而为英国和西方联盟提供政策依据。英国推测，苏联领导人渴望得到一份裁军协议，苏联代表团在第三轮谈判期间接到的指示比较多，但苏联的真实意图是什么呢？

首先，关于裁军谈判的时长问题，英国代表团团长罗斯（Clive M. Rose）认为苏联有时间压力，但是北约不这么认为。在1974年4月11日的急件里，罗斯汇报说苏联面临着达成积极裁军协议的时间压力。但是这个观点和北约正相反。布拉德指出，北约于1974年5月中旬在布鲁塞尔召开了一次专家会议（这个专家会议每6个月开一次——笔者），与会者的共识是苏联在裁军谈判问题上并不着急，但是罗斯并没有引用这个观点。布拉德认为罗斯也许是为了强调苏联希望尽快达成协议，以便削减军费。①

1974年4月复活节假期结束后，新一轮裁军谈判开始，罗斯指出了华约的几个变化，其中包括华约——特别是苏联——完全没有时间压力。苏联一点儿也没有急于推动裁军谈判的压力。这个观察和美国国务卿基辛格的观点一致，也获得了蒂克尔的赞同。美苏首脑会晤后，基辛格对北约盟友说苏联一点儿也不想推进裁军谈判，除非等到欧安会结

---

① *DBPO*, Series III, Volume III, p. 88.

第五章 英国与欧洲对等裁军（1973—1976年）（上）

束。不过基辛格补充说，美国也不急于推进裁军谈判。蒂克尔同意罗斯的分析，也认为苏联拖慢裁军谈判的速度是为了等欧安会结束。① 此时欧安会已经进入后期（1974年7月），有望年底结束，所以蒂克尔才会悲观地认为裁军谈判在1974年秋季都不会有什么进展。实际上，苏联在对等裁军谈判方面没有任何时间压力，除非为了配合欧安会的进程。英苏关系改善过程中，英国在与苏联的双边交流中就已经注意到了这一点，甚至认为苏联在故意拖延谈判时间和进度。

其次，苏联不会有削减军费的压力。布拉德认为苏联不可能减少军费开支，没有这方面的压力。苏联领导层内部一定经常争论如何分配资金、能源、劳动力、原材料等资源，这可能是苏联第24届党代会延迟近一年的主要原因，但是根据在莫斯科的政治游说团体的观察，苏联最不可能做的就是削减军费。布拉德说，俄国人有一种爱国主义，认为只要是为了国家利益，就可以把钱花在防务上，而军备是民众最容易判断的属于爱国主义的领域。英国上议院议员肯尼迪（E. M. Kennedy, UK senator）在1974年4月21日去莫斯科大学时就感受到了这一点，他的听众都是苏联精挑细选的人。肯尼迪议员当时面对800名听众发表演说，他问听众：“你们认为苏联应该把多少预算花在防务上？”当他请听众举手回答时，出现了尴尬的搪塞之词，后来一位白发教授用俄语大声说"这个问题是挑衅"，并且还向肯尼迪挥舞拳头。布拉德还分析道，20世纪60年代初，赫鲁晓夫曾经跟苏联军事部门争论军费问题，赫鲁晓夫和国防部部长马林诺夫斯基（Marshal R. Y. Malinovsky, 1957—1967年担任国防部部长）的关系并不好，但是勃列日涅夫和国防部部长格列奇科（Grechko, 1967年接任国防部部长）的关系却极为密切，是勃列日涅夫在1973年4月把格列奇科带进了政治局（the Poliburo）。麦金托什（Malcolm Mackintosh，英国首相办公室助理次官）是一位研究苏联军事思想和军事人物的优秀学者，他说格列奇科最近几年的主要任务是利用第一阶段"限制战略武器谈判"（SALT I）和签

---

① *DBPO*, Series III, Volume III, p. 92.

署第二阶段"限制战略武器谈判"协议（SALT Ⅱ）之间的间歇时间使苏联利益最大化。这肯定要花掉大量军费，而没有迹象表明勃列日涅夫或者其他苏联领导人会反对这一计划。布拉德认为，这要么因为苏联领导层有共识，要么因为勃列日涅夫知道自己的命运。所以，布拉德相信苏联政府没有削减军费的压力。不过布拉德也认为，如果苏联有机会减少军费，它也会这么做，至少暂时停止增加军费。如果说苏联国内的确有削减军费的压力，那么这个压力只能来自苏联党内，可是苏联党内绝大多数都是保守力量。布拉德还认为，即使苏联政府真的想减少军费，那么从"限制战略武器谈判"省下来的钱比从对等裁军省下来的钱多得多，因为前者涉及整个新一代武器系统，而后者只会让苏联把15%的军力从东欧撤退到苏联西部领土，这个撤军花不了多少钱。[①]

再次，苏联是否面临尽早签订裁军协议的时间压力。罗斯认为苏联想尽早和西方签署裁军协议只是为了获得协议本身，而不是为了裁军。但是布拉德和加维都认为苏联当时的主要精力是想把欧安会开好，同时拖延裁军谈判，不可能早早签署协议。布拉德指出，在1974年复活节假期结束之后的那几次"非正式接触"中，苏联代表团并没有带回新的、更灵活的指示。[②]

布拉德主要反驳了罗斯关于苏联政府面临压力的说法，认为苏联政府既没有削减军费的压力，也没有尽快签署裁军协议的时间压力。两人的观点代表了英国外交部对裁军谈判进展的不同看法。可以看出，罗斯更乐观，而布拉德更谨慎。从中也可以看出，英国认为20世纪70年代苏联外交的重点是欧安会，而不是对等裁军。

最后，1975年8月1日欧安会结束后，英国再次分析了苏联在对等裁军方面的目标。1975年8月1日，欧安会《最后法案》(The Final Act of the CSCE)在赫尔辛基签署[③]，欧安会进程到此告一段落。1975

[①] DBPO, Series Ⅲ, Volume Ⅲ, pp. 88-89. 英国上议院议员肯尼迪演讲的现场情况是根据《泰晤士报》的报道公布出来的。

[②] DBPO, Series Ⅲ, Volume Ⅲ, p. 89.

[③] 欧安会《最后法案》的签订参见DBPO, Series Ⅲ, Volume Ⅱ, pp. 306-307。

第五章 英国与欧洲对等裁军（1973—1976 年）（上）

年 11 月 17 日，英国代表团团长罗斯总结了苏联和华约在对等裁军上的目标和政策，这份总结是罗斯在 11 月 17 日英国驻东欧和苏联大使大会上的开幕演讲，是比较全面分析苏联中欧裁军谈判目标的一份文件。[①] 罗斯认为：（1）欧安会结束后，苏联的军事政策目标没有变，即根本目标是改变世界均势和欧洲均势，使其更有利于社会主义阵营，为社会主义发展提供军事支持，为苏联防御来自西方的进攻提供超强的战斗能力保障。罗斯认为，无论是在欧安会期间，还是在欧安会结束后，苏联的这一目标都没有改变。苏联的"和平政策"（peace-policy）也没有影响这个目标，1970—1975 年，苏联的军事建设反而超过了此前的速度。在欧洲，苏联希望继续维持华约对北约的军事优势；竭尽全力削弱西欧防务和美国对西欧防务的承诺；在东欧保持强大的军事存在，为苏联的政治统治提供可靠的军事保障。所以，苏联会把裁军谈判当作一个实现自己目标的机会，它的目标包括：把华约的军事优势通过裁军协议固定下来或者合法化；把搅乱或者阻止未来欧洲防务合作发展的承诺写进裁军协议；裁减或者永久限制联邦德国国防军（the Bundeswehr，这被认为是苏联最优先的目的）；通过裁军协议长远地削弱美国在欧洲的军事存在（罗斯认为这是苏联永恒不变的政策）。罗斯指出，从 1974 年裁军谈判开始，苏联和华约就追求这些目标，到欧安会首脑会议结束（1975 年 8 月 1 日）时也没有改变，特别是当时第二阶段限制战略武器谈判出现了倒退。（2）苏联仍然"需要、想要"（need and want）一份裁军协议。罗斯分析，虽然苏联不愿妥协让步，大多数人也都认为裁军协议缺少基础，但是苏联肯定需要并且想要一份裁军协议。"需要"表现在：苏联需要维持缓和势头，避免西方对缓和的设想破灭；苏联需要满足美国人希望得到一份裁军协议的愿望；苏联需要履行以军事缓和补充政治缓和的承诺；苏联还需要在 1977 年欧安会后续会议召开（the 1977 CSCE review conference）之前向国际社会展现对等裁军的进展或者西方的顽固。"想要"表现在：苏联想要从任何一种形式的裁军协议中

[①] 罗斯的分析，参见 DBPO, Series Ⅲ, Volume Ⅲ, pp. 137-140, 后文不再一一标注。

获利，比如查看西方防务安排的权利、设定西方军力的上限、美国撤军后的地缘优势；苏联想要让西方各国看到具体核查的种种困难，从而让北约更多地去看协议，而不是直接核查华约。

从罗斯的分析看，一方面，对等裁军没有改变苏联既定的军事目标以及其他削弱西方防务、维持华约在中欧优势的既定政策。这是东西方在欧洲安全方面的根本分歧，想通过裁军谈判解决显然不太可能。特别是苏联——其实也包括美国——甚至没有把对等裁军当作自己对外政策中最重要的议程，英国并不确定苏联是否真的想签署裁军协议，西方不接受等比例裁减、苏联不接受非对等裁军，在这种情况下，对等裁军谈判可谓举步维艰。英国对苏联国内形势和目标的分析，为英国在正式裁军谈判期间维护西方联盟团结和协调立场打下了很好的基础。

另一方面，西方国家却在一段时间里面临不小压力，英国认为政治压力比军事压力更大。政治压力包括西方各国国内对缓和气氛的支持，这种气氛会让很多人相信在中欧驻扎大量常规军是不正当的、不对的。各国民众和议会也会在防务预算问题上向本国政府施压，大家普遍希望至少探索一下在不牺牲安全的情况下进行裁军的可能性。[①] 虽然北约成员国都支持对等裁军，但是原因各异：所有欧洲成员国都愿意相互裁军而不愿单方面裁军；它们都想帮助美国政府应付国内的种种批判。有的欧洲成员国把对等裁军看得太理想化了，有的则首先把它看成具有破坏性的限制方式（英国即持此观点），还有的——特别是联邦德国——认为对等裁军为限制和控制防务支出提供了一条途径，而这种削减终究是不能不做的。再如美国政府面临国会的压力。好在到1974年10月左右，美国政府的压力逐渐消失了。美国官员对裁军谈判前景的看法也不一致。不少美国参议院和国务院官员对裁军谈判前景感到悲观，认为裁军谈判既无希望，又有潜在危险，美国国会可能会要求美国政府尽早从

---

① 英国认为影响裁军谈判的政治因素有三个，即西方联盟各国的缓和气氛、美国政府面临来自国会的压力及苏联没有时间压力。参见 DBPO, Series Ⅲ, Volume Ⅲ, p.53。

第五章 英国与欧洲对等裁军（1973—1976 年）（上）

欧洲裁军。这部分美国官员属于悲观派。另外还有一群乐观派，蒂克尔认为乐观派占了绝大多数，他们认为美国国会越来越了解军力问题，并且愿意把裁军问题交给专家，他们也希望美国新政府（即尼克松辞职后的福特政府）继续把裁军问题交给专家。这群人自信地认为美国国会的压力会在 1975 年春季被遏制住。① 此外，美国政府这时不再急于推进裁军谈判，并且仍然把对等裁军问题放在次要位置。蒂克尔认为美国政府不会向英国政府提议在 1974 年年底取得裁军谈判成果。②

英国还分析了影响对等裁军正式谈判的三个军事因素③：（1）欧洲的军事平衡。英国认为，任何对等裁军安排都会极大地破坏西方联盟安全以及西方联盟实践其防务战略目标的能力和灵活性。（2）俄国人享有一些军事优势，而西方没有。苏联的常规进攻装备数量比北约多，特别是坦克。苏联在中欧的防御线不长，它可以快速加强边境防务，而西方联盟的绝大部分防御线在大西洋沿岸。（3）东西方各自的裁军基数及其军备情况不易确定。而且，裁军谈判的内容也不易确定，比如哪些应该谈判、哪些不该谈判，以及这两者之间的关系；哪些"关联措施"（collateral measures，associated measures 或 constraints）是西方联盟应该坚持的，哪些是可以妥协的。

所以英国预测，对等裁军正式谈判一定会在西方面临强大压力和矛盾中进行，大家思想上会模糊不清。裁军谈判会受上述三个政治因素和三个军事因素的支配。如果西方忽视了军事层面而过于重视国内政治的压力，那么就会很危险。英国认为，正式谈判本身的逻辑并不是最重要的问题，真正重要的是这些政治和军事因素，它们会主宰正式谈判的策略和提议。英国外交和联邦事务部官员埃默里十分赞成上述观点，他个人对中欧裁军的前景不太乐观，认为谈判的困难和危险比可能的获益要大。④ 所以这里就出现了一个矛盾：面临国内压力的西方国家倾向于举

---

① *DBPO*, Series Ⅲ, Volume Ⅲ, pp. 100-101.
② *DBPO*, Series Ⅲ, Volume Ⅲ, p. 104.
③ 三点军事因素参见 *DBPO*, Series Ⅲ, Volume Ⅲ, p. 54。
④ *DBPO*, Series Ⅲ, Volume Ⅲ, p. 54.

行裁军谈判,而苏联没有任何压力,可是西方又担心裁军会危及北约防务和西欧安全。因此,即使裁军谈判是美国政府心仪的事物,想必西欧国家——包括英国——也不会全力以赴地推进它。

二 英国的对等裁军目标和谈判策略

英国对裁军谈判充满了疑虑和担忧。1974 年 4 月,英国国防部——裁军谈判的主要负责部门——显然很不喜欢对等裁军谈判,对西欧安全顾虑重重。1974 年 4 月 29 日,罗斯(英国驻维也纳大使、英国代表团团长)、梅森(Roy Mason,英国国防部国务大臣)、芒福德(常务次官与国务大臣兼英国对等裁军谈判代表团副团长)商讨了对等裁军问题。罗斯是被梅森召回伦敦汇报裁军谈判进展情况的,由梅森询问罗斯有关裁军谈判的问题。从讨论记录可以看到英国国防部对裁军谈判的基本态度和观点。梅森认为,对等裁军谈判对未来西方安全的价值不能被高估,北约的主要利益处于危险中。不过英国当时面临着尴尬局面,由于 1974 年大选和梅森(工党成员)承诺并倡议评估英国军力,1974 年英国没有出台《防务白皮书》(*The Defence White Paper*),而且保守党此前削减了 1974—1975 财政年度的防务开支。所以梅森说,虽然北约仍然是英国安全的关键因素,但是英国对北约共同利益的贡献和支持应该和其他重要盟国对等。这反映了英国的矛盾:一方面坚决支持北约,另一方面实力上力不从心。不过幸运的是,梅森 1974 年 3 月在议会要求重新评估英国国防实力的发言并没有对盟国造成不良影响,也没有给裁军谈判中的西方代表团带来尴尬。[1] 从罗斯和梅森的讨论可以看出英国对中欧裁军的目标与谈判策略。

(一)英国的总目标

1973 年 10 月 11 日(正式裁军谈判开始前),英国外交和联邦事务部拟订了一份给英国代表团的指导简报(草案)[2],在推测正式谈判以

---

[1] *DBPO*, Series Ⅲ, Volume Ⅲ, pp. 85-87.
[2] 该指导简报参见 *DBPO*, Series Ⅲ, Volume Ⅲ, pp. 53-62。

第五章　英国与欧洲对等裁军（1973—1976年）（上）

及评估各个影响因素的基础上提出了对等裁军正式谈判期间的总目标。

第一，英国政府要让议会和公众看到自己是认真对待中欧裁军问题的，同时又不降低西方联盟所有国家的安全水平。裁军不能威胁或者损害西方——包括英国的——安全，这是最重要的目标。[①]

第二，英国政府要向俄国人强调苏联在中欧的常规部队以及地理优势比北约大得多，因此苏联军力应该裁减更多。

第三，尽可能限制裁军谈判带来的军事破坏性。在实践中，要保证西方的"直接参与国"如果不可避免地要裁军，那么就裁减后勤保障部队（the logistic support troops）而不是战斗支援部队（combat support troops），或者裁减后勤部队、战斗支援部队而不是战斗部队及其装备（combat ready troops and equipment）。

第四，在整个对等裁军谈判期间，英国特别要帮助美国保持其在欧洲有足够的驻军。这对西欧整体安全至关重要，对英国的安全也特别重要。英国要当心，除非有很好的理由，否则不要反对美国提出的建议。

第五，保持西方联盟团结。这意味着要对美国、西欧盟国——特别是联邦德国——国内压力保持敏感和同情的态度，也要理解北约侧翼国家的恐惧，北约侧翼国家更容易感到中欧裁军将增加苏联对它们的威胁。

第六，不能让对等裁军限制了西欧设计欧洲防务安排的自由，也不能让苏联得到干涉西欧军事事务的机会。

第七，和法国保持密切联系。法国虽然不参加裁军谈判，但是和英国一样担忧对等裁军的军事后果。法国的陆军是西欧各国中最强的，所以英国担心苏联会要求把法国军队也纳入裁军谈判中。[②]

在对等裁军谈判后期（1976年9月），英国官员们还设想一定不能让公众认为是英国导致裁军谈判失败，特别是当英国在20世纪70年代仍然面临国内经济困难的时候。如果裁军谈判成功了，那么英国就要展

[①] *DBPO*, Series Ⅲ, Volume Ⅲ, p.171.
[②] 这七个目标参见 *DBPO*, Series Ⅲ, Volume Ⅲ, pp.55-56。

示自己扮演了适当的、重要的角色。英国代表团团长宝兰（1976年9月接替罗斯出任团长）建议英国的大臣们可以对公众说，英国代表团正在与其他西方代表团一起为裁军谈判的胜利结束而努力工作，失败的责任完全在东方。不过，英国西方组织司第一秘书伍德（T. C. Wood）不太赞成宝兰的看法，他认为英国的立场并没有动摇，公众也不会因为裁军谈判的失败而责怪西方联盟。另一名英国官员莫伯利（Patrick H. Moberly，1976年10月接替汤姆森出任国防部次官）同意伍德的观点，认为公共舆论不会成为英国的难题，英国政府针对公众发布的日常简要声明继续指责华约，称是华约导致谈判缺乏进展。事实上，到裁军谈判后期，英国议会和媒体对裁军谈判都不太感兴趣。①

正式裁军谈判开始之际，1973年10月16日，北大西洋理事会通过了报告《联盟在对等裁军谈判上的方法》（*The Alliance Approach to Negotiations on MBFR*），其中谈到西方联盟对中欧裁军的态度，列出了西方联盟的目标和谈判战略。报告说：谈判期间，西方联盟的立场不宜经常变动。报告认为，从理论上讲，西方联盟可以确定一系列立场和应急计划（fallbacks），以便使交易空间最大化，但是这种态度不适合诸如对等裁军这样大规模、复杂的多边谈判，所以西方联盟在对等裁军谈判中的总体态度是采取一个坚定的基本立场并坚持下去。北大西洋理事会呼吁西方联盟各国要以最大的一致性、决心和耐心保持那些已经达成一致的立场。②

如果对比北大西洋理事会和英国提出的谈判目标就会发现，西方联盟内部的分歧是最引人担忧的问题之一。英国提出的目标虽然只针对本国代表团，却也符合西方联盟的现状，因此具有很强的现实意义。英国既有政策上的思考，也有策略上的应对，考虑比较全面。但是，英国的本质目标是能不裁军就不裁军，能不让裁军谈判破坏西欧安全就不让裁军谈判破坏西欧安全，因此英国在谈判期间一直强调苏联的常规军优势

---

① *DBPO*, Series Ⅲ, Volume Ⅲ, p. 175.
② *DBPO*, Series Ⅲ, Volume Ⅲ, p. 56.

第五章 英国与欧洲对等裁军（1973—1976年）（上）

及其地缘政治优势。

经过三年谈判，西方联盟的对等裁军目标没有改变。1976年9月，罗斯卸任英国代表团团长，为了让新团长宝兰更快地了解裁军谈判相关事宜，英国西方组织司负责对等裁军事务的官员伍德撰写了一份备忘录（9月6日），向宝兰介绍了西方联盟在对等裁军方面的目标。这是第十轮裁军谈判开始前伍德的新总结（第十轮谈判从1976年9月30日至12月16日）。伍德认为，裁军谈判的目标要分两类，一类是政治目标，另一类是军事目标。政治目标包括：把对等裁军作为东西方对话的一种方式，作为缓和的一个进程。西方联盟的主要任务是争取签署一份满足某些军事标准的裁军协议。[1]

伍德介绍了北约设定的裁军目标的实际含义。他说，1976年9月，北约美国、英国、联邦德国"特别小组"进一步阐述了北大西洋理事会1973年10月16日的报告，形成了更加完善清晰的目标。西方联盟的主要目标有四个：第一，军事上，西方联盟不能裁减超过10%的地面部队人数。西方联盟在中欧的地面部队人数大概有79.1万人（1976年9月的数据——笔者），因此裁减人数不应该超过7.91万人。第二，西方联盟准备换取华约更多的裁军，应该按照非等比例原则裁军。这主要是针对华约在中欧的战斗力优势和地理优势。第三，西方联盟希望经过两个阶段的裁军后，北约和华约在中欧地区的地面部队最终达到大约70万人的"共同人数上限"（这是1973年北约估计的数据）。西方联盟无法获得华约的军队数据，因为双方对军队数据的统计方式不同。第四，西方联盟特别关注华约的地面部队人数优势和主战坦克优势，特别是苏联军队占裁军区域内华约部队的50%。西方联盟不准备只谈地面部队裁军，"否则就等于请苏联只裁其军队的尾巴而不是牙齿，从而保留了它们的战斗部队"。西方联盟建议第一阶段裁军期间苏联要撤走5个坦克师，包括大约6.8万人和1700辆主战坦克。第二阶段裁军没有

---

[1] *DBPO*, Series Ⅲ, Volume Ⅲ, p.168.

详细的阐述，但是应该不会提出整建制裁减（by units）。① 根据西方联盟的设想，整个裁军进程分为四个部分：第一阶段裁军、两阶段裁军之间的时间、第二阶段裁军、第二阶段裁军后以及核查等。这四个时段里分别进行美苏裁军、冻结驻中欧军队数量、欧洲国家裁军和核查，最后达到一个"共同人数上限"（大约是 90 万人，上下浮动 5000 人，其中地面部队约 70 万人）。② 从西方联盟的裁军设想来看，西方联盟的总目标是实现北约和华约在中欧地区的军力大致相等，按非对等原则裁军，使华约裁减更多军队。

对比英国的裁军目标和西方联盟的裁军目标可以看出，两者都希望通过裁军谈判保持缓和进程，都希望缓解西方各国国内的舆论压力，都是为了削弱苏联或者华约在中欧的军事优势。不同之处在于，英国更希望裁军谈判不要妨碍未来的欧洲防务合作或者北约防务合作。这种为未来西方联盟防务合作留下空间的设想在谈判中十分突出而且明确，因此英国本质上不喜欢对等裁军。

（二）英国的谈判策略

除了前文论及的苏联不想要对等裁军谈判、没有任何压力、想要在欧洲获得有利于自己的安全优势外，英国还认为苏联会在正式谈判期间耍手段、避重就轻、消磨西方的耐心、提出让西方陷入争论的建议等。英国在多个文件中分析了应采取的谈判策略，这些策略既有对西方联盟团结的考虑，也有应付苏联的办法，还有本国的策略。具体来说，英国的谈判策略包括以下四点③。

第一，让美国向苏联施压，使苏联妥协或让步。1973 年 9 月第 28 次联合国大会期间，英国外交大臣道格拉斯—霍姆和苏联外交部部长葛罗米柯曾经举行会面，葛罗米柯说苏联会带着提议参加对等裁军正式谈判。英国外交部门认为，俄国人的战略可能是耍手段并回避严肃认真的

---

① *DBPO*, Series Ⅲ, Volume Ⅲ, p. 168.
② *DBPO*, Series Ⅲ, Volume Ⅲ, pp. 169-170.
③ 以下四个方面根据英国外交档案相关文件归纳得出，参见 *DBPO*, Series Ⅲ, Volume Ⅲ, pp. 55-57, 后文不再一一标注。

谈判以便达到损人利己的目的,还有可能怀着削弱西方倡议的心思来谈判,苏联的策略从故意搪塞到提出看似公平实则不可接受的建议,背后是把西方各国引入争论的精明算计。比如苏联驻美大使多勃雷宁(A. F. Dobrynin)曾经提出东西方各裁军5%。英国认为,如果真的要让苏联让步,那就要在对等裁军谈判以外的领域向苏联施压,这只有美国人能做到。

第二,北约要保持灵活性。英国认为,各种因素以及苏联可能采取的花招会让北约很难确定清晰的谈判立场并在内部达成一致。只有谈判进展顺利、东西方预先提出建议,才能解决北约的难题。所以,英国认为北约在谈判中要保持灵活性,特别是在谈判之初。对于那些难以看出其充分意义的提议,北约不能过早做出承诺。英国认为一定不能加速谈判进程,以防北约没时间评估相关提议的军事和政治价值。道格拉斯—霍姆也认为西方联盟不应该匆忙地与东方达成协议,而要保持西方的灵活性,特别是在正式谈判的开始阶段;西方不能在未评估其重要意义的情况下对某个提议做出承诺,因为对等裁军谈判十分复杂,西方普遍面临政治压力,而苏联又比较沉默。他指出,西方联盟一定要在合理评估谈判的军事价值和政治意义之后再前进,谈判不能进展得太快或者人为推动。

英国还主张西方联盟不要提前设定正式谈判的具体议程,以便让西方在适当的时候随时能够提出自己的观点。由于苏联通常会坚持达成一个议程后再进入下一个议程,所以西方如果不提前设定具体议程,就能最大限度地保持灵活性。因此,英国主张的灵活性一方面是不加速谈判或者仓促谈判,另一方面是不过早确定具体议题、保持西方自由提出建议的权利。

第三,让苏联接受或者默认西方联盟的对等裁军主张。英国认为,正式谈判的中心难题是要让苏联接受这样的现实:要想得到任何令东西双方满意的裁军协议就得付出代价,要想得到西方让步也得付出代价。不过英国知道,要让苏联这么做不容易,苏联可能会说中欧的非均势现状对自己不利,但苏联在中欧地区的常规军的集中程度明显高于美国。如果西方联盟没有让苏联明白必须付出代价,那么西方联盟就不可能获得满意的裁军协议。西方不必担心压力,不用害怕苏联在本国领土内提升其军事能力,也不用害怕其他非裁军区域里的军事问题。但是英国担心美国人的忧虑,因为苏联也许会要求扩大对等裁军的范围,把地中海的海军、空军以及北美、英国、法国的领土和军力都涵盖在内。

第四,西方联盟的妥协必须获得相应回报。如果北约在核裁军方面让步,那么苏联就要在地面部队方面让步;如果把联邦德国国防军和英国驻德部队纳入裁军范围(英国代表团团长罗斯认为这是英国手里的一张牌),那么苏联也要让步,比如同意分阶段裁军、签订一份令西方满意的裁军协议①;西方联盟可以把"空军"纳入裁减范围,但是苏联要接受"共同人数上限",等等。英国把"平等原则"——即北约和华约在中欧的军力相当——作为不可让步的领域,其余则可以妥协,只是需要苏联付出相应代价。

从以上策略可以看出,英国在裁军谈判的根本立场依赖美国的行动,在实践行动方面依赖西方联盟团结。英国坚定地主张必须使苏联让步或者付出代价,而西方联盟应该保持最大的灵活性。

三 西方联盟的内部协调

英国代表指出,裁军谈判有两类,一类是东西方之间的谈判,另一类是西方联盟内部的谈判。预备会谈和正式谈判期间,西方联盟内部的正式的、公开的协调包括北约内部磋商和北大西洋理事会内部磋商,此外,还有一个隐秘的"特别小组"(美国、英国、联邦德国),以及欧共体小组和北约侧翼国家小组。其中"特别小组"三国是整个西方联盟合作的秘密中心。

(一) 美英德"特别小组"

北约"特别小组"包括美英德(联邦德国)三国,是对等裁军谈

---

① *DBPO*, Series Ⅲ, Volume Ⅲ, p. 86.

第五章　英国与欧洲对等裁军（1973—1976 年）（上）

判期间西方联盟决策的核心。在第一轮正式谈判期间，"特别小组"进行了密集磋商，保持了西方联盟团结。西方联盟成员会给"特别小组"带来压力，但是"特别小组"通过日常的、长时间的接触始终保持相互理解和极好的沟通。美国在北大西洋理事会发言时表示很欢迎西方团结，这让英国很高兴。①

第一，美英德"特别小组"在正式裁军谈判期间总体合作良好。

比如，1973 年 11 月，当苏联提出华约的方案后（详见前文），英国代表团团长罗斯注意到苏联一方面在讨好西方民众，使其支持华约的方案，另一方面在第一轮谈判开始后不久就提交华约方案并故意把内容透露给媒体。罗斯推测苏联这么做是为了打乱西方联盟的阵脚，使西方联盟无法顺利地提交自己的方案，从而最终不得不接受华约的——实质上是苏联的——方案和概念。于是，美英德"特别小组"连夜磋商，决定继续按照既定立场行事，尽管此时北大西洋理事会内部还没有达成一致。② 所以，作为对等裁军谈判期间西方联盟合作的核心，美英德"特别小组"发挥了非常重要的协调和决策作用。英国非常重视"特别小组"，把它视为英国在西方联盟发挥领导角色、保持西方联盟团结的途径之一。

如果美英德三国代表团团长在"特别小组"开会前就某个行动达成一致，那么就能为"特别小组"节省大量时间。但是三国代表团团长不是总能达成一致，有时候是因为美国人没有耐心，有时候是因为联邦德国代表收到了相互抵触的指示，有时候两者都有。罗斯指出，尽管如此，英国代表还是和其他代表形成了良好的工作关系，而且有望在接下来的会期里更有效地合作。不过，罗斯也提醒英国官员，三国团长定期开会商讨策略一事是瞒着北约其他成员国代表团的，不要让北约其他代表知道。③ 由此可见，英国在"特别小组"里不是主导，而是充当了

---

① *DBPO*, Series Ⅲ, Volume Ⅲ, p. 68.
② *DBPO*, Series Ⅲ, Volume Ⅲ, p. 66.
③ *DBPO*, Series Ⅲ, Volume Ⅲ, p. 69.

一个很好的配合与平衡者的角色。英国代表与美国和联邦德国的代表都合作良好，这有助于西方联盟保持团结。

第二，美国是"特别小组"的领袖。

在"特别小组"里，美国是领袖并负责把握磋商节奏。美国代表团规模庞大，这使它能够为"特别小组"制定草案、拟订报告、提出分析，这是其他西方代表团学不来的。英国和联邦德国尽力缓解美国的优势，有时候成功了，英国的作用比联邦德国稍大一些，但是两国改变不了这种优势，也无意改变。虽然"特别小组"的所有代表都没有公开质疑美国的优势，但是他们心里却时常怀疑美国是否会和苏联相互勾结。美国代表团副团长迪安并不擅于缓解这些疑虑，他是个强大的谈判对手，但是当美国认为对的时候，他不仅不会哄着盟友，反而恫吓他们。当美国代表团团长里索（Stanley Resor）把一切矛盾化解完毕后，迪安便不再在大家面前展现他的权威了。"特别小组"需要里索这样的人来保障团结与和谐，他能更有效地掌控局面。美国代表团的两位团长都很放松，可能是因为政府和国会方面没有逼迫他们尽快取得成果。[1]

"特别小组"内部的合作虽然基本顺利，但是它也曾被有些美国官员质疑。比如在1974年10月英美双边磋商中，美国官员表示怀疑"特别小组"的能力，蒂克尔反驳说，如果美国对工作组不满意，英国应该考虑提高其水准或者调整其功能。[2] 这是美国第一次明确提出质疑。再如，"特别小组"的秘密存在容易造成西方联盟分裂。"特别小组"是北约内的秘密组织，是非正式的、北约其他成员国不知情的机构。[3] 它的存在有利于西方联盟提高协商效率，但是也成为破坏西方团结的隐患，于是英国官员指出应该注意北约其他国家的利益。

第三，英国时刻注意维护本国利益，避免"尾巴摇狗"的本末倒置现象。

---

[1] *DBPO*, Series Ⅲ, Volume Ⅲ, p. 69.
[2] *DBPO*, Series Ⅲ, Volume Ⅲ, p. 104.
[3] *DBPO*, Series Ⅲ, Volume Ⅲ, p. 70.

第五章　英国与欧洲对等裁军（1973—1976年）（上）

英国外交和联邦事务部西方组织司司长蒂克尔于 1974 年 11 月 19—21 日去维也纳拜访了英国代表团，既带去了英国政府的意见，又听取了罗斯的汇报。蒂克尔的印象是，罗斯和英国代表团极其尽职尽责地工作，以至于有时候他们失去了方向感，英国代表某种程度上在迎合其他西方代表，特别是美国代表，而美国代表有极大的自由度，绝大多数时候都能尽可能地执行美国政府的政策。虽然美国代表团疯狂地发回消息，但是由于基辛格和福特总统不太重视对等裁军，所以反馈给美国代表的指示并不多。蒂克尔注意到，罗斯和美国代表团团长里索、副团长迪安以及联邦德国代表合作非常密切，不过他认为英国代表有时也要和联邦德国代表一起动员比利时、荷兰和意大利代表，争取他们的支持，罗斯却没兴趣去做这些，但是英国在某些裁军议题上必须这么做。蒂克尔还观察到，"特别小组"有很强的团队精神，他们不喜欢外界批评或者干涉，其中两位美国代表团团长是"特别小组"的绝对领袖，自由处置权很大，其他代表则受他们个人权威的胁迫而极不愿意采取独立路线。因此，蒂克尔提出，英国政府要时不时地提醒英国代表团，不应该"让尾巴摇狗"，而应该注意维护本国的利益。但他也指出，这不是挑战美国的领导地位，而是英国必须保护欧洲的利益，从而确保从更广泛的东西方关系背景考虑对等裁军。基利克同意蒂克尔的分析，并且指出基辛格肯定不希望里索和迪安是这样的行事风格。他相信，如果"特别小组"内出现嫌隙，基辛格会站在英国一边。[1] 从蒂克尔的观察看，英国政府应该加强对英国代表团的控制与沟通。事实上，此后英国政府在每轮谈判期间都会派一名高级别官员前往维也纳与英国代表团沟通，实际上是监督英国代表团。这显然是因为蒂克尔的建议。就笔者所查阅的英国相关外交文件显示，蒂克尔对英国代表团的质疑和批评是比较罕见的，批评如此集中、直言不讳、措辞严厉，都很少见。这说明漫长的裁军谈判也许在某些方面偏离了英国最初的设想，形成了一个与众不同的、有些封闭的进程。"特别小组"内部的基本合作虽然良好，但

---

[1] *DBPO*, Series Ⅲ, Volume Ⅲ, pp. 105-107.

是很可能没有执行各国政府的政策,也充斥着偏颇和不合理的妥协。蒂克尔的批评至少说明"特别小组"的合作有一定的缺陷。

第四,英国为"特别小组"做出了重要贡献,并在更多的时候坚持站在联邦德国一边。

"特别小组"里的联邦德国代表恰如其分地根据本国利益尽力扮演好自己的角色。罗斯认为联邦德国代表团团长贝伦茨(Herr Behrends)是一位和蔼可亲、得力的同事。联邦德国国防部和外交部的立场不统一,这让贝伦茨左右为难,无法确定谈判策略和目标,于是他在"特别小组"里既不愿意提出倡议,也不无法在面对压力时坚持立场。①

英国自认为在"特别小组"里扮演了建设性角色。英国没有像苏联那样充满矛盾的指示或者来自国内要求尽早裁军的压力。英国代表团的规模虽然没有美国代表团的规模大,但是比其他西方代表团规模要大,而且代表们常驻维也纳,"特别小组"的工作语言是英语(尽管没有明确规定),这些因素给英国的工作带来了很多便利。唯有英国能够缓和美国与欧共体代表之间的疑虑。英国代表还与联邦德国代表一起提出草案,以便对美国代表施加影响,否则美国的主导作用就过于强大,会威胁"特别小组"的团结。所以,英国是仅次于美国而在"特别小组"里扮演最重要、最积极的角色。②

1975年8月,蒂克尔在即将离任时肯定了英国为西方联盟付出的努力,指出英国为西方联盟很多核心观点都做出了重要贡献。当基辛格对裁军谈判的兴趣断断续续、把中欧裁军看作限制战略武器谈判的附属品时,当联邦德国大部分时间扮演了负面角色时(蒂克尔说联邦德国常常更加确定自己不想要什么,可是不太确定自己想要什么;时任联邦德国总理施密特对裁军谈判也越来越持怀疑态度),英国为裁军的很多核心理念做出了贡献,在幕后完善了美国的文件,和联邦德国一起捍卫"欧洲利益"。蒂克尔说,英国的影响力和英国在中欧的驻军数量不成

---

① *DBPO*, Series Ⅲ, Volume Ⅲ, p. 69.
② *DBPO*, Series Ⅲ, Volume Ⅲ, pp. 70-71.

比例，也和英国对北约防务的总体贡献不成比例。① 蒂克尔的意思是英国的贡献远超英国自身在西方联盟中的实力。

蒂克尔还提出，当"特别小组"内需要进行抉择时，英国应该选择和联邦德国站在一起，而不是和美国站在一起。当然，他首先希望三国的立场能保持基本一致，这样不至于让英国失去影响力或者被孤立。但是蒂克尔非常明确地指出，英国应该更多地和联邦德国站在一边。比如在第一阶段裁军问题上，联邦德国希望把对等裁军限制在第一阶段裁军，避免做出承诺，特别要避免所有那些在第二阶段裁军期间会影响欧洲安全的承诺，这一点得到了英国的支持。英国认为，一定不能指望美国人永远在欧洲驻扎当前（即1975年8月左右）水平的军队，而联邦德国——以及其他欧洲国家——将构成英国的根本性防护盾（constitute our essential shield）。基利克完全赞成蒂克尔的分析，即英国的根本防御在联邦德国而不在美国。基利克说，英国需要德国人提供很多东西，尤其是帮助英国驻德军队维持开销的补偿协议；德国人把对等裁军和其他议题非常完美地联系（linkage）起来了。② 可见，英国一方面在西方联盟合作中发挥了重要作用，另一方面也始终努力扮演西方联盟内部平衡者的角色。

（二）欧共体团体和北约"侧翼国家"团体

除了"特别小组"外，北约内还有另外两个团体能对西方联盟的裁军立场产生明显影响，一个是欧共体成员国代表组成的团体，另一个是北约"侧翼国家"代表组成的团体。"欧共体代表团"存在的理由是确保裁军谈判不损害未来欧洲防务合作的发展（比如当裁军谈判确定西欧直接参与国各自的最高人数上限或者单独人数上限时），它们认为俄国人心里经常想阻挠欧洲防务合作。"欧共体代表团"的主导国家是意大利，意大利代表团团长在其中发挥主要作用，但是各国对该团体的态度却不相同。这个团体完全是非正式的，只在工作午餐和晚餐时碰

---

① *DBPO*, Series Ⅲ, Volume Ⅲ, pp. 134-135.
② *DBPO*, Series Ⅲ, Volume Ⅲ, pp. 107, 135.

面。它会充分告知美国代表自己的意见。英国代表则坚决阻止"欧共体代表团"机制化或转变成欧洲正式的核心会议,因为那样会导致西方联盟分裂。英国认为,如果"欧共体代表团"的角色和作用能受到限制,那么它倒可以就欧洲的特殊利益问题提供一些有用的观点,发挥共鸣板的作用。虽然法国在维也纳设有大使馆,但是法国拒绝参与任何欧共体裁军代表团的多边接触。不过,法国参赞与欧共体代表团保持着密切而定期的双边联系,也通过英国和联邦德国充分了解裁军谈判的进展情况。"欧共体代表团"的观点也被称为"欧洲保留意见"(the European reservation)。直接参与裁军谈判的欧共体成员国在裁军谈判开幕式发言上表达了自己的想法。"欧洲保留意见"的重要性也日益显著,西方联盟已经开始考虑"欧共体代表团"能在第二阶段裁军的实质问题上提供何种保障,以便顺利签署第一阶段的裁军协议。

第二个非正式团体是北约的"侧翼国家"。它们并不团结,因为北约北翼和南翼的成员国利益并不相同,更何况它们的性情也不相同。意大利基本上不参与,它认为自己的利益受裁军谈判的影响会比对其他"特殊地位参与国"的更大。希腊代表顿塔斯(M. Dountas)倒像是侧翼国家的捍卫者,不知疲倦地想方设法支持它们的观点。[1]

虽然西方联盟内部合作分不同"团体",但中心仍是美、英、德三国组成的"特别小组"。欧共体国家更多关注的是欧共体未来的防务合作能力,北约侧翼国家在乎的是参与感,在裁军的实质性问题上影响较小。

(三) 美苏双边主义问题

裁军谈判中的双边主义主要指美国和苏联这两个国家之间直接的、把盟国排除在外的交往、磋商,甚至妥协。英国非常担心会出现美苏双边主义,不过,英国发现,美国尽管有时候显得比较急躁,有时候摇摆不定,给西方国家合作造成困扰,但是它基本遵循了西方联盟的一致立场,并没有超越西方联盟的立场而单独与苏联达成妥协。

---

[1] 欧共体团体和北约侧翼国家团体的作用,参见 DBPO, Series Ⅲ, Volume Ⅲ, p. 70。

第五章 英国与欧洲对等裁军（1973—1976年）（上）

1973年10月裁军正式谈判开始时，美国从缺乏耐心、急于开启谈判转变为与盟国团结合作，不急于推进裁军谈判。罗斯推测，华约在1974年7月拖延对等裁军谈判是想使欧安会有所收获，或者想利用拖延评估一下西方团结的程度。1974年6月27日至7月3日，尼克松访问了莫斯科，这对裁军谈判产生了影响，包括英国代表在内的西方代表们都在猜测美苏会讨论什么问题。根据后来基辛格给北约的通报，苏联在双边会谈期间完全没有谈论裁军谈判问题。至于西方团结，罗斯认为苏联代表想试探西方盟国在缓慢的裁军谈判中是否一定会表现出不一致的利益和立场，但是很显然西方团结没有出现问题。1974年7月初，罗斯指出，裁军谈判中基本没有"美苏双边主义"，不像此前欧洲盟国——特别是比利时——担心的那样。虽然美国代表比其他西方代表更密切地接触苏联代表，但是英国知道美国人所做的就是他们告诉英国代表的那么多。从这里可以判断美国人肯定断然拒绝了苏联试图直接和美国交易的企图。[①]

美国代表团的确曾经造成不团结的局面，不过那是在1973年秋季第一轮谈判期间，此后美国与盟国的合作良好。当初美国代表团显得既无策略又无耐心，但是此后多亏美国代表团团长里索的协调，美国代表和西方代表团结一致、谨慎作为，长久地维护了"特别小组"的团结和信心，每周都花费大量时间与联邦德国、英国代表讨论共同立场。罗斯认为，美国政府现在（1974年7月左右）把对等裁军放在了次要位置（back burner），除非美国国会施压要求尽早签署协议，否则美国政府是不会放弃维护西方团结的。即便美国国会向政府施压，英国也有理由希望美国能像过去8个月一样与盟国保持团结合作。但是美国代表团团长里索警告说，1974年10月的美国大选会打破现在的局面，国会可能会出现大多数议员支持美国单方面从欧洲撤军的趋势，国会给政府的压力很快就会再次出现。美国代表团认为，西方联盟应该趁苏联放缓裁军谈判步伐之前赶紧想方设法为快速签署协议做准备。但是罗斯觉得里

[①] *DBPO*, Series Ⅲ, Volume Ⅲ, pp. 92–93.

索的时间表会给西方团结带来压力。① 从这里来看，西方联盟的团结、"特别小组"的合作并没有出问题，美国代表团除了在第一轮谈判期间比较强势和急躁外，在后来的 8 个月里都保持了与盟国合作。但是美国代表团团长里索也许错误估计了 1974 年 10 月美国大选对裁军谈判的影响。

关于美苏"双边主义"的问题，英国官员之间的看法相差较大。罗斯指出，美国代表团毕竟还是会给西方团结造成困扰。比如美国代表团过分尊重苏联的敏感神经，结果造成英国不能回击华约，西方盟国有时也不能从自己的立场出发阐述观点（比如关于苏联自 1968 年以来在中欧地区逐渐增加军队的问题）。不过，罗斯认为这只是个关于表达的问题，而不是实质问题，总体而言，没有迹象表明美苏"共同统治"（condominium）裁军谈判。② 英国驻美国大使西蒙斯（A. M. Simons）也不认为美国和苏联发展出了双边主义。他对"共同统治"这个词的使用表示震惊，他认为美国不会试图控制其他国家人民的事务。但是布拉德却认为美苏关系很显然得到加强、加深，特殊性和排他性更明显了，甚至有人怀疑中国是这种特殊关系的"第三边"（the third corner）。布拉德承认美国人遣词造句比较粗心大意，但是他更担心美苏关系发展会导致东西双方的领导人忽视本国利益。③

在英国看来，对等裁军的主角仍然是美国和苏联。面对 1974 年 4 月至 7 月的"龟速"谈判，英国官员——裁军谈判代表、英国外交部官员、英国国防部官员、驻外大使等——都认为没有什么事情能使苏联妥协让步，除了一种情况，那就是苏联从自己的缓和政策角度考虑认为有必要对美缓和、对美国做出让步。罗斯认为，只有这样，裁军谈判才会有所突破，否则尽早签订裁军协定是不可能的。但即使如此，苏联也会尽力讨价还价，并且会竭尽全力地利用所有机会离间西方联盟。罗斯

---

① *DBPO*, Series Ⅲ, Volume Ⅲ, p. 93.
② *DBPO*, Series Ⅲ, Volume Ⅲ, p. 93.
③ *DBPO*, Series Ⅲ, Volume Ⅲ, p. 277.

第五章　英国与欧洲对等裁军（1973—1976 年）（上）

猜测苏联仍然想要一份裁军协议。①

关于裁军谈判期间的美苏关系，英国比较肯定美国没有抛弃或者僭越盟国立场的表现，认为美国没有和苏联发展"双边主义"。

（四）英美保持密切沟通

英美的密切沟通既通过"特别小组"实现，又通过双边磋商实现。英国非常希望能够与美国保持密切沟通，美国也希望获得英国的支持。

两国对核裁军问题的磋商能比较好地证明两国沟通的效果。1974年 10 月，蒂克尔等英国外交部和国防部官员访问华盛顿，就核裁军问题与美国参议员、国务院官员、基辛格的助手等人磋商。通过会谈，英国了解了美国政府对核裁军问题的基本立场（可参见第六章第二节"地面部队裁减与核部队裁减"部分），也明确表达了希望与美国政府密切沟通的意愿。蒂克尔说，英国希望在西方联盟讨论核裁军之前或者在西方联盟把核裁军观点提交给苏联之前，美国能先和英国深入磋商。洛温斯坦（J. Lowenstein，美国国务院负责欧洲事务的副助理国务卿）答应把话转达给基辛格，并且强调了英国希望提前磋商的愿望。② 美国则寻求英国支持它的"非增长协议"提议（a non-increase agreement），即在两个裁军阶段之间的时间里限制北约和华约增加各自的空军人数。美国事先没有与其他盟国沟通过这个提议，美国人很抱歉没有向西方联盟解释该提议。③ 但是蒂克尔等人没有表示支持美国。

英国非常重视西方联盟的团结，随时准备应对美国代表团引起的麻烦。比如在 1975 年 12 月西方联盟向华约正式提出核裁军提议时，一方面罗斯强调西方联盟团结最为重要，西方不仅必须用一个声音说话，还要一致保持沉默（be silent with one voice），不能让华约察觉到西方的分歧，但是与此同时，西方联盟的团结由于美国代表团自由裁量度过大而出现了问题，因为美国政府没有给美国代表团下达足够明晰的指示。不

---

① *DBPO*, Series Ⅲ, Volume Ⅲ, pp. 94-95.
② *DBPO*, Series Ⅲ, Volume Ⅲ, pp. 102-103.
③ *DBPO*, Series Ⅲ, Volume Ⅲ, p. 104.

过，英国国防大臣威尔伯福斯（W. J. A. Wilberforce）并不担心美国代表团会打乱西方联盟的共同立场，因为英国政府和美国方面保持着高级别交流，必要时英国可以请基辛格或者他的助手索南费尔特关注相关问题并给美国代表团下达指示，从而让美国代表团与英国保持一致。威尔伯福斯认为英国有能力在美国代表团做出不明智举动时阻止他们，这一点他很有信心。[1] 可以看出，英国时刻不忘制衡和约束美国代表团。由于英国与美国保持密切沟通，所以英国有底气监督和约束美国。

英国非常重视西方联盟的协调与合作。在西方联盟合作方面，蒂克尔提出，英国面临两场谈判，一场是和东方，一场是和西方盟国。在这两场谈判中，英国都需要向对方介绍自己的国内观点和议会观点。蒂克尔还认为，英国一定不能只沉迷于裁军谈判的"西方层面"而忽视"东方层面"[2]。也就是说，英国不能只关注西方联盟团结，还应该具备充分应对苏联、东欧提议的能力。

四 英国设计裁军谈判期间的"非正式接触"

"非正式接触"的主意是英国代表团团长罗斯1974年1月上旬总结第一轮谈判的情况时提出的，它指东西方代表之间的接触，目的是探听华约特别是苏联的立场。不是每个北约和华约与会国都能参加"非正式接触"，北约的参与者包括美国代表（这是固定不变的）、英国或者联邦德国的代表、另外一个北约直接参与国的代表；华约的参与者除苏联代表外，还可以选两个国家的代表参加。[3] 1974年2月6日、13日、20日，罗斯在维也纳的家里举行了三次多边晚餐，邀请华约国家代表参加。[4] 这些晚餐会正是罗斯"非正式接触"观点的实践。道格拉斯—霍姆还特别给罗斯发了一封电报谈论"非正式接触"问题，他认同并支持罗斯的观点，认为"非正式接触"应该继续。道格拉斯—霍

---

[1] DBPO, Series Ⅲ, Volume Ⅲ, p. 145.
[2] DBPO, Series Ⅲ, Volume Ⅲ, p. 104.
[3] DBPO, Series Ⅲ, Volume Ⅲ, p. 85.
[4] DBPO, Series Ⅲ, Volume Ⅲ, p. 75.

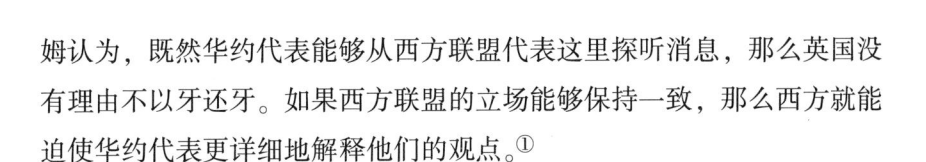

第五章 英国与欧洲对等裁军（1973—1976年）（上）

姆认为，既然华约代表能够从西方联盟代表这里探听消息，那么英国没有理由不以牙还牙。如果西方联盟的立场能够保持一致，那么西方就能迫使华约代表更详细地解释他们的观点。[1]

（一）苏联和西方国家接受"非正式接触"

苏联一开始不愿意开展"非正式接触"。苏联代表告诉美国自己更喜欢双边对话，他们在华约同事面前不能自由发言。但是美国拒绝了这种举行双边对话的诱惑。在非正式磋商中，苏联代表在东方阵营里一家独大。他们还声称非正式磋商很有用，希望这种方式继续下去。[2]

西方盟国一开始对"非正式接触"抱着复杂的感情，有人非常抵触搞任何形式的正式的"密使"制度以及该派谁代表北约去进行接触，不过后来它们克服了这个障碍，一个办法是在某个直接参与国的住处里，以联谊会（social gatherings）的形式举行"非正式接触"，另一个办法是北约"特别小组"先一致通过一份发言稿，然后再由美国代表完整记录非正式磋商的内容并在"非正式接触"的第二天通报给"特别小组"。于是，"非正式接触"这个形式被"特别小组"接受了，三国承认它在刺探华约态度方面有价值。[3] 此外，由于英国代表团和联邦德国代表团关系密切，所以英国代表在"非正式接触"中扮演了重要的角色。

"非正式接触"在裁军谈判期间发挥了非常重要的作用。"非正式接触"形式不限，常常以聚餐、宴饮的方式进行，贯穿了整个裁军谈判过程。"非正式接触"在裁军谈判十分缓慢、甚至陷入僵局时发挥了作用。有时，裁军谈判全体会议上的观点常常是非正式磋商中观点的反映，只是显得呆板僵硬而已。有些在裁军谈判全体会议上无法获得的进展，在"非正式接触"中也许可以相互解释一下己方的理由，争取对方让步。"非正式接触"上的交锋丝毫不比裁军谈判全体会议上弱。但

---

[1] DBPO, Series Ⅲ, Volume Ⅲ, pp. 75, 76.
[2] DBPO, Series Ⅲ, Volume Ⅲ, p. 81.
[3] DBPO, Series Ⅲ, Volume Ⅲ, p. 82.

是,"非正式接触"仅仅是非正式沟通而已,除了打探一下对方的底线外,双方都没有也不可能把各自在非正式场合的言论作为对方的官方立场。

(二)英国评估"非正式接触"的价值

"非正式接触"通常会讨论一些重要的、往往陷入僵局的裁军议题。各方代表会借机打探一下对方的立场或者是否收到新指示。"非正式接触"在裁军谈判期间扮演了重要角色。比如在1974年2月20日的晚餐会上,包括西方代表与苏联代表再次出现交锋,罗斯认为这次交换意见是一次进步。罗斯指出,西方代表团愿意扩大裁军的定义,使之包括三点:(1)美国和苏联的地面部队。(2)其他直接参与国的地面部队。(3)裁军的阶段(phasing)。但是苏联代表团团长科列斯托夫提出了两个议项:第一,各直接参与国的地面部队;第二,空军和核武器。西方代表拒绝了科列斯托夫的观点,认为空军和核武器不能代表"共同的裁军要素"。西方代表强调科列斯托夫的第一个议项里应该包含"裁军阶段",第二个议项应该属于"其他主题",而且其中不应缺少裁军"关联措施"(associated measures)。晚餐后,1974年2月21日,北约"特别小组"举行了会议,大家都欢迎多边晚餐上的进展,但是也认为第一个议项只能从美苏地面部队开始谈(即裁军阶段不该首先谈)。此外,道格拉斯—霍姆认为第一个议项不符合"特别小组"1974年1月29日通过的"对等裁军下一步策略步骤"文件(Next Tactical Steps in MBFR Negotiations)中的规定。该文件建议西方联盟应该打探一下苏联是否愿意讨论谈判分为两个阶段一事,以便让苏联有时间考虑开始讨论两阶段裁军问题的实际目的、自己的利益等。文件还建议西方联盟寻求与苏联达成"非正式谅解",即东西方的裁军磋商将始于美苏裁军。西方联盟希望这份"谅解"能打开磋商之路、打开探查东方对西方联盟第一阶段裁军方案的态度之门。[1]

"非正式接触"也遇到了不少困难。除了苏联一开始不愿意接受

---

[1] DBPO, Series Ⅲ, Volume Ⅲ, p.76.

第五章　英国与欧洲对等裁军（1973—1976 年）（上）

外，"非正式接触"本身难以确定东西方讨论的重心，西方代表还担心某种秘密磋商。美国代表希望西方各国代表酌情接受东方关于谈判程序的意见，但是有些西方代表担心这会转移裁军谈判的重心，即从裁军谈判全体会议转移到严格限制外人参加的密使会议。针对这一疑虑，道格拉斯—霍姆建议罗斯开诚布公地告诉其他西方代表，当前的非正式磋商只是一种尝试，不是裁军谈判的固定模式。英国政府也会重新评估这种形式。有趣的是，罗斯原本计划一旦 1974 年 2 月 20 日的非正式晚餐没有磋商结果就派英国代表古德尔（A. D. S. Goodall）回伦敦和英国国防部商讨一下具体对策，但是道格拉斯—霍姆认为不必这么做，因为英国政府的财政状况不佳。[①]

道格拉斯—霍姆就"非正式接触"的适用范围和策略提出了意见，认为一方面要拒绝苏联的不合理要求，另一方面要借机摸清苏联真正的意图。比如关于苏联划分"外国部队"和"本国部队"的意见，苏联提出的"单独人数上限"（individual ceilings 或 sub-ceilings）观点，苏联要求把空军和核武器纳入裁军的观点。道格拉斯—霍姆以西方联盟的上述三个议项为基础分析了苏联的想法，提出了西方联盟应该执行的策略。他认为，西方联盟代表应该坚决反对苏联关于划分"外国部队"和"本国部队"的企图。这是苏联代表科列斯托夫在 1974 年 2 月 20 日的晚餐上提出的，他提议，两个议项中间应该谈一谈"外国武装部队和本国武装部队"问题。道格拉斯—霍姆认为，英国不接受苏联的"外国部队和本国部队"说法。蒂克尔在 1974 年 2 月 19 日专门给罗斯写了封信，解释了苏联的观点，苏联认为比利时部署在联邦德国的军队可以被视为"外国部队"。科列斯托夫解释说，苏联想区别处理美、苏两国部队和欧洲国家的部队。苏联的真实想法恐怕仍是希望把美国请出欧洲。道格拉斯—霍姆认为，在讨论西方上述第一个议程时，应该使苏联保证将会进行第二阶段裁军（这个阶段裁军主要针对欧洲国家）。这是西方联盟的策略，西方代表不应该越过这个谈判策略，必须让苏联知

[①] *DBPO*, Series Ⅲ, Volume Ⅲ, p. 78.

道西方不会谈判单独裁军（individual reductions）或"单独人数上限"，只谈西方联盟的整体裁减和美国的裁减。道格拉斯—霍姆认为，因此西方可以向苏联承诺在第二阶段裁军期间把西方联盟的哪些军力涵盖在内。第二阶段裁军的范围是裁军谈判的关键议题，英国应该在非正式磋商中直面西方盟国的态度①，即如果有西方盟国不同意，英国也应该坚持这一观点。从道格拉斯—霍姆的指示看，"非正式接触"也许还应该包括西方盟国之间的联系。

关于欧洲其他直接参与国的裁军问题（即上述西方议项的第二项），北约"特别小组"的"对等裁军下一步策略步骤"文件中提到，西方可能无法阻止苏联提出裁减空军和核武器的建议。如果俄国人提出这一点，那么西方联盟可以回复说自己的主要利益是启动裁减美苏陆军的积极对话，苏联有提出自己感兴趣问题的权利。道格拉斯—霍姆认为，西方联盟应该倾听苏联的观点，并且应该准备好问清楚苏联究竟想要什么样的裁军。他相信西方可以做到这两点，既可以搞清楚最能引起西方的妥协是什么，又不会损害西方联盟现在的立场。②

关于"关联措施"，道格拉斯—霍姆认为西方代表不必在"非正式接触"中谈论此事。但是北约"特别小组"要求东方应该认识到西方有权提出任何议题，例如西方非常关注的"关联措施"问题。不过，道格拉斯—霍姆也告诉罗斯，如果其他西方代表认为提出这个问题有益，那么英国政府也要不反对。道格拉斯—霍姆只是希望能有条不紊地在裁军会议上提出相关建议。③

道格拉斯—霍姆希望能继续保持"非正式接触"这一形式，英国政府在这方面没有时间压力，但他也认为有些接触必须是非正式的，此间西方不能给苏联或者华约做任何承诺。至于"非正式接触"由哪些西方代表参加，他认为人多并不一定更好，反而会导致观点不清或不够

---

① *DBPO*, Series Ⅲ, Volume Ⅲ, pp. 76-77.
② *DBPO*, Series Ⅲ, Volume Ⅲ, p. 77.
③ *DBPO*, Series Ⅲ, Volume Ⅲ, p. 77.

第五章 英国与欧洲对等裁军（1973—1976年）（上）

坚定。但是谁能参加"非正式接触"磋商是一个敏感的问题，因为有些西方代表受本国政府的指令绝不接受任何形式的"非正式化的"特使制度（formalised emissary system），比如比利时、希腊和土耳其。原来在第一次"非正式"晚餐结束后，"特别小组"约定，参加第二次晚餐的西方代表由美国、英国、联邦德国代表组成，第三次晚餐的西方代表由比利时、加拿大、荷兰代表组成，但是这个问题在西方内部引发了分歧，有人担心晚餐会成为实质性谈判的渠道。对英国代表团团长罗斯来说，调整参加晚餐的成员并非易事。但是"特别小组"的工作关系一直比较理想，而且日益顺利和牢固，罗斯对此评价比较高。① 由此看来，英国想维持"非正式会谈"，借机刺探苏联方面的立场和观点并不容易。

此后，第一轮裁军谈判结束后，"非正式接触"又拓展了形式，非正式会议被创建起来。在1974年2月20日的"非正式接触"晚餐上，东西方代表一致决定，除晚餐会外，再举行七次非正式会议：前三次将主要讨论"直接参与国的地面部队"这一议题，其中第一次会议将讨论美国和苏联的地面部队裁减问题；后四次主要讨论"其他主题"，其中华约可以在前三次会议上提出空军和核武器部队问题，而西方联盟可以在第四次会议上提出自己的主张。西方联盟认为这一安排有利于己方，因为东方已经同意了两点：（1）区别地面部队和其他部队；（2）谈判以磋商美苏地面部队裁减为开端。②

北约也举行过类似非正式晚餐会，为的是让北约侧翼国家的代表有权参与讨论和他们国家利益相关的问题。这充分说明"非正式接触"有很大实效，这个策略很成功。英国国防部国务大臣梅森也肯定了"非正式接触"的巨大价值。③

罗斯认为把非正式磋商方式继续下去对西方有利，因为"非正式

---

① DBPO, Series Ⅲ, Volume Ⅲ, pp. 77-79.
② DBPO, Series Ⅲ, Volume Ⅲ, pp. 80, 81.
③ DBPO, Series Ⅲ, Volume Ⅲ, p. 85.

接触"已经成为东西方之间进行有效对话的论坛,美国和苏联都希望继续实施下去。如果"非正式接触"停止了,美国代表就很有可能与苏联代表进行双边对话,这样美国就极少受西方盟国的影响和约束了。罗斯相信"特别小组"的其他代表也会接受"非正式接触"这一形式,只要"非正式接触"把重点继续放在"打探"而不是"谈判"上。不过一旦"非正式接触"谈及实质性议题,那么它就会面临更大压力,这个小圈子就不得不敞开大门了。[1] 可以看出,英国不希望把"非正式接触"扩大到西方联盟的所有直接参与国,因为那样会遇到更多阻挠、降低谈判效率。但是英国也非常注意避免在"非正式接触"中讨论实质性问题,以便保证对其他西方国家更公平,减轻它们的疑虑和压力。

总而言之,"非正式接触"是东西双方都能接受的沟通方式。它也是东西双方在裁军谈判全体会议上无法形成妥协时而进行的比较有效的沟通方式。它在第一轮谈判期间出现,此后固定下来,成为东西双方代表磋商、交流、打探消息的重要方式,尽管罗斯非常担心"间谍"或"黑客"出现。[2] 英国在"非正式接触"中发挥了比较重要的作用,特别是英国代表团团长罗斯热衷于此,英国政府官员也支持这一沟通形式。但是英国不希望所有国家都参加"非正式接触",这个态度也十分明确,它希望能通过小范围合作提高磋商效率,尽量保持西方盟国协调一致。

小　结

欧洲对等裁军是美国想要的,不是英国想要的,它的召开源于西方联盟为欧安会设置的前提条件,但是也象征着欧洲缓和的高峰。它是北约和华约的角斗场。20世纪六七十年代欧洲缓和时期,对等裁军谈判

---

[1] *DBPO*, Series Ⅲ, Volume Ⅲ, p. 82.
[2] *DBPO*, Series Ⅲ, Volume Ⅲ, p. 71.

分为预备会谈和正式谈判两个阶段，其中预备会谈持续了五个月，正式谈判在欧洲缓和时期持续了三年，共举行了十轮。英国认为自己在预备谈判中扮演了重要角色，拉住了冲动的美国人，团结了时常出现分歧的西方联盟，也揭露了苏联在中欧地区驻军众多而威胁西欧安全的事实。无论在哪个阶段，无论在哪个谈判场合，英国人脑子里始终刻着"西方联盟团结"。正是以此为根本目标，英国在协调美国与西方盟国的立场、协调西欧盟国之间的立场方面发挥了重要作用。

也许欧洲对等裁军谈判并非当时英国外交的首要任务，但是英国的准备却比它的盟国更加充分。这大概源于英国对西欧安全以及本国安全的深刻忧虑。英国不仅详细分析了苏联的裁军目标及相关问题，还与美国、联邦德国、法国等盟国保持较多沟通，竭力实现其关于中欧裁军谈判的目标。从英国裁军谈判代表的汇报看，英国方面竭尽全力维护西方联盟利益，特别是安全利益，从而赢得了西方联盟的信任，发挥了主要大国的作用。

从英国在对等裁军谈判期间的立场、政策和行动来看，英国对中欧裁军并不抱太大希望，而是更重视以西方联盟团结为基础的西欧安全以及本国安全。从另一个角度看，英国本质上缺少裁军诚意，它更希望借此满足美国的诉求、揭露苏联的威胁、保住西方联盟安全合作的前景。欧洲对等裁军谈判议题众多，时间漫长，最终不了了之，这正好符合英国的期望。

第六章
英国与欧洲对等裁军
（1973—1976年）（下）

欧洲对等裁军谈判预备会谈持续了5个月，时长超出了参会各国[①]的预计，哪知正式谈判更加拖沓漫长。缓和时期的对等裁军谈判从1973年10月11日开始至1976年12月22日结束，一共进行了十轮，每轮谈判持续2—3个月。[②] 欧洲对等裁军谈判彻底结束是1989年2月

[①] 欧洲对等裁军正式谈判一共有11个"直接参与国"（direct participants）：北约成员国包括美国、英国、联邦德国、比利时、意大利、卢森堡，华约成员国包括苏联、波兰、捷克斯洛伐克、民主德国、罗马尼亚。匈牙利作为观察员国。此外，苏联主张等比例裁减，北约主张非等比例裁减，所以英国文件大多数时候称"欧洲对等裁军"为"裁军"，称"对等裁军协议"为"裁军协议"，故意略去"对等"一词，表示对苏联主张的不接受。如无特殊说明，本书中的"裁军""裁军协议"均指"欧洲对等裁军""对等裁军协议"。

[②] 根据英国外交文件，笔者整理了缓和时期欧洲对等裁军十轮正式谈判的时间，具体如下：

第一轮谈判：1973年10月—1974年1月下旬，其中圣诞节休假。
第二轮谈判：1974年2月下旬—1974年4月11日。
第三轮谈判：1974年5月6日—1974年7月23日。
第四轮谈判：1974年9月24日—12月左右。
第五轮谈判：1975年1月30日—1975年4月17日。
第六轮谈判：1975年5月16日—7月18日。
第七轮谈判：1975年9月26日—12月18日。
第八轮谈判：1976年1月30日—4月8日。
第九轮谈判：1976年5月19日—7月21日。
第十轮谈判：1976年9月30日—1976年12月22日。

第六章 英国与欧洲对等裁军（1973—1976年）（下）

2日。由于谈判地点在维也纳，所以对等裁军谈判有时也被称为维也纳谈判或者维也纳会议。与欧安会相比，对等裁军谈判鲜有成果，那么它的意义何在呢？它对当时及其后的欧洲国际关系有何深远影响呢？对等裁军谈判本质上是为了缓解欧洲中部地区的紧张对峙形势。美国政府为了应对国会要求撤回驻欧部队的政治压力，极力主张举行削减欧洲军备的谈判。苏联则为了获得欧安会的召开而被迫接受对等裁军谈判。对英国来说，欧洲对等裁军是用来充实苏联的缓和概念、将苏联的缓和政策落实到军事领域的具体行动之一。尽管英国不期待对等裁军谈判能有多少成果，但仍然非常重视它。英国曾经指出，东西方在安全和军事领域有着共同利益。所以，欧洲对等裁军虽然冗长、沉闷、拖沓，但却是欧洲国际关系缓和的具体体现，对缓和时期的欧洲国际关系有比较突出的意义。对等裁军谈判期间，东西方分歧众多且矛盾重重，双方都不愿意妥协让步，像两条永不相交的平行线，所以最终谈判成果少之又少。由于安全议题对每个参会国都很重要，也由于北约和华约的分歧无法弥合，欧洲对等裁军谈判最终沦为一场无休止的谈判，越到后来越没有目标。此外，欧安会进程也对中欧裁军谈判产生了较大的影响，欧安会谈判的起伏波折直接导致对等裁军谈判的前进或停滞。从英国外交档案看，苏联在对等裁军谈判中做了较大妥协，因为它想推动欧安会（特别是召开第三阶段的首脑会议），西方联盟的立场则坚定不移，除了不时摇摆的美国。

本章将梳理欧洲对等裁军谈判的基本进程，重点论述主要谈判议题，分析与会各国的分歧，特别是讨论英国对裁军谈判议题的分析、认识、主张和策略，英国在其中扮演的角色，以及英国对冷战时期的军控谈判和欧洲安全问题的态度和基本政策等，分析中欧裁军对20世纪70年代缓和时期欧洲国际关系的时代意义，探讨英国与欧洲缓和的关系。由于欧洲对等裁军谈判议题广泛，英国在每一个主要议题上都有相应的认识和主张，所以很难以英国的主张为线索论述对等裁军谈判，因此为保障论述对等裁军谈判的完整性，本章将从对等裁军谈判基本进程和主要议题的角度分析英国的立场和策略等外交实践，揭示英国外交的特征。

第一节 欧洲对等裁军谈判的基本演进及英国的认识

欧洲对等裁军谈判冗长、拖沓，而且各项议题进展极其缓慢。每一次会谈、每一次对话、每一项议题及其讨论，无不耗费东西方代表大量的精力，更令他们沮丧的是谈判取得的成果极少。英国称欧洲对等裁军正式谈判为"实质性谈判"，东西方在维也纳频频正面交锋，在"实质性"军事问题上各不相让。也许美国与苏联、北约与华约没有为对等裁军谈判做充分准备，所以很多时候各方都是边谈判边思考。不过，经过预备会谈后，东西方各自的基本立场逐渐清晰并固定下来，在正式谈判中展开交锋。

英国对等裁军代表团团长是罗斯（1973年至1976年8月任团长），后由宝兰接替。两位团长定期总结每一轮裁军谈判的情况并汇报给英国外交和联邦事务部或相关大臣。根据他们的汇报，十轮对等裁军谈判各有重点，在跌宕中前进。

一 第一轮谈判的相互试探

第一轮谈判是开场阶段，北约和华约提出各自的主张。第一轮谈判开始后，双方都提出了各自的草案，包含对等裁军谈判的主要议题，比如"最高人数上限"（common ceiling）或者"单独人数上限"（national ceilings, individual ceilings, sub-ceilings）；分两阶段裁军或一次性裁军；关联措施；裁军范围（只裁减陆军或者包括空军和核武器部队）。这些议题是各轮谈判的主要内容，双方在每个议题上都存在根本分歧。

英国代表团团长罗斯总结了第一轮正式谈判期间东西方的六个主要分歧：第一，西方联盟希望纠正中欧地区的陆军军力不平衡问题，华约

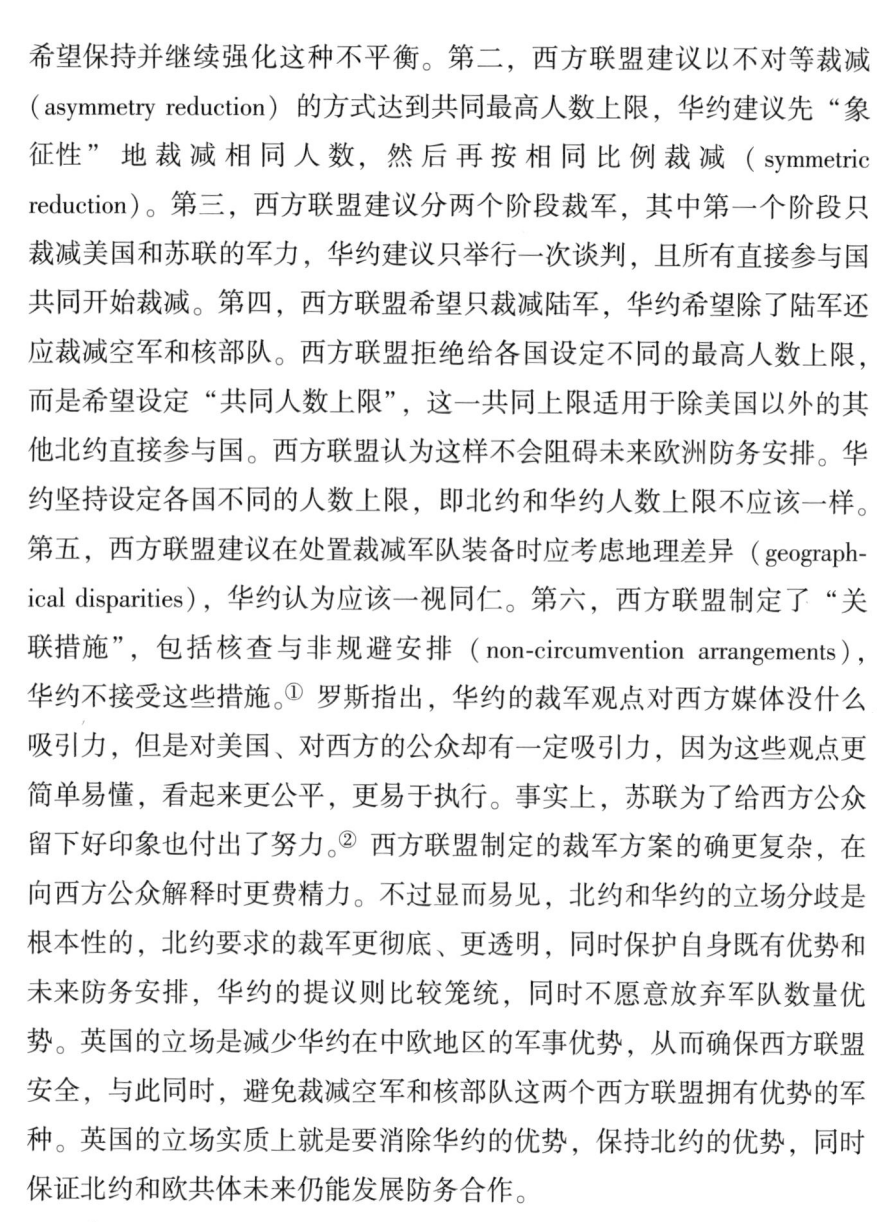

第六章 英国与欧洲对等裁军（1973—1976年）（下）

希望保持并继续强化这种不平衡。第二，西方联盟建议以不对等裁减（asymmetry reduction）的方式达到共同最高人数上限，华约建议先"象征性"地裁减相同人数，然后再按相同比例裁减（symmetric reduction）。第三，西方联盟建议分两个阶段裁军，其中第一个阶段只裁减美国和苏联的军力，华约建议只举行一次谈判，且所有直接参与国共同开始裁减。第四，西方联盟希望只裁减陆军，华约希望除了陆军还应裁减空军和核部队。西方联盟拒绝给各国设定不同的最高人数上限，而是希望设定"共同人数上限"，这一共同上限适用于除美国以外的其他北约直接参与国。西方联盟认为这样不会阻碍未来欧洲防务安排。华约坚持设定各国不同的人数上限，即北约和华约人数上限不应该一样。第五，西方联盟建议在处置裁减军队装备时应考虑地理差异（geographical disparities），华约认为应该一视同仁。第六，西方联盟制定了"关联措施"，包括核查与非规避安排（non-circumvention arrangements），华约不接受这些措施。[①] 罗斯指出，华约的裁军观点对西方媒体没什么吸引力，但是对美国、对西方的公众却有一定吸引力，因为这些观点更简单易懂，看起来更公平，更易于执行。事实上，苏联为了给西方公众留下好印象也付出了努力。[②] 西方联盟制定的裁军方案的确更复杂，在向西方公众解释时更费精力。不过显而易见，北约和华约的立场分歧是根本性的，北约要求的裁军更彻底、更透明，同时保护自身既有优势和未来防务安排，华约的提议则比较笼统，同时不愿意放弃军队数量优势。英国的立场是减少华约在中欧地区的军事优势，从而确保西方联盟安全，与此同时，避免裁减空军和核部队这两个西方联盟拥有优势的军种。英国的立场实质上就是要消除华约的优势，保持北约的优势，同时保证北约和欧共体未来仍能发展防务合作。

英国针对性地剖析并反驳了苏联的两个目标，认为苏联的目标可能会给西方联盟带来危害。1974年1月17日第一轮谈判结束时，英国认

[①] *DBPO*, Series Ⅲ, Volume Ⅲ, p. 65. 关于裁军谈判的各主要议题，详见后文。
[②] *DBPO*, Series Ⅲ, Volume Ⅲ, p. 66.

为苏联在裁军谈判中最想达成两个目标：一是直接参与国各自拥有不同的人数和军备上限，二是把北约占优势的核武器和飞机（即核武器运输工具——笔者）纳入谈判范畴。① 英国不能接受苏联的目标，因为它们会带来潜在危险。蒂克尔认为苏联这两个目标破坏了英国的利益，英国面临的危险和可以采取的相关对策是：第一，"不同人数上限"会严重阻碍西欧防务的发展和欧洲防务共同体（European Defence Community）的发展。蒂克尔认为，可以给美国设置一个单独的上限人数，但是不应该给欧共体其他直接参与国设置上限人数，否则就会限制欧洲未来的防务自由，欧共体国家无法增加部队人数和提升军力水平。而且，如果美国继续削减军力，那么欧共体国家也一定会跟着削减，这样西欧安全前景就更黯淡了。所以，英国坚决反对任何形式的"单独人数上限"建议。第二，假如按苏联要求裁减北约的核武器和飞机数量，那就意味着实际上要裁减美国甚至整个西方联盟成员的核弹头及投送工具，英国也会被覆盖进去。英国反对本国受任何具有法律效力的人数上限的约束，当然也不愿意本国核武器及其投送系统受此限制。更重要的是，英国认为一旦自己的核武器系统受限，就意味着它能够为欧洲防务合作所做的努力亦受限。所以，英国政府决定拒绝任何裁减英国核武器系统的建议，不让该问题出现在裁军谈判中，也不接受任何针对自己的、公开的或暗地里的核军力上限。英国外交部、国防部都赞成蒂克尔的这些观点。时任美国国务卿基辛格也理解英国的立场。蒂克尔希望英国代表能将这些意见转述给盟国，表明"单独人数上限"问题对英国而言至关重要。不过，他指出，英国不需要急于和西方盟国一起实施这些结论，因为英国在东西方关系中并不强调"欧洲"。② 所以，对英国来说，欧洲裁军最重要的指向是北约，未来的欧洲共同防务合作中谁都无法替代北约的位置，英国始终把北约作为西欧安全和本国安全的根本依靠。

---

① 这两点可参考蒂克尔的观点，详见 DBPO, Series III, Volume III, p. 73。
② DBPO, Series III, Volume III, pp. 74–75.

第六章 英国与欧洲对等裁军（1973—1976年）（下）

英国代表注意到，苏联代表总想在"非正式接触"中打探西方的立场，寻找西方联盟的弱点或者裂缝。"非正式接触"是裁军谈判期间东西方代表磋商的一个重要形式，也是东西双方相互试探、摸底的最佳时机，贯穿于裁军预备会谈和正式谈判。根据英国代表的观察，苏联的立场在第一轮谈判期间没有进行根本性调整，华约也从来没有放弃过分裂欧洲的实质性议题，也无意调整中欧现存的军事力量失衡状况。不过，正式谈判开始后，苏联比预备会谈多了一些灵活性，但西方代表仍需要反复向他们解释自己的观点。[1] 当然，西方代表也要刺探华约的真实观点，但是罗斯指出，刺探必须以西方联盟的立场为基础而不能以苏联的立场为基础，刺探的目的是诱导苏联讨论美苏裁军问题，如果这个策略成功了，那么西方联盟就获得了实质性的谈判优势。[2] 英国外交大臣道格拉斯—霍姆在给罗斯的回电中赞成"刺探"的方法，并指示要进一步获取关于苏联立场的信息。[3] 所以，"非正式接触"期间的"刺探"是相互的，也是经常发生的。

英国认为华约保持着密切团结，西方联盟的团结也维持得不错。苏联绝对掌控着华约。苏联代表团团长是苏联驻维也纳大使科列斯托夫，他也是苏联外交部法律司的司长。此人谈判经验丰富，既和蔼可亲、平易近人，又精明老到善于算计。他的助手是苏联驻伦敦前大使斯米尔诺夫斯基和苏联外交部的奇才克维辛斯基（M. Kvitsinsky），后者既高深莫测又充满信心。其他华约代表就像演员，他们有足够的施展空间，甚至被允许做一定的即兴表演（ad-libbing），但是他们说的话都源自同一份不是他们自己写的稿子。波兰代表偶尔表演一下坦诚和轻率，像事先反复练习过一样。捷克斯洛伐克代表顺从地附和苏联的意见。匈牙利和保加利亚代表纯粹是"跑龙套"的。罗马尼亚代表急于表现自己的独立而不至于招来惩罚，他们让外人系统地了解谈判，他们试图不公开承

---

[1] *DBPO*, Series Ⅲ, Volume Ⅲ, p. 67.
[2] *DBPO*, Series Ⅲ, Volume Ⅲ, p. 71.
[3] *DBPO*, Series Ⅲ, Volume Ⅲ, p. 73.

诺任何议题。西方代表最同情、最尊重罗马尼亚代表。① 另外，在第一轮谈判期间，西方团结没有遇到极度紧张的局面。没有出现美英德"特别小组"挑战北约的一致立场的情况。"特别小组"形成了"团队精神"（esprit de corps），这十分珍贵，可以面对接下来更大的挑战。西方各国代表合作顺利，不必面对背后的政策和利益分歧。②

罗斯指出，第一轮谈判期间东西双方"初步交火，还没有全面交战"③。第一轮正式谈判缺少共识，缺少行动，没有任何真正的交流和对话。东西双方怀揣着各自的方案来到维也纳时都刻意忽略对方，都认为对方也许会接受自己的立场，结果谈判久拖不决，双方代表一再老调重弹。这既反映出双方观点的根本冲突，也使双方不得不认真观察对方的真实想法。虽然谈判没有进展，但是双方都刻意营造轻松的谈判氛围，都彬彬有礼、态度认真，在开会之余聚餐和唱歌。第一轮谈判期间，每两周举行一次全体会议，这些全体会议既冗长又毫无结果，代表们发表演说后没有任何成果，结果大家的兴趣全都集中到"非正式接触"上去了。④ 从第一轮谈判开始，东西双方之间的"非正式接触"很快就形成了。英国对美国的"双边主义"倾向十分不放心，与此同时，苏联也表现得愿意进行更多的"非正式接触"。

二 第二轮谈判的缓慢进展

对等裁军第二轮谈判开始之际恰逢英国大选，工党最终获得胜利。1974 年 2 月 28 日英国举行大选，3 月 4 日工党领袖哈罗德·威尔逊出任首相，卡拉汉出任外交大臣。

新组建的工党政府更重视欧洲缓和，更重视对等裁军。英国"西方组织司"司长蒂克尔建议英国代表团团长罗斯注意新政府的变化：工党政府更重视西方联盟与美国的关系，更密切关注防务与缓和；如果

---

① DBPO, Series Ⅲ, Volume Ⅲ, pp. 67-68.
② DBPO, Series Ⅲ, Volume Ⅲ, p. 68.
③ DBPO, Series Ⅲ, Volume Ⅲ, p. 67.
④ DBPO, Series Ⅲ, Volume Ⅲ, p. 66.

说新政府有什么变化,那就是比以前更重视对等裁军了。1973年,英国工党全国执行委员会(the Labour Party National Executive Committee)公开宣布"对等裁军磋商应该拓展到对欧洲防务的核问题层面"。蒂克尔提醒罗斯,"西方组织司"的官员们不确定新政府的大臣们是否会把英国的核武器排除在裁军范围之外,他建议罗斯带领英国代表团在裁军谈判中温和一点,不要强烈反对核裁军,暂时避免调整政策。① 可见,英国工党政府似乎要大幅度改变保守党政府的政策,可能会接受核裁军谈判。

第二轮谈判进展十分缓慢。西方媒体认为谈判陷入了僵局,因为一方面华约代表在裁军谈判全体会议上的发言表明他们毫不妥协;另一方面华约国家的媒体攻击西方立场的报道越来越多。蒂克尔认为西方媒体的印象不对,真实的谈判进展是"龟速"(a snail's pace)。苏联代表团团长科列斯托夫说东方不着急。英国认为"龟速"是东方的不妥协造成的。蒂克尔在1974年4月26日给维金的备忘录里说,虽然东西方"非正式接触"的氛围严肃认真,但是华约国家一点也不愿意在基本观点上妥协,尤其是它们始终坚持把空军和核武器部队纳入裁军谈判范畴,它们也坚决主张所有"直接参与国"的裁军必须同时开始。② 第二轮谈判期间,东西双方在各个主要议题上的争论导致谈判进展极为缓慢。不过,罗斯认为第二轮谈判是有益的、鼓舞人心的;西方联盟内部关系和谐,华约展现了愿意认真谈判的态度;谈判本身似乎也在朝前走。③ 看起来罗斯比蒂克尔乐观。

需要说明的是,虽然工党政府(威尔逊和卡拉汉任首相期间)对裁军更感兴趣,态度显得更积极,但是英国裁军谈判代表团团长并未因政府换届而更换。但是由于罗斯过于热衷同苏联代表交往,英国政府替换了他。工党政府虽然积极改善英苏关系,但是在中欧裁军问题

---

① *DBPO*, Series Ⅲ, Volume Ⅲ, p.79.
② *DBPO*, Series Ⅲ, Volume Ⅲ, p.79. 英国很多时候称呼苏联、东欧国家或者华约为"东方",本书有时也借用这一称呼。
③ *DBPO*, Series Ⅲ, Volume Ⅲ, p.84.

上却一贯坚持西方联盟团结的基本立场，这与保守党政府没有不同。

三 第三轮谈判的少量共识与华约的强硬立场

罗斯认为在第三轮谈判期间东西方拥有一些谈判基础和共识，尽管不多。这个共识就是苏联代表团团长科列斯托夫在1974年4月9日全体会议上所说的："所有国家都同意中欧的安全可以并且必须由低水平的军备来保障，任何一方都不应该通过裁军谈判谋取单方面优势。"这句话不仅代表了东西方的一致目标，还是东西方谈判的共同基础。但是这个表述没有超出裁军预备会谈的本质。英国官员基利克不无讽刺地说，不管科列斯托夫说什么，俄国人实际上只同意"可以"而不是"必须"。① 也就是说，苏联只认为裁军可以保障中欧安全，但中欧安全不完全取决于裁军，这与西方联盟的裁军要求有明显差别。

罗斯分析了第三轮谈判取得进展的前提条件。他说，如果想在1974年年底前达成第一份具体协议，需要满足三个条件：第一，苏联领导人必须有压力，并由此调整其当前提议中西方不可接受的观点。第二，美国政府必须有能力抵制单方面从中欧撤军的要求，并且坚持美苏共同撤军。第三，北约其他国家——特别是直接参与国——要能够面对东方的批判，这种批判会破坏现存安全安排或者威胁未来的欧洲防务。罗斯认为苏联领导人已经插手第二轮谈判，他们很可能会因为希望取得积极谈判成果而面临压力，不过这种压力是否足以让苏联领导人做出实质性让步尚存疑问。基利克认为苏联领导人想达成协议的唯一压力是削减联邦德国的军事力量。蒂克尔也这么认为。他指出苏联有两个压力，一个是痴迷于裁减联邦德国国防军的力量，另一个是维持与美国的富有成果的关系。苏联也许故意让对等裁军原地踏步，直到欧安会结束，如果真是这样，那么裁军谈判在1974年夏季之前不可能取得突破。关于第二个条件，美国代表团在第一轮谈判期间急于快速推进谈判，他们只

---

① *DBPO*, Series Ⅲ, Volume Ⅲ, p. 82.

考虑在确定的时间内取得积极成果。但是在第二轮谈判期间，美国代表团强调有必要通过严肃谈判取得稳步进展而不要有特殊的期限。罗斯无法评价这是否意味着美国政府改变了政策。关于第三个条件，北约国家最关心的是，西方既要取得政治和军事利益，又要减轻对西方安全的危害。西方想要的是相互的、非对称裁军，第一阶段是美苏裁军，第二阶段是欧洲其他直接参与国裁军，但是华约想要的更多：（1）所有直接参与国都要裁军；（2）第二阶段谈判要完成；（3）第二阶段谈判期间，西方直接参与国的部队不会为了补充撤走的美军而增加；（4）裁军协议将包括核部队、空军以及地面部队。罗斯认为，在未来几个月里，英国将不得不考虑华约的要求。他指出，北约已经开始研究其中的某些方面，英国也许应该和盟国达成一致，看看能在多大程度上满足这些要求。罗斯认为，如果华约在第三轮谈判期间真的表现出灵活性，那么就可以在不违背西方提议的情况下回应华约。基利克比罗斯悲观，他认为英国一定要阻止苏联削弱西方，特别是在中欧地区；苏联想要把欧洲对等裁军变得和限制战略武器谈判一样，以便保持苏联的全球军力平衡。[1] 实际上基利克的看法不对，因为苏联没有把对等裁军放在和限制战略武器谈判同等重要的位置。

　　但是1974年4月复活节假期后，华约的态度重新强硬起来。华约不仅显得完全没有时间压力，也变得更团结了。苏联彻底把控一切，罗马尼亚彻底放弃了提出独立观点的做法，在全体会议上不再发声。罗斯认为华约是在进行消耗战。[2] 苏联代表利用每一次机会制造一种完全不接受非对等裁军而只裁减地面部队的印象，于是西方联盟代表向苏联承诺：完成第一阶段裁军后（即美苏裁减地面部队），西方所有其他直接参与国——卢森堡除外——都会在第二阶段展开裁军。西方联盟希望利

---

[1] *DBPO*, Series Ⅲ, Volume Ⅲ, pp. 83, 84. 罗斯把呈送给卡拉汉的第二轮谈判总结文件也发给了英国欧安会代表团以及英国其他驻外代表。这说明英国在裁军谈判和欧安会谈判等方面是协调行动的。

[2] *DBPO*, Series Ⅲ, Volume Ⅲ, p. 91.

用这个承诺打动华约。① 事实上美国也不再急于推进裁军谈判,基辛格在美苏首脑会晤后曾经对北约盟国说到这一点。② 英国等普遍认为苏联拖延裁军谈判是为了等欧安会结束,因为1974年7月欧安会已经进入后期。所以,英国认为裁军谈判可能到1974年年底都不会有什么进展。

此外,苏联越来越坚持联邦德国裁减国防军事力量,英国认为苏联是在束缚欧洲防务联盟未来发展的可能性。据英国驻波恩大使亨德森观察,从1974年7月起,苏联似乎不再要求美国大规模裁军,反而开始寻求联邦德国裁军,苏联很可能更加重视联邦德国,更关心联邦德国在欧洲一体化建设中的角色和影响力。苏联长期以来就想插手西欧未来防务组织的发展。苏联可能是为了防止德国人的民族主义和民族统一主义(nationalism and irredentism)复活,因此要求为联邦德国设定较低的军力上限,同时也让苏联自己拥有合法监督联邦德国的权利。亨德森认为苏联希望取得一份裁军协议,以便抑制西欧防务合作、获取监督西欧防务合作的权利。③ 波兰也十分关注联邦德国裁军问题,它主张裁减驻联邦德国部队、裁减核武器等,声称这对波兰的安全尤为重要。④ 苏联代表是在非正式磋商中提出联邦德国裁军问题以及英国驻联邦德国军队(British Army of Rhine,BAOR)裁减问题的,而不是在全体会议上提出,因为这是一个新问题,超出了原有的讨论范围。

1974年8月左右,西方联盟确定了三个主要立场:其一,以军力对等为裁军目的;其二,只裁减地面部队;其三,分阶段裁军,第一阶段只裁减美苏军队。英国国防部认为,这三个立场的重要程度并不相同,其中"军力对等"最重要,西方联盟不可以妥协,而另外两个立场是可以妥协的。西方联盟的让步应该集中在两个相对次要的方面:一是分阶段裁军问题,二是是否裁减空军问题。英国国防部建议北约紧急

---

① DBPO, Series Ⅲ, Volume Ⅲ, p. 94.
② DBPO, Series Ⅲ, Volume Ⅲ, p. 92. 美国不急于快速推进裁军谈判,还可参见 DBPO, Series Ⅲ, Volume Ⅲ, p. 101。
③ DBPO, Series Ⅲ, Volume Ⅲ, p. 94.
④ DBPO, Series Ⅲ, Volume Ⅲ, p. 92.

研究空军人力和军力裁减问题。英国国防部官员梅恩（J. F. Mayne，国防部秘书处助理秘书）认为，如果西方国家必须让步，不要在分阶段裁军问题上妥协，应该把空军人数纳入"共同人数上限"，最后再考虑核武器裁减问题，以便求得合理设定"共同人数上限"，实现北约和华约军力对等。[①]

由此可见，第三轮谈判之初似乎出现了一些共识和转圜，但是随后华约的态度更加强硬，西方联盟也坚定立场，且东西双方都不急于推进谈判。需要注意的是，裁军谈判常常被西方联盟用来牵制欧安会进展，因为苏联急切渴望欧安会尽快前进并以首脑会议结束。

四 第四轮谈判期间华约的新建议

第四轮谈判期间，华约提出了两个新提议：第一步（the first step）裁军，"冻结军队人数"（manpower freeze）。这两个提议给西方造成了困扰。第四轮谈判期间，西方联盟重点讨论了"第三选项"（Option Ⅲ）问题。英国政府从第四轮谈判开始加强了对英国代表团的监管，并强调要和美国、联邦德国以外的其他欧洲盟国合作。

西方联盟提出了三个主要问题：一是修正华约关于"地面部队"的定义，二是向裁军会议提出了"非增长承诺"建议，三是迫使华约向裁军会议提交其驻中欧军队人数的数据。[②] "地面部队"的定义关乎裁军人数，东西双方争论的焦点是空军的地面作战部队是否应该纳入裁军范围。苏联希望能把空军纳入裁军范围。英国不完全反对空军裁军，但是主张谨慎区分哪些空军部分应该算作"军队"、哪些虽然身在空军但只是受雇为空军提供服务的普通人员。

英国不愿意断然拒绝华约的"冻结军队人数"提议，在这一点上英国不同于其他西方盟国。华约在 1974 年 12 月 6 日全体会议上正式提出"冻结军队人数"的建议，要求 11 个直接参与国在裁军谈判期间不

[①] *DBPO*, Series Ⅲ, Volume Ⅲ, pp. 96-98.
[②] *DBPO*, Series Ⅲ, Volume Ⅲ, pp. 108-109.

增加其在中欧的武装部队数量。这是华约在第四轮谈判期间第一次主动推动谈判。美国代表团团长里索主张西方联盟果断拒绝"冻结军队人数"提议,美国也反对西方提出"反提议"(counter-proposal),因为美国不想让"冻结军队人数"提议成为第五轮谈判的主要话题。① 北大西洋理事会指示西方代表告诉华约自己正在研究该提议。不过此后苏联代表团团长科列斯托夫责骂西方缺少灵活性,违背了双方希望取得进展的承诺,并表示希望西方在第五轮谈判中认真对待"冻结军队人数"的提议。② 1974年12月9日,英国外交和联邦事务部国务大臣哈特斯利告诉美国国务院官员哈特曼(A. Hartman),英国政府指示英国代表团对"冻结军队人数"提议采取了不同于美国的路线。英国不想接受这个提议,但也不想表现得过于消极。英国的态度在"特别小组"内部遇到了一些反对,可是哈特斯利要求罗斯坚持这一立场。此外,由于英国国内舆论、议会对裁军谈判越来越感兴趣,哈特斯利也不想在议会里宣布已经断然拒绝了华约的提议。罗斯基本从负面来看待华约的新提议。他认为这个提议有一个明显的逻辑:紧盯西方舆论,离间西方联盟。罗斯认为"第一步"提议只是过渡性措施,"冻结军队人数"提议则显然精确计算了西方公共舆论。这些提议纯粹是为了谈判,苏联不需要付出任何代价就能达到重要目标,即确认中欧的军力不平衡、建立一种在某种程度上能够控制欧洲防务的机制。一旦苏联实现了这个目标,俄国人就没有谈判压力了,完全可以坐等西方联盟立场瓦解。不过后来到1975年1月10日左右,英国外交大臣卡拉汉指出,英国政府不认为直截了当地回绝苏联的"冻结军队人数"提议行得通,最有效的应对方式是提出一份反提议,揭露华约草案中的缺陷、指出华约不公布驻中欧军队数据的错误行径。卡拉汉说,英国主要考虑的是政治,假如一口回绝,那么华约就会趁机争取宣传优势,因为这个时候很多西方民众都把"冻结军队人数"看作裁军的序幕。但是卡拉汉也表示,英国外交

---

① *DBPO*, Series Ⅲ, Volume Ⅲ, p. 112.
② *DBPO*, Series Ⅲ, Volume Ⅲ, p. 109.

第六章 英国与欧洲对等裁军（1973—1976 年）（下）

和联邦事务部官员担心裁军谈判会被转移话题，会让大家忽视中欧军力不平等的现状。所以，英国外交和联邦事务部建议：从第一阶段裁军协议生效开始再冻结地面部队和空军人数，把这作为针对华约提议的反提议。① 可以看出，英国官员主要是从负面角度判断华约提议，但是态度不那么强硬，而更多地会考虑国内、国际政治和舆论环境，以政治考虑为主。英国非常清晰地表明了它对西欧安全的忧虑和对华约的不信任，在裁军谈判方面既保持一定的积极性，又十分谨慎。

华约的"冻结军队人数"提议使西方联盟开始考虑打"第三选项"这张王牌，但是西方联盟各国分歧较大。这是西方联盟第一次考虑正式提出"第三选项"方案。1974 年 11 月 28 日和 12 月 12 日的北大西洋理事会报告确定了两种方案：一种是继续阐述西方联盟已有观点，保持根本观点不变；另一种是在西方联盟裁军提议中增加一些内容。第一种方案考虑可以把空军人数计入"共同人数上限"；第二种方案考虑裁减美苏的空军人数，并把核力量纳入裁军范畴，即"第三选项"。西方代表一致认为，最有可能让苏联考虑"非对等裁军"方式的只有"第三选项"这张牌。虽然美国代表团强烈支持打"第三选项"牌，可是基辛格却批评任何过早主张打这张牌的观点。基辛格在 1974 年 12 月 13 日的北约部长会议上说，美苏新的第二阶段限制战略武器谈判共识已经够苏联消化一阵子了，不应该在美苏协议刚刚结束就提出"第三选项"，时机不对，最好几个月内都不要采取任何行动。罗斯同意基辛格及时刹住"第三选项"的做法，但是他不确定基辛格究竟在想什么。英国代表团认为应该延缓提出"第三选项"建议，特别是在华约没有做出实质性让步之前。英国还认为要搞清楚"第三选项"能换来什么，如果像有些西方代表主张的用以换取美苏在第一阶段裁军期间的非对称裁军，那么西方联盟在第二阶段裁军期间就没有什么东西可以约束苏联了，西方联盟所主张的"共同人数上限"概念也不会被苏联接受，华约和北约地面军力的最大程度平等就无法实现。蒂克尔表示，还没到使

---

① *DBPO*, Series Ⅲ, Volume Ⅲ, pp. 109–112.

用核裁军选项的时候,他很高兴基辛格不急着打这张牌,只有苏联做出积极反应后才能打。① 事实上,在"第三选项"问题上,英国始终和美国不完全同步,比西方盟国更谨慎些。

第四轮谈判期间,由于 1974 年英国大选和政府换届,英国国防部要重新评估防务政策和防务开支问题,这给西方盟国造成困扰。但是到 1975 年 3 月,西方盟国的担忧就逐渐消除了,因为英国政府新的《防务白皮书》明确表示将根据《布鲁塞尔条约》(1948 年)维持 5.5 万人的军队规模和战术空军力量,在对等裁军结束前不会低于这个水平,英国不会在令人满意的裁军协议签订前裁减驻联邦德国的部队。这样,英国排除了先于对等裁军协议而减少驻中欧部队的可能性,从而消除了西方盟国的疑虑。不过,英国的承诺让自己仍然面临防务开支压力。英国国防部国务大臣罗杰斯(W. T. Rodgers)和英国代表团团长罗斯讨论时认为,裁军协议可能到 1978 年或 1979 年才会签订,而 1975—1978 年英国的防务预算仍会继续面临严峻压力。②

五 第五轮谈判对"第三选项"的新思考

对于第五轮谈判的形势,美国显得更加乐观,而英国则更谨慎。根据英国驻北约、莫斯科、华盛顿使团(the British mission)的汇报,美国外交官对苏联的意图没那么悲观,美国官员不再认为必须得等欧安会有了进展才能在对等裁军谈判上提出新提议。但是英国西方组织司官员伍德(负责对等裁军谈判事宜)质疑美国对形势的分析,认为没有迹象表明苏联改变了观点。他认为美国官员故意低估了苏联对裁军谈判的抵制程度,以便让西方联盟支持美国的两项提议:空军人数裁减,核裁军一揽子计划。美国人还想让西方代表认为西方盟国做出让步的时机已经成熟了。③ 由此可见,尽管英美两国没有立场分歧,但在裁军谈判问

---

① *DBPO*, Series Ⅲ, Volume Ⅲ, pp. 112-114.
② *DBPO*, Series Ⅲ, Volume Ⅲ, p. 86.
③ *DBPO*, Series Ⅲ, Volume Ⅲ, p. 116.

第六章 英国与欧洲对等裁军（1973—1976年）（下）

题上的态度相差较大。

第五轮谈判的前两周，华约和北约仍旧坚持各自的核心立场，不接受对方的主要观点。英国坚持批评华约的顽固。北约仍保持一致立场。对等裁军在各国外交政策中仍处于相对次要的地位。苏联同样把裁军放在次要位置，并且试图把自己关于政治缓和与军事缓和两个进程的想法强加给他人。①

第五轮裁军谈判的显著变化是东西双方对"第三选项"的思考更多了。一方面，美国一直倾向于向对等裁军谈判正式提议"第三选项"；另一方面，英国开始比较清晰地考虑用"第三选项"换取苏联的某些让步。英国认为"第三选项"是西方联盟手里的王牌，不能出手太早，应该最大限度地换取苏联的让步。像美国那样只换取苏联在第一阶段裁军期间撤出坦克部队、一份没有清晰界定"共同人数上限"的裁军协议，这是不够的，因为西方联盟此后就没法说服华约接受"共同人数上限"了。英国认为，幸好美国、英国、联邦德国三国观点一致，都认为打"第三选项"这张牌的时机还没到。②所以，英国不反对利用"第三选项"，而是强调如何提出、何时提出、用它来换什么。英国认为苏联必须付出的代价是确认"共同人数上限"原则，把这一原则写进第一阶段裁军协议里。相较于美国大刀阔斧地只管提出、不顾西方联盟能收获什么的思考方式，英国的考虑更细致具体，表现得更谨慎坚定。

关于何时向对等裁军会议正式提出"第三选项"提议，美国并不着急，英国也主张根据第二阶段限制战略武器谈判和欧安会的进展情况决定。虽然美国在1973年4月的建议里就论及"第三选项"提议，但是基辛格和其他美国官员都没有催促盟国，而且认为没有必要在第五轮谈判期间提出来。此后，基辛格在1974年12月北约部长会议上表示自己特别不希望在第二阶段限制战略武器谈判进一步发展之前、欧安会结束之前提出"第三选项"。当然，美国国防部部长施莱辛格（J. R. Schlesinger）

---

① *DBPO*, Series Ⅲ, Volume Ⅲ, p. 118.
② *DBPO*, Series Ⅲ, Volume Ⅲ, p. 120.

希望早点提出"第三选项",这样不仅可以推进对等裁军谈判,还可以抵制美国国会的压力。蒂克尔赞成基辛格的观点,认为只有当另外两场谈判取得成果时才能提出"第三选项"。1975年2月底,苏联的注意力甚至还没有放在对等裁军谈判上,蒂克尔还认为,英国和西方联盟都需要花费时间、精力考虑一下。罗斯的观点与蒂克尔大致相同,认为不该在第五轮谈判期间提出"第三选项",英国不应该如此匆忙。罗斯还指出,甚至在1975年5月第六轮谈判结束前提出"第三选项"都不合适。① 第五轮谈判结束时(1975年4月17日),罗斯认为提出"第三选项"的最佳时机是1975年9月第七轮谈判开始时,因为那时欧安会第二阶段会议已经结束了。②

对等裁军第五轮谈判还提出了确保裁军的"约束措施"(constraints,也称"关联措施")。"约束措施"是为了促进各项裁军决策部署的落实。它由西方联盟提出,但是苏联不接受。美国提出了"共同人数上限"和"约束措施"问题,但是美国、英国、联邦德国三国讨论无果,于是决定继续研究,由三国专家于1975年3月12日在波恩举行会议,制定一份深入分析的文件。1975年4月18日,蒂克尔再次强调了用核裁军换取"约束措施"③。

总的来看,第五轮谈判仍然没有进展,但是东西双方对此一点也不奇怪。令英国代表团感到惊讶的倒是华约不再利用"冻结军队人数"这个倡议了。1975年2月13日,西方代表团在裁军谈判全体会议上正式拒绝了"冻结军队人数"提议④。与此同时,英国感到苏联明显没有认真对待中欧裁军谈判。第四轮和第五轮谈判期间,核裁军问题占用了西方联盟大量讨论时间,似乎成了西方内部磋商的焦点,可是这个问题的细节却迟迟定不下来,西方联盟各国的观点也不一致,美国不愿意将详细意见拿出来供西方盟国进行内部讨论。

---

① *DBPO*, Series Ⅲ, Volume Ⅲ, p. 121.
② *DBPO*, Series Ⅲ, Volume Ⅲ, p. 123.
③ *DBPO*, Series Ⅲ, Volume Ⅲ, pp. 120-121.
④ *DBPO*, Series Ⅲ, Volume Ⅲ, p. 123.

六　第六轮谈判的波澜不惊

在笔者已掌握的档案材料中未见英国代表团团长罗斯总结第六轮谈判的文件，只有在其他文件中提到了第六轮谈判的情况。1975 年 7 月 23 日，罗斯向卡拉汉汇报时说，第六轮谈判是"迄今为止最平静的"（the least eventful）。一方面，北约盟国已经开始考虑把"第三选项"引入裁军谈判了，北大西洋理事会却还没有就核裁军问题之外的其他问题形成指导意见。另一方面，据罗斯说，华约代表在西方提出新倡议之前已经把所有能做的表面工作都做完了。①

第六轮谈判期间，1975 年 6 月 25 日，苏联外交部国际组织司副司长舒斯托夫（V. V. Shustov）和英国代表古德尔面对面、深入地讨论了东西方分歧。两人除了承认对等裁军谈判迄今缺少进展外，还交流了对"共同人数上限"、核裁军、"军队"的定义、军备裁减等问题的看法。分歧仍然是根本性的，各自的立场没有丝毫接近。最有趣的是舒斯托夫问古德尔：西方为什么最初急于进行对等裁军谈判，现在却停止前进，是西方对达成裁军协议失去兴趣了吗？古德尔回答说当然不是，和苏联谈判的第一个要求就是耐心，特别是在谈判如此复杂、军力水平问题如此重要的时候，期待谈判快速前进是幻想。古德尔认为，目前最重要的是苏联不要再坚持固化中欧的军力不对等现状，因为这给西欧安全造成了威胁。古德尔直接指出，如果苏联想要一份裁军协议，那么就必须付出代价，即接受东西方在中欧地区地面部队大致相等的条件，英国把这作为检验苏联缓和诚意的"试金石"。舒斯托夫非常专心地听古德尔讲话，但是没有置评。② 这说明英苏分歧是根本性的，东西双方在裁军议题上的分歧也是根本性的。从古德尔的发言来看，他把英国置于西方联盟捍卫者的角色位置上，因为他阐述的观点都是西方联盟的核心观点。

---

① *DBPO*, Series Ⅲ, Volume Ⅲ, p. 133.
② *DBPO*, Series Ⅲ, Volume Ⅲ, p. 128.

七 第七轮谈判末"第三选项"的正式提出

第七轮谈判最突出的进展是西方联盟在 1975 年 12 月 16 日——本轮谈判将要结束时——正式向裁军会议提出"第三选项"。之所以在这个时候提出,是为了回报华约接受了北约 1973 年 11 月 22 日提出的建议,北约的建议是从中欧裁军区域撤走 1000 枚美国的核弹头,54 架美国的 F4 核运载飞机,36 架美国潘兴弹道导弹发射器。此外,北约和华约在中欧地区地面部队的"共同人数上限"——原来计划是 70 万人——现在加上中欧裁军地区的空军人数上限,形成一个新的"共同人数上限",大约为 90 万人。也就是说,北约和华约都只在中欧裁军区域保持最多 90 万人的兵力。与此同时,地面部队的人数上限仍然保持不变。①

1975 年 12 月 16 日,美国在对等裁军全体会议上宣布削减本国战术核武器的声明,这意味着自 1973 年以来西方联盟第一次实质性转变立场。华约对这次变化非常敏感,询问西方联盟什么时候提出,苏联代表团希望西方能及时提出,以便在休会期间仔细研究。苏联代表团团长科列斯托夫指出,西方的提议配不上华约的提议,也省掉了欧洲国家的装备裁减问题。罗斯认为华约已经意识到这个提议的重要性,他主张要让"第三选项"创造最大价值。② 英国政府认为"第三选项"是独一无二的,是为了进一步诱惑东方接受西方联盟的观点,并不代表放弃西方联盟的基本论点。③

西方联盟从 1976 年 6 月开始持续讨论是否提出"第三选项",花费的精力不亚于讨论对等裁军谈判。西方联盟讨论"第三选项",相关问题主要有两个:军备限制(armaments limitations)和共同上限的定义(the definition of the common ceiling)。英国曾试图弥合西方联盟内部和美国、英国、联邦德国"特别小组"内部的分歧,但是没有得到美国

---

① DBPO, Series Ⅲ, Volume Ⅲ, p. 140.
② DBPO, Series Ⅲ, Volume Ⅲ, pp. 144, 145.
③ DBPO, Series Ⅲ, Volume Ⅲ, p. 140.

代表团的支持,而基辛格是支持英国的主张的。罗斯承认英国为了达到自己的目标而漠视了西方联盟和美国、英国、联邦德国"特别小组"的规程和谅解。①

"第三选项"提议虽然为裁军谈判带来了转机,但是并没有取得突破。在第七轮谈判的最后一周里,东西双方又都开始老调重弹,驾轻就熟地反复强调自己的基本立场,互不相让。华约继续坚称不能破坏中欧军事关系现状,强调这是历史形成的,反映了东西双方的安全利益。华约坚持:如果不是每个直接参与国都从一开始就承诺裁军,那么裁军协议就是不公平的;"共同人数上限"是在给诸如法国这样的西方国家提供扩军的合法外衣;所有军队、武器都应该考虑裁减,所有裁军都应该按照相同的单独百分比(equal national percentages)进行。② 所以,华约并没有改变自己的本质立场,罗斯感觉华约代表们很乐意等着西方联盟的重要倡议。

虽然东西双方在核心提议上没有达成共识,但是它们在一些非核心的、实际的领域取得了两项共识:第一,"军队"的定义应该是综合性的,应该覆盖中欧地区所有军队;第二,应该区分地面部队和空军部队。一方面,华约要求在讨论这两个原则之前先磋商第三个原则,即双方同类型的军队应该划为同一类型,要么是地面部队,要么是空军部队。但是罗斯提出,这个原则当然可以,可是西方是按"制服"(uniform)划分,而华约是按照"功能"(function)划分。假如按照第三个原则划分空军,那么华约就会尽可能多地把北约的空军纳入裁军范围,而华约自己则只需削减地面部队。另一方面,西方联盟坚持,在讨论军种划分前必须先交换双方在中欧裁军区域的军队数据。但是美国和英国都感到西方联盟的这个立场不稳固,因为一旦华约同意交换军队数据,那么西方联盟就不得不讨论划分军种的问题了。③

---

① *DBPO*, Series Ⅲ, Volume Ⅲ, p. 141.
② *DBPO*, Series Ⅲ, Volume Ⅲ, p. 142.
③ *DBPO*, Series Ⅲ, Volume Ⅲ, pp. 142-143.

英国到第七轮谈判结束后仍然对裁军谈判保持怀疑态度。第七轮谈判结束以后，1976年3月15日，英国外交和联邦事务部应国务大臣哈特斯利的要求召开了一次专门讨论对等裁军前景和发展的会议。这是英国政府在裁军谈判进程中比较系统、全面分析裁军谈判问题的会议之一。这样的会议并不是特别多。英国政府主要有三个部门会召开专题会议，一个是国防部，一个是外交和联邦事务部（国内外交官参加，时间不固定），一个是由英国驻苏联、东欧各国的大使们召开（每两年一次）。1976年3月召开的英国外交和联邦事务部会议体现了英国不急于推进裁军谈判、不再对缓和与中欧裁军抱有希望的基本态度，并认为英国已经达到了预期的政治目标，即西方各国政府成功地抵御了国内要求进行单边裁军的压力。[1]

八 第八轮谈判期间华约的分阶段裁军新建议

第八轮谈判期间，华约针对西方联盟的两阶段裁军提出了新建议。英国认为华约的新提议只是表面文章，没有实质性让步。同时，苏联表示不接受西方联盟的"第三选项"提议，并提出了有针对性的新建议。所以第八轮谈判实际上仍然没有取得突破。

苏联对西方联盟"第三选项"的回应既不及时，也不积极。1976年1月21—23日，基辛格访问莫斯科，勃列日涅夫告诉他说，华约会拒绝西方联盟的提议，并在第八轮谈判一开始就提出新建议。基辛格把这个消息告诉了西方盟国，美国代表也在"特别小组"里再次确认。第八轮谈判开始后，华约就表示西方的提议是不可接受的，一方面因为这个提议远远不够，另一方面因为这个提议是为了让华约接受西方联盟此前的所有观点。于是，整个第八轮谈判期间，华约都在批评西方的提议：西方的提议缺少有约束力的承诺，没有承诺显示它们一定会裁军；西方联盟想把当前中欧的军事关系扭转成有利于自己的单边优势；西方联盟的"混合打包"裁军方法（mixed package approach）是想让东西

---

[1] *DBPO*, Series Ⅲ, Volume Ⅲ, pp. 146-147.

第六章　英国与欧洲对等裁军（1973—1976年）（下）

方进行不同程度的裁军；西方联盟坚持的"共同人数上限"是为了西欧国家填补美国裁军造成的空缺而准备的。华约还严厉批评西欧国家拒绝核裁军。西方联盟当然不接受华约的批评，坚持认为裁军协议必须有效处理中欧不平衡的军力对比现实，这个现实就是华约在中欧的巨大地面部队优势和坦克优势。西方联盟解释说，1975年12月16日的核裁军提议就是为了彻底消除华约的优势，使华约接受西方联盟的其他基本提议。[①]

1976年2月19日，苏联代表团在裁军谈判全体会议上代表华约正式提出新的两阶段裁军建议：1976年是第一阶段，这一阶段只裁减美国和苏联驻中欧的部队，双方各按本国驻中欧所有部队的2%—3%的相同比例裁减。华约新提议还概述了美国和苏联的特定武器裁减，比如裁减相同数量的作战战术导弹发射装置（operational-tactical missile launchers）。同时，在中欧有驻军的所有其他国家都冻结当前的军队人数，并承诺在1977—1978年的第二阶段进行裁军。经过这两阶段裁军后，北约和华约的所有裁军国达到裁减相同比例军力。罗斯认为苏联的新提议是为了配合1976年2月24日即将召开的苏共二十五大，是为了让勃列日涅夫可以在大会上强调苏联新提议的重要性。罗斯并不确定苏联的新提议是否真诚，如果苏联是真心的，那就是华约提议的一次重要变化，也是对西方联盟立场的积极回应。不过，英国国防部官员尼克森（P. M. Nixon）认为华约的新提议是个粗制滥造（quick and dirty）的东西。基辛格对西方联盟主张的"非对称裁军"原则非常恼怒，他主要从美苏缓和的角度看待对等裁军，认为无论何种裁军都对美苏有益。[②]这一立场和英国的立场有本质不同，美国显得急于减少承担责任。

自从提出新建议后，华约就坚持"坚定的承诺"，即所有直接参与国都要在第二阶段落实裁军。华约并没有强调确切日期，但是强调这样

[①] DBPO, Series Ⅲ, Volume Ⅲ, pp. 148, 149.
[②] DBPO, Series Ⅲ, Volume Ⅲ, pp. 149-150. 罗斯说苏联的新提议是为了配合苏共二十四大，他应该搞错了，苏共二十四大是在1971年4月4日召开的，1976年召开的是苏共二十五大。

的承诺必不可少。华约也坚持等比例裁军原则,认为军队人数是裁军的基本标尺。华约还坚持应以完整建制的方式裁军(in the form of complete units),即包括军人及其武器装备。华约反驳了西方联盟的说法,即中欧存在北约和华约地面部队人数和坦克数量的巨大不对等的状况。华约说西方联盟的说法是故意的、不符合实际的。华约继续要求每个裁军国家都设定一个单独上限。[①]

关于"军队"的定义问题,第八轮谈判也没有解决。"军队"的定义意味着哪些人应该被纳入裁军范畴,其中北约部队里有一些为军队工作的"平民",而华约军队里则有大量准军事人员、预备役、平民等(特别是民主德国和波兰的军队)。"军队"的定义决定着北约和华约裁军的基数,这是一个非常复杂而困难的问题,而不仅仅是技术问题。

与"军队"的定义直接相关的另一个问题是北约和华约驻中欧的军队数据(data)。美国代表团可能从1976年1月基辛格访问莫斯科后得到暗示:华约有可能在第八轮谈判期间提交它们驻中欧的军力数据。虽然西方施加了很大压力,华约也没有提供。华约在这个问题上处于守势。西方联盟指出,华约的新提议主张第一阶段的美苏裁军需要按等比例进行,可是却没有提供具体数据,这极为讽刺。如果没有军队数据,就没有办法在"军队"定义问题上达成一致。此后,华约曾经承诺在一定期限内给出数据,但是第八轮谈判不是个合适的时机。华约暗示可能会在第九轮谈判中提交数据,但是并没有表示数据将是完整的。美国比较乐观,认为华约很快就会提供军队数据,但是罗斯等认为华约只有在证明西方联盟夸大了华约地面部队优势后才会制造出相应的数据[②],这些数据显然不会是真实或者全面的。

第八轮谈判期间,罗斯提出把对等裁军和欧安会后续会议"直接联系"起来,但是英国众多官员都表示反对。所谓"直接联系"指把欧安会"第一只篮子"(Basket Ⅰ)里关于欧洲安全的内容和对等裁军

---

① *DBPO*, Series Ⅲ, Volume Ⅲ, p. 151.
② *DBPO*, Series Ⅲ, Volume Ⅲ, pp. 152-153.

第六章 英国与欧洲对等裁军（1973—1976 年）（下）　　271

联系起来。① 罗斯比较激进，认为为了推动苏联签署裁军协议，应该把欧安会后续会议（the Follow-up of CSCE）和对等裁军谈判联系起来，拓展苏联的缓和概念。罗斯是受首相卡拉汉的讲话影响而采取了积极态度，卡拉汉在 1976 年 3 月 11 日对英国驻苏联大使史密斯（1976 年 1 月出任驻苏大使）说："一定不能让苏联政府把我们拖进一场马拉松式的欧洲谈判，除非这些谈判真正有助于巩固缓和，而不只是表面上的。巩固缓和的方式一个是落实'第三只篮子'中的（Basket Ⅲ）各项条款，另一个是在维也纳对等裁军谈判中采取更具建设性的方法。"罗斯认为应该认真考虑把对等裁军问题作为欧安会后续会议的实质议题是否符合西方联盟的利益。② 不过，英国西方组织司负责裁军谈判事宜的官员伍德不认可罗斯的观点，认为不能把对等裁军和欧安会后续会议直接联系起来。他认为苏联大部分时间只是表面上让步，如果借欧安会后续会议或者第二阶段限制战略武器谈判缺少协议给苏联施压，苏联也只会做做让步的样子。伍德也不赞同罗斯的另一个观点，即西方立场的可靠性会逐渐消失。③ 英国国防部官员哈特（M. J. Harte）和赛克斯（R. A. Sykes）、英国外交和联邦事务部官员希伯特（R. A. Hibbert）、英国常驻北大西洋理事会代表汤姆森、英国驻北约代表贝莱斯（A. J. K. Bailes）等人也不赞成罗斯的观点，他们认为一来苏联不会退让，二来"直接联系"也许会让苏联人怒气冲冲地缩回壳里去，三来欧安会不仅包括一些非北约成员国，所涉及的政治问题也完全超出了军事领域。④ 此后，罗斯表示，他主张建立"直接联系"是为了给裁军谈判提供新的刺激，他实际上正在考虑欧安会后续会议和对等裁军之间建立"不那么有机的联系"⑤。由此可见，英国代表团团长罗斯对裁军谈

---

① 欧安会"第一只篮子"是关于欧洲安全的内容，主要制定了欧洲安全的基本原则，参见拙著《英国与欧安会的起源：1968—1975》（南京大学出版社 2009 年版），第 156—216 页。
② *DBPO*, Series Ⅲ, Volume Ⅲ, p. 154.
③ *DBPO*, Series Ⅲ, Volume Ⅲ, p. 156.
④ 上述英国官员的看法详见 *DBPO*, Series Ⅲ, Volume Ⅲ, pp. 157-159。
⑤ *DBPO*, Series Ⅲ, Volume Ⅲ, p. 159.

判形势和苏联的态度比英国国防部、外交和联邦事务部的官员们更乐观，但是他的观点常常受到质疑。不过，罗斯并非不执行英国政府的命令，而只是代表英国代表团提出观察和思考罢了。①

第八轮谈判虽有苏联的新提议，但是双方都缺少推进谈判的诚意，近三个月的谈判又一次无果而终。东西双方没有改变根本立场，裁军谈判也没有取得实质性进展。英国国防部官员称苏联的新提议粗制滥造。可是西方联盟除了一味批评华约的提议外也没有改变立场。谁都不能保证1976年双方的立场会相互接近。英国注意到美国代表团此间更强硬地维护西方联盟团结，这很可能是因为华约消极回应"第三选项"提议。西方联盟的团结保持得很好，也具有很强的防御力，罗斯认为没有必要做什么新动作。② 此时，东西双方已经没有时间压力了，西方各国不再面临国内要求裁军的舆论压力，苏联更没有压力，双方都不会为了得到一个无法令自己满意的裁军协议而敦促或者推动谈判。裁军谈判就这样陷入了缓慢的步调。

九 第九轮谈判中的军队数据问题和"法国难题"

第九轮谈判主要出现两个新情况：一是华约提交了驻中欧裁军区域的军队人数数据（data）；二是法国干涉北约理事会给西方代表造成困扰，使他们无法回应华约要求北约提供军队数据的诉求。③ 这一轮谈判结束后，罗斯告别了英国代表团团长之职，授勋成为圣麦克尔和圣乔治勋爵（Knight Commander of St Michael and St George，KCMG，1976年6月12日授勋），宝兰接任团长。④

华约提交了己方驻中欧裁军区域的军队数据，但是西方联盟不相信

---

① 关于欧安会后续会议"第一只篮子"与裁军谈判的"直接联系"主要体现在信任建立措施、某些安全与裁军等问题上。英国方面的态度可以详细参考 DBPO, Series Ⅲ, Volume Ⅲ, pp. 160-169。
② DBPO, Series Ⅲ, Volume Ⅲ, p. 153.
③ DBPO, Series Ⅲ, Volume Ⅲ, p. 160.
④ 1976年9月，罗斯回伦敦任职，团长由英国驻保加利亚大使宝兰接任。

第六章 英国与欧洲对等裁军（1973—1976年）（下）

这些数据的真实性。1976年6月10日，苏联代表团团长在裁军谈判全体会议上代表华约提交了驻中欧裁军区域的军队人数。但是这个数据与西方对华约的最新估计不符。华约提交的数据是98.73万人（包括地面部队和空军人数），比北约的军队人数少近16万人。华约提供的地面部队人数是80.5万人。北约曾经在1973年11月提交过地面部队人数，大约是92.5万人。这样看来，华约的地面部队人数比北约的地面部队人数少12万人左右。罗斯认为，虽然华约的数据与事实不符，但是展现了华约积极的一面，也是西方联盟长期以来施压的结果。罗斯乐观地认为，这是华约在裁军谈判中第一次提供相关数据，表明它们是愿意实质性推进裁军谈判的。但是英国国防大臣威尔伯福斯不这么认为，他认为这只是苏联为了避免裁军谈判陷入僵局而招致批评的手段罢了，因为裁军谈判陷入僵局不符合苏联的利益。此外，华约在提交数据时表明这就是它们的最终数据，似乎不再会修改。但是罗斯指出，如果华约不修改数据，那么西方联盟就不可能进行非对等裁军、达到"共同人数上限"这一核心目标。华约的数据显得华约与北约在中欧的军队人数大致相当，这等于推翻了西方的重要主张，即中欧地区存在严重的军力不对等状况，特别是地面部队。西方联盟曾经答应华约，一旦华约提交军队数据，西方联盟也会提交最新数据。因此罗斯认为西方联盟必须尽快讨论并快速回应。于是，"特别小组"要求北大西洋理事会公布北约在中欧地区的军力水平，并暗示希望能同时提交华约的相应数据（这一数据此前在北约内部达成了共识）。[①]

西方联盟遇到的第二个难题是法国的干扰。法国提出把本国驻中欧军队排除在北约驻中欧的军队数据之外，也排除在"共同人数上限"之外。法国的要求干扰了西方联盟的谈判立场和西方联盟的内部合作。就在西方联盟准备向裁军谈判提交相关数据时，法国驻北约"高级政治委员会"（the NATO Political Committee at Senior Level，SPC）代表于1976年6月17日宣布：法国想把本国军队排除在西方

---

① *DBPO*, Series Ⅲ, Volume Ⅲ, pp.160, 161, 162.

即将提交给裁军谈判的军队数据之外，也排除在"共同人数上限"之外。法国的立场此后一直未变。罗斯推测，法国的立场是从上层命令下来的，很可能是法国总统本人授权的。法国完全不顾对其他西方联盟国家的影响。①

美英德"特别小组"紧急制定了一份针对法国问题的文件，罗斯认为该文件可能会影响法国的立场。文件认为，虽然法国不参加裁军谈判，但是也要考虑法国增加其驻中欧部队造成的影响，否则裁军谈判就不可能达成令人满意的协议。西方如果想实现东西双方驻中欧军队人数相等的目标，就必须把法国驻中欧的军队人数也纳入北约的军队数据和"共同人数上限"。由于法国参加了北大西洋理事会和北约"高级政治委员会"的所有讨论，所以它非常了解裁军问题，那么法国提出"排除在外"的要求就相当于大幅度改变西方联盟三年来的基本立场。法国已经严重破坏了西方代表说服华约的努力。但是罗斯等认为，西方联盟的立场是"强制性的"（a compelling one），西方联盟可以发表一个声明，指出法国不是对等裁军的直接参与国，所以可以不接受裁军协议规定的义务。②

西方联盟国家与法国进行了双边接触，但是丝毫没有改变法国的立场。法国的干扰不仅引发了西方联盟的困境，还削弱了西方联盟立场的可靠性，特别是当华约已经提交军队数据、谈判有望取得进展的时刻。英国代表团新团长宝兰说，自从法国提出不愿被纳入北约驻中欧的军队数据以及"共同人数上限"，西方代表第一次不知道该怎么办了。以前西方联盟一直要求华约提供数据，现在华约表示，如果西方联盟不提供数据，就不要再说中欧军队部署不平衡了。英国认为，军队数据问题是英国下一步选择的基础，因此英国希望尽快和华约详细磋商数据问题。③ 当然，英国也并不认为只要讨论军队数据问题，裁军谈判就会有

---

① *DBPO*, Series Ⅲ, Volume Ⅲ, p. 162.
② *DBPO*, Series Ⅲ, Volume Ⅲ, p. 162.
③ *DBPO*, Series Ⅲ, Volume Ⅲ, pp. 172, 173.

实质性进展，军队数据只是避免谈判陷入僵局的一种方式。西方代表一定都会反对由于西方的原因而使裁军谈判陷入僵局。但是，西方联盟从来没有表现得会因为法国难题而改变立场，而是始终保持已经形成的基本立场，这被认为最符合西方利益。

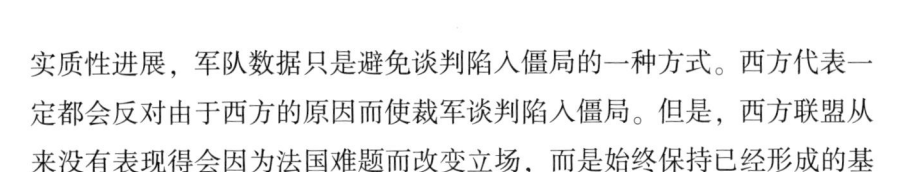

英国提出了一个解决"法国问题"的策略，暂时平息了该问题。在第九轮谈判的尾声，美英德"特别小组"磋商法国问题时，英国提出一个策略：西方联盟先提交"西方直接参与国"（即裁军国家）的军队数据，法国军队的数据留待以后再说。但是联邦德国坚持认为，应该向法国说明这么做不代表西方联盟会改变"共同人数上限"的目标。三国就如何向法国通报问题而拖延了裁军谈判。后来，1976年11月15日，由比利时向法国政府解释了西方联盟的立场。12月16日（即第十轮谈判末期），西方代表向华约提供了"西方直接参与国"地面部队的总数以及"地面和空军联合军队"人数（the combined ground and air force personnel）。[①]

华约也知道西方遇到了法国这个难题，但是一直保持克制，不从中获取渔翁之利。在第九轮谈判的最后几周里，不少华约代表私下里都对西方代表说不指望西方在第九轮谈判结束前提交更新过的军队数据[②]，这似乎表明华约很理解西方联盟内部矛盾，也许还因为华约并不着急推进裁军谈判。罗斯感觉华约不会忍耐很久，最多到1976年9月第十轮谈判开始时。好在华约一直保持克制。

第九轮谈判期间还出现了"塔拉索夫公式"（Tarasov formula）的新问题。塔拉索夫（N. K. Tarasov）是苏联代表团新任团长，他在1976年10月21日的裁军谈判全体会议上说："必须把那些我们已经通过这样或者那样的方式达成的一般性理解最大限度地具体化，也必须把那些需要寻求妥协办法的问题精确界定出来。如果西方代表团像我们一样本着真正互惠（mutuality）原则、本着在预备磋商期间达成一致的其他裁

[①] *DBPO*, Series Ⅲ, Volume Ⅲ, pp. 172-173.
[②] *DBPO*, Series Ⅲ, Volume Ⅲ, p. 163.

军原则的话，那么这完全可以实现。"塔拉索夫的话被西方称为"塔拉索夫公式"①。塔拉索夫实际上在强调两个问题：一是东西方在裁军谈判中应该坚持互利互惠；二是把裁军问题具体化。对此，美英德"特别小组"的意见是，西方联盟不应该被拖入东方的地盘，不该给东方提供谈判优势。不过，美国代表团似乎认为不会有什么不利，它在西方联盟内部讨论了"塔拉索夫公式"，并把草案分发给英国和联邦德国。但是美国代表团顾问吉尔莫（D. H. Gillmore）十分谨慎。英国代表团团长宝兰认为"特别小组"的谨慎反应是正确的，不过他也认为无法理解为何拒绝一个看起来合理的提议，特别是裁军谈判已经持续了三年的时间。②

　　英国许多官员对裁军谈判表示失望，因为谈判一直缺乏实质性进展。从1973年10月第一轮谈判开始到1976年7月第九轮谈判结束，东西方之间的根本分歧始终如一。东方始终认为中欧的军事现状是令人满意的，认为这种军事关系是稳定的，是在历史发展中自然形成的。苏联始终主张裁军谈判不能改变这种军事关系，只能降低东西方各自总体军事水平，只有等比例裁军才能实现这个目标。西方认为中欧的军事关系最关键的问题就是东西方军力严重不对等，华约拥有突出优势，造成中欧地区不稳定，裁军谈判应该集中消除这种不平衡，裁军应遵循平等原则（the principle of parity），但不是等比例裁减。令人遗憾的是，到第九轮谈判结束后，仍然没有迹象表明双方的分歧会有突破。有些代表认为，也许新突破或者新进展要等到1977年美国新政府成立后或者欧安会贝尔格莱德后续会议（1977年5月）召开后才会出现。但这是最乐观的看法，绝大多数英国官员都认为裁军谈判也许只是"一场漫长的跋涉"（a long slog）（威尔伯福斯语）。哈特斯利认为，从任何角度看，"漫长的跋涉"比一份不符合英国利益的裁军协议都要好。前外交

----

① *DBPO*, Series Ⅲ, Volume Ⅲ, p. 174.
② *DBPO*, Series Ⅲ, Volume Ⅲ, p. 174.

第六章 英国与欧洲对等裁军（1973—1976年）（下）

大臣道格拉斯—霍姆说，裁军谈判崩溃比一个不利的结局要好。① 由此可见，随着裁军谈判的拖延和僵持，英国方面已经表现出比较明显的厌倦态度，对中欧裁军不再抱希望了。

但是罗斯认为，虽然裁军谈判三年来没有什么进展，但是不应该认为它将要失败，也不应该认为花在维也纳的时间被浪费了。他认为不应该忽视东西方为了达成一些一般性原则和目标而付出的努力。即使东西双方没能弥合鸿沟，西方联盟取得的其他成绩也应该被记录下来。第一，北约成员国没有单方面裁军。美国国会曾经向美国政府施压，要求美国单方面裁减驻欧军队，但是这个压力被顶住了。北约其他成员国也避免了单方面裁军，因为它们"认识到了不摇翻裁军谈判这只小船的重要性，并且从美国这个榜样那里得到了力量"。虽然北约国家的裁军压力还在，但是已经不那么严重了，裁军谈判帮助西方联盟度过了压力最大的阶段。第二，东西双方在裁军领域原本接触极少，但是在长期的对等裁军谈判和集中磋商里，英国更了解东方，比如它们的态度、关注点、方法。罗斯承认英国没有获得什么重要秘密，但是英国也从来没有如此坦率地、长时间地集中谈论如此敏感的问题。通过谈判，东西双方的代表建立了个人信心（personal confidence），这有利于裁军谈判取得突破。第三，对等裁军谈判不仅帮助西方联盟缓解了国内压力，而且还在其他方面很有益处。裁军谈判是西方联盟第一次和东方举行关于军事和安全核心问题的谈判，西方联盟为了回应东方的质询而必须仔细地、深入地研究己方立场，这让整个西方联盟——包括其治理机构和军事机构——积极地评估优先事项、详细审查各种假设。西方联盟也花了很大精力评估东方威胁的规模和性质，这是额外收获。这些谈判还验证、巩固、加强了西方联盟的团结。有些华约代表甚至私下里表达了对西方联盟保持民主团结的羡慕之情。这种团结让华约各成员国代表团印象非常深刻。不过事实上，西方联盟的团结很大程度上取决于美国，只要美国不动摇，西方联盟的团结就能保住。罗斯离任前感谢英国代表团所有成

---

① *DBPO*, Series Ⅲ, Volume Ⅲ, p. 165.

员，认为英国代表团为捍卫西方联盟的立场做出了贡献，而西方联盟立场的重要性仅次于美国的立场重要性。[1] 罗斯总是比较积极地看待裁军谈判，他的分析不无道理，但也显得过于乐观。他非常肯定英国代表团发挥的积极作用。此外，他指出美国的立场比西方联盟的立场更重要，这不能不说很具有讽刺意味。

十 第十轮谈判的停滞

第十轮谈判没有取得任何实质性进展。宝兰说，第十轮谈判以没有实质进展而告终，所有代表团都认为东西双方在原地踏步（mark time）。造成停滞的原因一个是东西双方都不愿意改变己方的基本提议，都等着对方首先积极回应。西方的提议是1975年12月16日做出的，东方的提议是1976年2月19日做出的。另一个原因是关于"军队数据"和"军队定义"的讨论迟迟无法开始，因为东方主张直到西方提交军队数据才会开始磋商，可是西方面临着法国制造的困难，无法提供军队数据，导致西方联盟在第十轮谈判中处于守势。此外，华约也不接受西方联盟提出的中欧地区军力不对等的说法（特别是地面部队和坦克部队数量）。不过，宝兰认为东西方各自重复强调自己立场并不是浪费时间，而是让英国和西方搞清楚东方真正重视的是什么。[2]

联邦德国政府换届（1974年5月）给西方联盟带来了新问题，联邦德国国内对裁军谈判看法不一。新总理施密特认为，应该把对等裁军从专家层面提升到政治层面。这表明施密特更重视裁军谈判的政治意义。不过，施密特的发言显得有些急躁，联邦德国国内并不完全赞成施密特的观点。另一些联邦德国官员承认自己对裁军谈判漠不关心，有人对宝兰说希望对等裁军谈判逐渐消失。[3] 宝兰认为，施密特和勃兰特说

---

[1] 罗斯提出的西方联盟的三个主要成就，参见 DBPO, Series Ⅲ, Volume Ⅲ, pp.165-167。

[2] DBPO, Series Ⅲ, Volume Ⅲ, pp.176, 177. 法国的军队数据问题留待以后解决，但是西方联盟仍然坚持"共同人数上限"的基本立场。可参见前文第九轮谈判的情况。

[3] 联邦德国选举和施密特的观点，参见 DBPO, Series Ⅲ, Volume Ⅲ, p.184。

第六章 英国与欧洲对等裁军（1973—1976 年）(下)

对等裁军应该跳出"专家的网络"，应该被赋予更高的政治动力，这些话肯定鼓励了东方，使东方相信西方联盟也许会在 1977 年主动让步。[①] 从后来的西方合作来看，施密特的新观点没有动摇西方联盟的内部团结。联邦德国非常反感苏联提出的限制其国防军的提议，联邦德国官员不喜欢裁军谈判的情况和法国不同。[②]

在第十轮谈判中，西方联盟强调要区分谈判的结果和裁军。宝兰解释说，英国必须更关注裁军协议的结果，即裁军后的中欧军事关系新形势。西方联盟强调，裁军协议不仅要在军队数量上平等，还要在主要军备上平等，而华约在这两个方面都占据优势。宝兰还指出，自从 1975 年 12 月 16 日西方联盟提出"第三选项"以来，西方联盟可以说做出了实质性妥协，而华约的立场却没有任何本质改变，华约反复强调不接受任何己方裁军数量超过西方联盟的做法。英国认为华约不接受西方联盟的任何立场。1976 年 6 月 29 日，勃列日涅夫在欧洲共产党大会（the Conference of European Communist Parties）上说，虽然东西方在中欧的军力外在表现不同，但是军事水平大致是相当的。此时，华约仍坚持等比例裁军，拒绝非对称裁军，而且拒绝在第一阶段裁军期间从中欧撤走五个师的坦克，因为它认为这会给华约防务造成缺口。华约还主张欧洲国家做出"合同担保"（contractual guarantees），即裁军必须在一定时期内施行。华约表示，如果西方国家（美国除外）不做出这个承诺，苏联就不会从中欧撤走一兵一卒。同时，华约继续坚持"单独上限"原则。英国认为华约的注意力逐渐放在联邦德国的国防军及其在未来西欧防务中的角色上了。因此，在第十轮谈判期间，东西双方又回到了各自的根本立场，双方在裁军谈判全体会议和非正式磋商期间分别重申各自的立场。"就这样，第十轮谈判在重复和筋疲力尽中结束了。"宝兰问道："下一轮谈判前进的机会在哪里？"他认为，即便是有，也非常微小。不过，威尔伯福斯仍然认为英国可以运用一些策略，让苏联难

[①] *DBPO*, Series Ⅲ, Volume Ⅲ, p. 177.
[②] *DBPO*, Series Ⅲ, Volume Ⅲ, p. 132.

堪，借以推动苏联前进。①

第十轮谈判仍然继续受困于"法国问题"及其造成的军队数据问题。宝兰认为，西方联盟应该在1977年2月裁军谈判重新开会时与华约讨论军队数据问题。华约没有利用"法国问题"挑起事端，这让英国受到鼓舞。宝兰认为西方联盟在下一轮谈判中最重要的任务是让华约坦白其中欧驻军人数的实际情况，这是达成裁军协议的基础。英国期待1977年夏季裁军谈判能有所成就。英国决定，如果华约不愿意讨论中欧军力的实际状况，那么英国就不该暗示会和美国、联邦德国或者在西方联盟内部讨论调整立场的问题。宝兰建议，西方联盟在下一轮裁军谈判中主要应该关注华约是不是准备在接受事实的前提下推动谈判。②

华约成员国在第十轮谈判期间采取了一些主动措施，似乎希望达成裁军协议。比如，苏联反复声明现在必须以军事缓和补充欧洲的政治缓和。在1976年最后几个月里，勃列日涅夫在一两个场合更明确地表达了这个观点，他表示自己愿意和西方领导人就中欧裁军举行最高级别的磋商。苏联代表团团长塔拉索夫建议说，东西双方应该制定一个清单，确认哪些是共识、哪些应该妥协。塔拉索夫还在第十轮谈判最后一次全体会议上发言，表示东西双方可以在下一轮谈判中就第一阶段裁军协议取得实质性进展而展开讨论。他也重申了"冻结军队人数"提议，即在两个裁军阶段之间暂时冻结东西双方的军队数量。不过，宝兰认为苏联这么做是为了获得宣传效果，是为了掩盖苏联及其东欧盟国未能履行欧安会"最后法案"（1975年8月1日签署）而转移注意力的行为，华约没有给出任何为了签署第一阶段裁军协议而采取实际行动的暗示。③所以，裁军谈判的核心议题不会有进展，华约不会让步。西方联盟也没有从北大西洋理事会获得新指令，因此也没有多少活动余地。双方的分

---

① *DBPO*, Series Ⅲ, Volume Ⅲ, pp. 177-178.
② *DBPO*, Series Ⅲ, Volume Ⅲ, pp. 178, 179, 180.
③ *DBPO*, Series Ⅲ, Volume Ⅲ, p. 179.

第六章 英国与欧洲对等裁军（1973—1976 年）（下）

歧根深蒂固。

宝兰提出英国可以自己考虑一下西方的哪些立场可以适当调整，一方面满足华约的合理关注，另一方面又不损害西方安全。他认为英国可以重点研究两个问题：分阶段裁军、"共同人数上限"的核查。此前罗斯也曾建议西方有一天也许会采取更灵活的态度。但是英国国防部非常担心宝兰的暗示，即西方的立场真的可以调整，既不危及西方安全，又满足东方的合理关切。伍德说，假如北约和西方联盟各国同意调整立场，那么裁军谈判成功的前景就会更明朗些。[1]

面对即将开始的 1977 年，宝兰提醒说，英国必须注意 1977 年美国新政府以及联邦德国新政府将会重新评估裁军谈判，它们也许会提出一些新观点。不过，威尔伯福斯认为美国新政府不太可能会指示北约遵循完全不同的行动方针，因为美国新政府十分强调西方联盟的军事安全和政治团结。[2]

由以上论述可见，第十轮谈判没有新内容，北约和华约的立场没有根本性调整，而是不断被重申。英国除了仔细观察对手、谨慎行动外无法做更多事情。事实上，在批判华约立场强硬的同时，西方联盟以及英国自身的立场也没有太多调整。是美国在左右西方联盟和北约的总体立场，美国及其对手苏联才是对等裁军谈判的主导者。英国除了捍卫西方联盟团结，没有更大能力推动裁军谈判取得突破。不过，英国仍然在1973—1976 年的十轮裁军谈判期间发挥了比较重要的作用，一方面，它愿意以积极的态度认识和分析苏联、东欧国家的立场；另一方面，积极主动调和美国与其他西方盟国的立场，以维护西方联盟团结。英国也为西方联盟拟订文件做出了贡献。英国在谈判策略上虽然有时比较灵活，特别是当华约方面提出新提议时，但是在根本目标上则毫不动摇，坚定地追求西方联盟的既定目标，避免滑入苏联的轨道陷阱。

---

[1] *DBPO*, Series Ⅲ, Volume Ⅲ, pp. 179, 180.
[2] *DBPO*, Series Ⅲ, Volume Ⅲ, pp. 179, 180.

第二节　欧洲对等裁军谈判的主要议题及英国的主张

欧洲对等裁军谈判期间，苏联的立场就是华约的立场，其他华约国家没有决定权，甚至没有发言权。西方联盟的立场主要取决于美国，没有一个西方国家有能力要求美国做什么。美国、英国、联邦德国是西方联盟磋商合作的核心，英国会自觉平衡美国的意见、协调美国与其他盟国的立场。

北约和华约举行对等裁军谈判主要是为了削减对方在中欧地区的军力军备，稳定中欧安全局势。由于双方军力和部署差异很大、很不平衡，所以各自的裁军主张也大相径庭。北约和华约的主要争论包括：裁军原则应该是对等还是非对等；是分两阶段裁军还是分三阶段裁军；是否该设置"关联措施"与核查；如何安排"第三选项"与核裁军；匈牙利的参会地位问题（详见第五章第二节相关内容）；此外，还包括裁军区域、永久机制等问题的其他议题。

"裁军国"，也被称为"直接参与国"，是裁军谈判中的重要概念之一，它既涉及与会身份，也涉及领土范围。"裁军国"指北约和华约在中欧驻扎军队并属于裁军范围的国家，但是北约成员法国除外，华约成员匈牙利是特殊情况。并非所有北约和华约成员国都要裁军。裁军预备会谈中确定了"直接参与国"的名单。

由于对等裁军谈判涉及议题众多，本书不便全面阐述，所以姑且从西方联盟提交给裁军谈判的一份框架提议开始，重点分析若干关键裁军议题，并阐述英国在各议题上的立场、策略及其影响。1973年10月，西方联盟确定了立场一致的框架提议并决定纳入裁军正式谈判，主要观点是：第一，裁军谈判应该分两个阶段（two phases）。第二，在第一阶段谈判里（Phase Ⅰ），各方应该同意美苏在共同区域分别裁减15%军

第六章　英国与欧洲对等裁军（1973—1976年）（下）

队。其中苏联裁减6.8万人，包括15个坦克师和1700辆坦克；美国裁减2.9万人，不过尚未决定作战部队（the combat troops）的裁减规模。第三，在第二阶段谈判里（Phase Ⅱ），东西双方在共同区域里进一步裁军，直至裁减到70万人的人数上限。这意味着北约裁减10%，华约裁减20%。第二阶段裁军将针对除美苏外的其他裁军国家。①

英国很满意这个框架提议，认为把第一、第二两个阶段分开以及定下第二阶段的内容是很成功的。英国也非常满意第一阶段裁军只包括美苏裁军。英国认为，这个令人满意的结果是英国长期艰苦努力的成果。西方联盟应该谨慎提议第一阶段裁军和第二阶段裁军的关系究竟是什么，由于第二阶段裁军前景不明，因此只有充分讨论第一阶段裁军后才能考虑开启第二阶段裁军。如果西方联盟为了在第一阶段获得一个裁军协议而让步，那么这种做法就会被苏联、华约视为第二阶段谈判的先例。② 由此可见，英国在思考和处理对等裁军谈判问题时十分谨慎。英国也赞成西方联盟关于谈判程序的主张，认为应该继续保持裁军谈判全体会议外的秘密磋商。美国声称，由于第一阶段谈判涉及美国裁军，所以它要参加所有秘密磋商。有些西方盟国想拒绝美国这一做法，但是英国认为美国这么声称不是没道理，英国必须尽力调和，也必须充分发声。③

美国也非常满意西方联盟的框架提议，认为它在第一阶段就树立了非对称裁军原则（the principle of asymmetry）。英国表示同意，但是英国认为美国应该主要裁减支援部队而不是作战部队。假如美国在第一阶段不得不裁军，那么裁减规模应该限制在大约两个旅的水平（two US Brigades）。不过当时美国既没有正式确认接受英国的观点，也没有拒绝。④ 所以，西方联盟并不接受苏联主张的等比例裁军原则，认为苏联

---

① 北大西洋理事会于1973年10月16日通过了这份框架提议，成为西方联盟的一致立场。英国表示满意。参见 *DBPO*, Series Ⅲ, Volume Ⅲ, p.57。
② *DBPO*, Series Ⅲ, Volume Ⅲ, pp.57, 58.
③ *DBPO*, Series Ⅲ, Volume Ⅲ, p.62.
④ *DBPO*, Series Ⅲ, Volume Ⅲ, p.58.

裁减的军力应该高于北约。

联邦德国的想法不同。考虑到时值新"东方政策"推行并获取成果之际,联邦德国认为东西方应该尽早签署一个清晰的、联邦德国参与其中的第二阶段裁军协议。只有这样,才能在第一阶段裁军期间转移本国议会可能会制造的压力。联邦德国的观点在西方联盟内部引发了分歧,英国在持续观察。①

1973年10月11日,正式谈判开始之前,西方联盟就第一阶段裁军谈判方案达成一致,这个方案包括四个步骤:第一步,发表开场声明;第二步,阐述主要议题的进展;第三步,发表西方联盟的"框架提议";第四步,谈判"预裁军约束措施"(prereduction constraints)。这四步完成后,西方联盟才会推进"真正的裁军"的谈判。英国认为这个方案既有可操作性又很灵活,因为它既没有给东西方谈判设定具体议程,也没有讨论东西方军队的规模。英国觉得没有确定具体议程是件好事,因为这会让西方联盟更自由地提建议。英国还认为,西方联盟已经达成的一致观点应该被视为正式裁军谈判的前提。② 但是英国并非盲目乐观,它一方面非常满意西方联盟已经确定了第一阶段谈判方案,另一方面又指出这个方案可能很快就会失败,因为苏联也许会强迫各方讨论一份自己的谈判议程。英国猜测苏联可能很快就会提出一些华而不实或者意在强化其军事和政治地位的建议,而这些建议将和西方的目标背道而驰。③ 其实,西方联盟的方案只不过表明它希望以自己的逻辑开始裁军谈判,其中当然也掺入了西方的担忧、预防。但是裁军正式谈判是东西双方的大博弈,不仅议题众多、程序复杂,而且谈判期间各种形势变化随时会影响谈判进程,所以西方联盟未必能遂愿。

后文将分别阐述裁军正式谈判期间的六个主要议题:非对等裁军或等比例裁军、地面部队裁减与核部队裁减、两阶段裁军或三阶段裁军、

---

① *DBPO*, Series Ⅲ, Volume Ⅲ, p. 58.
② *DBPO*, Series Ⅲ, Volume Ⅲ, pp. 56, 57.
③ *DBPO*, Series Ⅲ, Volume Ⅲ, p. 57.

第六章　英国与欧洲对等裁军（1973—1976年）（下）

对等裁军的"关联措施"、裁军区域、对等裁军的永久机制。同时阐述英国对这些提议的立场和策略，分析英国在中欧裁军问题上的基本态度和政策及其深远影响。最后总结英国在裁军谈判中的收获。

一　非对等裁军或等比例裁军

非对等裁军或等比例裁军问题的本质是裁军原则，与这一原则密切相关的是裁军人数，即设定"共同人数上限"或是"单独人数上限"。这是欧洲对等裁军谈判最核心的议题，也是东西方争论最激烈、最集中的问题。西方联盟主张非对等裁军（asymmetrical reduction），苏联主张华约和北约按相同比例裁军（symmetrical reduction）。

北约和华约各自主张的裁军原则根本不同。北约主张"非对等裁军"，即北约和华约各自裁减数量不等的部队人数，直到达到70万人的"共同人数上限"。[①] 北约实际主张的是非对等裁军原则。根据这个原则，华约裁减人数将比北约多。华约主张对等裁军，即双方按照相同比例裁军，苏联主张裁减15%。苏联还主张"单独人数上限"，即各裁军国按照等比例裁减后保留不同人数的军队，每个裁军国均有各自的人数上限。"共同人数上限"被视为西方联盟裁军主张里的"铁杆"（iron pole），是西方联盟长期坚持的目标。

北约主张非对等裁军的主要理由是华约在中欧部署的军力（特别是苏联的坦克部队）远远超过了北约在中欧的军力。北约始终认为，正是北约和华约之间军力的严重不平衡造成了中欧安全的不稳定。[②] 英国代表团团长罗斯认为，西方联盟的各项提议反映了西方各国确信现存的北约和华约在中欧的军事关系是不稳定的、需要纠正的。西方提议的目的是实现这样的裁军：消除两大军事集团地面部队、坦克、地理方面

[①] 由于并非全部北约国家都进行裁军，而是只有那些在中欧驻军的北约国家——法国除外——才需要裁减，所以本部分所论述的裁军仅指需要裁军的北约或者华约国家，即"直接参与国"。

[②] 华约和北约的常规陆军军力对比（1973年6月的数据），可参见 DBPO, Series Ⅲ, Volume Ⅲ, p. 471。

的不平衡（这种不平衡向华约倾斜），从而加强中欧的稳定。西方联盟的提议还考虑到了美国政府面临的国内压力，即要求美国政府尽早、实质性地撤回美国驻联邦德国地面部队的要求。① 所以，北约想通过裁军削减苏联驻中欧的军事优势。西方联盟一直试图说服苏联接受中欧军力不对等、华约占上风的现实状况，但是苏联一直拒绝接受，强调中欧军力现状是平衡的、是历史形成的。

英国接受并坚持70万人的最高人数上限，认为西方联盟需要保留适当的作战能力。英国认为，"共同人数上限"是一个非常有吸引力的、西方联盟可以在谈判期间抓住的概念。它也是西方各国民众可以理解的概念，便于西方国家对内宣传。一旦70万人这个上限被西方公众接受，那么它就会被视为西方联盟的底线。"共同人数上限"概念还可以减少要求西方裁减更多军力的压力。不过，除非西方联盟展示出巨大决心并且始终追求非对称裁军，否则"共同人数上限"就实现不了。英国决定，如果有人因苏联反对而试图模糊这一概念，英国就应该反对。②

但是英国认为不能过早地向苏联提出70万人的"共同人数上限"的主张，只能在政治和谈判形势恰当的时候提出。英国自己也不知道最佳时机是什么时候，但是觉得宁可晚不可早。它认为西方联盟不要在形势正处于变化中时承诺太多细节的东西。英国表示，提出一个可能的数字和正式确认一个具体数字是完全不同的，西方联盟应该注意到当下公布其政策和在谈判期间提交真正的议案是有区别的。英国担心美国或者联邦德国代表已经把70万这个数字泄露出去了。③

1974年8月，在第三轮谈判期间，英国国防部强调西方联盟在"共同人数上限"问题上的立场一定不能妥协。明确这一点后，就是如何测算这个人数上限了。西方联盟的观点是只算人数（manpower），也

---

① *DBPO*, Series Ⅲ, Volume Ⅲ, p. 63.
② *DBPO*, Series Ⅲ, Volume Ⅲ, p. 58.
③ *DBPO*, Series Ⅲ, Volume Ⅲ, pp. 58, 59.

第六章　英国与欧洲对等裁军（1973—1976年）（下）

可以考虑战斗力（combat capability）。英国国防部认为，如果考虑裁减单位（unit）和装备，会使裁军极其复杂，所以最合理的办法是只考虑人力，同时考虑一下战斗力，包括地面部队的军队单位、传统空军、飞行器、核导弹。梅恩认为，作为策略，可以把北约的空军纳入最高人数上限，以达到东西方军力对等。[①]

1975年6月第六轮谈判期间，英、苏两国代表就裁军问题举行了一次集中的非正式磋商，交流了东西双方的观点。1975年6月25日，苏联外交部国际组织司副司长舒斯托夫邀请英国代表古德尔共进午餐，两人讨论了裁军谈判问题。当时没有其他人在场，这是一次真正的非正式磋商。这次磋商也是裁军谈判期间英苏比较全面深入的一次交流。第一，英苏都认为裁军谈判将进入新阶段，他们提出了东西方的分歧。两人都承认裁军谈判此前鲜有进展。古德尔指出了华约的两个关注点：一是西方直接参与国应该在第一阶段就承诺裁军；二是核力量和空军应该纳入裁军范围。古德尔还指出了西方联盟不能接受的几个主张：一是等比例裁减，英国认为这会永久固化中欧现存的军力不平等形势；二是华约不区分美苏裁军和其他欧洲国家裁军；三是华约坚持的"单独人数上限"[②]。针对古德尔提出的上述分歧，舒斯托夫做出了回应。他同意东西方之间存在根本性分歧的观点：关于"单独人数上限"，华约只是为了让所有国家都保证裁军，可是有些西方代表说西欧直接参与国（non-US Western participants，即西欧裁军国）任何时候都不会确定自己要裁多少，这才是主要困难。古德尔询问舒斯托夫，如果西欧直接参与国详细规定本国的裁军人数，那么华约是否愿意接受一个"共同人数上限"。舒斯托夫说，希望能为磋商做出贡献，最重要的事情是设定一个裁减后的军力水平（a reduced level of forces）。华约理解西欧直接参与国想弥补裁军，使其达到西方联盟的"共同人数上限"。如果西欧裁军国同意给本国规定一个单独的上限，这将是有益的一步。罗斯认为舒

[①] *DBPO*, Series Ⅲ, Volume Ⅲ, pp. 97, 98.
[②] *DBPO*, Series Ⅲ, Volume Ⅲ, p. 126.

斯托夫在玩"先有鸡还是先有蛋"的套路（a chicken-and-egg situation）。罗斯问舒斯托夫，如果苏联答应"共同人数上限"，那么西方答应各国设定一个单独上限，这样安排是否可行。舒斯托夫笑着说这不是他能直接给出答案的问题。其实，舒斯托夫早些时候就强烈暗示过，如果西欧裁军国规定好自己的单独人数上限，那么东方最终就会接受"共同人数上限"。① 从整个裁军谈判期间对"共同人数上限"问题的讨论看，此次英苏双边磋商十分坦诚，是最有可能获得突破的一次交流，因为此前的裁军会议或者非正式磋商不仅均没有推进该议题，甚至西方联盟连提出类似古德尔那样的问题的机会都没有，当然也不可能得到苏联似乎可以接受"共同人数上限"的暗示。不过，这种暗示只是苏联的策略，不代表苏联立场的改变。

1976年3月15日（第八轮谈判期间），英国外交和联邦事务部会议再次讨论了"共同人数上限"问题。卡拉汉、威尔伯福斯等认为"共同人数上限"是西方的核心立场，美国和其他西方盟国没有松动的迹象。不过，卡拉汉担心联邦德国的军队人数未来会超过其他西方联盟国家的军队人数，威尔伯福斯则担心苏联能否接受"共同人数上限"，因为这需要华约裁减三倍于北约的军队人数，这是个很高的要求。②

1976年9月中旬（第十轮谈判前夕），英国在分析西方联盟的"共同人数上限"问题时指出，西方联盟设定的"共同人数上限"是90万人，上下浮动5000人，其中地面部队约70万人；东西双方的空军（大约20万人）也应该纳入"共同人数上限"。③ 此时"共同人数上限"有所变化主要是因为把双方的空军也纳入了裁军范围。

北约在裁军谈判正式会议期间坚持设定"共同人数上限"，坚决反对"单独人数上限"。北约把空军裁军等一并考虑在内后，把上限从70万人提高到90万人。华约虽然主张"单独人数上限"，但是始终没有

---

① *DBPO*, Series Ⅲ, Volume Ⅲ, p. 127.
② *DBPO*, Series Ⅲ, Volume Ⅲ, p. 148.
③ 伍德关于西方裁军条件的几点分析，详见 *DBPO*, Series Ⅲ, Volume Ⅲ, pp. 169-170。

提出具体数字，也许这涉及具体的裁军国，问题比较复杂。在裁军原则方面，英国最重视的是"平等原则"，即裁军应该让华约和北约最终在中欧地区保持大致相等的军力，而不是让华约占优势。英国国防部认为不能破坏北约和华约军力"平等原则"，否则就会从根本上损害西方联盟的地位，裁军谈判也会以悲剧收场。[①] 但是，"平等原则"意味着必须削弱华约在中欧的巨大军事优势，苏联当然不会接受。所以，非对等裁军和等比例裁军就像两条平行线，贯穿整个裁军谈判过程。

二 地面部队裁减与核部队裁减

"地面部队"在裁军谈判中是个概念，北约和华约双方对于哪些部队应该属于地面部队存在争议，争议的核心是哪些地面部队属于"空军"，哪一部分地面的"空军"应该纳入裁军范围。西方联盟提出地面部队裁减，主要是针对苏联在中欧驻有大量坦克部队的状况，而这造成了华约拥有巨大军事优势。核裁军议题也被称为"第三选项"（Option Ⅲ）。"第三选项"由美国提出，当时是为了推动长期陷入僵局的对等裁军谈判，使裁军谈判获得新动力。更重要的是实现西方联盟的其他裁军目标，特别是非对等裁军目标。事实上，"第三选项"是被西方联盟作为"撒手锏"而提出的，如果苏联不接受这个建议，那么对等裁军就彻底无望了。西方联盟想用核裁军换取苏联裁减其驻扎在中欧的坦克部队，这是一个重要而关键的交易。

对等裁军谈判期间，北约和华约关于地面部队裁减和核裁减开展了针锋相对的斗争，双方立场完全不同，争论十分激烈。以下六个方面展现了东西双方的分歧以及英国的主要立场。

第一，关于地面部队裁减，西方以华约在中欧的绝对军力优势为由主张华约和北约最终裁减到相等的军力水平，从而保障中欧地区的安全和稳定，华约则完全不接受己方军队在中欧占优势的观点。

西方联盟强调华约在中欧地区的巨大优势、东西方在中欧存在严重

---

① *DBPO*, Series Ⅲ, Volume Ⅲ, p. 98.

的军力不对等现状,而华约则拒绝承认这一点。基利克认为,中欧地区最大的不稳定因素是苏联的地面部队。① 罗斯在第二轮谈判期间汇报说,华约明确表示,根据它们的三阶段裁军提议,东西双方都要裁减大约17%的坦克部队,但是华约也强调,这项裁减是有条件的,要看所有军备裁减协议的履行情况。华约拒绝了西方联盟提出的地面部队不平等概念(the concept of a disparity in ground forces),华约声称这不公平,不能人为地孤立某一兵种,如果把所有兵种都考虑在内,那么当前东西方在中欧地区的军事关系总体上是平等的。华约还认为,假如只把地面部队裁减到一定人数,那么就会造成不平衡,也会使北约拥有优势;西方主张的"共同人数上限"既不能保证西欧在第二阶段裁军期间顺利裁军,也不能保证西欧在第一阶段和第二阶段之间不增加军力,特别是非美国的军力。②

苏联希望裁减联邦德国国防军和英国驻联邦德国部队,因为它们属于西方联盟的地面部队。第一轮正式谈判期间,苏联坚持主张空军和核部队也应该包含在裁军范围内,西欧军队(the West European forces)特别是联邦德国的军队(the Bunderswehr)不应置身事外。③ 此后,在1974年4月左右(第二轮谈判期间),苏联试图把联邦德国国防军和英国驻联邦德国军队(the Bundeswehr and BAOR)纳入"地面部队"概念。④ 此时,英国国防部正在评估新的防务形势。英国代表团团长罗斯提出,如果英国的防务评估(the defence review)未来真的想减少驻联邦德国部队(比如英国空军),那么英国一定要考虑对等裁军谈判这个背景。罗斯本人不希望英国减少驻联邦德国部队,并且认为这是英国手里的一张牌,如果要打出去,就必须从华约那里得到回报。另外,他认为英国政府应该宣布有意根据令人满意的裁军协议裁减驻联邦德国军

---

① *DBPO*, Series Ⅲ, Volume Ⅲ, p. 99.
② *DBPO*, Series Ⅲ, Volume Ⅲ, p. 80.
③ *DBPO*, Series Ⅲ, Volume Ⅲ, p. 67.
④ 关于苏联非正式地提出裁减联邦德国国防军的观点,详见前文,此处不再赘述。

队，从而避免给人以破坏西方联盟立场、试图单边裁军的印象。①

第二，核裁军即"第三选项"，由美国主张并提出继而成为裁军谈判主要议题，但是西方联盟在核裁军问题上意见不完全统一。

早在1973年4月30日（裁军预备会谈期间），美国就向北约提出《美国对欧洲对等裁军的建议》，其中"第三选项"建议是：美国裁减20%的核系统，换取苏联裁减20%的装甲部队。当时，英国官员维金认为这个建议可能对美国国会缺少吸引力。部分西方国家担心这是联盟"分离"（decoupling）的开始。不过，确有西方国家认为北约可以用较少的战术核能力——比如那些多余的、老旧的——换取苏联撤走大量坦克。② 苏联在中欧驻扎的大量坦克部队被西方联盟视为重大威胁，所以削减苏联驻中欧的坦克部队是西方联盟的主要目标之一。

英国和美国在核裁军问题上有分歧。当1973年10月裁军谈判正式开始后，美国代表不相信苏联会接受西方联盟的"第一阶段"（Phase I）裁军建议，即美苏各裁军15%。美国认为，除非西方放弃战术核弹头，否则苏联不会轻易撤回它的坦克部队。美国代表曾经告诉英国代表说，为了让苏联撤走坦克部队以换取美国裁军2.9万人，美国人可以接受"第三选项"中列出的美苏各裁军"20%"这个数字。但是英国表达了担忧，英国认为，美国的这个建议会造成严重的政治、军事影响，会影响北约的前沿配置系统（forward based system）、战略与战术两用飞机（dual-capable aircraft）以及联邦德国的"分裂"。英国担心，裁减两用飞机会最终会导致裁减北约空军。英国还担心，如果第一阶段就裁减核力量，那么就等于开了先河，会导致第二阶段进一步裁减核力量，东西方可能还会设定一个核力量的"共同人数上限"，而这并不是英国愿意看到的。英国认为北约急需研究核力量裁减问题。③

北约盟国最高指挥部非常慎重地讨论了美国的建议，没有全盘否

---

① *DBPO*, Series Ⅲ, Volume Ⅲ, p. 86.
② *DBPO*, Series Ⅲ, Volume Ⅲ, p. 32.
③ *DBPO*, Series Ⅲ, Volume Ⅲ, p. 59.

定。关于战术核武器是否纳入对等裁军谈判，北约并没有形成一致立场。维金预测，核裁军问题迟早会成为谈判的重头戏。勃列日涅夫1973年10月中旬在一次关于对等裁军的公开声明中提到了核武器。维金宁愿用核裁军换取苏联撤回足够多的坦克部队，以便减少英国对北约维持庞大的战术核武库所承担的义务。不过维金也表示，北约的基本提议里没有涉及核裁军，而北约的基本提议是不可协商的（unnegotiable）。① 由此可见，美国、北约和英国在核裁军议题上分歧比较明显。美国的核裁军提议体现了理想化的东西方交换，但是北约没有形成共识，它们也不清楚苏联的立场。

　　美国关于核裁军的决策权掌握在基辛格手里，但是美国方面很长时间没有定论。1974年10月，蒂克尔等人访问美国，通过与美国官员的谈话注意到，美国方面对核裁军非常谨慎，不愿意多谈"第三选项"，这张牌打不打取决于基辛格。美国官员还安慰联邦德国不必为核裁军感到紧张。这个时期，基辛格指示美国官员不要想甚至少谈论核裁军，特别是"第三选项"问题，但是美国官员大都认为美国迟早会打这张牌。此时，美国方面非常关心的是"第三选项"和空军裁减的关系，因为这涉及北约是否需要裁减两用飞机，即"共同人数上限"是否包括F4幽灵战机（F4 Phantom Fighter，这是一款当时普遍在西欧服役的战机）、所有的两用飞机或者所有战机。"第三选项"最初预计美国可能从中欧撤回54架可携带核武器的F4战机和1500名空军。②

　　即使在1974年10月23—27日基辛格访问苏联期间，美国官员对于核裁军问题仍然众说纷纭，没有定论。索南费尔特表示，他虽然不确定基辛格是否会打"核裁军"牌，但是基辛格也许很想同时在限制战略武器谈判和欧洲对等裁军两场谈判中打"核裁军"牌。英国官员蒂克尔认为很难把同一匹马卖两次，但是索南费尔特却认为应该试一试。蒂克尔向美国方面强调英国很重视"核裁军"牌，这张牌不仅对裁军

---

① *DBPO*, Series Ⅲ, Volume Ⅲ, p. 59.
② *DBPO*, Series Ⅲ, Volume Ⅲ, pp. 101, 102.

谈判很重要，而且对西方公共舆论也很重要。① 在 1974 年 12 月 13 日的北约部长会议上，基辛格仍然坚持不要提"第三选项"，认为最好能过几个月再讨论。②

华约也曾经提出过核裁军问题。在第二轮裁军谈判期间（1974 年 2—4 月），华约坚持裁军范围必须包括空军和核力量，而不只是地面部队。苏联在 1974 年 4 月 9 日第二轮谈判最后一次全体会议上发表了一份声明，苏联代表团团长科列斯托夫反对西方的两阶段裁军方案，坚持要求谈判空军与核武器裁减，详述了西方提议的不公平性和不充分性。英国认为科列斯托夫的声明带有偏见，但是英国代表也注意到，在这些正式表态背后，在次数众多的"非正式接触"中，华约的立场不是毫不妥协的。罗斯认为这个声明并不意味着华约发出了愿意妥协的信号，但是的确给出了好几个暗示，从而有利于西方完善己方提议，更有利于与东方谈判。基利克觉得罗斯的结论过于乐观。他认为华约也许有了一些灵活性，但是还没有触及实质；西方联盟想跟华约谈军队数据，但是苏联却继续坚持首先谈裁军的规模和本质，苏联也暗示愿意考虑"地面部队"的含义是什么、哪些国家的部队一开始就需要裁减。③ 罗斯和基利克的分歧至少说明英国官员对苏联有不同的态度，既有乐观派，也有保守派。罗斯本人事实上对裁军谈判的基本判断是谨慎的，遵循英国政府的指导。

第三，英国在核裁军问题上既显得谨慎，又以美国的立场为指导，同时还有一定的灵活性。

英国在核裁军提议问题上比较谨慎。从维护西方联盟利益的角度出发，英国希望北约在核裁军问题上可以做到这两点：（1）西方联盟能充分理解美国建议所造成的影响，并且在对等裁军谈判涉及核裁军问题之前达成一致立场。（2）作为补充的核力量裁军不是小事情，一旦出

---

① *DBPO*, Series Ⅲ, Volume Ⅲ, pp. 102, 103.
② 详细情况可参见前文"第五轮谈判"部分，或者 *DBPO*, Series Ⅲ, Volume Ⅲ, p. 113。
③ *DBPO*, Series Ⅲ, Volume Ⅲ, p. 80.

现在西方联盟的开场提议里就不能取消。英国还指出，尽管苏联的坦克部队拥有独立的核武器装备，但是西方联盟的开场提议（即1973年10月裁军正式谈判开始时——笔者）目前只包含常规军裁减。① 可见，英国不希望西方联盟从裁军谈判一开始就把核裁军问题纳入其中，它充分意识到核裁军是重大问题，会引起连锁反应，威胁西方联盟安全。英国虽然没有彻底反对核裁军，但是希望能一步一步来，西方联盟无须一开始就把所有可接受的条件都列出来以至于丧失主动权。英国更希望西方联盟能先取得一致再提出核裁军建议。

对等裁军正式谈判期间，英国在核裁军问题上有一定的灵活性。1974年4月底（第二轮谈判结束后），裁军谈判还没有就核裁军问题进行任何实质性讨论。② 1974年8月，英国国防部文件表示，西方联盟在"战斗力"方面的让步不会大幅度破坏"平等原则"，比如"第三选项"中的交换就是可以坚持的立场，这比那种呆板的观点更值得坚持。但是英国国防部也主张，所有让步都要体现在最后的谈判中，都要体现在"平等"的军力水平上，只有苏联接受"平等原则"和"共同人数上限"，西方联盟才能做出让步。英国国防部明确反对把美国核力量纳入第一阶段裁军，除非满足三个条件：第一，苏联必须答应分两个阶段裁军。第二，苏联必须承认，除了核裁军，地面部队裁减至少应该在第一阶段进行。这可以让苏联将来试图提出空军裁减时处于劣势。第三，在接下来的谈判中，西方联盟可以透露一点谈判内容和具体数字，避免为了实现"平等原则"而不考虑军费成本。③ 可见，英国国防部的立场反映了英国政府的灵活性，但是英国的基本目标没有变。

在美国正式向对等裁军谈判提出核裁军提议之前，英国对于是否应将核裁军纳入对等裁军谈判范畴、何时向华约提出等问题没有充分准备，这也许是因为美国在一段时间里没有确定立场。但是很显然，英国非常重视

---

① *DBPO*, Series Ⅲ, Volume Ⅲ, p.59.
② *DBPO*, Series Ⅲ, Volume Ⅲ, p.87.
③ *DBPO*, Series Ⅲ, Volume Ⅲ, p.99.

第六章　英国与欧洲对等裁军（1973—1976 年）（下）

核裁军问题，希望并且已经和美国保持更密切的沟通。英国外交和联邦事务部曾经拟订一份核裁军文件，经过英国国防部和联邦德国政府修改，1974 年 10 月 8 日呈送给美国政府。虽然美国政府没有在蒂克尔一行访问华盛顿期间讨论这份文件，但是蒂克尔从各方面了解到，美国对这份文件的印象很好。事实上，这份文件并没有特殊之处，只不过记录了英国国防部的坚定观点，即只要和北约协商，英国就可以接受核裁军。也是在蒂克尔等人访问华盛顿期间，蒂克尔请美国官员海兰（W. G. Hyland，美国国务院下属的情报研究局局长）和洛温斯坦（负责欧洲事务的副助理国务卿）向基辛格转达英国非常重视核裁军问题的立场，并且重申了英国核裁军文件中的主要观点，希望美国能先和英国深入磋商。①

由此可见，英国对核裁军的立场既谨慎又灵活。基利克曾指出，英国政府并没有把空军和核裁军排除在裁军谈判外，并且相信两者最终会被纳入谈判范畴。② 实际上，东西双方都在号召裁减对方威胁最大的军队和装备。英国把核裁军与"平等原则"（有时也称为"对等原则"）相互联系，最终目的仍是维持北约的战斗力。关于核裁军问题，英国国防部的文件中使用了很多转折词，通常在提出一个问题后就会分析"但是"，这种表达方式说明英国国防部在核裁军方面的观点要么不清晰，要么不坚定。而且，英国国防部没有主张一定不能向东方让步，更多考虑的反而是如何让步、如何通过让步换取回报（比如换取"共同人数上限"、平等原则、中欧地区合理的军力水平等）。这证明英国政府在核裁军问题上的立场有一定的灵活性。与此同时，在核裁军这个重要议题上，英国试图寻求更密切的英美合作，这凸显了英国在安全上倚重美国。但是蒂克尔表示，不接受任何束缚英国在自己认为合适的裁军区域部署核武器和核弹头的权利，尤其要拒绝"第三选项"里强行限制美国核系统装备上限的行为。③ 有趣的是，蒂克尔在提出这个观点时

---

① *DBPO*, Series Ⅲ, Volume Ⅲ, pp. 101-103.
② *DBPO*, Series Ⅲ, Volume Ⅲ, p. 99.
③ 这是 1975 年 8 月蒂克尔离任时指出的四个观察之一，参见 *DBPO*, Series Ⅲ, Volume Ⅲ, pp. 135-136。

频频使用"必须""一定"等十分肯定的词语，显示英国政府在核裁军问题上极为坚决。

第四，在"第三选项"问题上，英国很清楚自己和美国观点不同，但是英国坚持不完全配合美国，而是以本国和西方联盟整体利益为重。

英国官员表示，任何一个西方国家都无权决定如何使用"第三选项"，只有美国可以决定，而美国方面主要由基辛格决定。罗斯说，西方联盟究竟该选择什么，只能看基辛格在第四轮裁军谈判结束后的休会期间对裁军谈判关注多少（第四轮谈判是1974年9—12月——笔者）。罗斯还认为，美国的决策对英国、对欧洲国家影响巨大，但是英国不能因被美国催促而采取某种策略性行动，英国只有在自己充分考虑以后、在西方联盟一致接受以后才能前进。因此，罗斯认为西方联盟在接下来第五轮裁军谈判中的最佳策略是坚守当前立场，只进行一些微调，让那些急于前进的人感觉自己站在了苏联一边。"坚守当前立场"的观点得到了蒂克尔的赞成，但是蒂克尔又担心这种坚守会给西方联盟留下不好的印象。英国官员摩根（H. T. Morgan）并不担心这个，因为苏联在第四轮谈判期间的不妥协并没有损害西方联盟国家在世界上的声誉。摩根认为，如果西方联盟针对"冻结军队人数"建议提出反提议或者就空军人数问题采取进一步的行动，这无疑会帮助西方代表在各国议会和媒体报道中赢得好印象。摩根还鼓励罗斯，不要太在意华约的敏捷灵活和西方的笨拙，西方的笨拙暂时还没有给自己带来什么危害。①

美国虽然在1973年4月就提到了核裁军问题，基辛格也在1974年12月的北约部长会议上表示不要过早提出"第三选项"提议，但是美国直到1975年3月左右——即第五轮裁军谈判期间——仍没有打算把自己拟订的"第三选项"文件提交给西方联盟集体讨论。英国表示，"第三选项"问题不宜由美国、英国、联邦德国三国发表共同声明，而且英国将保持行动自由。英国担心华约不会一股脑儿接受美国的核裁军

---

① *DBPO*, Series Ⅲ, Volume Ⅲ, p. 115.

第六章 英国与欧洲对等裁军（1973—1976年）（下）

提议，反而会尽力瓦解这个提议。① 这显示了英国在核裁军问题上的谨慎态度。

实际上，英国感到美国有些毕其功于一役的心态，打算用"第三选项"换来苏联的重大妥协。对此，英国外交和联邦事务部西方组织司表达了不同看法。西方组织司指导简报认为，美国的文件和华盛顿负责官员似乎都暗暗地认为应该把"第三选项"当作检验苏联诚意的"试金石"。美国文件设想，与其得到一份不满意的裁军协议，还不如抛弃谈判。但是英国认为，"第三选项"不一定就是那块能实现目标的"试金石"。英国认为，假如苏联对"第三选项"的回应是消极的，那么西方联盟就可以向世人公开裁军谈判的秘密并终止谈判。可是英国也意识到，即使裁军谈判的结果是错误的、苏联的回应是负面的，西方联盟也不一定愿意终止谈判，毕竟太多的政治资本已经投入其中。②

从英国的这些思考和"特别小组"的讨论可以看出，美国、英国、联邦德国三国在核裁军问题上实现了磋商，虽然英国认为只有美国才能决定核裁军问题，可是"第三选项"却是明显造成英美分歧、美国与北约盟国分歧的议题。美国、英国、联邦德国三国的讨论既没有向西方盟国公开，又持续了很长时间。英国明确表示，即使西方联盟内部讨论"第三选项"问题，自己也会保持行动自由，当然它也会尽量和联盟的立场保持一致。和美国人的粗犷式谈判不同，英国人考虑得更细致具体，在维护本国利益和西方联盟利益方面不会轻易妥协。正是从这个角度看，英国在西方联盟内扮演了平衡美国领导作用的角色。

第五，英国认为西方联盟可以在空军裁减方面让步，以换取苏联的回报。

空军裁军是在核裁军成为裁军正式议题后提出的，它涉及空军的定义（属于"军队的定义"）、装备（特别是战机）、人数等。英国认为这是西方联盟可以让步的一个领域，但是英国不认同美国的观点，即裁

---

① *DBPO*, Series Ⅲ, Volume Ⅲ, pp. 121-122.
② *DBPO*, Series Ⅲ, Volume Ⅲ, pp. 122.

减空军人数可以换取苏联的某些东西。①

英国主张把"军队"的定义与军队"数据"联系起来。1975年6月（第六轮谈判期间），英苏代表双边磋商中，古德尔和舒斯托夫两人详细谈论了"军队"的定义问题。古德尔认为现在应该讨论实际问题了，应该把"军队"概念和军队"数据"放在一起讨论，至少应该确定如何把军队分类。古德尔和舒斯托夫都认为，关于"军队"定义问题的磋商会很漫长，但是如果不开始讨论，就不知道能谈到什么程度。舒斯托夫建议用一整场非正式会议讨论"军队"定义，而不是在讨论其他问题的非正式会议中间夹杂着讨论这个问题。古德尔同意这个方法。至于东西各方的军事顾问是否参与讨论，留待以后决定，必要的时候，他们可以在现场提供解释。舒斯托夫表示将在下一次非正式会议上提出华约的"军队定义"。②

关于裁减军备问题，东西双方的主要争议是裁减类型和裁减单位。裁减类型主要和"军队"的定义有关，绝大程度上取决于空军的哪些部分应该纳入裁军。裁减单位指是按照人数裁减，还是按照军队建制裁减。苏联提议按照军队建制和编队（by units and formations）裁减，同时裁减相应的军备。③ 西方联盟在1975年6月左右还没有确定裁军方式。1975年12月第七轮谈判期间，华约提出东西双方可以把军队归为同一种类型，从而实现裁军，要么是地面部队，要么是空军。可是东西双方划分军队的标准是不同的，北约的划分标准是"制服"（uniforms），华约的标准是"功能"（function）。如果按照"功能"划分，那么北约裁减的军队会多于华约，华约只需要裁减地面部队即可。这当然不利于实现西方联盟主张把两大军事集团驻中欧的军力变得相等的目标。④

"军队"定义问题在第八轮谈判期间（1976年1—4月）再次被提

---

① *DBPO*, Series Ⅲ, Volume Ⅲ, p. 103.
② *DBPO*, Series Ⅲ, Volume Ⅲ, p. 127.
③ *DBPO*, Series Ⅲ, Volume Ⅲ, p. 129.
④ *DBPO*, Series Ⅲ, Volume Ⅲ, pp. 142-143.

出，但是没有解决。西方的主要目的是以"军队"定义问题展示中欧地区北约的劣势和华约的优势，为西方联盟提供一个设置共同上限的机会。① 华约则把"军队"定义问题视为破坏西方联盟裁减更多华约军队意图的方式。在第七轮谈判期间（1975年9—12月），华约一直讨论它们自己的所谓"第三原则"（the third principle），即东西双方相似类型部队应该归为同一类裁军，要么是地面部队，要么是空军。② 实际上，由于北约部队里雇用了不少平民进行工作，华约竭力想把一部分军人划为"平民"（civilians），减少军队人数的基数。西方联盟当然不同意，它主张裁军不应该包括平民、预备役（reservists）、准军事组织里的人员（members of para-military organisations）。西方联盟甚至还提议，如果华约把这些人员排除在裁军范围外，那么西方就会考虑把华约人数众多的准军事部队（the para-military forces）排除在裁军范围外。民主德国和波兰两个国家拥有大量专职的准军事部队（the full-time para-military forces），这些准军事部队由两国的国防部直接指挥。③ 所以，"军队"定义是一个非常复杂的问题，关乎双方的裁军基数。北约和华约的界定和处理方式截然不同，分歧十分明显。

第六，"第三选项"并没有为裁军谈判提供持久动力。

1975年12月16日当第七轮谈判即将结束时（18日结束），西方联盟正式向裁军谈判提出了"第三选项"提议，以便回报华约接受北约1973年11月建议的友好行动（详见前文"第七轮谈判"）。"第三选项"新提议第一次给裁军谈判注入了新鲜"血液"，打破了自1973年11月末东西方各自提议以来的僵局。能在1975年圣诞节休假前提出这个选项，东西方代表们都松了一口气。④

可是，对于是否提出该提议、何时提出，英国有不同看法。英国不介意提出的时间，但是认为西方联盟首先必须达成一致。鉴于西方联盟

---

① *DBPO*, Series Ⅲ, Volume Ⅲ, pp. 151-152.
② *DBPO*, Series Ⅲ, Volume Ⅲ, p. 142.
③ *DBPO*, Series Ⅲ, Volume Ⅲ, p. 152.
④ *DBPO*, Series Ⅲ, Volume Ⅲ, p. 141.

内部的分歧,英国认为最好在1976年1月第八轮谈判期间再提出。然而在1975年12月12日的北约部长会议上,北约各国一致决定在第七轮谈判结束前提出。决定正式抛出该提议的首先是北约高级政治委员会,然后是北大西洋理事会。①

在西方联盟的讨论中,英国代表团主要在谈判策略和程序方面提供了建议,因为这两个方面不仅引起了西方联盟各国代表团的很大分歧,也造成了"特别小组"内的很大分歧。西方联盟集中讨论了两个问题:一是军备限制,二是"共同人数上限"的定义。面对西方联盟内部矛盾,英国在北大西洋理事会里提议:西方联盟在提议里加一个段落,明确表示"第三选项"不包含"非美国的西欧军备裁减"(the reductions in non-US Western equipment),对"非美国的西欧军备"的任何裁减——无论是地面部队、空军还是核力量——都是西方不能接受的。但是英国的主张没有成功,美国代表团不接受。不过基辛格倒是支持英国的立场,于是罗斯开始寻求其他盟国的支持。罗斯承认,英国为了达到目的而漠视了西方联盟和"特别小组"的规程和谅解。不过英国官员汤姆森并不担心,他相信这种情形不会太严重,并指出英国的立场有时与美国相反,但常常获胜。② 由此可见,英国对自己在裁军谈判中扮演的重要角色非常自信,英国似乎也的确是西方联盟里不可或缺的调和者。此后大约三个月里,"第三选项"作为一个新提议所带来的刺激就结束了,第七轮谈判的最后一周里,东西双方又开始老调重弹。直至裁军谈判结束,核裁军问题始终未见成果。

三 两阶段裁军或三阶段裁军

两阶段裁军(two phases)是西方联盟的重要主张之一,更是英国的坚定立场。西方联盟主张:第一阶段裁军只涉及美国和苏联,两国分别裁减相应人数;第二阶段裁军包括所有其他的欧洲裁军国,它们按照

---

① *DBPO*, Series Ⅲ, Volume Ⅲ, p. 141.
② *DBPO*, Series Ⅲ, Volume Ⅲ, p. 141.

第一阶段裁军期间达成的协议全面展开裁军。苏联本质上主张裁军一开始就应该包括所有裁军国,也就是"一次性裁军"或一步到位。不过,苏联在裁军谈判正式开始后又提出了三阶段裁军的提议,作为对西方两阶段裁军主张的反驳。华约坚持只需一次性签署一份裁军协议。英国设想,只有第一阶段裁军令人满意地完成后才能开始第二阶段裁军。英国主张分阶段签署协议,第一阶段的执行情况是第二阶段裁军的基础。在分阶段裁军问题上,北约和华约的分歧非常明显,英国的主张更复杂,也十分坚决。

第一,西方联盟主张分两个阶段裁军。

为了更好地实现削减华约军事优势,北约主张可以经由两个阶段实现70万人的"共同人数上限",每个阶段都应该单独签订裁军协议。西方联盟的主张具体如下。

在第一阶段裁军期间（Phase Ⅰ）,苏联撤出一个坦克军,包括6.8万人和1700辆坦克,即5个师的建制,这占苏联驻中欧军队数量的15%。此外,第一阶段裁军还给苏联剩余的地面部队人数和主战坦克数量设置了永久上限。如果在第二阶段裁军期间（Phase Ⅱ）,苏联继续撤走军人或者装备,那么这个上限还可以进一步下调。与此同时,美国将在第一阶段裁军期间撤出2.9万人,相当于美国驻中欧地面部队总数的15%,有些也许按军队建制撤走,不过这不会写进裁军协议里,而且也不会做强制规定。美、苏两国从裁军区域各裁减15%。苏联既可以分散撤出,也可以按建制整体撤出;美国则撤出全部指定部队。美国军队撤出后,其装备可以留下,苏联军队将同时撤走军队及其装备。此外,根据1975年12月西方联盟提出的核裁军建议,第一阶段裁军将会特别裁减剩余的美国F4战机、潘兴地对地导弹（surface to surface missiles）和核弹头。

在两个裁军阶段之间,东西双方都承诺不增加兵力,以避免其他国家在美苏裁军后增加其驻中欧的地面部队。也就是说,北约和华约将"冻结军队人数"各自在中欧的地面部队人数,并且双方均有人数上限。在此期间,双方还将针对特殊装备进行核查等。

在第二阶段裁军期间,根据第一阶段协议里的特定条款,其他裁军国进一步裁军并达到"共同人数上限"。在第二阶段裁军里,华约国家——苏联除外——应该裁减大约15万人,其中6.8万人是苏联第一阶段裁军期间裁掉的人数。

第二阶段裁军后,1975年12月西方联盟提出的"第三选项"中包含这样的想法:北约和华约的空军人数大约有20万人,他们也应该纳入共同地面部队和空军人数上限。因此,"共同人数上限"大约是90万人,其中地面部队人数大约70万人。西方联盟提出,"共同人数上限"将再加上或者减去5万人,以便东西双方在这个人数范围内调整地面部队和空军的人数比例。美国和苏联分别有各自的人数上限及其武器装备上限(苏联主要是坦克,美国主要是核武器),这一点将在第一阶段裁军协议里规定。西方联盟还设想了一些例外情况、地面部队和空军之间的灵活余地问题。此外,西方联盟主张裁军谈判还将建立核查措施,但是华约始终不同意。

西方联盟的上述裁军主张、目标和两阶段方式到1976年第九轮谈判时依然没有改变。① 西方联盟还主张,两个阶段的裁军都应辅之以"关联措施"以便管理裁军行动,还应包括特殊核查和诚信条款(specific verification and non-circumvention provisions)。② 西方联盟的最终目标是使东西方驻中欧部队人数相等,也就是实现"共同人数上限"。从对等裁军正式谈判开始,西方联盟一直坚持这些主张,它们是北约各国的一致立场。

美国和苏联对上述主张态度不一。美国虽然接受了两阶段裁军的观点,但是更重视第一阶段裁军,似乎对第二阶段裁军不感兴趣,这或许是为了消除来自国会的压力。这是英国官员蒂克尔1974年10月访美期间得出的印象。美国不太乐意西方联盟提出第二阶段裁军的内容和分配问题。英国注意到,苏联当时似乎不重视对等裁军,苏联也许要等欧安

---

① 西方联盟两阶段裁军的主张参见 DBPO, Series Ⅲ, Volume Ⅲ, pp. 64, 169-170。
② DBPO, Series Ⅲ, Volume Ⅲ, pp. 63-64.

第六章 英国与欧洲对等裁军（1973—1976 年）（下）

会首脑会议确定下来、第二阶段限制战略武器谈判前景明朗后才会认真对待中欧裁军谈判，那时苏联也许会想得到一份中欧裁军协议并且进一步发展多边缓和进程。那么西方联盟应该思考两个问题：一是是否有可能调整两阶段裁军的建议，比如不那么清晰地区分第一阶段和第二阶段；二是西方联盟现有提议中如何分配裁减人数和裁减种类、如何确定裁军内容。①

1974 年 10 月左右，美国还寻求英国支持它提出的"非增长协议"（a non-increase agreement）。这个提议是为了限制北约和华约在第一阶段裁军和第二阶段裁军之间的时间里增加各自的空军人数。美国此前没有把这个提议告诉其他盟国。美国官员很抱歉没有向北约各国解释这个提议，他们表示这是一个与其他四个提议非常不同的提议，希望能先达成一个"非增长协议"。这份"非增长协议"可以包括空军，比如把空军人数纳入整体的"共同人数上限"里，但是不能减少西方联盟的战机数量。美国觉得这样就可以应付苏联批评西方联盟坚持只裁减地面部队的问题了，而且还可以在裁军谈判期间限制苏联空军。美国似乎很担心过去一两年里苏联空军在中欧地区的发展。② 1974 年 11 月 26 日，在裁军谈判的一次非正式会议上，西方代表提出了空军部队的"非增长协议"。③

为了回应"非增长协议"，华约提出"第一步"裁军建议（the first step）和"冻结军队人数"。罗斯认为华约试图通过公开提出新建议针对性地对付西方联盟的方案。1974 年 10 月 15 日，苏联代表提出了"第一步"裁军建议并在 10 月 31 日的裁军谈判全体会议上确认了这一点。但是罗斯认为苏联的观点没有本质变化，也完全没有满足西方的要求，所以西方果断地拒绝了这个"新"建议，防止它成为第四轮谈判剩余时间的中心议题。"第一步"提议刚被拒绝，华约紧接着在 11 月

---

① DBPO, Series Ⅲ, Volume Ⅲ, p. 103.
② DBPO, Series Ⅲ, Volume Ⅲ, p. 104.
③ DBPO, Series Ⅲ, Volume Ⅲ, pp. 108-109.

26日的非正式会议上提出了"冻结军队人数"提议,然后在12月6日的裁军谈判全体会议上正式提出。这个建议的内容是在整个裁军谈判期间暂时冻结华约和北约在中欧的军队人数,11个直接参与国保证在裁军谈判期间不增加各自在中欧的武装部队数量。西方不接受这两个新建议,结果招致苏联代表团团长科列斯托夫的斥责,他骂西方缺少灵活性,背叛了双方希望裁军谈判取得进展的愿望,并且表示希望能在第五轮谈判中认真讨论"冻结军队人数"提议。①

第二,英国同意用分阶段裁军的方式促进苏联真正落实裁军,使结果真正令人满意。

西方联盟已经就两阶段裁军达成共识,英国也坚持这一立场。但是,英国特别重视第一阶段裁军的质量,认为只有第一阶段裁军落实好后才能开始进行第二阶段裁军。英国态度谨慎,同时担心西方代表太容易接受第二阶段裁军,有可能在第一阶段裁军还没有落实好的情况下仓促开始第二阶段裁军。英国外交大臣道格拉斯—霍姆在1973年1月21日提醒英国代表团团长罗斯,为了换取苏联同意"共同人数上限"——哪怕当时没有确定具体数字——并就此签订裁军协议,英国可能有必要同意在第一阶段谈判协议达成后的一段时间里——这段时间有多长应相对明确——举行第二阶段裁军谈判,但是如果苏联还没有接受"共同人数上限"概念,那么西方此时承认第二阶段裁军谈判的原则就是"坏的谈判策略"②。也就是说,英国不希望仓促进入第二阶段裁军,而主张先把第一阶段裁军落实好。英国非常希望把苏联拉向西方联盟的立场。

苏联虽然无法彻底推翻两阶段裁军的主张,但是却通过要求西方联盟承诺第二阶段裁军的时间和内容而向西方联盟施压。西方联盟主张第一阶段裁军协议只限于裁减美苏的军队,苏联极力想让西方联盟付出代价,所以提出西方联盟要承诺第二阶段裁军协议签订的时间和内容,可

---

① *DBPO*, Series Ⅲ, Volume Ⅲ, p. 109.
② *DBPO*, Series Ⅲ, Volume Ⅲ, p. 64.

是苏联自己却没有表明是否会接受第二阶段裁军协议。同时，苏联直接拒绝了西方主张的"共同人数上限"的概念。苏联提醒西方，"共同人数上限"这个西方谈判中的"铁杆"可能会弯曲成适用于苏联提议的形状，比如拓展裁军范围，把空军纳入进来。① 英国不完全反对将空军纳入裁军范围，而是把这看作一个可以妥协让步的次要领域。

第三，英国质疑华约的三阶段裁军建议。

1973年11月，在"西方提议"之前，苏联代表华约四个直接参与国提交了一份协议草案，这个协议草案实际上是苏联自己拟订的。② 与北约主张的分别签署两个阶段裁军协议不同，华约建议只签署一份协议，规定分三个阶段裁军，裁军范围包括中欧的所有武装力量，涵盖空军、核武器部队。第一阶段是"象征性"阶段，东西方各裁减两万名军人；第二阶段和第三阶段，东西方进一步各裁减5%—10%的军队。裁减方式是按完整建制、裁减大致同类的军种，并且落实到各个直接参与国，按它们对总体兵力的贡献比例分配裁军份额，最终使各个直接参与国在中欧裁军区域里实现军备、军力的不同人数上限（separate ceilings）。③

英国对"苏联提议"的看法是消极负面的，态度是不满意的。英国认为，表面上看，苏联的方案一一回应了北约的提议，但是这个方案没有考虑中欧现存的军事差异，也没有考虑西方联盟的看法，即把东西方在中欧的现存军力维持在一个较低水平会导致双方军力差距加大。英国还注意到，苏联方面没有提出其他连带措施。苏联有可能最晚在1974年9月底收到一份西方联盟本质立场的通告（notice）。当时《洛杉矶时报》记者托特（R. Toth）撰文说北约将要提议东西方在中欧的裁军要减至70万人。显然《洛杉矶时报》记者泄露了消息，从而使苏联掌握了西方联盟的立场。罗斯还认为，无论从总体态度看，还是从细

---

① *DBPO*, Series Ⅲ, Volume Ⅲ, p.67.
② *DBPO*, Series Ⅲ, Volume Ⅲ, p.64.
③ 华约协议草案的内容详见 *DBPO*, Series Ⅲ, Volume Ⅲ, p.65。

节看，华约的提议都与西方的立场格格不入。西方联盟看到了中欧军力不均衡的事实，华约的指导原则却说现存的中欧军力关系必须维持，并认为这是历史变迁的结果，现存状况保障了各方安全，中欧军力关系的任何改变都会减弱华约国家的安全，同时为北约带来单方面军事优势。对此，罗斯建议西方联盟可以这样回应苏联："我们的目标是展示'共同人数上限'的公平性。为了达到这一目标，我们需要展现：（1）由于历史形成的中欧军力现状是不可接受的。（2）仅仅只降低中欧军力水平并不能促进该地区更稳定。（3）自从北约1968年6月提议举行对等裁军以来，华约一直在不断提高中欧驻军水平，这导致华约和北约之间的差距日益扩大。"[1] 可见，英国对苏联在中欧军事优势有着不满，但是又无能为力。1974年1月17日，第一轮裁军谈判末，蒂克尔分析了苏联的目标：一是确保为裁军国设定"单独的人数和军备上限"，二是坚持主张核武器和飞机必须纳入谈判范畴。[2] 这也是英国外交部门对苏联目标的分析，这个结果得到了外交大臣道格拉斯—霍姆的赞成。

第四，分阶段裁军与西方联盟直接参与国的裁军承诺。

无论是北约的两阶段裁军主张，还是华约的三阶段裁军提议，都涉及一个重要问题：西方联盟的裁军国——即除美国以外的其他在中欧有驻军的西方国家——如何承诺落实裁军。西方联盟的立场是，只有等第一阶段美苏裁军后、各国签订了关于第二阶段裁军的协议后（而且是令西方联盟满意的裁军协议），其他西方直接参与国才能真正开始裁军。因此，第一阶段裁军协议就显得十分重要，一旦西方联盟不满意就会拒绝参加第二阶段裁军。这实际上为西方联盟留下了活动的余地，非常不利于华约。另外，苏联和华约主张西方直接参与国必须明确地、坚定地承诺会在第二阶段实施裁军。于是，裁军承诺问题就成了一个东西方尖锐对峙的问题。

1976年2月，苏联提出的两阶段裁军新提议（详见前文"第八轮

---

[1] *DBPO*, Series Ⅲ, Volume Ⅲ, pp. 64, 65.
[2] *DBPO*, Series Ⅲ, Volume Ⅲ, p. 73.

第六章　英国与欧洲对等裁军（1973—1976年）（下）

谈判"论述）就是针对西方联盟的裁军承诺问题。罗斯认为苏联的新提议有两个比较重要的问题：一是要求西方直接参与国（除美国以外）必须承诺在第二阶段裁军（firm commitments），二是按等比例裁军。华约坚持认为，西方联盟国家必须坚定承诺在1977—1978年的第二阶段里裁军，并且说明裁多少、裁哪些军队。此前，西方联盟只承诺将会参加第二阶段裁军（指西方联盟主张的第二阶段裁军，而非华约提出的第二阶段裁军），而西欧国家的裁军将取决于第一阶段裁军的成果，包括"共同人数上限"。华约认为这不是一个"坚定的承诺"[①]。于是，此后的第八轮谈判就集中在"坚定的承诺"问题上。但是由于北约和华约的分阶段裁军立场、相应的裁军安排设想截然不同，所以十轮谈判结束后也没能解决这个分歧。

四　对等裁军的"关联措施"

"关联措施"（collateral measures，有时也被称为 associated measures）指西方联盟对"对等裁军"概念的拓展，把落实裁军的其他相关措施纳入裁军行动中，比如对军事行动的约束（movement constraints）、检查与核查（inspection and verification）、各种形式的冻结（various forms of freeze）。西方联盟提出"关联措施"的目的是防止对等裁军完全按照苏联的设想进行、损害西方利益。但是"关联措施"的提议不是西方联盟在对等裁军之初就设想好的，而是在与东方谈判过程中逐渐清晰起来的。英国外交部门指出，1973年10月11日对等裁军正式谈判开始，西方联盟还没有就"关联措施"形成清晰立场，当时北约的措辞还令人十分困惑。[②]

英国非常担心"关联措施"界定得不正确，从而不利于西方联盟特别是西欧防务合作。一旦错误界定"对军事行动的约束"，就会抑制西欧防务合作的发展。英国确定本国的目标——至少是在第一阶段的目

[①] *DBPO*, Series Ⅲ, Volume Ⅲ, pp. 150-151.
[②] *DBPO*, Series Ⅲ, Volume Ⅲ, p. 59.

标——是让"关联措施"只适用于美、苏两国的裁军行动,同时在中欧区域以外加强欧洲部队的力量。不过,英国感到仅凭一己之力没办法完全实现目标。比如,一旦设定了"共同人数上限",那么英国就只能在限定范围内加强驻联邦德国的军队。对此,英国外交和联邦事务部国务大臣埃默里说,如果"共同人数上限"影响了欧洲防务军力,那么就要规定好共同上限人数或军队类型,但是不能限定国别。埃默里还从"欧洲防务共同体"的角度来思考,认为,如果欧共体九国最终会建立"欧洲防务联盟",那么九国就必须保持其军队的行动自由。① 所以,埃默里意在避免中欧裁军人数上限束缚英国在中欧的军力,也避免限制欧洲防务合作的发展。虽然欧共体"防务一体化"是个几乎不可能实现的领域,英国也从来不主张超国家一体化,但是埃默里的提醒还是有意义的。无论是针对北约,还是针对欧共体,英国始终警惕苏联破坏欧洲防务合作的前景,这是英国一贯坚持的基本立场。

英国主张耐心而细致地研究"关联措施",确保西方联盟达成共识。英国认为西方联盟迫切需要确定"关联措施",凡是提出特殊措施的国家都应该提供相应的政治、军事和技术理由。英国自己的目标仍然是阻止西方联盟提前承诺那些没有经过充分考虑的建议。与英国的谨慎态度不同,有的西方联盟国家甚至渴望在第一阶段裁军期间就实施"关联措施",它们相信本国舆论期待它们加入进去。可是这些措施原本是为美、苏两国的第一阶段裁军设定的。②

英国外交和联邦事务部认为"关联措施"可以分为三个部分:其一,裁军前的稳定措施(pre-reduction stabilising measures);其二,稳定措施,包括不规避条款(non-circumventions provision);其三,核查(verification)措施。③ 但是,美国、英国、联邦德国三国——作为西方联盟合作的核心——在这三个内容上的立场各不相同。

---

① *DBPO*, Series Ⅲ, Volume Ⅲ, p. 60.
② *DBPO*, Series Ⅲ, Volume Ⅲ, p. 60.
③ 关于"关联措施"的三个部分,详见 *DBPO*, Series Ⅲ, Volume Ⅲ, pp. 60-61,后文不再一一标注。

第六章　英国与欧洲对等裁军（1973—1976年）（下）

其一，在"裁军前的稳定措施"问题上，联邦德国在裁军谈判正式开始时提出，可以制定"适当的裁军前的稳定措施"，类似欧安会"信任建立措施"（confidence building measures）。[①] 这些措施是自愿而非强制的，将包括提前通知军事行动和军事演习以及在军事演习时交换观察员。英国对联邦德国的提议半信半疑，它认为，假如对等裁军要规定这些"措施"，那就得制定充分详细的具体内容，比如涉及多少军力、提前通知的方式、观察员的行为准则等，然而这些措施可能不会太有效，这不是个简单的问题。更何况，如果欧安会的安全措施被当作对等裁军谈判相关措施的先例，那么俄国人就会在对等裁军谈判期间援引这些先例以破坏西方联盟的目标。英国外交和联邦事务部指示本国代表团不要轻易把对等裁军和欧安会这两套谈判联系起来。英国认为，"适当的裁军前的稳定措施"可以在谈判裁军时施行，它的规定应该尽可能细致，包括经过调查后冻结东西双方当前的军力水平。英国指出，俄国人一直反对"先调查再裁军"（inspection before disarmament），他们一定会反对这个措施；美国人不会喜欢任何难以谈判的、导致裁军延迟的事物。由此看来，北约可能已经接受"适当的裁军前的稳定措施"作为一致立场，但是各成员国对具体规定意见不一，美国则不太愿意让这些措施妨碍裁军谈判继续前进。英国主张对等裁军谈判和欧安会谈判的成果各自独立，尽管两个谈判进程会相互影响（比如东西方会以对等裁军进程作为欧安会谈判继续前进的条件）。

其二，在"包含不规避条款的稳定措施"问题上，英国认为，一旦东西双方同意裁军，那么双方就不会再提出从中欧撤军或者各自解散这一区域的驻军。英国认为对等裁军谈判的最终协议要包含一条"一般性的不规避条款"（a generalized non-circumvention provision），以便应对挑战，比如：未来有可能调整稳定措施；西方认为有必要废止这些措施时；任何一方（北约和华约）有理由相信对方采取了不符合条约目

[①] 关于信任建立措施，可参考拙著《英国与欧安会的起源：1968—1975》（南京大学出版社2009年版），第184—194页。

的的军事措施时。北约侧翼国家希望"关联措施"能更严格地约束苏联领土上的军队,但是它们似乎无法加入这些措施协议。英国认为本国必须谨慎对待"关联措施"的谈判,不要为第二阶段裁军树立不好的先例。

其三,在"核查措施"问题上,北约曾在1973年10月16日提出一份关于对等裁军的报告,其中认为就"核查措施"与华约达成协议是必要的,这可以保证协议条款的执行、建立相互信任、在华约增兵时加强预警。但是北约报告也指出,西方联盟的"核查措施"建议不能给苏联制造干涉西方防务和外交政策的机会。北约还提出,对等裁军谈判结束以后,若干个"特别机动检查队"(special mobile inspection teams)应该在裁军区域行动起来,以保证东西方都遵守协议。英国对"核查措施"比较乐观,认为西方主要成员国所拥有的核查技术和情报来源对于探查苏联是否违反裁军协定而言足够了。虽然有时候开展3个月以上的现场检查会需要一些额外情报,虽然有些欧洲国家没有相应的核查技术,但是它们在政治上十分重视核查协议的价值。所以,英国认为西方的目标是谈出一份对己方最有利的核查协议。由此看来,英国在核查问题上既赞成北约的一致立场,又显得十分自信。苏联不想接受核查协议,因为这对苏联太严格了。如果西方联盟同意削减己方的核弹头,那么苏联很有可能会坚持主张"侵入式"检查(intrusive inspection),这有可能不利于西方联盟。在1976年3月的英国外交和联邦事务会议上,卡拉汉提出"核查措施"是一个技术问题而不是一个政治议题[①],从而降低了"核查"的政治意义。但是卡拉汉的看法不一定能说服其他英国官员。

1976年9月第十轮谈判期间,华约仍然拒绝讨论核查问题或者任何类型的"关联措施"。东西双方都同意不干涉各国的技术(比如卫星技术),但是这无法有效监督军队人数。华约和联邦德国都不愿意接受特别机动检查队。联邦德国明确地强烈反对机动检查队这个想法,因为

---

① *DBPO*, Series Ⅲ, Volume Ⅲ, p. 148.

这个规定将允许华约检查人员进入联邦德国领土和查看相关设施。鉴于此，西方联盟不便提出机动检查队的建议，但是也许会设立一些固定检查点，以监督撤军行动和裁军情况。对西方而言，核查的主要目标是监督苏联是否遵守裁军协议。①

"关联措施"在裁军谈判期间进展并不顺利，因为这是西方联盟的提议，是要在裁军问题上给华约施加压力，而苏联方面并不愿意接受。"关联措施"直到第五轮谈判时还没有被正式提交给对等裁军会议。当然，英国希望能用核裁军换取苏联接受"关联措施"，可是这个问题在裁军谈判中久拖不决。"关联措施"是西方联盟拓展苏联对等裁军概念的重要内容，也是监督华约落实裁军协议的手段之一，但这些措施又显得十分模糊，很难清晰地界定是否对西方有利。这些措施有点类似欧安会谈判中的"合作安全"。在欧安会和对等裁军这两个欧洲多边外交进程中都出现了安全措施议题，这足以说明安全问题既是欧洲国际关系的重中之重，也耗费了东西方巨大的时间和精力。

五 裁军区域

裁军区域（the reduction area）是东西方争论的焦点之一，其中的热点问题是"匈牙利问题"，即匈牙利是否纳入裁军范围。裁军正式谈判开始以后，"匈牙利问题"仍然未有定论。

关于裁军区域，英国外交和联邦事务部提出了自己的观察和认识。对等裁军预备会谈最初划定的裁军范围包括联邦德国、民主德国、比利时、荷兰、卢森堡、波兰、捷克斯洛伐克。不过这没有令各方满意。联邦德国不愿意裁军，因为这会让东西方的注意力都集中在自己身上。美国不想提出裁军区域问题，因为这可能会引发大家关注法国和美国在地中海以及英国的驻军问题。俄国人威胁说要大范围拓展裁军范围，这样他们所谓的"全球平衡"观才更有说服力。② 总之，东西双方各有打

---

① *DBPO*, Series Ⅲ, Volume Ⅲ, p. 170.
② *DBPO*, Series Ⅲ, Volume Ⅲ, p. 62.

算，找不到一个能被接受的、共同的中欧裁军区域。

1973年5月14日，在预备会谈全体会议上，西方联盟的声明里谈到了"匈牙利问题"，声明指出，对等裁军预备会议对匈牙利与会问题的规定不带有偏见，但是也不影响匈牙利以后参与正式谈判、遵守裁军共同措施决议。这样，匈牙利虽然在预备会谈期间没有被纳入裁军区域，但是英国表示，在正式谈判期间，对"匈牙利问题"必须进行研究并做出决定。西方联盟有一个重要目标，即任何谈判结果都不能使苏联增加在匈牙利的驻军。英国外交和联邦事务部指示英国代表团要大力支持西方联盟在"匈牙利问题"上的立场。[①] 可见，英国认为"匈牙利问题"应该保持开放，至少不能让苏联增加在匈牙利的驻军，以避免苏联进一步获得在中欧地区的军事优势。

六 对等裁军的永久机制

永久机制（permanent machinery）问题主要是为了落实中欧裁军并持续关注中欧地区军力状况。永久机制可以是一个进程（比如多边论坛或者多边会议），也可以是一个常设机构（比如东西方委员会），既可以是正式的，也可以是非正式的。

英国认为，在某个时间（比如在正式谈判后期）有必要处理一下如何执行对等裁军谈判协议的问题，比如确定哪个机构可以处理明显违反协议的行为、由于检查裁军行动而导致的干扰、通知某一方的军事行动等问题。英国认为美、苏两国第一阶段限制战略武器谈判的双边安排方式不适合中欧裁军谈判。英国认为对等裁军永久机制安排可以有这样几个选择：（1）建立一个中立的控制委员会（neutral control commission）；（2）建立一个永久的东西方机构；（3）建立一个非正式的安排（a more informal arrangement）。英国指出，前两个选项没什么吸引力，因为这样的机构过于庞大臃肿，还会给苏联提供太多干涉西方联盟事务的机会。英国认为非正式安排更好些，比如由对等裁军谈判与会国驻维也

---

① *DBPO*, Series Ⅲ, Volume Ⅲ, p. 62.

第六章 英国与欧洲对等裁军（1973—1976 年）（下）

纳的大使组成一个委员会，各位大使轮流担任主席，一个月开一次会或者由四个签约国提出要求开会。① 1974 年 10 月，当时美国、英国、联邦德国三国在华盛顿进行磋商时，联邦德国希望把第二阶段裁军转变成一个半永久性的安全对话，但是蒂克尔认为这个想法对英国和苏联都没有吸引力。②

英国没有强烈要求对等裁军谈判建立一个永久机制或者机构。欧安会倒是拥有一个强制性后续机制。但欧安会与裁军谈判性质完全不同，西方国家在欧安会的人道主义议题上占据绝对优势，其后续机制主要是为了保持对苏联、东欧各国的压力，促使其社会变革。对等裁军后续机制则不同，它很可能被苏联用来插手西欧事务、干涉西欧安全，英国当然希望苏联的干涉越少越好。

欧洲对等裁军谈判从 1973 年持续到 1976 年，绝大部分时间都处于僵持状况。其间，对等裁军正式谈判一共进行了十轮，但是直到第十轮谈判结束，东西双方在主要议题或者关键问题上依旧毫不妥协。虽然北约和华约在不同阶段都曾经提出新议题、试图打破僵局，但是其本意都是削弱对方力量、保住己方优势，双方本质上都缺少裁军诚意。所以，所有裁军议题都满足不了它们各自的要求，自然也达不成妥协。

英国在对等裁军谈判期间发挥了比较重要的作用。这既取决于英国在裁军谈判期间的特殊地位，也取决于英国的谨慎态度。英国是美国、英国、联邦德国"特殊小组"成员，该小组是西方联盟合作的秘密核心，这使英国既可以与美国保持密切沟通，平衡美国的急躁冒进和强势，又可以协调美国与北约各国的立场。英国坚持主张西方联盟在面对华约时必须首先取得一致立场。在维护西方联盟一致和团结方面，英国颇有"鞠躬尽瘁，死而后已"的精神。也许正因如此，英国才能在对等裁军谈判中扮演重要角色，才获得了其他西方盟国的信任。英国在主要裁军议题上常常比其他西方盟国更加慎重，思考和准备也更加深入细

---

① *DBPO*, Series Ⅲ, Volume Ⅲ, p. 62.
② *DBPO*, Series Ⅲ, Volume Ⅲ, p. 103.

致，一定程度上使西方联盟避免决策失误或落入苏联设定的轨道。

第三节 欧洲对等裁军谈判的结束与成果

由于资料所限，笔者未能获得第十轮谈判后裁军谈判的更多资料，因此不敢贸然猜测此后的谈判情况，这里只能根据英国方面有限的资料进行总结。

1989年2月2日，"中欧对等裁军与联合措施"（Mutual Reductions of Forces and Armaments and Associated Measures in Central Europe，MBFR）正式结束了。① 从此时的谈判正式名称看，欧洲对等裁军谈判已经接纳了"关联措施"内容。这不得不说是西方联盟的胜利。英国认为本国和东西方各国都有收获。1989年2月17日，英国驻维也纳大使、时任英国对等裁军代表团团长奥尼尔（R. J. O'Neill）向英国外交大臣杰弗里·豪爵士（Sir G. Howe）汇报了对等裁军的收获。奥尼尔提出的问题是：英国从对等裁军得到了什么？

第一，英国虽然没有实现减少中欧军队的目标，但是实现了保障西方联盟国家安全不受损害的目标。

欧洲对等裁军谈判召开的直接原因是美国参议院议员曼斯菲尔德呼吁美国政府削减驻欧军队并给美国政府造成了巨大的压力。英国并不喜欢这个裁军谈判。英国于1973年10月正式裁军谈判开始前拟订了一份指导简报（a steering brief）②并组建了谈判代表团。指导简报形容对等裁军"首先是一次限制破坏的实践"，英国的总体目标是"认真地为减少武装部队而工作……同时保障所有（西方国家）的安全不受损害"。③

从1973年10月至1989年2月，耗时15年的对等裁军谈判没有签

---

① *DBPO*, Series Ⅲ, Volume Ⅲ, APPENDIX Ⅲ, p. 475.
② "指导简报"参见 *DBPO*, Series Ⅲ, Volume Ⅲ, pp. 53-62。
③ *DBPO*, Series Ⅲ, Volume Ⅲ, p. 475.

第六章　英国与欧洲对等裁军（1973—1976 年）（下）

订裁军协议。西方联盟的安全没有受到威胁，苏联、东欧各国形势的变化导致华约决定单方面裁军并撤出驻中欧部队。奥尼尔认为是苏联军费开支过大导致其国内经济衰退，而经济衰退成了戈尔巴乔夫最大的难题。[①] 实际上，自从 1977 年年初以来，苏联经济受军事开支拖累的情况就比较明显了。根据英国联合情报委员会（Joint Intelligence Committee，JIC）关于苏联军费开支的报告[②]，尽管苏联经济增速缓慢，可是用于军事项目的开支却非常高，夺走了苏联国内的经济资源，特别是挤占了研究、发展和工程领域以及在基础设施建设领域的资源，而这些领域原本能够带来经济的长期增长。[③]

对等裁军之所以没有达成裁军协议，是因为东西双方本质上都没有意愿。奥尼尔说，军控的进展首先取决于有利的政治环境和希望达成协议的政治意愿，东西双方都要并且同时拥有这样的政治环境和政治意愿。但是在欧洲对等裁军方面，东西双方从来没有真正想得到一份裁军协议。有时一方有意，但是却没有谈判时机。在好几年的时间里，东西双方根本不准备签署协议。对等裁军在 1973—1989 年起起伏伏的东西方关系中存续了下来，只在 1984 年年初由于某种其他政治原因而暂停了数周，当时宣布要在西欧部署中程核武器（Intermediate-range Nuclear Forces，INF）。[④] 所以，英国在对等裁军方面实现自己的目标既有必然性，也有偶然性，必然性在于西方联盟削弱苏联和华约军事力量的决心与一致行动，偶然性在于苏联国内形势的快速变化。

第二，欧洲对等裁军谈判催生了另一场欧洲军控谈判，即"欧洲常规武装力量"谈判。

实际上，对等裁军的目标逐渐降低，发展到最后变成苟延残喘的谈判，东西双方都没有再次尝试提出各项裁军指标，但是双方谁也不希望被世人看到是因为自己而导致裁军谈判潦草结束。于是大家便这样半心

---

① *DBPO*, Series Ⅲ, Volume Ⅲ, p. 475.
② "报告"后来改为"文件"（note），参见 *DBPO*, Series Ⅲ, Volume Ⅲ, p. 428。
③ *DBPO*, Series Ⅲ, Volume Ⅲ, p. 475.
④ *DBPO*, Series Ⅲ, Volume Ⅲ, p. 476.

半意地拖延着，只是为了表明在谈而已。①

欧洲对等裁军最后的礼物（the final tribute）是授权"欧洲常规部队裁军"（the Mandate for New Negotiation on Conventional Armed Forces in Europe）继续开始新的谈判，这是东西双方在1989年1月中旬形成的一致意见。"授权"（mandate）的总目标和原则是西方联盟在对等裁军中获得肯定的那些观点。同时，这个"授权"被视为常见的军控事物。奥尼尔认为，当华约愿意认真考虑常规武器控制（conventional arms control）问题时，对等裁军谈判已经结束了。②

由于欧洲对等裁军谈判的衰落以及体量的狭隘，军备控制逐渐成为谈判主题。1986年4月，戈尔巴乔夫第一次呼吁在从大西洋到乌拉尔的区域内施行常规武器控制。苏联当时迫切需要削减防务开支。此后，戈尔巴乔夫在1988年12月宣布裁减50万武装部队，包括从对等裁军区域裁减5个坦克师。对于如此大手笔的裁军，对等裁军谈判显得容量不够，过于狭隘。同样，对北约来说，对等裁军也不再足够有吸引力。参与对等裁军谈判的所有国家再也难以提出能使谈判成功的新建议。十多年来，与会国一直在缩小裁军规模，无论是本国的裁减，还是要求对方的裁减。比如，1975年西方要求苏联裁减坦克部队6.8万人和1700辆坦克，西方自己裁减2.9万名美国军人、36架潘兴导弹发射器、54架两用战机、1000枚核弹头。③ 可是到1985年12月，为了回应华约早先提出的"最小化建议"（the minimalist proposals），把华约拉进适当的第一阶段裁军协议，西方提议只裁减5000名美国军人，换取苏联裁减1.15万名军人，而根本不提武器装备的裁减。最后一个建议——即华约的"最小化建议"——的真正意义有两点：一是限制了对等裁军区域军队总体规模，即总数大约200万人；二是规定了严格的核查机制，以确保200万人的上限。核查机制肯定远远超过了苏联军事部门考虑的

---

① 这是奥尼尔的观察，参见 DBPO, Series Ⅲ, Volume Ⅲ, p. 477。
② DBPO, Series Ⅲ, Volume Ⅲ, pp. 477-478.
③ DBPO, Series Ⅲ, Volume Ⅲ, p. 140.

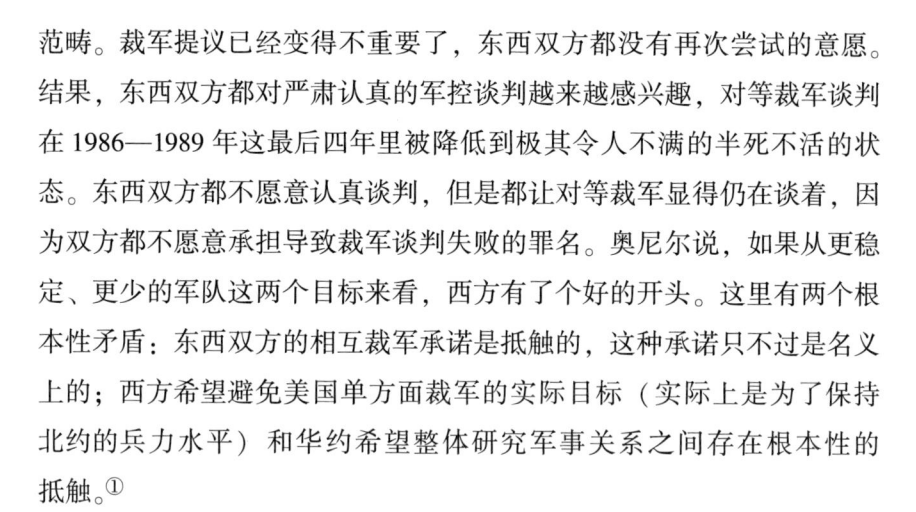

范畴。裁军提议已经变得不重要了,东西双方都没有再次尝试的意愿。结果,东西双方都对严肃认真的军控谈判越来越感兴趣,对等裁军谈判在1986—1989年这最后四年里被降低到极其令人不满的半死不活的状态。东西双方都不愿意认真谈判,但是都让对等裁军显得仍在谈着,因为双方都不愿意承担导致裁军谈判失败的罪名。奥尼尔说,如果从更稳定、更少的军队这两个目标来看,西方有了个好的开头。这里有两个根本性矛盾:东西双方的相互裁军承诺是抵触的,这种承诺只不过是名义上的;西方希望避免美国单方面裁军的实际目标(实际上是为了保持北约的兵力水平)和华约希望整体研究军事关系之间存在根本性的抵触。①

对等裁军谈判提出了削减北约和华约相关国家的地面部队的议题,长期谈判让双方都能以自我批判的眼光看待对等裁军,这为另一场军控谈判——潜在的常规武器控制谈判——创造了机会。1989年2月上旬,东西双方同意以积极姿态结束欧洲对等裁军谈判,避免伤害新的"欧洲常规武装力量"谈判。3月6日,"欧洲常规武装力量"谈判随着对等裁军谈判的结束而开始,谈判地点仍然选在维也纳。这场新的谈判有16个北约成员国、7个华约成员国参加。这场谈判也受到1988年1月欧安会维也纳后续会议的鼓励和影响。②但正如奥尼尔所说,如果想得到一个对东西双方同样有益的裁军协议,就需要想象力和真正的意愿,如果没有这两点,那么西方联盟只会再花费15年而一无所获。③

第三,英国认为对等裁军谈判使华约接受了西方联盟绝大部分观点,西方联盟收获很大。

华约首先接受了中欧地区军事关系严重不对等的状况。这是西方联盟在对等裁军谈判期间一直强调的问题。奥尼尔说,1973年对等裁军谈判开始时,欧洲常规武装裁军谈判还是一张白纸,不仅没有相应的概

---

① *DBPO*, Series Ⅲ, Volume Ⅲ, p. 477.
② *DBPO*, Series Ⅲ, Volume Ⅲ, p. 475.
③ *DBPO*, Series Ⅲ, Volume Ⅲ, p. 478.

念，也没有实际的军控安排。经过15年的裁军谈判，华约明确接受了有必要消除中欧地区"现存的"不平等军事关系，还接受了在较低水平上保持军力平等的观点，并把这作为东西方共同的目标。华约还接受了裁军后的剩余部队保持共同人数上限的观点，这些上限必须用数字进行规定；应该充分交换有关剩余部队的相关数据细节；有必要进行有效核查的观点，包括现场检查。① 华约接受了西方联盟几乎全部主要立场。

华约也接受了西方建议的一些"措施"（measures），这些措施以促进日益增加的欧洲安全和稳定为总目标。这些算是华约从对等裁军学到的东西。其中包括一些"信任建立措施"，这些措施原来是在对等裁军谈判中探讨的，当时主要包括检查主要军事演习的合法权利。此后斯德哥尔摩大会采取了这些措施。② 斯德哥尔摩大会全称是"欧洲信任和安全建立措施和裁军大会"（The Stockholm Conference on Confidence and Security-Building Measures and Disarmament in Europe），1984年1月至1986年9月在斯德哥尔摩召开。在1986年9月16日的"斯德哥尔摩宣言"里（the Stockholm Declaration），35个与会国（美国、加拿大、除阿尔巴尼亚和安道尔外的所有欧洲国家）都同意了通告和观察军事演习的程序，也都同意在一定规模以上的军队——从大西洋到乌拉尔山的区域——调动的程序。③ 1989年，"信任建立措施"已经执行了两年。

在超过15年的时间里，欧洲对等裁军为东西方定期交流安全问题提供了多边论坛。对等裁军为北约和华约的政治、军事专家们——整整一代人——提供了进行军备控制的基本背景。对等裁军的另一个实质性贡献是发展了所有参与国的军控思想。出于多年以来的争论，东西方之间已经建立起一个共同基础（a measure of common ground），这个共同基础包含西方的绝大部分主张，是西方代表长期争辩和坚持的观点。这

---

① *DBPO*, Series Ⅲ, Volume Ⅲ, p.476.
② *DBPO*, Series Ⅲ, Volume Ⅲ, p.476.
③ *DBPO*, Series Ⅲ, Volume Ⅲ, p.476.

第六章　英国与欧洲对等裁军（1973—1976 年）（下）

就是西方联盟的收获。①

东西方代表在对等裁军谈判的最后发言中都谈到这次谈判"是一个有价值的学习过程"，双方都从中受益了。② 英国一直认真对待欧洲安全问题，希望能减少来自苏联的安全威胁，但是对等裁军谈判没有改变华约驻中欧地区的常规军优势，该地区的军力对比远没有达到东西双方大致对等的目标。如果不是苏联和华约的主动让步，西方联盟不可能有太多收获。从这个角度看，是苏联和华约的自觉退让使西方联盟有所收获。

小　结

欧洲对等裁军谈判有很多问题值得关注和讨论，前文已经论述了不少，这里笔者想重点总结英国的外交实践。英国对裁军谈判的价值评判显然不是特别积极正面，总是惴惴不安、小心谨慎。英国希望能利用各种机会减少苏联对西方联盟安全的损害，避免西方联盟防务发展受到束缚。英国时刻维护西方联盟团结，同时也有本国的外交目标和外交行动。综观英国在对等裁军谈判期间的外交实践，可以看到英国做了以下几件重要的事情。

第一，英国比较详细地、持续地分析苏联的对等裁军谈判目标。

英国虽然不是积极主张对等裁军的国家，但是依然做了不少准备工作。除了在谈判期间分析苏联和华约的目标外，英国还会定期总结谈判情况，其中包括对苏联的分析。

1976 年 12 月 8 日，当第十轮裁军谈判即将结束时，英国驻苏联大使馆顾问马拉比（C. L. G. Mallaby）在给国防大臣威尔伯福斯的信里分析了苏联的意图和目标。马拉比认为，俄国人在对等裁军方面有明确目

---

① *DBPO*, Series Ⅲ, Volume Ⅲ, p. 478.
② *DBPO*, Series Ⅲ, Volume Ⅲ, p. 475.

标,他们希望削弱北约的防务,尤其是通过美国从欧洲撤军、又不允许联邦德国增加国防军作为补充这种方式;他们希望获得探查西方防务安排的权利;他们还希望给西欧防务一体化的任何行动制造一些新障碍。不过,马拉比指出,俄国人没有这些目标也可以活下去。但是苏联仍然需要对等裁军,它把对等裁军作为军事缓和的中心要素。苏联仍然在宣扬说,只要西方愿意在合理的基础上谈判而不是寻求单方面优势,那么裁军谈判就很有可能成功。苏联非常不愿意看到裁军谈判崩溃,因为失败意味着苏联外交政策受挫,会显示苏联军事缓和的局限性。因此,裁军谈判已经具备了政治价值。虽然欧洲对等裁军远没有限制战略武器谈判重要,但是苏联仍然希望对等裁军谈判继续下去,并且让公众看起来还有可能取得成功。马拉比猜测,也许苏联的算计是西方的团结会随着时间而破碎,自己获得军事优势的机会会增加。①

在英国看来,苏联最重要的裁军目标是削弱北约实力、破坏西方联盟防务合作,同时获得公众对苏联缓和政策的好印象和宣传优势。英国也注意到,欧洲对等裁军不是苏联外交的优先事项。这并不奇怪,一是改变北约和华约在中欧的军力对比不是一场谈判所能解决的,双方都没有足够的谈判诚意;二是20世纪70年代时,美苏关系的重要性远远超过了欧洲问题,特别是当"德国问题"已经固化(即使新"东方政策"也确认了这种固化)、东西方都没有可能改变欧洲形势的情况下,双方对欧洲对等裁军的兴趣是有限的。

第二,蒂克尔深入阐述了欧洲对等裁军谈判的意义和价值,指出了东西方之间的巨大差异。

1975年8月20日,当时正举行欧安会第三阶段首脑会议,时任英国首相威尔逊邀请西方组织司司长蒂克尔分析对等裁军谈判的形势,因为9月蒂克尔就要去哈佛大学国际事务中心担任研究员了。② 蒂克尔临

---

① DBPO, Series Ⅲ, Volume Ⅲ, p. 182.
② 此后,英国外交和联邦事务部西方组织司解散,对等裁军谈判事宜不再由该司负责,改由英国国防部负责。参见 DBPO, Series Ⅲ, Volume Ⅲ, p. 129。

走前为英国政府准备了最后一份分析文件,详细谈到了欧洲对等裁军谈判的形势、问题、策略和前景等问题。

首先,蒂克尔肯定了对等裁军的重要价值和意义。他认为"相互裁军"(mutual force reductions)理念是一个令人尊敬的目标,无论它是不是英国所希望的那种对等。中欧地区有近200万军队对峙着,东西双方都愿意改善军事关系,愿意把资源转移到其他生产目标上,这是合理的、正确的。弱的一方希望通过中欧裁军谈判消除长期以来不对等的军事关系,这也是合理的。蒂克尔说,像欧安会一样,对等裁军也成了一个会场乃至战场,这里充满了极其不同的哲学、态度和政策,但是由于对等裁军触及了欧洲各国和美、苏两个超级大国的国家安全这一核心问题,并且混合了外交政策和防务政策,所以它比欧安会和限制战略武器谈判困难得多。蒂克尔指出,虽然美苏无疑是裁军谈判的主导者,但是当谈判进入更活跃的阶段,美、苏两国就不可能再主导谈判进程了,特别是西方联盟不太可能再继续完全由美国主导。[①] 这是因为裁军谈判几乎涉及所有欧洲国家的核心利益或者重要利益,这些问题不可能彻底交给两个超级大国决定。

其次,蒂克尔总结了东西方之间巨大的观念差异。蒂克尔认为对等裁军的困难源于东西方的不同认知,双方也许都希望获得某种"更好的关系""更强的稳定性",但是发现对方和自己的看法不同。蒂克尔指出,从广义上看,苏联的政策似乎是要和美国建立特殊关系,同时在美国的帮助下维持欧洲体系现状。从这个角度说,苏联想要的"更好的关系"指美、苏两国政府间的合作,即一种"国家间关系"(inter-state relations);苏联想要的"更强的稳定性"指维持苏联的军事优势(包括防御、进攻和防务)、挫败西欧以一个新集团大国(a new collective power)身份建立相应防务安排的企图。西方国家想要的"更好的关系"和"更强的稳定性"意味着一种有活力的进程,可以给欧洲民众和各国政府带来更密切的合作,可以打破意识形态壁垒,可以推

---

① *DBPO*, Series Ⅲ, Volume Ⅲ, p.130.

动欧洲的自由演进（包括欧洲共同体），可以在欧洲防务领域继续与美国合作，可以获得一个足以消除任何使用武力或以武力相威胁的、广泛的军事平衡。①

有趣的是，蒂克尔最后引用19世纪英国外交大臣卡斯尔雷勋爵（Lord Castlereagh）的话作为对中欧裁军的建议。拿破仑战争（Napoleonic wars）结束后，俄国沙皇亚历山大一世（Tsar Alexander Ⅰ）第一次提出举行裁军谈判，卡斯尔雷勋爵在1816年5月28日给英国驻圣彼得堡大使馆的急件里拒绝了沙皇的提议，他是这么说的："不可能不考虑到如此众多的强国减少军队规模的方式将是一场非常复杂的谈判，这些国家背景如此不同，边界、地位、重新武装的能力均不相同；也不能不考虑，一旦创建了一个体系，维持这个体系的方式会没有困难，国家的责任是一定程度上需要增加军力的；进一步考虑，就此而言，使困难进入视野比看不到困难要好。"卡斯尔雷于是建议每个国家自觉地把本国的武器裁减到必要的最低限度，然后向盟国和邻国解释它自己的军事安排的范围和本质（the extent and nature），以便消除惊慌，替代给各方提供便利的适当机构。蒂克尔认为，卡斯尔雷勋爵的话今天仍然是有价值的、中肯的。②

值得注意的是，1975年8月，蒂克尔离任时分析对等裁军前景时频频使用"必须"（must）这个词，而不是"将要"或者"应该"，这种表达方式一方面说明欧洲形势的尖锐对立性质，另一方面也反映出蒂克尔对自己的分析很有信心，认为自己的观点说服力很强。此前蒂克尔曾建议英国外交和联邦事务部加强管束英国裁军谈判代表团并获得支持，取得了积极效果。此时蒂克尔的分析显得十分中肯，他很坚定地为英国和西方联盟创造最大优势、争取最大利益。

第三，英国官员认为欧洲对等裁军谈判实际上是相互勾连的、相互不完全咬合的三场谈判，而不是一场谈判。

---

① *DBPO*, Series Ⅲ, Volume Ⅲ, p. 130.
② *DBPO*, Series Ⅲ, Volume Ⅲ, p. 136.

第六章　英国与欧洲对等裁军（1973—1976年）（下）

"三场谈判"的看法是蒂克尔提出的，得到了布拉德（英国东欧与苏联司司长）和莫伯利的赞成。[①]

欧洲对等裁军的三场谈判包括：第一场谈判是西方民主国家政府和它们的人民之间的对话。欧洲对等裁军谈判的存在帮助西方各国释放了公众要求政府单方面减少防务开支的压力。西方联盟各国政府借对等裁军谈判说服各自的议会和公众，以便维持现有防务开支和军事部署。这是西方各国政府在对等裁军谈判开始时的目标。对美国的尼克松政府而言，欧洲对等裁军是一个应对曼斯菲尔德议员的游说和要求解除美国全球责任的好方式。对联邦德国以及对西欧各国政府而言，对等裁军是保持减少防务开支压力的方式，特别是当西欧不再面临严峻威胁时。欧洲对等裁军是抵制单边裁军的"堤坝"，而且将继续扮演这个角色。

第二场谈判是西方联盟成员间的谈判。蒂克尔认为，欧洲对等裁军谈判是一场美国和欧洲盟国之间的对话，美国和欧洲之间相互启发、和谐合作。西方联盟在欧洲对等裁军方面利益相关方众多，各国立场不完全一致，为了协调成员国的立场，需要对西方联盟的一致立场进行详尽的阐释，于是西方联盟陷入了一场复杂的、但总体上富有成果的内部谈判。西方联盟的内部谈判包括：西欧防务体系的本质、西方联盟军事资源的使用、西方联盟军事部署的特征。通过帮助西方联盟厘清了这些长久以来模糊不清的问题，引发了西方联盟对欧洲核心军事议题的辩论，宣传有关西方联盟和华约防务体系的知识，欧洲对等裁军给西方联盟带来了新思考，促进了北大西洋理事会的"渥太华宣言"（the Ottawa Declaration）和给北约主要军事领导人的"部长指南"（the Ministerial Guidance）的出台。[②]

第三场是北约和华约之间的谈判。这是欧洲对等裁军谈判的根本特

[①] 蒂克尔的"欧洲对等裁军谈判是三场谈判"观点及其阐述，参见 DBPO, Series Ⅲ, Volume Ⅲ, pp. 130-131, 181, 后文不再一一标注。

[②] 1974年6月19日，北大西洋理事会（NAC）在渥太华举行了部长级会议，参见 DBPO, Series Ⅲ, Volume Ⅲ, p. 131; Cmnd 6932, pp. 182-186。

征。对等裁军谈判的范围十分广泛,矛盾众多,时常要求各方在接受与拒绝之间权衡。很显然,它从一开始就预示着将耗费极其漫长的时间以求取得进展。苏联明确表示他们的主要兴趣是欧安会,而西方联盟最初更感兴趣的是制定己方的目标。东西双方最初的提议是不相容的。对双方而言,"满怀希望的旅行好过到达目的地"。所以,欧洲对等裁军谈判是一场北约和华约的谈判,也许会开花结果,也许一无所获。但是英国认为这场谈判至少会教育苏联领导人和苏联的高层军事领导者。对等裁军谈判虽然漫长,但是这场谈判本身就是东西方接触的历史性机遇,是欧洲缓和的重要实践之一。

英国国防部次官莫伯利不仅赞成"三场谈判"的观点,还指出这三场谈判是紧密连接的。他认为对等裁军谈判可以说是三维的,甚至四维的。无论西方是否接受,欧洲对等裁军谈判已经成了缓和全景的突出特色。特别是即将召开欧安会贝尔格莱德后续会议(Review Conference of CSCE)(1977 年举行欧安会第一次后续会议——笔者),欧洲对等裁军谈判越来越被西方视为检验苏联缓和承诺的方式。裁军被作为检验苏联缓和诚意的"试金石"。英国首相卡拉汉在 1976 年 12 月 9 日北约部长会议上也强调了"试金石"这个观点。①

第四,英国外交和联邦事务部研究了欧洲对等裁军的前景。

鉴于 1976 年 3 月 22—25 日苏联外交部部长葛罗米柯要访问英国、1977 年欧安会第一次后续会议将在贝尔格莱德召开,因此英国外交和联邦事务部 1976 年 3 月 15 日召开会议专门讨论对等裁军问题,研究了它的前景,并把会议记录给英国对等裁军代表团团长罗斯做参考。

英国外交和联邦事务部首先表达了对欧洲对等裁军的不信任。英国外交和联邦事务部国务大臣哈特斯利坦言,他仍然对中欧裁军谈判持怀疑态度,担心西方联盟被迫接受一个代价极其高昂的协议。他认为,对

---

① DBPO, Series Ⅲ, Volume Ⅲ, p. 181. 卡拉汉的发言还可参见 DBPO, Series Ⅲ, Volume Ⅲ, p. 470。

第六章　英国与欧洲对等裁军（1973—1976年）（下）

等裁军要么崩溃，要么签署一份危害西方安全的协议。① 哈特斯利的观点应该是受了1976年缓和颓势的影响。英国从骨子里始终不信任苏联的缓和政策。加之欧安会首脑会议的结束（1975年8月1日）既代表欧洲缓和走向高潮，也意味着欧洲缓和转向衰落。1973年，西方各国民众要求政府单方面裁军，给政府造成很大压力，但是1976年对等裁军结束时，西方各国政府没什么压力了，缓和潮流也开始走下坡路，这种形势不可能带来更积极的裁军谈判前景。总之，冷战的外部形势已经变了，缓和热潮逐渐冷却了，西方联盟觉得需要一个更好的北约防务或者欧共体防务。

卡拉汉认为英国政府在裁军谈判方面没有时间压力。他指出，从1976年3月底至1977年5月欧安会贝尔格莱德后续会议举行之间，时间对西方是有利的，英国可以向苏联施压，迫使其在对等裁军谈判中采取更积极的态度。1976年3月22日，卡拉汉会见来访的葛罗米柯时表示，不是英国和盟国对裁军谈判不感兴趣，而是西方不着急，西方等得起。1976年3月英国外交和联邦事务部会议得出的结论是，英国不需要不计代价地得到对等裁军协议，英国应该拖延裁军谈判并且避免谈判直接失败。英国方面没有时间压力，而随着1977年的到来，苏联的压力会越来越大。②

关于未来欧洲对等裁军谈判的形式，汤姆森建议可以把对等裁军变成类似联合国"裁军委员会大会"（the UN-sponsored Geneva Conference of the Committee on Disarmament）那样的持续进程。该大会是1959年8月首次倡议的。卡拉汉没有反对这个观点。③

第五，英国认为自己在欧洲对等裁军谈判方面的目标已经部分实现。

1976年3月底，卡拉汉评价欧洲对等裁军谈判的价值时说，英国

---

① *DBPO*, Series Ⅲ, Volume Ⅲ, p. 147.
② *DBPO*, Series Ⅲ, Volume Ⅲ, pp. 146-148.
③ *DBPO*, Series Ⅲ, Volume Ⅲ, p. 147.

期待从对等裁军获取的政治目标绝大程度上已经实现,这个目标就是让西方各国政府成功抵御国内要求单边裁军的舆论压力。①

事实上,英国政府已经实现的目标不只是化解了国内舆论压力、保住了国防预算、避免了单边裁军,还打破了苏联试图阻挠未来欧洲防务安全合作的企图。英国一直认为苏联在采用各种方式阻挠西方的防务合作。1973—1976年十轮裁军谈判期间,英国政府不断地提醒本国代表和其他西方盟国:不要让苏联借中欧裁军阻止西方联盟、欧共体未来的防务发展与合作。英国的这一立场十分明确,而且在裁军谈判期间反复强调,表明它非常重视这个目标。当对等裁军谈判久拖不决、有花无果时,也意味着西方联盟的防务合作没有被苏联阻断,尽管会有影响。

英国和其他西方盟国一起实现了拓展、充实苏联缓和政策的目标。虽然苏联一直宣传缓和政策,而且据英国观察苏联也没有放弃缓和政策,但是西方国家始终认为苏联的缓和政策具有欺骗性。英国指出,苏联的缓和政策不意味着对国内、对东欧国家控制的放松,苏联的缓和政策更多地在追求虚荣的政治目标。所以,欧洲对等裁军谈判——以及包含欧洲安全原则的欧安会"第一只篮子"(Basket I)——被用来充实苏联的缓和概念。这就是英国把安全问题或军事问题当作检验苏联缓和诚意的"试金石"的原因。没有安全内容,缓和一定行之不远,也不是真的。

总体来看,英国虽然对欧洲对等裁军谈判拖沓冗长、诸多议题长期悬而未决不满意,但是并不悲观。从英国外交档案看,英国方面——政府部门、英国官员、英国代表团——都没有表达过悲观情绪。除了耗时良久以及财政支出困难等问题,笔者猜测英国甚至乐见对等裁军谈判无果而终。在缓和时期,英国外交一贯主张并保持与苏联、东欧接触,欧洲对等裁军谈判完全符合这个外交立场。正是在这一理念的指导下,英国才为欧洲对等裁军谈判做了较多准备并在谈判期间扮演了重要角色,发挥了大国作用,所以英国外交可谓收获颇多。

---

① *DBPO*, Series Ⅲ, Volume Ⅲ, p. 147.

第七章

英国对苏联缓和政策的认识与应对

缓和政策是20世纪70年代苏联对外政策的重要内容之一，也是勃列日涅夫极力推行的对外政策。通过阅读英国外交档案可以看出，英国一贯对苏联的缓和政策心存疑虑。英国担心苏联不再推行缓和政策主要从1975年开始，因为此时外界传闻勃列日涅夫身体健康欠佳，苏联领导人可能会更替，所以英国对苏联缓和政策能否继续进行了不少分析。有趣的是，英国认为苏联推行缓和政策是为了获得霸权或者巩固国际地位，因此英国强烈反对和抵制该政策，也从来不相信苏联，但是英国却从不认为美国的霸权是一种威胁。由于缓和涉及领域和对象众多，本章难以全面论述缓和的各种因素，因此本章主要选择欧洲缓和作为论述对象，特别是苏联在欧洲的政策。本章主要分析英国对苏联缓和政策的认识以及英国如何应对苏联方面可能出现的政策变动，从而考察英苏关系的变化，[1] 总结英国对欧洲缓和的观点。

---

[1] 欧安会和对等裁军两个进程都属于缓和潮流，也体现了苏联的缓和政策，但是笔者已经在其他地方论述了这两个问题，可参见本书第五、第六章"英国与欧洲对等裁军"和拙著《英国与欧安会的起源：1968—1975》（南京大学出版社2009年版）相关内容，这里不再赘述。

欲拒还迎：英国与欧洲缓和研究（1964—1976）

第一节 英国认为苏联不会放弃缓和政策

虽然英国官员对苏联缓和政策充满质疑，但是他们从来没有认为苏联会放弃缓和政策。英国官员的观点看起来矛盾，但是却符合当时的实际情况。

第一，英国认为苏联自1973年起逐渐变得以本国利益为优先事务，并且不会在短期内放弃缓和政策。

苏联以本国事务为优先，这主要是以1973年能源危机及国际形势变化以后为起点。英国驻苏联大使加维认为，苏联的缓和政策是一项长期政策，苏联把缓和作为和平共处政策的一个阶段。苏联希望通过减少紧张关系、减少投入巨大的防务开支换取一段时间内国际形势的相对稳定，以便为本国发展经济提供有利的外部环境，一方面合理分配国内资源，另一方面与发达国家开展有利可图的合作。1974年9月18日，加维在给卡拉汉的信里分析了苏联对缓和政策的态度和目标，并得出基本结论：苏联不会放弃缓和政策。加维指出，虽然苏联面临着诸如犹太移民、在中东的影响力下降等问题，但是苏联不会改变缓和政策。美国和苏联"共同统治"（condominium）中东，缓和并没有带来中东和平。自从1973年中东十月战争后，美国在中东的影响力大幅度提升，苏联的地位和多年的经营及投资可能会缩减。[①]

但是英国也认为，苏联不会为了缓和而牺牲自己至关重要的国家利益，比如维护国内稳定、保持在中东足够的政治和战略影响力。勃列日涅夫和他身边最亲近的人，包括苏联政府中更谨慎、持怀疑态度的人，都关注苏联至关重要的利益。苏联的政策是以对自身国家利益的现实评估为基础的，苏联不需要谁帮助它实现国家利益。只要美国不干涉苏联和东欧各社会主义国家的国内秩序，或者美国不发动另一场让自己拥有

---

① *DBPO*, Series Ⅲ, Volume Ⅲ, p. 340.

第七章 英国对苏联缓和政策的认识与应对 329

绝对优势的军备竞赛,苏联当前的生活方式看来不会崩溃。基利克则认为,没有比缓和政策更适合勃列日涅夫的利益了,只要勃列日涅夫及其同事能保证自己和苏联前进得更快,那么他们就不会放弃缓和。① 所以,苏联是以现实为基础评估苏联的国家利益的,苏联推行缓和政策的势头将持续下去。

英国官员注意到,苏联自1973年起更关注国内情况。1974年10月,布拉德分析苏联与缓和相关问题时认为,苏联自1973年开始更加关注内部事务,而不再关心外部影响。1973年中东战争及其引发的能源危机与资本主义经济危机使苏联面临着新形势。布拉德说,缓和对苏联而言是喜忧参半、福祸兼具的事(a mixed blessing),苏联想保持缓和的持续性,但是西方国家每隔几年就会更换领导人,每更换一次就可能导致西方国家的"东方政策"有所改变。布拉德模仿苏联领导人的口吻剖析了苏联国内形势:"我们需要的,在我们国内绝大部分都有,至于其他的,我们比以往更有资格挑选由世界上哪个国家来提供。我们的经济有弱点,但是肯尼斯·泰南(Kenneth Tynan,英国作家和戏剧批评家——笔者)在《时代》杂志专栏里肯定了苏联经济。无论如何,我们国内有很多事要做。下一个五年计划尤其重要,第二十五次代表大会不能再拖延18个月不开了……自从第二十四次代表大会(1971年3月30日至4月9日)以来,缓和已经运行了三年半。现在是时候不受遥远的、毫不了解我们的国家的困扰了,也是时候集中于国内事务和苏联帝国内部事务了。"布拉德指出,苏联自1973年以来更加注重解决国内问题,苏联是否需要外部世界值得怀疑,但是苏联没有放弃缓和政策。他提出,也许苏联的政策正在大幅度地摇摆或者改弦易辙,也许东西方关系已经疯了,进入了新阶段。布拉德使用了一个夸张的比喻:"缓和浪潮实际上已经过了顶峰。"布拉德和奥查德(Ted Orchard)都暗示东西方关系在1971—1973年曾经拥有被重新安排的机会。② 这段

---

① *DBPO*, Series Ⅲ, Volume Ⅲ, pp. 340-341.
② *DBPO*, Series Ⅲ, Volume Ⅲ, pp. 345-346.

时间实际上是欧洲缓和的高峰期,既有联邦德国新"东方政策"开花结果,又有欧安会、欧洲对等裁军多边进程陆续启动。

布拉德列举了两位英国记者对苏联的观察,似乎要印证自己对苏联的判断,即1973年是苏联内外政策的转折年份。其中一位记者克宁汉(Mary Cunynghame)提出,1974年年初,由于西方国家频频更换领导人(或通过选举,或不通过选举),苏联开始重新评估自己的外交政策和经济计划。据说克宁汉的资料是她在与苏联人士谈话后获得的,但是不清楚是谁。另一位记者拉塞尔斯(D. Lascelles)访问苏联后也得出了非常类似的结论,认为苏联可能对西方领导人的更换感到困惑,它"也许会缩回壳里,直到西方变得更清晰"。此外,由于当时日本和美国对西伯利亚的兴趣降低了,苏联也许很不高兴,因为它想借助西方的技术更快地开采自然资源。① 这两位英国记者对苏联的观察似乎证明布拉德的分析是正确的,即苏联更注重其国内利益而不受外部因素影响。不过布拉德指出,在克宁汉的文章发表之前,英国东欧与苏联司就已经在思考苏联政策更加注重国内事务的问题了。

由此可见,英国外交和联邦事务部东欧与苏联司不认为苏联会放弃缓和政策,尽管苏联更加关注国内稳定。布拉德判断勃列日涅夫一定会参加苏共二十五大,所以苏联到1976年2月苏共二十五大召开时都可能保持稳定。换句话说,缓和仍然是苏联的口号,苏联仍然愿意继续推行缓和政策。缓和也不会让苏联改变其国内政策,比如犹太移民问题。②

---

① 克宁汉(Mary Cunynghame)的文章刊登在1974年10月1日的《金融时报》上。参见 DBPO, Series Ⅲ, Volume Ⅲ, p. 346。

② 苏联犹太人的移民问题一直是东西方关系中的重要话题之一。有人建议,为了帮助美国政府渡过当前的难关(水门事件),苏联政府应该每年向4.5万名苏联犹太人发放移民签证。可是,这个建议被认为是在干涉苏联内部事务。苏联认为这个建议不可靠,因为以色列当时失业率很高,以色列政府吸收这么多移民极其困难。并且,苏联犹太人移民的例子可能会影响苏联的其他少数民族群体。在这方面,欧安会"第三只篮子"是向苏联施压的途径。关于苏联的犹太移民问题,参见 DBPO, Series Ⅲ, Volume Ⅲ, pp. 339-340;欧安会"第三只篮子"可以参见拙著《英国与欧安会的起源:1968—1975》(南京大学出版社2009年版)第四章。

第二,英国认为勃列日涅夫之后的苏联不会从推行"缓和"政策剧变到"孤立主义"。

从英国外交档案看,英国政府自1974年下半年开始比较多地思考勃列日涅夫之后苏联的前景。卡拉汉认为北约的东欧和苏联专家小组(the NATO Group of Experts on Eastern Europe and the Soviet Union)应该考虑勃列日涅夫时代之后的几个问题:(1)缓和多大程度上依赖勃列日涅夫的领导。(2)苏联缓和的资产负债表(balance sheet of detente)。(3)苏联缓和的选择。(4)苏联外交政策变化可能导致的后果。布拉德赞成做这样的思考。他认为还可以思考一下:勃列日涅夫在过去三年里收获了国际声誉,那么在接下来的三年里是否还会继续为这样的声誉努力?新的苏联领导人会不会执行一项更好的新政策?布拉德认为,勃列日涅夫会出席苏共二十五大,只有死亡或者重病才能击倒他。关于勃列日涅夫身体状况不佳的传言仍在继续,但是他的日程安排也仍然很满。此后1975年2月,勃列日涅夫通过与威尔逊的首脑会晤破除了外界对他健康状况的猜测,展现了他仍在掌控苏联。

多数英国官员——比如卡拉汉、布拉德、加维——认为苏联的政策不会从"缓和"突然变成"孤立主义"(neo-isolationist generation)。布拉德在1974年5月21日给基利克的备忘录里列出了几个可能成为勃列日涅夫继任者的名单,不过他表示这个名单的顺序很容易被调换,也不能确定苏联新领导人会采取什么样的对外政策路线。加维认为苏联不会突然改变缓和政策,但是理由与布拉德不同。加维认为苏联的缓和政策是一项"集体政策"(a collective policy),是勃列日涅夫和他的政治局同事们一起思考的,没有理由相信勃列日涅夫去世后苏联会改变缓和政策。如果苏联的政策真的有变化,那也会是依据苏联的利益,而不是根据某个个人。

英国官员一般认为勃列日涅夫的继任者不会是孤立主义者。关于苏联的新领导人,布拉德补充了几点内容。首先,虽然一般认为新领导人会继承勃列日涅夫的缓和政策,但是由于他是在苏联已经成为超级大国的情况下担任领导人,所以他很有可能采取更冒险的政策。其次,有人认为,根据以往的经验,苏联领导层会在未来数年内谨慎考察、选择一位新领导人。最后,新一代苏联领导人不会给安全部门(the security apparatus)那么大的自由度,苏联可能会出现第二轮非斯大林化(de-Stalinisation)。英国驻苏联大使馆官员萨瑟兰认为苏联新领导人不会是孤立主义者。1973年10月23日,萨瑟兰在给布拉德的信里说,苏联的"新孤立主义者"取代现在的领导层必须满足几个条件。其一,苏联的"和平共处原则"发生剧变。其二,苏联放弃在"维持和改善全球战略地位"(对美国及其盟国的战略地位)方面的利益。其三,苏联放弃追求对西欧国家更大的政治影响力。其四,苏联不在乎中国——从长远看——在亚洲扩张影响力。萨瑟兰认为这几个条件都不具备。他还认为,苏联为了平衡对外政策中意识形态动力的衰退,经过分析接受了超级大国应该担负一定全球责任的观点。①

综合以上英国多位官员的分析和观点可以看出,英国并不认为苏联会放弃缓和政策或者苏联新领导人会从缓和政策转到"孤立主义"政策。

第三,英国坚信能打赢对苏联的"思想战"(the war of ideas)。

意识形态斗争是冷战的主要内容之一,也是英苏关系的主要内容之一。加维说未来不会风平浪静,意识形态斗争在葡萄牙、西班牙、意大利、法国和南斯拉夫会越来越严峻、越来越明显。他认为也许西方会失败,因为西方不愿意维持自己的防务、内部团结和对外政策。②

英国官员都很重视与苏联的思想战。1975年11月左右,卡拉汉、加维、卡特里奇都谈到了意识形态斗争问题。卡拉汉在1975年11月10日的下议院关于对外事务的辩论中提及欧安会,说东西方紧张关系没有突然结束;东西方存在重大的意识形态差异,思想战没有停战协

---

① 英国官员们的以上观点参见 DBPO, Series Ⅲ, Volume Ⅲ, pp. 347-348。
② DBPO, Series Ⅲ, Volume Ⅲ, p. 405. 英国官员基于苏联在西欧支持共产主义政党或者左翼的行为而认为苏联积极推动西欧蜕变。

议；这场战争会继续在苏联及其拥护者与自由世界之间进行。1975年10月21日，加维的急件里也谈到了意识形态斗争，说意识形态斗争是神秘和阴谋诡计的混合物；苏联所能追求的空间变窄了，因为美苏双方都拥有了核武器、东西双方的经济联系日益加强。随着苏联日益与国际社会的对抗，日益与其他不顺从的国家的对抗，苏联在越来越多的领域内受到限制。这种对抗和干涉越多地要求改变神秘性，那么神秘性就会越少地引人关注。① 从英国官员的观点看，苏联在"思想战"中处于不利位置，英国对这一点十分自信。

鉴于卡拉汉等人谈论到英苏关系中的意识形态问题，外交大臣卡拉汉的政治顾问麦克纳利（T. McNally）在1975年11月11日撰写了一篇关于"思想战"问题的备忘录，分析了英国与苏联的意识形态斗争状况。关于英国如何回应意识形态斗争，麦克纳利提出了两个观点。其一，英国应该拥有自己的意识形态，并以之作为回应。麦克纳利非常赞成加维的观点，加维认为意识形态斗争是一个双重进程，苏联寻求改变西方社会，英国也非常想改变苏联社会和其他模仿苏联的社会。英国希望看到苏联、东欧各社会主义国家的社会变得人性化、法制化，允许它们的公民了解信息、表达观点、自由行动，否则英国不会在赫尔辛基欧安会上花费那么多时间。麦克纳利说，意识形态斗争需要以眼还眼以牙还牙，需要前线机构和荒唐的宣传，但是也需要持之以恒地坚持并宣传英国社会的价值和自由，宣传那些英国相信的力量之源。基于此，麦克纳利非常支持欧安会以及欧安会后续进程。其二，英国应该更自信地处理苏联的倡议。过去，西方对苏联倡议的标准回应是"立即拒绝"，仅仅因为这是苏联的建议。这给公众留下了消极印象，是一种失败的回应，因为它假定苏联会赢，而西方无法转圜局面。如果意识形态斗争真的变得越来越严峻，那么英国的战略应该是推进一场积极的宣传运动：提倡英国自己的观点，挑战苏联的观点。英国必须非常清楚地表明，意识形态斗争对苏联而言有真实内涵和真实结果，西方民主国家不是被击

---

① *DBPO*, Series Ⅲ, Volume Ⅲ, p. 402.

打的"意识形态吊球"(an ideological punch ball)。意识形态斗争将使英国进入一个更微妙的、更精细的冷战领域。①

麦克纳利坚信英国能赢得这场思想战,只要英国抛弃老旧的英式习惯(the old English habit),即用上一场战争的计划、带着上一场战争的骄傲去打下一场意识形态战争。卡特里奇同意加维关于苏联外交政策与19世纪沙俄的经历相关的论点,他认为苏联政策的一大动机是希望巩固它在世界舞台上的中心位置,而沙皇当时因能力不足而在19世纪末20世纪初的几十年里没有实现这一点。②

因此,对英国而言,应答"思想战"或意识形态斗争的方式首先是有物质基础,即西方联盟强大的防务。其次是英国(以及其他西方国家)应该更加自信,通过加强宣传民主自由、针对共产主义发起一场宣传运动而获得更好的国家形象。英国坚定决心和苏联打意识形态战,绝不后退。事实上,笔者常常看到英国在批判共产主义或者共产主义国家及其政党方面不遗余力,其开展意识形态斗争的倾向十分明确。所以在和苏联的"思想战"中,英国定会竭尽全力求得胜利。

第四,英国注意到美国在很长时间内也没有放弃缓和,甚至福特总统公开宣布放弃"缓和"一词时也不意味着美国放弃了缓和。

1974年9月24日,基利克在分析了基辛格在美国参议院对外关系委员会上的发言,基利克认为基辛格"废话不少,辩论不多"。基辛格的讲话内容是关于评论缓和的,他在听证会上说:如果没有美苏之间的建设性关系,就不会有和平的国际秩序。基利克注意到,基辛格讲话的总论调是:他对缓和的期待是冷静的,这完全不同于尼克松夸张地认为"永久和平时代"不可避免地即将到来。③ 基利克认为,总体上,基辛格的讲话和英国的观点不完全一样,英国认为苏联追求缓和是服务于苏联利益的,基辛格追求缓和则是出于美国当时的政策,而这项政策是由

---

① DBPO, Series Ⅲ, Volume Ⅲ, pp. 403, 405.
② DBPO, Series Ⅲ, Volume Ⅲ, p. 405.
③ DBPO, Series Ⅲ, Volume Ⅲ, p. 341.

他决定的,他相信对苏联施压没效果。①

时任美国总统福特在1976年前没有表示过放弃缓和,直到1976年3月,才公开宣布放弃缓和。1974年9月,根据英国官员的观察,美国民众一致支持缓和,美国两党议员辩论更多的是缓和的方式,而不是质疑缓和的结果。② 直到1976年3月1日,根据英国驻美国大使兰斯伯特汉(Sir P. Ramsbotham)的汇报,福特总统在一次公开演讲中宣布放弃使用"缓和"概念,福特更倾向于用"以实力求和平的政策"(a policy of peace through strength)来描述苏联的缓和政策。不过在兰斯伯特汉看来,福特宣布放弃使用"缓和"一词"在美国没有重要的政策意义",而是反映了1976年美苏关系氛围的改变。③ 卡特里奇同意这个观点,即福特弃用"缓和"一词更多的是政治氛围,而不是实质。尽管美国即将举行大选、苏联在非洲的行动不利于美国,但是美国政策的核心并没有变。卡特里奇还说,基辛格的缓和哲学仍然盛行,基辛格本人和国务院顾问索南费尔特在1976年前三个月的一系列演说中都进行了非常有效的解释。④ 基辛格的政策目标是确保"苏联一旦侵犯就会面对惩罚",而且要确保获得更多约束苏联的动力。美国最重要的任务是认识到双重政策(a dual policy)的必要性,即一方面抵制苏联扩张主义的动机,另一方面寻求与苏联形成更具建设性的关系。这两个层面是同时的,都需要同等的精力。所以,福特放弃使用"缓和"一词并不代表基辛格放弃把苏联拉进一个由战略、经济、文化关系组成的网络,从而使其丧失能力和意志,减少敌视美国的状态。⑤ 换言之,即使福特放弃了缓和,基辛格也不会放弃他精心设计的对苏联缓和政策,这就是英国认为美国不会放弃缓和的原因。

第五,英国自己在"耐心地追求缓和",但是不以安全为代价。

---

① *DBPO*, Series Ⅲ, Volume Ⅲ, p. 343.
② *DBPO*, Series Ⅲ, Volume Ⅲ, p. 341.
③ *DBPO*, Series Ⅲ, Volume Ⅲ, p. 442.
④ *DBPO*, Series Ⅲ, Volume Ⅲ, p. 450.
⑤ *DBPO*, Series Ⅲ, Volume Ⅲ, p. 443.

欲拒还迎：英国与欧洲缓和研究（1964—1976）

"耐心地追求缓和"是英国外交和联邦事务部东欧与苏联司在1974年10月4日的文件中提出的观点。该文件还提出，要防止苏联利用其超强实力在相关问题上影响英国的利益。① 1975年11月28日，在英国驻苏联、东欧国家大使会议上，英国内阁官员罗斯（C. M. Rose，曾出任英国欧洲对等裁军代表团团长，后进入内阁）提出了英国的积极目标，其中一个是"保持缓和势头"，把缓和拓展到军事领域。② 从这里可以看出，英国没有放弃或彻底抵制缓和，而是力图充实缓和领域，也就是说，把缓和从政治层面拓展到军事安全层面。事实上，从1973—1976年的英国外交档案看，尽管英国在怀疑苏联的缓和政策，但是英国一次也没有提出要阻止缓和或者拒绝缓和。

但随着苏联在欧洲以外地区的进攻性态势，英国对苏联缓和政策的成效越来越感到不安。比如英国注意到，苏联把"前线组织"推出去，利用它们在全世界进行活动。麦克米尼（J. G. McMinnies，英国外交和联邦事务部信息研究司（Information Research Department）副司长）说，这些都不是新问题，但是在欧安会之后，这些敌对宣传的威胁增加了，英国有必要反制，这很重要。英国还必须保证苏联的宣传标签不会变成正常语言。布赖姆洛说，英国的大臣都不想在欧安会之后被看成"冷酷的斗士"（cold warriors），他们很少心存幻想。③

从以上论述可知，英国始终不认为苏联会放弃缓和政策，英国自己也不会主动背离缓和趋势。随着苏联国内形势的变化，特别是勃列日涅夫健康情况的变化，英国把缓和政策的延续和勃列日涅夫能否继续掌权联系在一起，认为只要勃列日涅夫继续掌控苏联，缓和政策就会持续。即使苏联实现领导人更替，英国也不认为苏联会突然扭转缓和政策。不会放弃缓和政策是英国对苏联外交政策的基本判断之一。不过，英国也注意到，缓和趋势在1975年下半年逐渐衰退了。另外，

---

① *DBPO*, Series Ⅲ, Volume Ⅲ, p. 344.
② *DBPO*, Series Ⅲ, Volume Ⅲ, p. 410.
③ *DBPO*, Series Ⅲ, Volume Ⅲ, p. 418.

英国自己不愿意放弃缓和,并且自信地认为自己有资本与苏联进行"思想战"。

第二节 苏联缓和政策的"决算表"

1975年10月14日和21日,英国驻苏联大使馆顾问卡特里奇和大使加维连续撰写文件,分析了苏联的缓和政策"决算表"(balance sheet of détente),总结了苏联缓和政策的形势和未来发展趋势。卡特里奇撰写的备忘录是为解读1976年即将召开的苏共二十五大而准备的,加维则是针对性地给卡特里奇写了封信,谈论了自己对苏联缓和政策的看法。两人的文件全面分析了苏联在1975年下半年以来面临的新形势,剖析了缓和的发展趋势,反映了英国对苏联政策的理解。加维和卡特里奇的分析得到了英国外交部门官员的认可。综合这两人在内的多位英国官员的分析,可以看出英国对苏联缓和政策主要有以下四个方面的观察。

第一,英国官员总结了苏联缓和政策在1975年的得失,认为苏联的获益减少了。

卡特里奇指出,1975年上半年的国际形势发展有利于苏联的利益,这鼓舞了苏联领导人,但是1975年的最后三个月的发展却不利于苏联。有利的形势包括:美国的军事力量从越南撤出,越南战争结束了;基辛格在中东"循序渐进"的外交方式(step-by-step approach)似乎失败了;塞浦路斯危机引起北约南部侧翼国家的明显分裂;葡萄牙共产党在葡萄牙国内继续发展。但是在1975年最后三个月里,形势不同了:中国和东南亚国家建立了外交关系;美国在中东的政策取得了重大突破;北约南部侧翼国家的分裂行动显然被阻止了;葡萄牙共产党至少在葡萄牙遭遇了临时挫折。最重要的是,美苏的第二阶段限制战略武器谈判受各种困难拖延,勃列日涅夫和福特很可能没办法在1975年举行会晤。

对于这些变化,苏联要么置身事外,要么给不出什么意见。葛罗米柯曾说,没有苏联的参与,国际问题就解决不了,卡特里奇认为这个说法现在看来言过其实了,至少在1975年是这样的。① 与此同时,1975年,苏联的军事战略利益没有增加,它本想利用西方的种种困难而获利,但是它促进其全球利益的行动似乎没有增加,而是停顿了。在中东、东南亚、拉丁美洲,苏联的实力和影响力要么静止不变,要么退化了;在西欧和南欧,为了缓和的利益,有些成熟的时机也没有被苏联利用。苏联的理论家对"资本主义危机"的分析减弱了,卡特里奇猜测这也许是因为苏联政治领导人为了缓和的利益。②

卡特里奇认为,1975年下半年,勃列日涅夫有三个当务之急:一是与西欧共产党的关系,召开欧洲共产党大会遇到困难;二是苏联在世界范围内推行其战略似乎是不可行的;三是苏联国内的经济问题。③ 卡特里奇特别强调了苏联经济在1975年表现不好,主要是农业歉收。这一定会让勃列日涅夫在苏共二十五大报告里的经济部分失去一些可以吹嘘的资本,而苏联不得不从美国购买粮食则又会让苏联的国际收支雪上加霜,同时也会影响苏联在1976—1980年扩大从西方引起先进技术的计划。④

卡特里奇还注意到,苏联政府内部存在质疑缓和的声音。有人问,

---

① *DBPO*, Series Ⅲ, Volume Ⅲ, pp. 395 - 396. 葡萄牙共产党的问题可参见 *DBPO*, Series Ⅲ, Volume Ⅱ, pp. 117, 138。关于北约南部侧翼国家的分裂,主要是由塞浦路斯危机引起的。希腊脱离北约一体化的军事结构,美国对土耳其实施武器禁运,葡萄牙和西班牙的政治变革,这些都危及北约南部侧翼国家的稳定。希腊后来悄悄地和美国重新谈判它们的基础协议(base agreements)。美国也希望解除对土耳其的武器禁运。中国与东南亚国家建立外交关系发生在1975年10月左右,中国和泰国、菲律宾建立了外交关系,并和柬埔寨巩固了关系。俄国人没有被邀请参加在金边举行的相关大使馆重新开馆仪式,苏联显然正努力保持自己在越南民主共和国和老挝的影响力。关于美国在中东的成功,1975年9月4日,由于基辛格的斡旋,埃及和以色列达成了一份新的临时协定,规定以色列撤出西奈(Sinai),建立新的联合国缓冲带(buffer zone)。参见 *DBPO*, Series Ⅲ, Volume Ⅲ, p. 395。

② *DBPO*, Series Ⅲ, Volume Ⅲ, p. 396.

③ *DBPO*, Series Ⅲ, Volume Ⅲ, p. 393. 关于欧洲共产党大会,可参见 *DBPO*, Series Ⅲ, Volume Ⅱ, p. 299。

④ *DBPO*, Series Ⅲ, Volume Ⅲ, p. 396.

第七章　英国对苏联缓和政策的认识与应对

苏联的利益是不是因为缓和政策的束缚而受到了损失？推进缓和是不是得不偿失？卡特里奇说，苏共中央政治局的绝大部分回答肯定是"情况是这样"（it is…just）。苏联的头等目标是保持稳定的国际环境，让军备竞赛变得不可能，从而便于增加与西方的经济合作。第二阶段限制战略武器谈判无法达成协议、勃列日涅夫访问美国一事被无限期拖延，都会让这一前景黯淡，而且会让苏联更努力审视它们的政策。卡特里奇认为，勃列日涅夫也许看到了调整缓和政策的必要，出于国内原因（比如召开苏共二十五大），他希望突出苏联政策的"社会主义轮廓"（socialist profile）。如果第二阶段限制战略武器谈判和美苏首脑会晤都实现不了，那么政治缓和的势头就会受损，而这会让苏共二十五大在阐述对外政策方面变得复杂。对英国而言，卡特里奇希望苏联的这些政策保持不变，为新对外政策提供基础。①

从卡特里奇的分析来看，苏联在1975年的缓和政策势头减弱了，苏联的战略获益减少了，这也许意味着苏联可能会调整缓和政策或者将其政策焦点更多地放在国内。苏联遭受挫折的原因是多方面的，既有与西方国家合作的原因，也有中国拓展周边外交的原因，还有苏联国内经济状况堪忧的原因。因此，如果从苏联缓和政策的总体发展趋势来看，也许把1975年下半年作为一个转折点是恰当的。

第二，英国认为苏联的缓和势头自1975年夏季以来开始衰退，国际形势变得不利于苏联。

关于苏联缓和政策的"决算表"，英国驻苏联大使加维给出了深入分析。自1975年夏季以来，苏联凭借缓和政策获得收益的情况发生了很大变化，众多英国官员都指出了苏联对外政策在1975年的失误。

卡特里奇、米勒（D. I. Miller）、加维等都认为，1975年初夏时，苏联对国际形势是满意的。卡特里奇指出，当时令苏联满意的事情有九件：美国在越南战争中的失败；基辛格暂停访问中东各国；第二阶段限制战略武器谈判达成协议的紧迫性；解决塞浦路斯分治分裂问题成为北

---

① *DBPO*, Series Ⅲ, Volume Ⅲ, p.396.

约的当务之急；英国的全民公投可能会导致英国脱离欧共体；对等裁军谈判陷入僵局；葡萄牙的混乱局势；欧安会有望成功结束；欧洲共产党大会有可能召开。① 不过，加维不完全同意卡特里奇对这九件事的分析。比如，基辛格在西奈半岛取得了成功②，苏联被排除在外，这肯定打击了苏联，但是苏联并没有完全退出阿拉伯国家与以色列的战争，比如1975年10月，阿萨德（H. Assad）短暂地访问了苏联，表示要与以色列进行一场长期战争，希望获得更多支持。再如，第二阶段限制战略武器谈判是关键问题，苏联媒体仍然在乐观地报道这个问题，说勃列日涅夫"即将"访问华盛顿。再如，欧安会第三阶段首脑会议本身就是苏联和勃列日涅夫的胜利。虽然欧安会"第三只篮子"的落实会令苏联头疼，但是在未来几个月里这不是严重问题，也许到苏共二十五大以后才会显现出来。关于葡萄牙问题，加维同意卡特里奇的分析，即葡萄牙政治动荡引起了苏联的忧虑，因为向苏联靠拢的政权仅存续了1个月左右就垮台了。③ 所以，加维认为苏联在1975年有得有失。

但是自1975年夏季以来，苏联的命运改变了，缓和的红利逐渐消失。加维指出，尽管苏联仍然很满意自己的缓和政策的进展，但是它也十分清楚自己面临的其他问题。比如虽然欧安会成功结束，但是葛罗米柯知道外界对苏联的意图仍然普遍有疑虑。还有一些俄国人担心苏联被排除在中东和平进程之外。另外，葡萄牙革命事件对西方舆论的影响，苏联农业在1975年的歉收，这些导致苏联担心本国的国际威望消失、本国的资源储备被消耗。④

米勒分析了1975年苏联对外政策的特点，认为保守主义（immobilism）是主要特征。他指出，苏联没能利用有利的国际形势，这表明

---

① *DBPO*, Series Ⅲ, Volume Ⅲ, p. 398. 欧洲共产党大会于1976年6月29日在东柏林召开。参见 *DBPO*, Series Ⅲ, Volume Ⅲ, p. 399。
② 通过基辛格的斡旋，埃及和以色列达成了新的临时协定，规定以色列撤出西奈半岛，建立新的联合国缓冲带。参见 *DBPO*, Series Ⅲ, Volume Ⅲ, p. 395。
③ *DBPO*, Series Ⅲ, Volume Ⅲ, p. 399.
④ *DBPO*, Series Ⅲ, Volume Ⅲ, p. 398.

第七章 英国对苏联缓和政策的认识与应对

苏联当前的对外政策是某种"保守主义",其主要原因要么是长期的缓和战略,要么是纯粹的优柔寡断。苏联的潜在优势要么没用了,要么变成了劣势,比如:在东南亚,美国的撤退已经导致中苏关系更加敌对;在中东,基辛格促成了埃及和以色列达成临时协议;第二阶段限制战略武器谈判继续拖延;地中海地区的塞浦路斯危机并没有如预期的那般严重损害北约安全;在欧洲对等裁军谈判中,苏联面临着被国际社会指责反对"军事缓和"的风险;西方对缓和的结果、对落实欧安会"第三只篮子"的种种困难越来越冷嘲热讽;葡萄牙的共产主义者已经失去了影响力。不过,加维认为苏联并不是墨守成规,而是故意在对等裁军谈判上无所作为①,因为对于苏联十分渴望的欧安会第三阶段首脑会议,苏联在欧安会最后几周里非常果断并成功地得到了赫尔辛基峰会。从这个角度看,苏联并不是优柔寡断。

加维认为,自1971年4月苏共二十四大以来,苏联的外交政策是成功的。他认为,虽然苏联外交有成功也有失败,但是总体上苏联和勃列日涅夫是成功的,特别是欧安会举行了首脑会议、国际社会承认了民主德国、"和平共处"方案在许多领域得以实施。1975年10月左右,苏联还有两处成功。一是《苏联—民主德国友好条约》(the Soviet/German Democratic Republic Friendship Treaty)明确确认了两国的友好关系,确认了勃列日涅夫主义(the Brezhnev doctrine)。但是这个条约没有提到德国统一问题,因此显得不会破坏缓和。二是欧洲共产党大会有可能在1976年2月前召开。此外,勃列日涅夫还取得了一个成功:苏联与美国签订了以粮食换石油长期协议。可是1975年10月14—19日法国总理德斯坦访问苏联却遭遇了寒冷的政治气氛,似乎表明法苏友好关系的美好时代结束了。但是加维认为,没有证据表明这次访问破坏了法苏关系。②

由此可见,英国官员对苏联缓和政策的成效看法不一,有些方面被

---

① *DBPO*, Series Ⅲ, Volume Ⅲ, pp. 398-399, 400.
② *DBPO*, Series Ⅲ, Volume Ⅲ, p. 400.

认为是苏联的成功,有些则被认为是苏联的失败。大多数人都认为1975年下半年是苏联缓和政策的转折点,缓和开始走向衰落,尽管还没有停止;国际形势也变得不利于苏联,苏联能够从缓和政策获得的利益也更加有限。

第三,英国比较关注勃列日涅夫的个人健康状况以及苏联领导人的更替问题。

卡特里奇注意到,1975年下半年以来勃列日涅夫的个人情况发生了变化,最主要的问题是他的身体健康状况不佳。1975年年初,勃列日涅夫曾经因病被迫宣布六个星期内不参加公开活动。在1975年8月举行的欧安会首脑会议上,勃列日涅夫表现得很好,但是沉默寡言。10月间,虽然最近他一直参加公开活动,出现在公众视野里,比如向美国宇航员问好、去机场迎接来访的昂纳克(E. Honecker)和阿萨德,但是据英国方面所知,他无法完成一整天的工作。[①]

有传言说,勃列日涅夫有意在1976年2月24日的苏共二十五大上退休。英国媒体广泛关注苏共二十五大更换领导人的问题。英国外交和联邦事务部东欧与苏联司官员萨瑟兰也认为勃列日涅夫很可能会在苏共二十五大上被取代。1975年10月15日,萨瑟兰给卡特里奇写信,分析了勃列日涅夫的健康情况。萨瑟兰说,勃列日涅夫近期的活动证明了英国驻莫斯科大使馆的观点,即他的健康状况可以支撑到1976年2月召开的苏共二十五大。萨瑟兰还认为勃列日涅夫很可能在苏共二十五大上被取代,然后他继续掌控苏联政局数个月或者一两年。但是英国驻苏联大使馆认为,苏共二十五大不是宣布更换领导人的恰当场合,勃列日涅夫也不愿意在苏联前途不明的时刻下台,宣布他的失败。不过,英国方面并不确定苏联领导层在勃列日涅夫生病期间如何处理苏联的重大事务。加维也认为苏共二十五大不可能更换领导人,因为很可能直到1975年年底或者1976年1月勃列日涅夫都会掌控苏联,那时离苏共二

---

① *DBPO*, Series Ⅲ, Volume Ⅲ, p. 397.

十五大非常近了,换领导人是来不及的。①

所以,英国认为勃列日涅夫的健康状况不佳是催生苏联缓和政策调整或者衰退的主要原因。不过,有趣的是,勃列日涅夫在苏共二十五大上甚至被选为苏共中央总书记,1977年又取代波德戈尔内出任最高苏维埃主席团主席一职,从而形成了大权独揽的局面。勃列日涅夫直到1982年才去世,他持续掌控苏联的时间远远超过了英国官员的猜测。但是缓和潮流自20世纪70年代中期就开始衰落了,勃列日涅夫担任苏联最高领导人并不能阻止这个趋势。

第四,英国指出苏联借各种途径向西方国家工会渗透,并试图影响西方国家的共产主义政党,不过苏联并不总能如愿。

关于苏联与西方国家共产党和工会的关系,是英国官员在考察苏联的"西方政策"(Westpolitik)时分析和预测的内容之一。布拉德在1975年1月8日给基利克的备忘录中预测了苏联的"西方政策",认为苏联会努力把西方舆论转移到西方某国政府,对该国政府形成压力,以迫使该国追随苏联的观念,而苏联的观念是建立全欧安全体系、开展经济合作、冻结中欧武装部队、抵制欧共体深入发展一体化。这会让东欧各国共产党努力加强与西方社会民主党的接触并积极发展东西方工会间的接触。1月28日,布拉德在给工党海外政策顾问佛贡(G. Foggon)的备忘录里又指出,苏联和东欧各国工会的近期目标是让它们自己被接受,成为"对话者"(interlocutors),与西方的工会资格相同。布拉德担心,如果英国的工会成员认为能够通过苏联而让自己更容易大量获益,那么英国外交部门认为这将造成灾难性后果。②

英国官员担心苏联会借着东西方工会的接触而向英国和西方国家渗透共产主义思想并控制西方政府。英国和苏联断绝工会交流源于1968年8月的捷克斯洛伐克事件,当时英国愤怒地撤回了对苏联工会联盟中央委员会(All Union Central Council of Trades Unions of the USSR)代表

---

① *DBPO*, Series Ⅲ, Volume Ⅲ, pp. 398, 401.
② *DBPO*, Series Ⅲ, Volume Ⅲ, p. 368.

团访问英国的邀请。此后，1975年2月底于日内瓦举行第二次东西方主要工会集会（the Second East-West Major Trade Union Gathering），英国只能在这些集会上与苏联、东欧工会进行双方和多边交流。佛贡认为这些集会不如会议重要，但共产主义会借着这些集会渗透西方。[①]

英国工会或者左翼力量与苏联的关系发展颇为跌宕，英国工会一向不喜欢共产主义思想的渗透，苏联在英国的渗透和活动常常被英国工会厌弃，这个现象十分有趣。佛贡指出，近50年来（从20世纪20年代至1975年——笔者），共产主义者一直试图渗透和控制英国工会，但是英国工会却变得越来越反感苏联或者共产主义。20世纪20年代，英国工会曾经和苏联工会发生重大冲突。兰斯伯里（George Lansbury）——当时是论坛报业集团（the Tribune Group）的成员——1924年曾经说，左翼不会再比工人运动更加受英国共产党或者来自莫斯科的力量干扰或操纵。1948—1949年，英国工会大会总委员会（the General Council of the Trade Union Congress）散发给附属工会一些刊物，比如《瓦解策略：共产主义者的方式揭秘》这样的小册子。英国工会大会总委员会里一直存在强烈的反共产主义情绪，直到莱斯·坎农（Les Cannon, formerly General President of Electrical Trades Union（ETU）and a member of the Trade Union Congress（TUC）General Council）去世。正是坎农在1969年提出撤回对苏联工会代表团访问英国的邀请。到处都有试图揭露共产主义对工会的渗透并抵抗的情况，但是在英国国内，由于工会大会总委员会当时缺乏领导，所以抵制共产主义渗透并与之斗争的意愿衰竭了。佛贡认为，迄今为止，苏联提出的共产主义向西方渗透的指导原则和策略都没有变：渗透原则是加强与对象国工会的联系；斗争策略是在对象国工会内部建立派别（小集团）、战线、小组，开展刺激非正式的争论，利用普通工会成员的漠不关心。佛贡认为，东西方工会领导人接触并拍摄满脸笑容的合影制造了一种氛围，让那些批评共产主义渗透的人要么成为"藏在床下的赤色分子"（Reds under the Bed），要么成为返

[①] *DBPO*, Series Ⅲ, Volume Ⅲ, p. 368.

回冷战的人。总之,佛贡认为,英国工会和东方工会之间发展新友谊不是好事,无论它们开会是不是足够小心谨慎、是不是仅限于技术问题,苏联都会利用这些会议渗透和操控英国工会、工人代表组织。这些会议还让坚持"社会契约"（the Social Contract）的工作变得更艰难了,也让支持英国继续留在欧共体内的力量更难取胜了。①

英国官员注意到,苏联还会竭力利用所谓的"前线组织"（front organizations）等各种途径向西欧国家渗透。苏联会利用一些"前线组织"在世界各地活动,特别是世界和平理事会（World Peace Council）、世界工会联合会（World Federation of Trade Unions）、国际学生联合会（International Students Conference）。这些组织的主要关注对象是智利、葡萄牙、西班牙、安哥拉、反殖民主义、反犹太复国主义、跨国公司。特别是,它们联合攻击英国,试探英国在签证问题上的防守能力（visa defences）。1975年3月,这些组织在塞浦路斯组织了一次大会,11月底又在智利举办了一次。更严重的威胁是,它们将于1976年3月在英国约克举办一次裁军论坛。英国政府已经指示英国官员要对这个事件采取更强硬的立场,因为它直接威胁到英国的利益。英国官员认为英国政府还应该研究如何向苏联暗示这些行动在欧安会首脑会议后是不受欢迎的。英国必须表明,这类滥用缓和的行动是不受欢迎的。②

从以上英国对苏联缓和政策总体得失分析以及英国的应对来看,英国并不认为苏联的缓和政策完全失败了,但是也指出苏联自1975年夏季以来面临着越来越困难的形势,缓和红利越来越少。加维认为,自从1971年4月苏共二十四大以来,苏联外交政策仍然是成功的,苏联缓和政策的"决算表"不算太糟,苏联的"和平共处"政策结果不算太坏。当然,如果有第二阶段限制战略武器协议更好,因为这个协议可以

---

① *DBPO*, Series Ⅲ, Volume Ⅲ, pp. 368-371. "社会契约"（Social Contract）概念是指英国政府和各工会之间的,在1974年下半年期间变成了主要的政治和工业（产业）议题。随着确定抑制国内通胀压力的目标,工资增长被冻结了（wage restraint）,同时进行经济和社会改革。参见 *DBPO*, Series Ⅲ, Volume Ⅲ, p. 371.

② *DBPO*, Series Ⅲ, Volume Ⅲ, p. 418.

把苏联领导人对苏共二十五大的注意力从糟糕的农业歉收问题转移走。① 不过,缓和势头自 1975 年夏季以来衰落了。苏联凭借缓和所获得的利益慢慢减少了,勃列日涅夫看到这些结果时一定会失去信心。② 勃列日涅夫虽然被外界察觉到其健康状况,但是也被普遍认为会撑到苏共二十五大之后,因此苏联不可能放弃"和平政策"。此外,缓和期间,英国工会比较抗拒苏联共产主义的渗透或者控制。佛贡认为英国工会和东方工会的友谊不是好事。佛贡的分析得到了英国政府认可。1975 年 2 月 20 日,布拉德评价佛贡的备忘录非常平实、非常重要。佛贡的分析符合布拉德从英国外交和联邦事务部东欧与苏联司观察到的政策路线。③

第三节 英国对欧洲缓和与未来东西方关系的判断

英国的基本判断之一是:缓和能否继续很大程度上取决于勃列日涅夫个人,特别是他的健康状况。英国在 1975 年下半年比较集中地分析了这个问题。英国虽然极不信任苏联的缓和政策,但从来没有明确表示放弃缓和。

卡拉汉首相比较赞成缓和,主张积极改善东西方关系。1976 年 3 月 11 日,卡拉汉在总结 1975 年 11 月下旬的英国驻苏联、东欧大使会议时指出,1972—1975 年这四年里发生了三件大事:缓和的进一步展开;欧安会的开始与结束;英国政府的更替。他表示,大使会议在评价苏联的目标时持防御甚至失败主义的态度,但是他个人的看法与这种态度截然相反,他对东西方关系持积极态度。卡拉汉表示,英国政府的目

---

① *DBPO*, Series Ⅲ, Volume Ⅲ, p. 401.
② *DBPO*, Series Ⅲ, Volume Ⅲ, p. 398.
③ *DBPO*, Series Ⅲ, Volume Ⅲ, p. 371.

第七章　英国对苏联缓和政策的认识与应对　　347

标"曾经是,并且仍然是"真正改善与苏联和东欧各社会主义国家之间的关系。每个西方政府都有义务尽量和苏联进行沟通,以便确切了解苏联的政策、优先事项、意图,同时保证苏联了解西方国家的想法。这是因为每个国家的制度和信念不同带来了分歧。这么做并不意味着英国忽视了苏联违反缓和精神的情况,只要苏联和东欧国家把资源投入军备领域,那么缓和就一定需要充分的防御能力。卡拉汉还对曾任英国驻苏联大使的特里维廉勋爵提出的与苏联"永远谈判"的价值(the value of a state of permanent negotiation)这一思考十分感兴趣,认为这是英国想要达到的目标。① 看来,卡拉汉——也许还有其他一些英国官员——把与苏联谈判本身作为缓和的一部分。这个外交思路符合英国政府对苏联的一贯政策,即始终保持和苏联的接触。

但是并不是每个英国官员都像卡拉汉那样积极看待并维持缓和趋势。特别是外交大臣克罗斯兰,他不信任缓和,在看待英苏关系时比卡拉汉消极被动得多。所以,从这个分歧来看,也许卡拉汉对英苏关系的积极姿态、对改善东西方关系和努力保持缓和的态度在英国政府内部并不多见,尤其是在高级别领导人中。事实上,卡拉汉的重点是要更直接地了解苏联的想法,以便形成英国自己的判断,而缓和可以让英国直接和苏联接触,获得第一手信息。与此同时,卡拉汉积极主张继续缓和丝毫不会影响英国试图分化苏联、东欧关系、试图增加东欧国家独立性的意图和努力。所以,卡拉汉等英国官员的思维仍然是冷战思维。

英国对缓和的全面分析体现在1976年11月23日外交和联邦事务部的"计划文件"里。这份文件是应英国常务次官、常驻欧共体代表帕利泽爵士委托拟订的,为的是在安哥拉内战爆发(1975年)后集中讨论英国在缓和进程中的利益所在。这份文件原文和概述一共有53页,原文过长且没有刊印,这里只以它的概要为主作为论述基础。②

---

① DBPO, Series Ⅲ, Volume Ⅲ, pp. 430-431. 特里维廉曾在1962—1965年任英国驻苏联大使,并参加了英苏圆桌磋商。
② 后文引自英国外交和联邦事务部"计划文件"的观点等均参见DBPO, Series Ⅲ, Volume Ⅲ, pp. 461-467, 不再一一标注。

第一，关于缓和的本质，英国认为缓和是一个复杂的进程，各国在其中的利益诉求很不相同。

"计划文件"指出，"缓和"一词被极大地使用过度了，被误用了，但是东西方关系的逐步演进——从冷战和对抗演变而来——让人没办法很便利地用另一个词来描述这一进程。英国的目标是让缓和更符合"西方的利益"（western interests）。这里需要注意的是，英国"计划文件"并没有说让缓和符合"英国的利益"，而是符合"西方的利益"，这表明英国坚定地把自己作为西方阵营中的一员。

英国指出，东西方的共同利益是避免可能会导致核战争的军事对抗。20世纪60年代末之前，东西方开始逐渐超越对抗，到60年代末，东西双方越来越重视建立一种更稳固的关系。于是，20世纪70年代，东西双方开始以避免导致核战争的军事对抗为共同利益基础的、适度的权宜之计（modus vivendi）。在这一层次下，不同国家有各自的利益和目标。苏联的利益和目标是：寻求避免再次发生关于核武器的螺旋式升级竞赛；获得西方先进的技术、资金和粮食；孤立中国；保住政治和意识形态斗争的空间；保留和扩大在欧洲大陆上的权威。苏联把缓和进程既看作国家利益的实现，又看作促进共产主义取得世界性胜利的意识形态斗争手段。英国"计划文件"的主要部分进一步解释了苏联的利益：再次发生的核武器螺旋式升级竞赛"会给苏联经济带来额外的、严重的负担"，苏联的防务开支已经占苏联国内生产总值（GDP）的11%—12%。东欧的利益和目标是：寻求机会与西方国家进行有利可图的交易，进入西方市场，获得西方技术，寻求机会宣告自己的国民性（national personality）。

英国"计划文件"还分析了西方国家的利益和目标。文件认为，美国的利益和目标是：寻求应对苏联作为超级大国的对策，通过合作创建既得利益；最终也许实现突破东西方障碍。西欧的利益和目标是：和美国拥有共同利益，但是更重视东西方贸易。对于欧共体国家而言，联邦德国特别关心德国的分裂问题，法国宣布自己的独立性。英国的目标是在西方对东方的总体政策中扮演负责任的大国角色。

从这里可以看出，对于欧洲国际关系而言，东西方两大阵营成员的利益和目标冲突严重，仅有的共同利益简直脆弱不堪。英国把自己牢牢地和西方各国联系在一起，不愿意终止缓和，但也绝不是推动缓和的先锋，更不是领导者。

英国认为，截至1976年年底，东西方关系的变化只是程度的变化，不是类型的变化。苏联和东欧各国的社会性质没有变，苏联军事的持续积累，导致西方出现某种幻灭。苏联的军事积累主要是指苏联部署在中欧的军事力量。1971—1975年，苏联以更有效、更先进的武器系统重新升级了驻扎在中欧的武装部队，结果导致北约曾经拥有的军备质量优势被极大地削弱了。苏联的武装部队整体上已经获得了在全球范围内开展行动的能力，比如立即启动空降旅、装备精良的大洋海军。苏联支持古巴军事干涉安哥拉独立运动就证明了这一点。所以在英国看来，苏联的军事威胁仍然是欧洲安全、东西方关系的最大障碍，更严重的是苏联的军事优势增加了。但是西方没有放弃手里有价值的牌，也有一点有限的收获。"计划文件"指出，"失望源自夸大的、无事实依据的期待"。

第二，英国认为，截至1976年，缓和的主要议题各有不同发展。

英国的"计划文件"依次分析了军控、人道主义接触（human contacts）、经济与贸易等领域的发展情况。

在军控领域，英国认为，美苏限制战略武器谈判是缓和进程的中心。军控是缓和的重要内容，除了美苏限制战略武器谈判外，还有欧洲对等裁军。欧洲对等裁军体现了东西双方的共同利益，但是双方的目标却不相同，西方联盟想减少华约的现存军事优势，苏联则想维持这一优势。再如，东西双方在禁止核试验条约、核不扩散等军控领域也有一些共同利益。但是英国认为真正的裁减军备谈判前途渺茫。美苏双方有理由认为1977年可以达成第二阶段限制战略武器谈判的协议。英国外交大臣克罗斯兰指出，有些人认为美国会在第二阶段限制战略武器谈判中出卖欧洲盟国，这些担忧是没有事实依据的，一直以来，美国在捍卫西欧利益方面没有瑕疵。但是当第二阶段限制战略武器谈判开始时，可能会有问题：美国人可能会迫使英国做出非常尴尬的决定。所以，英国认为美国总体上会维护西方联盟的利益，但是也会在某些问题上给包括英国在内的盟国施加压力。

在人道主义接触问题上，东西双方的斗争还没有结束，双方也缺少共同基础。英国认为，欧安会"第三只篮子"装的是东西欧之间的人道主义接触，是西方公众十分期待而苏联特别反感的议题。人道主义议题对西方公共舆论而言非常重要，但是一定会被苏联看作对抗行动。

在经济领域，苏联曾提议举行关于能源、交通和环境的全欧大会，英国不确定苏联的动机是什么，西方对此保持谨慎、缺乏热情，英国认为这种态度是对的。英国主张西方应该继续强调欧洲经济委员会的作用，因为它是落实欧安会"最后法案"（the Final Act of CSCE）多边经济安排方面的特殊载体。英国认为，欧洲经济委员会符合西方的利益，能保证欧安会后续会议不再建立新的机制机构，从而有损该委员会。

在贸易领域，英国认为东西方贸易对苏联、东欧和对西方的意义各不相同。东西方贸易增长已经成为东西方关系发展的重要因素，并带来了一种观点。一方面，苏联的经济不再是自给自足了。某些东欧国家积欠了庞大的国际收支赤字，而东西方贸易的增长还导致东欧国家欠下西方大量债务。对西方而言，东西方贸易规模仍然微不足道，占西方国家外贸总额的比例很小，但是对苏联而言，东西方贸易却是其外交政策决策中非常重要的一个因素。另一方面，苏联对外经济政策中的竞争性层面——比如船运和渔业——可能激发政治问题。英国指出，苏联的竞争性经济政策引发的政治问题包括：苏联的商船船队（merchant fleet）似乎决心获得更大份额的世界货运量，常常暗中降低西方船运的价格；苏联的拖网渔船在西欧国家的附近海域大量捕鱼，很可能会导致欧共体成员国将捕鱼区范围拓展到 200 海里（200 miles，英国文件原文如此——笔者）的谈判变得十分困难。① 苏联和东欧国家拒绝直接和欧共体进行

---

① 200 海里的捕鱼区涉及欧共体的共同渔业政策，可参见刘明周《领海治理：欧盟共同渔业政策的改革与效果评析》，《华中师范大学学报》（人文社科版）2018 年第 6 期。

交易，这也引发了一些问题。如果苏联因此而加强经互会内部的贸易合作，那么就损害了西方的利益。

从英国"计划文件"看，英国心目中对缓和诸议题的排序依次是军控、人道主义接触、经济和贸易。从该文件还可以看出，英国在分析缓和时一直使用"东西方关系"这一概念，说明它始终把西方联盟作为一个整体，以追求西方联盟整体利益为目标，也说明英国总体上把本国利益（特别是安全利益）置于西方联盟利益之中。当然，西方联盟的利益必须符合英国的利益。令人欣慰的是，英国注意到了东西方有一些利益交汇点，特别是在军控领域。军控，特别是核军控，是核时代对各国产生重大而深远的影响的事物，时至今日亦如此。

第三，英国分析了可能影响缓和的各种因素，包括苏联领导人的更替、西方联盟的防务、地区危机、苏联、东欧各国的内部变革。

英国认为这几个因素的发展都可能影响缓和进程。苏联的新领导人是谁、会如何决定苏联的政策，这是一个未知数。但是英国认为苏联新领导人似乎不会改变苏联的根本利益，苏联也看到了中苏关系正常化的好处。英国还认为卡特总统可能会"新瓶装旧酒"，不改变美国的外交政策。

英国认为西方要有效履行防务，这很重要。如果西方不保持有效防务的开支，那么东西双方在资源配置方面的差异就会破坏北约的战略可靠性。如果北约成员国削减防务开支，那么西方联盟就会变得越来越像是美国和联邦德国双边的事。军事技术的发展不会给予任何一方重大优势。

英国担心超级大国可能会被卷入地区危机。如果共产主义势力进入了意大利政府或者法国政府，那么将削弱北大西洋联盟的力量，同时也会给苏联在东欧问题和东西方关系问题上带来麻烦。苏联已经在试图控制国际共产主义运动时面临着大难题，所以剧烈的政治变动可能会导致缓和失效。苏联仍然会在某些"第三世界"国家寻找机会，但是苏联对"第三世界"国家不良的援助行为（运用"利诱"和"恫吓"的援助政策）以及它无法融入发达国家和发展中国家的经济对话，这些也许会阻碍苏联扩大其在"第三世界"的影响力。

英国认为，东欧国家内部现在不太稳定，但是它们变革的空间很小。铁托去世后（1980年5月4日铁托去世——笔者），南斯拉夫内部的经济困难、不同共和国里的民族主义倾向、对铁托去世的不同政治态度，这些都可能造成政治紧张形势和南斯拉夫解体的危险。那时候苏联也许会试图干预，那么就会制造一次"重大危机"，东西方有可能在南斯拉夫问题上发生对抗。即便是苏联自身也无法不受国内变革压力的影响，比如苏联政权不得不应付由于西方的观念、技术变革和苏联境内非俄罗斯民族主义（non-Russian nationalism）的传播而带来的挑战。有一些证据表明，苏联经济赖以发展的科学家、技术人员、工程师正呼吁更自由地与西方同行交流观点和获取信息，他们也越来越认识到苏联的制度无法处理他们国家的问题。苏联经济也许会由于劳动生产率低下、工业和农业的浪费、糟糕的管理、熟练劳动力的缺乏陷入更长的困难期，与此同时，苏联国民的期待更加恶化了这一困难。所以，英国认为，苏联、东欧各国的变革是最终消除东西方对抗的唯一途径，但是变革的进程同样可能导致更大的对抗。"更大的对抗"可能源于苏联的霸权，特别是"芬兰化"（Finlandization）的后果。

从以上分析可见，英国对缓和的发展前景并不乐观。那么，西方国家的决策者该怎么办？英国的计划文件提出了三点思考。首先，西方国家的决策者要避免发生危机或者能够成功地管理危机，这是最根本的。西方要尽早认清形势。如果苏联不约束自己的行为，那么西方要么叫停限制战略武器谈判，要么限制与苏联的贸易，要么宣布会采取外交制裁措施。但是这几点有可能没有效果，比如外交威胁曾在安哥拉事件中被长期使用，但是苏联却仍然利用了形势。所以，如果能尽早确定形势，让苏联知道自己的错误行为会招致严重后果，那么就会好一些。其次，英国始终主张缓和必须落实到军事或军备领域，否则就不稳定。英国认为很有必要把欧洲对等裁军变成缓和的试验场。不过，英国国防部次官莫伯利认为,更准确地说,欧洲对等裁军只是缓和的"试验场之一"。1976年,由于欧洲对等裁军谈判已经持续了三年,所以英国"计划文件"提出,西方应该以时间压力或者其他任何压力为理由让对等裁军谈判结出果实,西方还要抵制苏联拒绝承认中欧地区存在军力不平衡的言行。简而言之,英国认为必须使苏联让步,以便让苏联的缓和倡议令人信服。英国还主张让西方公众更多地了解对等裁军,从而使西方政府更容易保持充足的防务开支。1976年12月9—10日,克罗斯兰在北约外长会议上虽然没有使用"试金石"或者"试验场"这样的词,但是说"缓和的真正进展必须取决于苏联在什么程度上愿意推进限制战略武器谈判和(欧洲)对等裁军"。如果苏联不愿意推动对等裁军,那么英国也不会在其他地方得到"缓和"。英国应该努力推动苏联进行对等裁军谈判,但是英国的努力只有得到美国的支持才有意义。最后,英国提议西方继续通过欧安会"第三只篮子"和其他事务向苏联持续施压,以促进东西欧之间人员和观念更自由地流动。其中特别重要的是向苏联和东欧进行广播。西方外交的主要对象始终是苏联,但是可以通过东欧的发展影响苏联。从战略角度来看,英国极推崇西方联盟合作或团结,认为只有这样才能在东西方关系中维护西方的利益,实现本国的目标。英国还认为,在东西方关系危机管理方面需要由美国来领导,不过北约内部磋商也是重要的;在经济方面,需要经济合作与发展组织与欧共体推动西方国家的经济合作。英国指出,西方国家已经在讨论欧洲对等裁军的重要程度、促进东西欧人员和观念的更自由流动的策略等问题了,所以英国不需要再提出新倡议,但是可以从北约或者欧共体的讨论中吸取新观点。

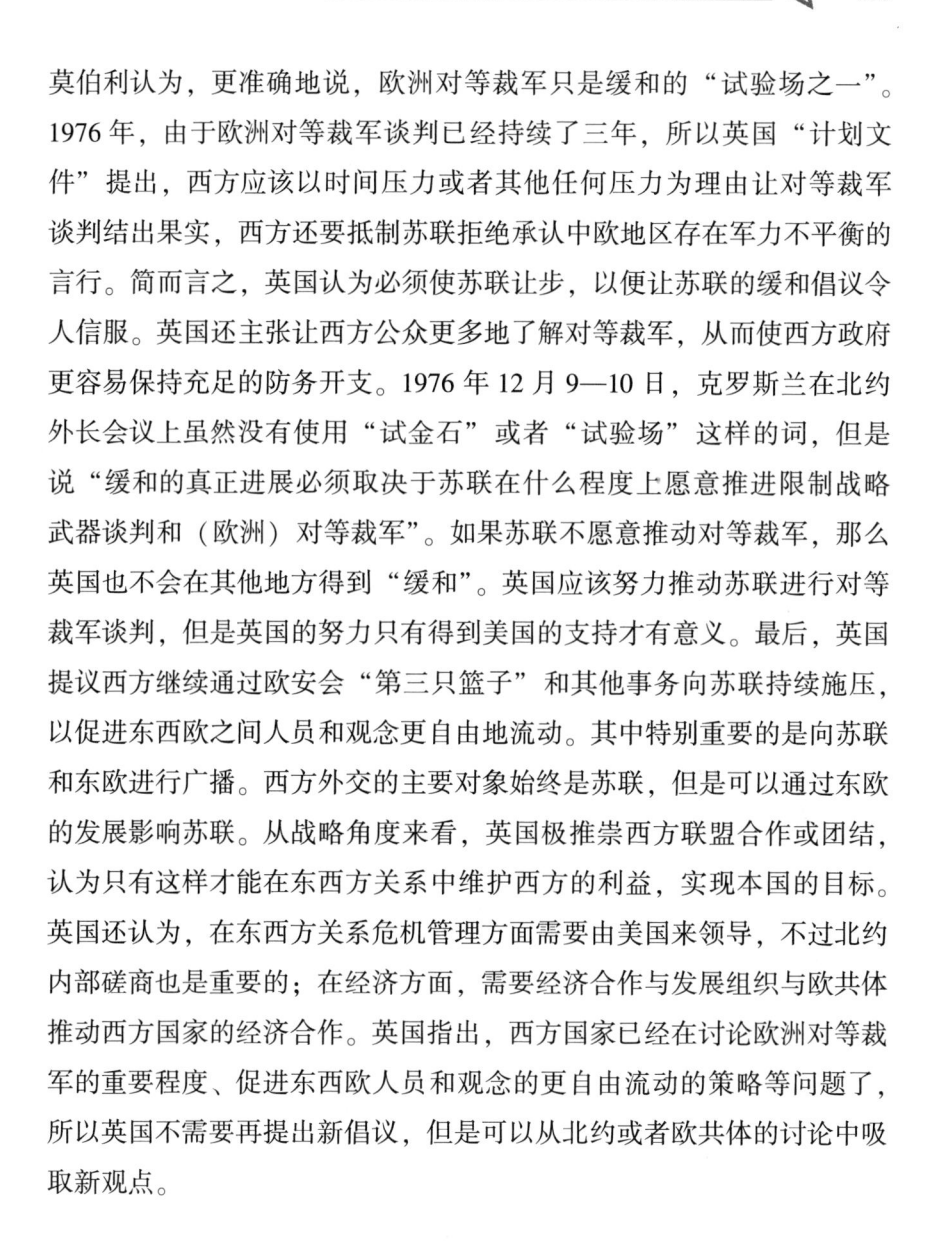

小 结

在对苏联政策方面,英国自认为是西方联盟里的"卡珊德拉"(a

Cassandra to the Western alliance),是能预言苏联政策危险性的那个人。通过前文的分析和论述,笔者认为英国对苏联缓和政策的认识主要可以从四个方面理解。

第一,英国认为缓和是苏联的政策,不是西方的,苏联不会轻易放弃缓和。英国驻苏联大使馆顾问卡特里奇指出,缓和是苏联外交政策在某个阶段的产物,不是西方外交政策的产物。必须注意的是,卡特里奇的观点和兰斯伯特汉的观点不同。英国驻美国大使兰斯伯特汉认为,美国自1969年尼克松就职演说以来诞生了缓和政策,而卡特里奇认为缓和是苏联外交政策的产品。其他事件加速了缓和进程,比苏联领导人想象的要快,比如限制战略武器谈判、勃兰特对德意志民族人民的福祉的追求、尼克松本人的政治抱负,等等。[1] 英国基本认可缓和为东西方关系带来了好处。1976年11月英国外交和联邦事务部的"计划文件"认为缓和已经为东西方关系带来了临时协议,平息了紧张关系。1976年12月7日,英国外交大臣克罗斯兰表示,这是好事。[2]

第二,英国愿意接受缓和,希望东西方关系平稳发展,当然同时要符合西方联盟的利益。卡特里奇指出,西方联盟对苏联政策新阶段的总体反应是利用机遇,建立一个永久的、更和平的世界,并推动东西方关系持续正常化。卡特里奇说,西方利用"缓和"的机遇一方面是要建立长久的更和平的世界,比如通过签订各种裁军协议或者军控协议;另一方面是要推动东西方关系持续正常化,以便从长远考虑让苏联越来越少、越来越不可能回到对抗政策。为了实现这些目标,西方倡导举行对等裁军谈判,让苏联在欧安会"第三只篮子"方面进行补偿(为了获得西方的技术和资产设备)。[3] 虽然英国一再强调是苏联更需要缓和,但是事实上西方联盟也需要缓和,不仅是因为西方公众的期待,更因为缓和符合西方国家的利益,特别是安全利益。

---

[1] *DBPO*, Series Ⅲ, Volume Ⅲ, p. 451.
[2] *DBPO*, Series Ⅲ, Volume Ⅲ, pp. 466-467.
[3] *DBPO*, Series Ⅲ, Volume Ⅲ, p. 452.

第三，英国极力主张并一再强调缓和不能仅仅停留在政治层面，还必须落实到军事领域。这一点前文已经阐述较多，这里不再赘述。英国非常重视西欧安全问题，这毕竟是关乎英国存亡的核心安全利益，因此英国常常把军事安全问题放在对苏政策最重要的位置。英国强调的军事缓和主要包括美苏的限制战略武器谈判和北约、华约就中欧地区军备问题举行的欧洲对等裁军谈判。所以，英国看重的军事缓和既有全球范围，也有地区范围，前者以美苏谈判为主，后者以欧洲多边谈判为主。从实际行动看，英国在军备谈判方面十分积极且坚定。

第四，英国在谈论缓和时常常把英国的利益融入整个西方联盟的利益。"抱团取暖"是英国处理东西方关系的基本策略之一。1976年11月的英国外交和联邦事务部"计划文件"反映了英国对缓和比较成熟的思考，也表明英国有很强的冷战思维。英国认为东西方有共同利益，比如军控和安全问题，但又有根本差异，容易形成对抗，特别是在制度和意识形态领域。从这份文件以及其他英国外交文件看，英国文件大部分内容都在讨论在缓和进程中如何实现西方合作，英国自身的利益反而谈得少，这表明英国将本国利益融入了西方联盟的共同利益之中。这是英国考虑英苏关系、欧洲国际关系时非常突出的一个特点。

以上述重要认识为基础，英国对苏联"缓和"政策的应对也特征鲜明。首先，英国坚决捍卫西方联盟的安全和防务能力，并努力确保该能力有好的发展前景。这种能力主要是北约的防务能力。英国主张北约成员国不要削减军费，以免无法积极履行有效防务。卡拉汉等英国官员非常强调西方防务能力的重要性和北约内部的政治合作。[1] 此外，英国也很重视欧共体未来防务合作的前景，防止苏联破坏欧共体的防务能力以及欧共体成员国的合作前景。其次，英国绝不脱离东西方关系框架处理英苏关系，更不会和苏联发展"双边主义"。实际上，和美国、法国、联邦德国相比，英国在对苏关系方面落伍了，虽然英国也担心，但是从来不会脱离西方联盟而寻求与苏联和解，比如抛开北约或跨大西洋

---

[1] *DBPO*, Series Ⅲ, Volume Ⅲ, p.434.

联盟、欧共体（部分经济合作政策或贸易问题除外）。英国宁愿比其他盟国慢，也不愿意主动迎合、讨好苏联或者变成英苏关系的"要求者"。英国明确表示将依赖欧共体九国和北约十五国加强自身行动能力。① 英国驻苏联大使加维认为，英国虽然没有联邦德国、法国那样在对苏关系方面的天然有利条件，但是手里也不是没有牌，其中最大的牌是与盟国的关系。② 加维还认为，苏联已经意识到英国作为西方国家的一员发挥了超过自身实力的影响力。③ 如果说英国担心在西方联盟里落伍，倒不如说是因为英国担心因此不再具有足够的影响盟国的能力，而不是因为担心与苏联关系变糟。所以，英国面对东西方关系中的重大问题时，从来不从西方联盟的整体利益中剥离出英国自己的利益。英国自愿成为西方联盟最忠诚、最负责的成员，既和盟国一起前进，也影响盟国的步伐和节奏。它在西方联盟中扮演了更有创造性、更有建设性的角色。当然，有英国官员主张英国应该成为西方联盟里的"备用锚"，但是也有官员反对这种说法，认为应该向盟国表明"备用锚"不再是英国的立场。再次，英国是固执而"不合群的"欧洲人。"不合群的人""欧洲的麻风病患者"、西方联盟里的"强硬派"，都是苏联给英国扣的帽子或者英国人根据自己的处境总结的概念，反映了英国在东西方关系中的强硬立场以及不受苏联待见或者被苏联刻意排斥的尴尬情况。但是英国本质上不以为意，常常以拥有坚定的立场而骄傲，坚决不"迎合"苏联，避免成为英苏关系中的"要求者"。英国似乎很享受这个地位，乐于为了本国和西方联盟利益而对苏联强硬。比如1973年4月，时任外交大臣道格拉斯—霍姆就认为英国应该发展符合本国利益的对外关系，而不必看苏联的脸色。④ 道格拉斯—霍姆这时指的主要是发展与中国的关系。但是推而广之，英国在发展与其他国家关系——比如东欧国家——时，也不会完全看苏联的脸色。事实上，英苏关系的改善——或

---

① *DBPO*, Series Ⅲ, Volume Ⅲ, p. 421.
② *DBPO*, Series Ⅲ, Volume Ⅲ, p. 352.
③ *DBPO*, Series Ⅲ, Volume Ⅲ, p. 425.
④ *DBPO*, Series Ⅲ, Volume Ⅲ, p. 206.

者说英苏关系中的缓和——与东西方关系缓和不是同步的。当法国和联邦德国走在前列时,英国却在1971年9月采取了大规模驱逐苏联外交官的行动,造成英苏关系长时间陷入"冰冻"(freezing stage)。这正说明英国是"不合群的"欧洲人。最后,英国有时候虽有意寻求缓和,但是大部分时间对缓和谨慎保守。英国寻求缓和主要是为了西欧安全和英国自身安全,英国认为东西方关系的稳定于己有利。但是英国从来不会为了缓和而缓和,也不认为苏联的缓和政策将惠及东西方关系或者其他地区的国际关系。英国始终认为苏联的缓和政策是阴暗的,是为了破坏西方安全并削弱西方联盟,所以即使英国身处东西方关系缓和进程中或者处于英苏关系持续改善的阶段,即使英国在欧洲缓和潮流里显得被边缘化,它对苏联的警惕也没有丝毫懈怠,更不会向苏联妥协让步。所以,英国认为自己是西方联盟里的"卡珊德拉"。从理念到行动,英国的确成功扮演了西方联盟里的预言者角色,它在诸如欧洲安全、军事、东西方接触等重要议题上毫不退让,也不放弃预测苏联的威胁,更多的时候在努力协调西方盟国立场、捍卫西方联盟团结。

结 论
主动寻求与边缘化

英国与欧洲缓和是一个比较宽泛、内容丰富的研究领域。本书研究的两个主要内容——英国对苏联的政策和欧洲对等裁军谈判——是欧洲缓和时期英国外交的两个重要组成部分。考察完这两个领域后再来思考英国与欧洲缓和，可以得出一些更深刻、更理性的结论。结论部分将主要阐述笔者对英国与欧洲缓和及相关问题的深度思考，这些问题包括冷战与缓和、英国与缓和、欧洲缓和时期的英苏关系、英国积极应对欧洲对等裁军谈判、英国的缓和观五个问题。

一 冷战与缓和

冷战既被称为"五十年战争"，也被称为"长和平"。美苏之间和欧洲"铁幕"两边既有严峻对峙，也有谨慎克制的接触。缓和亦如此。欧洲——特别是中欧地区——是冷战的中心之一，这里不仅有美苏角逐，也有欧洲东西两部分之间的斗争。"德国问题"始终是第二次世界大战后欧洲冷战或缓和的核心议题，很大程度上决定了欧洲国际关系的发展演变。欧洲缓和与美苏缓和形势不同，内容不同，特点也不同：美苏缓和以裁减军备为最重要内容，在世界范围内争夺话语权，而且呈现出很强的双边主义；欧洲缓和主要集中在欧洲中部地区，多边主义性质十分突出，内容也更加宽泛，除军控外，还包括欧洲东、西两个部分之间的各种交流，特别是人员和信息往来。所以，相较于美苏缓和，欧洲缓和除了裁军外，更关注社会层面的交往。无论是对峙和斗争，还是接触和交往，缓和都具有双重性，缺少任何一面都是不完整的。这应该是缓和最根本的特质。对注重社会层面交往的欧洲缓和而言，这种双重性质更加明显。

事实上，缓和常常被研究者从不同角度加以讨论，比如美苏缓和、欧洲缓和、全球性缓和、区域性缓和、政治缓和、军事缓和、文化缓和等，这表明缓和是多领域、多角度、多层面的，绝不是单一的。于是，缓和本身有时被认为是矛盾的，比如当英国等西方联盟国家看待苏联的缓和外交政策时，它们既注意到苏联在政治方面寻求与西方和解，又不断批评苏联缓和政策的欺骗性和空洞性。在参与欧洲缓和时，西方联盟国家从来不会忘记批评苏联的缓和外交，英国也从来不会放弃揭露苏联缓和政策的空洞。英国对苏联缓和政策的基本态度是质疑但不拒绝，同时在行动上充实它。英国用以充实苏联缓和政策的内容是人道主义接触议题和军事安全（特别是军控）议题。充实苏联的缓和概念成为英国外交的主要目标之一，这一目标在欧安会、欧洲对等裁军谈判这两大欧洲缓和多边外交进程中尤为显著。由于笔者收集到的资料有限，暂时没有收集到苏联方面有关外交档案，从英国外交档案看，英国政府和官员经常批判苏联的缓和外交是虚伪的，英国认为应该坚决以军事和安全议题来充实苏联的缓和概念，欧洲对等裁军谈判和欧安会就是为了实现充实目标的。在20世纪70年代中期，英国注意到苏联的缓和政策具有持续性，当苏联可能更换新领导人的时候也没有停止其缓和政策。质疑、不拒绝、充分准备、充实缓和概念等都反映了英国外交的谨慎与务实。英国希望借此获得对苏联外交、对西方盟国外交的主动权。虽然难以确定苏联的缓和政策及其外交行动是否如西方国家所认为的那样不堪，但是毕竟这一政策推行多年，构成了美苏缓和与欧洲缓和的重要背景。

不少著作或者学术论文都论及"缓和失败"这一观点[1]，那么缓和

---

[1] "缓和失败"论比较典型的表述是在 Alex Pravda, and Peter J. S. Duncan, eds., *Soviet-British Relations since the 1970s*, Royal Institute of International Affairs, 1990, pp. 38-41。

失败了吗？回答这个问题之前应该先思考相关的几个重要问题：这里的"缓和"是指美苏缓和，还是欧洲缓和？如果说失败，那么是美苏缓和失败了，还是欧洲缓和失败了？哪一方失败了？缓和的目的是什么？缓和有可能成功吗？缓和与冷战是截然不同的吗？甚至，所谓的"缓和失败"这个问题成立吗？要回答这些问题，首先应该思考冷战。时殷弘教授认为冷战有四个基本特征：地缘政治和地缘战略含义，强烈的意识形态色彩，美苏军备竞赛，冷战的自我控制机制。[①] 这里的四个基本特征仍然以美苏冷战为主要论述对象，欧洲缓和显然与此不同。欧洲缓和涉及的是欧洲东、西两个部分之间的关系发展，其中社会接触是其非常重要的内容，军控问题虽然敏感而重要，却不由欧洲人主导。如果将缓和看作国际关系演变的一个进程，就不能断言它是失败的还是成功的，因为它不是一个相对独立的事物，而是一个持续演进的过程，无法将它与国际关系其他阶段、各种因素割裂开。在第二次世界大战后至1991年的整个冷战时期，国际关系进程前行不止，没有评判缓和（或者冷战）成功或失败的标准。如果承认冷战是50年的"长和平"，那么缓和就没有失败，因为它——无论是美苏缓和，还是欧洲缓和——都大大缓解了不同领域和不同层面的紧张关系，让对峙双方的直接冲突——特别是武力冲突——变得几乎不可能。如果从冷战结束的角度看，更不能说缓和失败了，因为当初推行缓和政策的苏联解体了，西方国家想通过缓和来追求的那种接触和交往迅速扩大加深了，这不是比它们当时想方设法寻找的缓和更充实了吗？所以，无论从冷战进程来看，还是从冷战结束来看，都不能说"缓和失败"了。"缓和失败"是个伪命题，应该把缓和或者冷战看作国际关系进程中一个有突出特征的阶段，而不是一个非黑即白的事物。此外，冷战或者缓和中的斗争双方——无论是单个国家还是国家集团——都在寻求机会向对方施压、捍卫自己的利益，但是双方事实上都无法改变对方，无论它们认为自己有

---

① 时殷弘：《现当代国际关系史（从16世纪到20世纪）》，中国人民大学出版社2006年版，第243—252页。

多么值得肯定的价值或者宣传优势。冷战持续了 50 年，东西双方在这一点上都没有成功。西方国家认为自己最终赢得了冷战，可是苏联解体、东欧剧变不是西方国家施压的结果，而是苏联、东欧国家内部发生变化的结果。这给我们的启示是，保持战略定力和发展意志、专注于本国自身发展就可以应对任何外部干扰或压力。

缓和虽然不时遭遇挫折或质疑，发展也十分缓慢，还常常容易陷入僵局，却具有持续性，东西双方都需要缓和，有时甚至强烈需要缓和。许多事例都可以证明这一点：1946 年前后美国政府确定遏制政策、开启冷战，但是很快 1955 年就召开了第二次世界大战后第一次美、英、法、苏四大国首脑会议，如果不是 1960 年美国的 U2 侦察机被苏联击落，四大国还有举行第二次首脑会议的机会。1955 年联邦德国加入北约给欧洲形势带来震动，但是实际上阿登纳心里也考虑过推动与苏联、东欧的关系，尽管真正的大动作是勃兰特做的。戴高乐为了法国独立自主外交而发展与苏联的关系，这种单边主义行动惹得西方盟国非常担心，但谁也阻止不了他。西方国家的这些行动都为缓和奠定了一些基础。英国虽然对苏联态度极为强硬，但是它也为推动东西方对话做了一些努力，包括 20 世纪 50 年代倡导召开四大国首脑会议，在 1968 年捷克斯洛伐克事件严重打击欧洲缓和后继续寻求改善与苏联的关系。只是英国的态度强硬以及谨慎保守使它在对苏关系方面常常遭遇挫折，也因此处于欧洲缓和的边缘。20 世纪 60 年代末 70 年代初，联邦德国的新"东方政策"开花结果，欧安会和欧洲对等裁军谈判几乎同时展开，后又在 80 年代末发展出欧洲常规武装谈判，这些都是欧洲国家需要的缓和的结果。20 世纪 60 年代后期至 70 年代中期，欧洲缓和形成了一股不可逆转的潮流，似乎任何困难和挫折都阻挡不了东西双方保持接触和交往的决心。一般学术著作都认为缓和自 20 世纪 70 年代中期开始进入了衰退期。的确如此，此时东西方的对立加剧了，相互批判增多了，但这是缓和（或者冷战）的常态，不是吗？而且，一次次矛盾摩擦后，东西双方不是仍然根据各自利益而寻求扩大交往吗？缓和没有失败，也无所谓失败,但是包含明显的妥协。

二 英国与缓和

一方面,英国能非常深刻地理解缓和的妥协含义。在研究第二次世界大战后英国外交的相关著作中,很多研究者更关注的是英国对社会主义国家苏联的批评、斗争,或者强调英国是冷战背后的推手。另一方面,英国同样也重视与苏联和东欧各社会主义国家的接触、交往,换言之,英国同样非常重视这种外交妥协。如果不理解英国对苏联、东欧外交的这种双重性,就没有办法理解丘吉尔早在1950年就提出举行美、英、法、苏四大国首脑会议的建议,也无法理解为什么英国会在柏林危机期间积极与苏联沟通、在欧安会和欧洲对等裁军谈判开始前做大量准备(为本国,也为西方联盟),更无法理解英国保守党和工党政府都曾努力推动英苏关系恢复和改善。英国外交的成熟和务实正是体现在这些妥协行动上。不过必须说明的是,英国的这些妥协是以坚决维护本国利益、维护西方联盟整体利益为前提的,英国妥协是为了本国和西方联盟的利益。如果妥协不能获利,英国就会坚定地批判东方。事实上,英国远比其他西方国家更不愿妥协,也始终坚定地维护西方联盟团结。

英国不仅密切关注欧洲缓和的发展及演变,也积极参与其中。缓和的出现和发展并非易事,既取决于国际形势变化,又取决于各方的积极意愿。欧洲缓和更是如此。欧洲缓和极易受美苏关系影响,还受制于"德国问题"的变化。欧洲缓和最早体现在丘吉尔倡议召开四大国首脑会议,此后麦克米伦、希思、威尔逊、卡拉汉等担任英国首相时,英国保守党或工党政府都曾积极推动缓和,特别是推动改善对苏关系。从英国外交档案可以看出,从20世纪50年代到70年代,英国愿意并且主动寻求欧洲缓和。但与此同时,英国的行动又十分谨慎,显得既想改善对苏关系又坚持批判苏联的矛盾态度。除了第二次世界大战后首次四大国首脑会议对国际关系具有开创性意义外,英国寻求缓和的行动更多地体现在改善英苏双边关系上,以及在欧洲国际关系多边进程中的积极准备上。在美苏关系发展方面，在推动欧洲国际关系突破方面，英国能力有限。相较于戴高乐的特立独行和勃兰特的积极进取（他们的缓和行动强烈影响了欧洲国际关系），英国在缓和潮流里的外交行动只能算微小的波澜，尽管它发挥了重要作用。正是从这个意义上说，英国在欧洲缓和进程中被边缘化了。不过英国不在意被苏联批评为"顽固分子"，它常常为自己坚定地维护西方联盟团结、揭露苏联的意图而感到骄傲，也为自己的观点能被美国以及其他盟国接受而感到自豪。

虽然欧洲是美苏冷战斗争的核心区域，但是美、苏两国对欧洲不同事务的关注却不是始终不变的，两国有时把注意力集中在双边关系上，有时把斗争拓展到第三世界，有时会把眼光收回到欧洲。鉴于其他欧洲国家的实力与美苏的巨大差距，两个超级大国的行动基本不受其盟国的左右。在西方联盟内，英国既强调西欧必须依赖美国的支持，也不时抱怨美国人太冲动、容易摇摆。在欧洲问题上，英国不仅以协调美国和西方盟国的立场为己任，还时刻注意避免美苏在处理欧洲问题时发展出双边主义。英国经常会身处三场谈判里，一场是与美国，一场是西方盟国与美国，还有一场是与苏联。英国尤其重视美国的立场。此外，英国在处理欧洲事务时十分重视联邦德国的立场，常常优先考虑联邦德国的提议，这表明"德国问题"对欧洲国际关系的重大意义，也说明英国把本国外交和西方联盟的立场紧密结合起来的一贯传统。

三 欧洲缓和时期的英苏关系

英苏关系在欧洲缓和时期波澜不惊，即使双边关系有所改善，但是本质上仍然冰冷。苏联一向认为英国是分裂社会主义国家联盟最积极的国家之一，并认为英国这样做破坏了英苏关系的氛围。[1] 英国则抱怨苏联总是挑剔自己、孤立自己。如果考虑到1968年捷克斯洛伐克事件使英国比其他西方盟国更强硬、更长时间地批评苏联，考虑到1971年英

---

[1] Alex Pravda, and Peter J. S. Duncan, eds., *Soviet-British Relations since the 1970s*, Royal Institute of International Affairs, 1990, p. 39.

国大规模驱逐苏联外交官并在此后拒绝给已经被确认的苏联间谍发放签证,那么可以说英苏关系的确十分糟糕。"冰冻"是英国形容1968年以后英苏关系的重要概念。通过20世纪60年代末英国外交大臣道格拉斯—霍姆和此后首相威尔逊的访苏,英苏实现了首脑会晤,双边关系得以改善并进入了"新阶段"。但是这仅仅是双边政治关系改善,两国经济关系仍然十分不理想,不仅双边贸易额低,而且英国商人也不愿意进入苏联(以及东欧)市场,英国政府对此无能为力。在欧安会和欧洲对等裁军期间,英苏虽然有较多双边接触和交流,但是这两个欧洲多边外交进程都没有实质性改变英苏关系的"冰冻"状态,最多让英苏关系提升到"冷淡"。这背后的深层原因是英苏之间严峻对立的冷战思维。

  无论英苏是否敌对,与苏联直接接触和交流始终是英国缓和外交的突出目标之一,也是英国了解苏联国内状况和政策意图的途径之一。英国十分重视这种接触和交流并为此创造机会。不少英国官员都强调"直接"对话,特别是当苏联领导人出现变动时,比如在1953年、1964年、1975年等关键年份前后。当苏联领导人确定后,英国也希望进行直接交流,英国认为直接交流获得的信息更丰富、更准确,可以摸清苏联的想法和要求。英国推动英苏首脑会晤是最典型的直接交流外交行动,也是英国迫切希望实现的外交目标。在政治、经济和文化等领域,英国都适时寻找机会开展交往。所以,直接交流是欧洲缓和时期英国对苏联政策的突出特征之一。这么做不仅有助于了解苏联,还能为英国提供影响苏联的机会,从而避免英国被孤立而无法在西方联盟中发挥影响力。但是必须注意,英苏能否实现直接交流取决于这两国的关系氛围和欧洲缓和形势。

  英国与苏联接触交往、改善英苏关系的最重要目标是避免英国被孤立,从而失去对西方盟国的影响力。英国认为自己常常被苏联批评为"顽固、不合群的人",也常常被苏联从西方联盟当中单独挑出来加以批判。英国不害怕被苏联批评,而是担心这种批评和孤立会让西方盟国

结论　主动寻求与边缘化

认为英国无足轻重，从而不再能够影响西方联盟的立场。所以，英国一方面"勇敢"地面对苏联的批评，另一方面也希望减少这种批评给本国带来的危害。英国认为自己是西方联盟的"备锚"，扮演了"冷酷的斗士"的角色，英国很满意自己的这个角色，甚至为此感到自豪。由此可见，英国始终把维护西方联盟整体利益作为实现其根本外交目标的关键方式。"西方联盟团结"的理念不断出现在英国政府文件和英国官员的发言里，可见维护西方联盟团结在英国外交中的重要性。以西方联盟团结对抗苏联正是英国对苏政策的突出特征之一。

英国的对苏政策是以团结的西欧、团结的跨大西洋联盟为基础，这一政策是逐渐形成的，并非第二次世界大战甫一结束就出台了。第二次世界大战刚刚结束时，无论是英国民众还是英国政府都对与苏联合作保持着相对良好的态度，英国民众延续着战时反法西斯联盟的情绪，英国工党政府在1945年的选举中也声言自己可以找到与苏联的一些共同之处。但是，战后欧洲形势的巨变、西欧安全形势的严峻让英国终止了对苏联的美好幻想，英国注意到苏联军事力量的强大以及西欧安全几乎处于真空状态。英国防务政策真正以苏联为防御目标是在两年以后，即大约在1947年。对于时任外交大臣贝文来说，尽管他敌视苏联，也意识到战后美苏关系将彻底决裂，但是他仍然希望避免对苏联的"反抗态度"（anti-attitude）。1946年，为了打破紧张局势，英国政府提议将《同盟条约》（*Treaty of Alliance*）延长30年。1948年1月3日，在东欧国家拒绝马歇尔计划以后，苏联在英国眼里的"邪恶"形象更加确凿无疑，正如艾德礼描述的："苏联共产主义在意识形态方面、经济方面、战略方面追求一种新式帝国主义政策，威胁到其他欧洲国家人民的福祉和生活方式。"[1] 这一解释也成为日后英国批判苏联的标准话语。苏联想让西方国家承认第二次世界大战后的"欧洲现状"，但是它给包括英国在内的西欧国家造成的威胁感却是实实在在的。战后英国外交政

---

[1] Curtis Keeble, "The Historical Perspective", in *Soviet-British Relations since the 1970s*, pp. 33–34.

策的调整、英国安全政策的调整皆以此为前提。无论是在欧洲事务方面，还是在英国有可能参与的美苏关系方面，英国都坚定不移地维护西方联盟团结，并以自己的坚定和强硬为荣。

然而不幸的是，英国在竭力保持西方联盟团结对抗苏联之际逐渐失去了自己的独立决策能力。英国学者贝克（Elisabeth Barker）说，英国影响世界事务，甚或追求独立外交政策的能力大大受限了；英国对缓和与东西方关系的政策很大程度上是半独立的。[①] 比如在东西方政治关系方面，在欧洲或跨大西洋防务合作方面，英国越来越受制于西方联盟的一致立场或者诸如美国和联邦德国这样的关键盟国。英国原本设计了一个以自己为首的战后西欧秩序安排，它先与法国签订条约，后又把比、荷、卢三国拉进来签订《布鲁塞尔条约》，试图以五国安全合作来应对联邦德国可能发起的复仇或威胁。英国最初的西欧安全秩序设想先受到以美国为主导的北约成立的打乱，后又遭遇欧共体尝试建立防务共同体的"普利文计划"的冲击，最后彻底失败。正是在这个逐渐偏离英国安全设想的过程中，英国的防务政策失去了独立性。在面对美苏关系、"德国问题"、欧洲一体化等问题时，英国的外交政策也失去了一部分独立性，英国的对外政策（包括它的对苏政策）更容易受西方盟国的影响。其实，笔者始终认为，英国重视对苏联外交本质上是想借此抬高身价，就像评判一个人时需要看看他的对手是谁一样。英国希望其他国家——特别是西方盟国——在评价自己的作用和角色时能注意到苏联这个对手，特别是当英国和苏联保持接触甚至提升双边关系时。所以也可以说，英国在借苏联从欧洲缓和边缘努力挤向中心。为对抗苏联，英国付出的代价是相当程度的独立自主决策能力。

四 英国积极应对欧洲对等裁军谈判

欧洲对等裁军谈判既不是英国呼吁举行的，也不是当时英国外交最

---

① 转引自 White Brian, *Britain, Détente and Changing East-West Relations*, London and New York: Routledge, 1992, p.71。

优先的事务。英国政府甚至为了节省开支而让英国代表团换到一个便宜的酒店。欧洲对等裁军谈判和欧安会代表了欧洲缓和走向高峰。欧洲对等裁军谈判是美国政府迫于曼斯菲尔德的压力而提议举行的，也是苏联欧安会倡议的前提条件之一（另一个前提条件是柏林问题四大国谈判）。从这个角度看，美国和苏联是对等裁军谈判的主导者。英国虽然不喜欢欧洲对等裁军，怀疑苏联会借机破坏西方联盟防务合作及其发展前景，但是它仍然从预备会谈开始就做了不少准备，包括定期总结谈判进展和形势、分析苏联的裁军谈判目标等。

当对等裁军谈判至1976年告一段落时，英国自认为实现了本国在对等裁军谈判方面的目标，那就是使西方联盟各国政府成功抵御了其国内力量要求本国单方面裁军的舆论压力，同时也使西方联盟成功保住了未来防务合作的能力和前景，包括跨大西洋防务合作和欧共体防务合作。英国认为西方联盟国内的裁军呼声是缓和带来的消极结果。英国不希望美国参议员曼斯菲尔德成功，不希望美国政府削减驻欧军队，因为西欧安全——英国安全亦涵盖在内——的基石是美国的支持。正是由于东西双方都没有真正的裁军意愿，欧洲对等裁军谈判才没有签署协议，也没有实现裁减两大军事集团驻中欧军力的目标。不过，英国借裁军谈判向国内民众宣传了中欧安全现状，让民众了解苏联的威胁，从而缓解了民众给英国政府造成的压力。

欧洲对等裁军谈判虽然长期陷入僵局，也没有签署协议，但是英国并不悲观。之所以这样，一方面因为英国认为自己和西方盟国一起用裁军议题检验了苏联的缓和诚意、充实了苏联的缓和概念；另一方面因为英国欣慰地看到西方联盟各国拥有基本一致的立场，即使是激进冲动的美国也没有抛弃盟国而和苏联发展双边主义，联邦德国也不会为了私利而脱离西方联盟。此外，对等裁军谈判最终催生了欧洲常规力量武装谈判，从而延续了欧洲安全议题。最后，英国在对等裁军谈判期间有较多机会和苏联、东欧各国代表接触，这符合英国主张的与苏联、东欧保持接触的外交立场。最重要的是，英国在对等裁军谈判期间通过积极斡旋西方联盟的立场而发挥了无法忽略的作用，扮演了大国角色。

五 英国的缓和观

西欧安全是英国缓和观的核心，但是英国从不脱离现实追求不切实际的安全。比如英国从来没有设想过美国力量离开欧洲的西欧安全。再如，英国领导人积极寻求欧洲缓和，但是他们从来不会忽略军事实力基础。举行四大国首脑会议或者开展英苏双边接触是不止一位英国领导人的设想和努力方向，可是当条件不成熟时英国方面并没有失去耐心，宁愿谨慎也不会激进。

妥协也是英国缓和观的重要理念。英国希望欧洲国际关系能保持稳定的状态，尽量减少冲突和危机，但是这需要妥协。保持与苏联、东欧的联系、积极参与欧洲东西方对话等，都是英国妥协理念的体现。有研究者指出，英国从未关闭与苏联、东欧交往的大门，笔者以为这本质上正是英国外交的妥协。不过，不能认为英国外交十分乐于妥协，实际上英国的立场比它的盟国更强硬、更坚定。英国外交把妥协作为控制形势、防止冲突、增加对东方的了解，从而实现维护西方联盟利益和本国利益的方式之一。

英国缓和外交需要同时处理好两层关系，一层是美苏关系及其相关议题，另一层是英国自己的双边关系。英国外交一方面要为了自己而努力，另一方面要利用本国的双边外交网络影响更广泛的东西方关系问题。[1]

英国保守党政府和工党政府对欧洲缓和的态度和基本立场是相同的，它们都不反对缓和，但是都比较谨慎。相对而言，英国工党可能更激进一些。保守党领袖丘吉尔和麦克米伦都曾经推动东西方大国的首脑峰会，希思保守党政府也曾考虑过英苏首脑会晤，威尔逊工党政府则实现了英苏首脑会晤，工党领袖卡拉汉更是积极追求缓和。英国保守党政

---

[1] Alex Pravda, and Peter J. S. Duncan, eds., *Soviet-British Relations since the 1970s*, Royal Institute of International Affairs, 1990, p. 38.

结论　主动寻求与边缘化

府或者工党政府都对欧洲裁军谈判和欧安会这样的欧洲缓和事务持比较积极的立场。这些都说明英国两党在欧洲缓和问题上没有本质差别。

安全理念也好，妥协理念也好，英国外交都是在寻找各种方式适应第二次世界大战后的国际形势。在这个形势发展过程中，英国逐渐从战时的三巨头衰落为二流国家，从捭阖世界的大国衰落为中等欧洲国家，于是英国外交只能以更务实、更灵活的态度应对国际问题，在国际舞台上努力找到发挥作用的机遇。"主动寻求与边缘化"正是对英国缓和外交理念和实践的简练概括。

英国外交的实用主义有时令人相当惊讶。笔者认为绝不能高估英国在处理东西方关系方面的道德水准。这里主要有三个典型例子。第一个是英国曾在1962年秘密地向波兰保证其西部边界（即奥德—尼斯河边界）神圣不可侵犯，但与此同时，英国也接受联邦德国的立场，即奥德—尼斯河边界应该是临时的，应由联邦德国和波兰的"和平条约"最后确定。实际上，英国对波兰的秘密保证恰好证明英国希望推动欧洲缓和，而不看好当时联邦德国的"东方政策"。事实上，麦克米伦没有很多时间去了解联邦德国在奥德—尼斯河边界问题上的理论，他认为这条边界的"临时性"不应该阻挡欧洲缓和。可是，阿登纳并不同意。[①]

第二个例子是在第二次柏林危机期间，英国外交部的法律专家达成一致立场，认为没有根本性的法律原因让英国不能承认事实上已经存在的民主德国政权，英国在柏林的地位及权利已经受到这个政权的影响。时任首相麦克米伦还询问杰布（Gladwyn Jebb，英国驻法国大使）对柏林危机的看法，后者给出的建议包括英国"应该尽力避免德国统一"[②]。很难想象联邦德国的民众听到这些观点后的感受。

第三个例子是在1968年8月的捷克斯洛伐克事件中，英国政府表面上严厉批判苏联入侵捷克斯洛伐克的行为，表现得比它的盟国更强

[①] Hughes, R. Gerald, *Britain, Germany and the Cold War: The Search for a European Détente 1949-1967*, Routledge, 2007, pp. 5, 57.

[②] Hughes, R. Gerald, *Britain, Germany and the Cold War: The Search for a European Détente 1949-1967*, Routledge, 2007, pp. 65, 67.

硬,但是英国档案显示英国政府曾经考虑过承认苏联扶植的捷克斯洛伐克政权(尽管英国称之为傀儡政权),英国也愿意接受捷克斯洛伐克改革的失败,而不是更进一步推动该国的改革。英国一贯认为,在发展与东欧国家关系时不能刺激苏联,以避免国际局势更加紧张,从而危及西欧安全,也避免苏联对东欧国家加强控制。英国也一向认为自己以及其他西方国家能在推动东欧变革方面做的事情很有限,它非常清楚东欧对苏联的依赖以及苏联对东欧的严密控制。因此,不刺激、不惹怒苏联是英国对东欧国家政策的基本出发点。[1] 从英国对奥德—尼斯河边界问题、愿意承认民主德国政权、愿意承认捷克斯洛伐克事件后的亲苏政权等思想倾向来看,英国外交的实用主义不仅表露无遗,而且令人咋舌。英国这种实用主义外交在欧洲缓和中乃至在第二次世界大战后国际关系进程中并不少见。可以想见,当前以及未来英国外交仍然不会缺少实用主义。

20世纪60—70年代中期是欧洲缓和从发展到逐步走向高峰的阶段,也是英国从"苏伊士河以东"撤退、彻底沦为中等国家的大调整阶段,是英国外交的转型期。实用主义不仅表现在英国寻求欧洲缓和的外交实践中,更是英国——作为一个中等欧洲国家——在世界舞台寻找机遇的途径。虽然英国也曾主动甚至积极寻求欧洲缓和,但是它的谨慎和强硬常常把它推到欧洲缓和的边缘。

---

[1] 申红果:《从1968年捷克斯洛伐克事件看英国的东欧外交》,《廊坊师范学院学报》(社会科学版) 2013年第6期。

参考文献

档案资料

British Documents on Foreign Affairs: *reports and papers from the Foreign Office confidential print*. Bethesda, MD: University Publications of America, 2003.

D. C. Watt, and James Mayall eds., *Current British Foreign Policy*: *Documents, Statements, Speeches 1971-1972*, Temple Smith (London) and Indiana University Press (Bloomington), 1973.

G. Bennett, K. A. Hamilton, I. Warner, R. P. Bevins, G. Quinn, E. Kane, *Documents on British Policy Overseas*, Series Ⅲ, *Volume* Ⅰ, *Britain and the Soviet Union*, *1968-72*, London: The Stationery Office, 1997.

G. Bennett, K. A. Hamilton, I. Warner, R. P. Bevins, G. Quinn, E. Kane, *Documents on British Policy Overseas*, Series Ⅲ, *Volume* Ⅱ, *The Conference on Security and Cooperation in Europe*, *1972-75*, London: The Stationery Office, 1997.

G. Bennett, K. A. Hamilton, I. Warner, R. P. Bevins, G. Quinn, E. Kane, *Documents on British Policy Overseas*, Series Ⅲ, *Volume* Ⅲ, *Détente in Europe*, *1972-76*, London: The Stationery Office, 2000.

《国际条约集（1948—1949）》，世界知识出版社1959年版。

《联邦德国东方政策文件集》，中国对外翻译出版公司1987年版。

著作

Alex Pravda, and Peter J. S. Duncan, eds., *Soviet-British Relations since the 1970s*, Royal Institute of International Affairs, 1990.

Brian White, *Britain, Détente and Changing East-West Relations*, London and New York: Routledge, 1992.

Edward Heath, *The Course of My life: My Autobiography*, London: Hodder & Stoughton, 1998.

E. Barker, *Britain in a Divided Europe 1945-70*, London: Weidenfeld and Nicolson, 1971.

Frans A. M. Alting von Geusau, *Uncertain Détente*, Sijthoff & Noordhoff, 1979.

F. S. Northedge, *Descent from Power: British Foreign Policy, 1945-1973*, London: George Allen & Unwin Ltd., 1974.

John W. Young, *The Labour Government 1964-70: International Policy*, Manchester and New York: Manchester University Press, 2003.

Joseph Frankel, *British Foreign Policy 1945-1973*, Oxford University Press, 1975.

Kenneth Dyson, ed., *European Détente: Case studies of the politics of East-West Relations*, London: Frances Printer (Publishers), 1986.

R. Gerald Hughes, *Britain, Germany and the Cold War: The Search for a European Détente 1949-1967*, Routledge, 2007.

Sean Greenwood, *Britain and the Cold War*, The Macmillan Press Ltd., 2000.

Sir Curtis Keeble, *Britain and the Soviet Union 1917-89*, The Macmillan Press Ltd., 1990.

S. R. Ashton, *In Search of Détente: the politics of East-West relations since 1945*, New York: St. Martin's Press, 1989.

[德] 维尔福雷德·洛特:《和解与裁减军备: 1975 年 8 月 1 日, 赫尔辛基》, 朱章才译, 台北: 麦田出版股份有限公司 2000 年版。

[法] 巴特里克—瓦日芒:《缓和的幻想》, 丁世中等译, 商务印书馆 1980 年版。

[联邦德国] 库尔特·比伦巴赫:《我的特殊使命》, 潘琪昌、马灿荣译, 上海译文出版社 1984 年版。

[联邦德国] 维利·勃兰特:《会见与思考》, 张连根等译, 商务印书馆 1979 年版。

[美] 亨利·基辛格:《动乱年代——基辛格回忆录》, 张志明译, 世界知识出版社 1993 年版。

[美] 雷蒙德·加特霍夫:《冷战史: 遏制与共存备忘录》, 伍牛、王薇译, 新华出版社 2003 年版。

[英] 阿伦·斯克德、克里斯·库克:《战后英国政治史》, 王子珍、秦新民译, 世界知识出版社 1985 年版。

[英] 理查德·克罗卡特:《50 年战争》, 王振西主译, 新华出版社 2003 年版。

《威尔逊及其对外主张》, 上海人民出版社 1975 年版。

《战后世界历史长编》编委会编:《战后世界历史长编 (1949)》(第一编第五分册), 上海人民出版社 1975—1992 年版。

陈乐民主编:《战后英国外交史》, 世界知识出版社 1994 年版。

陈之骅主编:《勃列日涅夫时期的苏联》, 中国社会科学出版社 1998 年版。

谌焕义:《英国工党与印巴分治》, 社会科学文献出版社 2004 年版。

洪邮生:《英国对西欧一体化政策的起源和演变: 1945—1960》, 南京大学出版社 2001 年版。

黄正柏:《美苏冷战争霸史》, 华中师范大学出版社 1997 年版。

全克林:《英国与阿—犹冲突: 1945—1949》, 世界知识出版社 2009 年版。

申红果:《英国与欧安会的起源:1968—1975》,南京大学出版社 2009 年版。

时殷弘:《现当代国际关系史(从 16 世纪到 20 世纪)》,中国人民大学出版社 2006 年版。

特鲁汗诺夫斯基:《第二次世界大战后的英国外交政策》,世界知识出版社 1959 年版。

王三义:《英国在中东的委任统治研究》,世界知识出版社 2008 年版。

吴万宝:《西欧联盟:一个军事组织的变迁》,台北:五南图书出版有限公司 2001 年版。

阎照祥:《英国史》,人民出版社 2003 年版。

杨冬燕:《苏伊士运河危机与英美关系》,南京大学出版社 2003 年版。

张锡昌、周剑卿:《战后法国外交史(1944—1992)》,世界知识出版社 1993 年版。

赵怀普:《英国与欧洲一体化》,世界知识出版社 2004 年版。

学术论文

Christoph Bluth, "Arms Control as a part of strategy: the Warswa Pact in MBFR negotiations", *Cold War History*, Vol. 12, Issue 2, May 2012.

Christoph Bluth, "The Origin of MBFR: West German Policy Priorities and Conventional Arms Control", *War in History*, Vol. 2, July 2000.

Gregroy A. Flynn, "The Content of European Détente", *ORBIS*, Vol. 20, No. 2, Summer 1976.

James Burnham, "The Logic of Détente", *National Review*, Vol. 27, Issue 31, August 1975.

J. I. Coffey, "Détente, Arms Control and European Security", *International Affairs*, Vol. 52, No. 1, October 1971.

Lord Gladwyn, "The Defense of Western Europe", *Foreign Affairs*, Vol. 51, Issue 3, April 1973.

Marshall D. Shulman, "Europe Versus Détente", *Foreign Affairs*, Vol. 45, No. 3, April 1967.

Richard F. Staar, "MBFR Europe and Alliance Security: the United States perspective", *Vital Speeches of the Day*, September 15, 1982.

Richard Rosecrane, "détente or Entente?", *Foreign Affairs*, Vol. 53, No. 3, April 1975.

Zbigniew Brzezinski, "The Framework of East-West Reconciliation", *Foreign Affairs*, Vol. 46, No. 2, January 1968.

［美］查尔斯·盖蒂、［苏］戈莫洛夫等:《东欧在美苏关系缓和时期的地位和作用》,《苏联、东欧问题译丛》1989年第6期。

［美］科伊特·布莱克尔:《苏联军事思想的演变和苏联军事力量与对外政策的关系》,《苏联、东欧问题译丛》1986年第5期。

《高尔德曼教授谈东西方缓和问题》,《现代国际关系》1986年第2期。

《中欧均衡裁军谈判》,《世界知识》1981年第22期。

曹祖平:《苏美欧洲常规力量裁军谈判的特点》,《东欧中亚研究》1992年第3期。

陈乐民:《西欧安全论》,《西欧研究》1987年第2期。

董拜南:《对勃列日涅夫时期苏联外交战略的几点看法》,《今日苏联、东欧》1988年第4期。

华地:《"最后的"东西方裁军协议——欧洲常规武装力量人员上限协议》,《世界知识》1992年第15期。

李以衍、吕耀坤、汪璜、徐荃:《西欧主要国家的裁军政策、做法及其影响》,《现代国际关系》1987年第1期。

林莽:《千层冰凌何时消——记中欧裁军谈判又一次复会》,《瞭望周刊》1984年第15期。

彭光谦、洪兵:《1989年国际裁军形势综述》,《国际展望》1989年第24期。

求知:《新一轮欧洲常规裁军谈判》,《世界知识》1989年第7期。

冉隆勃：《西欧安全靠什么？——西欧学者谈欧洲安全问题》，《世界知识》1986 年第 22 期。

申红果：《从 1968 年捷克斯洛伐克事件看英国的东欧外交》，《廊坊师范学院学报》（社会科学版）2013 年第 6 期。

申红果：《从欧安会看英国对东西方缓和的态度》，《世界历史》2010 年第 3 期。

申红果：《论西方联盟各国对欧安会的态度及其意义》，《历史教学》（高校版）2011 年 12 月下半月刊。

申红果：《英国对联邦德国"东方政策"的思考与外交应对（1955—1971）》，《河南师范大学学报》（哲学社会科学版）2018 年第 4 期。

申红果：《英国与欧安会"第三只篮子"》，《国际关系评论》第 6 辑（南京大学出版社 2009 年 5 月版）。

滕帅：《试论第二次柏林危机初期的英国外交》，《首都师范大学学报》（社会科学版）2011 年第 2 期。

滕帅：《英国首相麦克米伦与古巴导弹危机》，《山东理工大学学报》（社会科学版）2013 年第 5 期。

滕帅：《追求缓和：英国与第二次柏林危机（1958—1961）》，博士学位论文，首都师范大学，2011 年。

王东：《七十年代以来西欧与苏联、东欧的经济政治关系》，《外国问题研究》1984 年第 1 期。

王吉良：《战后苏联裁军政策研究（1945—1983）（摘要）》，《外交学院学报》1994 年第 3 期。

王振华：《1973 年以来英国对外政策的趋势和特点》，《西欧研究》1986 年第 4 期。

王振华：《战后英国外交政策的演变》，《西欧研究》1986 年第 2 期。

吴君：《华约提出裁军新建议》，《世界知识》1986 年第 14 期。

叶章蓉：《欧洲战略形势与核裁军谈判》，《西欧研究》1984 年第 1 期。

赵璐：《美国提出中欧共同均衡裁军原因分析》，《长春师范学院学报》

2011年第3期。

周爱群:《从不对等裁减到不对等保留——渥太华会议的裁军突破》,《世界知识》1990年第6期。

周爱群:《进入关键时期的欧洲常规裁军谈判》,《世界知识》1989年第21期。

索　引

阿德里安森(M. Adriaenssen)　209
阿登纳(Konrad Adenauer)　22
阿萨德(H. Assad)　340
埃默里(J. Amery)　64
艾德礼(Clement Richard Attlee)　15
艾登(Robert Anthony Eden)　19
艾森豪威尔(Dwight David Eisenhower)　25
爱丁堡公爵(the Duke of Edinburgh)　60
昂纳克(E. Honecker)　342
奥查德(Ted Orchard)　329
奥尔谢夫斯基(S. Olszowski)　162
奥尼尔(R. J. O'Neill)　314
奥西波夫(V. D. Osipov)　56
巴尔(Herr Egon Bahr)　150
巴尔(R. Barre)　128
巴特勒(M. D. Bulter)　128
保守党(the Conservative party)　13,24,36,39,43,48,54-56,58,59,61,63,65,77,81,82,98,101,109,171,224,255,256,362,368
鲍里斯·帕斯捷尔纳克事件(the Boris Pasternak affair)　164
北约"高级政治委员会"(the NATO Political Committee at Senior Level, SPC)　273
贝克(Elisabeth Barker)　2,366
贝莱斯(A. J. K. Bailes)　271
贝伦茨(Herr Behrends)　234
贝文(Ernest Bevin)　14
冰冻(the freezing stage, the deep freeze)　47-49,51-53,55,57,59,61,63,65,67,69,71,73,75,77,79-81,83,85,87,89,91,93,95,97,99,101,103,105,107,109,357,364
波诺马廖夫(B. N. Ponomarev)　105
勃兰特(Willy Brandt)　55
勃列日涅夫(Leonid Ilyich Brezhnev)　11
布拉德(J. L. Bullard)　56

索 引

布里夫(Brief) 209

布伦奇利(T. F. Brenchley) 163

裁军谈判全部结束(the end of MBFR) 10,314—319

常规武器控制(conventional arms control) 316

道格拉斯—霍姆(Sir A. Douglas-Home) 39

德国的"复仇主义"(the German Revanchism) 27

德斯坦(M. V. Giscard d'Estaing) 125

迪安(Jock Dean) 195

敌对与交往(the adversarial relationship and contacts) 49

蒂梅尔巴耶夫(Timerbayev) 209

东欧与苏联司(Eastern Europe and Soviet Department of FCO, EESD) 53,56,58,65,82,108,109,133, 141,150,160,170,218,323,330, 336,342,346

杜勒斯(John Foster Dulles) 34

顿塔斯(M. Dountas) 236

多边预备会谈(multilateral preparatory talks) 178,179,186,188, 192—216

多布斯(J. A. Dobbs) 54

法捷耶夫(N. V. Faddeyev) 130

非对等裁军(asymmetrical reduction) 285

佛贡(G. Foggon) 343

弗格森(E. A. J. Ferguson) 105

富布赖特(James William Fulbright) 34

改善(improvement) 9,32,33,35, 38,44,45,47-51,53,55,56,58-63,65-75,80-87,93,95-98,100, 101,107,109-115,117,119-124, 127,139,141,145,149,158,164, 165,167,172,176,219,255,321, 332,346,347,356,357,361-364

盖茨克尔(Hugh Gaitskell) 32

盖莱克(E. Gierek) 161

戈尔(Ormsby-Gore) 31

格兰迪(G. K. Grande) 209

葛罗米柯(A. A. Gromyko) 35

根舍(Hans-Dietrich Genscher) 88

工党(the Labour party) 3,4,13,15, 23,25,27,28,32,36,39,43,44,48, 65,77,78,81,82,85,86,91,95,98, 99,101,102,104,105,109,145, 171,224,254,255,343,362,365, 368,369,373

工会(Trade Union) 56,85,343-345

古德尔(A. D. S. Goodall) 243

古尔丁(M. I. Goulding) 166

规划委员会(Planning Committee) 160,166

国防部(Ministry of Defence, MoD) 181,185,188,189,196,197,202, 203,205-207,219,224,226,234, 238,239,243,245,252,258,259,

262,263,268,269,271,272,281,286,287,289,290,294,295,299,320,324,352

哈特(M. J. Harte) 271

哈特曼(A. Hartman) 260

亨德森(Sir Nick Henderson) 125

霍顿(Douglas Houghton) 78

基利克(Sir J. Killick) 51

基辛格(Henry Kissinger) 91

吉尔莫(D. H. Gillmore) 276

吉洪诺夫(N. A. Tikhonov) 67

加维(T. Garvey) 78,100

间谍问题(espionage) 53

经济关系(economic relations) 9,10,47,60,61,111-121,123-125,127,129-131,133,135,137-141,143,145,147,149,167,364

经贸关系(the economic relations) 110,123,141

卡拉汉(James Callaghan) 50

卡利亚金(V. V. Karyagin) 70

卡特里奇(B. G. Cartledge) 100

康斯坦丁内斯库(Constantinescu) 209

柯西金(A. N. Kosygin) 42

科济列夫(S. P. Kozyrev) 64

克宁汉(Mary Cunynghame) 330

克维辛斯基(M. Kvitsinsky) 253

肯尼迪(John F. Kennedy) 35

库普雅科夫(Y. P. Kuplyakov) 104

拉霍达(Tomas Lahoda) 210

拉塞尔斯(D. Lascelles) 330

腊帕茨基(Adam Rapacki) 30

腊斯克(Dean Rusk) 38

兰斯伯里(George Lansbury) 344

兰斯伯特汉(Sir P. Ramsbotham) 335

劳埃德(Selwyn Lloyd) 30

雷诺公司(Renault) 126

里索(Stanley Resor) 232

联合国"裁军委员会大会"(the UN-sponsored Geneva Conference of the Committee on Disarmament) 325

联合委员会(the Jiont Committee) 58,60,66-68,74,83,113-118,130-132,140,169

路德(Fred Ruth) 208

伦科夫(N. M. Lunkov) 66

罗杰斯(W. T. Rodgers) 262

马拉比(C. L. G. Mallaby) 319

马耶夫斯基(V. Mayevsky) 54

麦克米伦(Harold Macmillan) 21

麦克纳利(T. McNally) 103,333

曼茹洛(A. N. Manzhulo) 67

曼斯菲尔德决议案(the Mansfield Resolution) 181

曼斯菲尔德主义(Mansfieldism) 185,186

芒福德(W. F. MumFord) 197

贸易与工业部(Department of Trade and Industry) 69,112-114,117,119,130,132,142,144,167-

169,171

美苏"共同统治"(condominium) 238

孟德斯—法朗斯(Pierre Mendes-France) 28

米勒(D. I. Miller) 339

摩根(H. T. Morgan) 296

莫顿(J. O. Moreton) 172

莫汉(Anatoli Movhan) 209

莫洛托夫(Vyacheslav Mikhaylovich Molotov) 28

莫斯科大剧院芭蕾舞团(Bolshoi Ballet) 147

内阁(the Cabinet) 35,53,60,65, 84,108,112,114,133,138,190,336

尼科迪姆(Archbishop Nikodim) 68

尼克森(P. M. Nixon) 269

欧共体"共同商业政策"(the EC's Common Commercial Policy,CCP) 124

欧洲对等裁军倡议(MBFR appeal) 2,6,8,10,12,57,80,99,110,150, 160,165,166,178-187,189,191, 193,195,197,199,201,203,205, 207,209,211,213,215,217,219, 221,223,225,227,229,231,233, 235,237,239,241,243,245-251, 253,255,257,259,261,263,265, 267,269,271,273,275,277,279, 281-283,285,287,289,291-293, 295,297,299,301,303,305,307, 309,311,313-327,330,336,341, 349,352,353,355,358,359,361, 362,364,366,367,382

欧洲防务共同体(European Defence Community,EDC) 15

佩恩(A. J. Payne) 168

佩克(E. Peck) 197

蓬皮杜(Georges Jean Pompidou) 63

普勒斯顿(P. S. Preston) 58

普利文(Rene Pleven) 16

普罗斯基(M. Pronsky) 79,114

普亚(F. Puja) 161

齐奥塞斯库(N. Ceausescu) 161

签证问题(visa) 98,106,107,345

丘吉尔(Winston Churchill) 11

驱逐苏联间谍行动(the FOOT) 69

人道主义接触(human contacts) 349

萨瑟兰(I. J. M. Sutheerland) 100

塞菲里斯(M. Sekeris) 209

赛都(M. R. Seydoux) 76

赛克斯(R. A. Sykes) 271

社会变革(the social change in Eastern European countries) 149,176,313

施莱辛格(J. R. Schlesinger) 263

十轮正式谈判(ten rounds of formal talks) 248

舒斯托夫(V. V. Shustov) 265

双边主义(bilateralism) 126

斯图尔特(Sir Dugald Stewart) 170

苏共中央政治局(the Politburo) 74

苏联的"西方政策"(Westpolitik)
　　343
苏联商会联盟(the All-Union chamber
　　of Commerce) 67
苏斯洛夫(V. P. Suslov) 68
塔拉索夫(N. K. Tarasov) 275
特比特(D. C. Tebbit) 185
特别小组(the Ad Hoc Group) 194,
　　195,200,201,209,211－214,227,
　　230－239,241,242,244－246,254,
　　260,266－268,273－276,297,300
停滞与倒退(mark time and fall back)
　　48,99,103,104,108,110,114
托特(R. Toth) 305
瓦尔登(G. Walden) 60
瓦肖夫(V. M. Vasev) 70
外交和联邦事务部(Foreign and Commonwealth Office, FCO) 52,55,
　　56,58,60,63－65,70,77,96,100,
　　107－110,112,133,141,142,147,
　　149－151,153,154,156,159,160,
　　164,165,184,196,218,223,224,
　　233,250,260,261,268,271,272,
　　288,295,297,308,309,311,312,
　　320,322,324,325,330,336,342,
　　346,347,354,355
威尔伯福斯(W. J. A. Wilberforce)
　　240
威尔逊(Harold Wilson) 3,81
威尔逊(R. J. M. Wilson) 163,172
沃克(P. E. Walker) 58

乌斯特(E. Ustor) 209
伍德(T. C. Wood) 226
西方联盟里的"卡珊德拉"(a
　　Cassandra to the Western alliance)
　　354
西方组织司 (Western Organization
　　Department of FCO, WOD) 184,
　　226,227,233,254,255,262,271,
　　297,320
西蒙斯(A. M. Simons) 238
希伯特(R. A. Hibbert) 271
希思(Edward Heath) 51
夏浓(H. P. G. Channon) 68
限制战略武器谈判(Strategic Arms
　　Limitation Talks,SALT) 110
谢苗诺夫(Y. A. Semonov) 86
新阶段 (the New Phase) 48,99,
　　103,104,108,110,114
亚历山大一世(Tsar Alexander Ⅰ)
　　322
伊格尔伯格(L. S. Eagleburger) 196
英国对等裁军谈判代表团(the UK
　　Delegation for MBFR Talks) 171,
　　206,211,224
英国工会大会总委员会(the General
　　Council of the Trade Union
　　Congress) 344
英国广播公司 (British Broadcasting
　　Company, BBC) 174
英国联合情报委员会(the Joint Intelligence Committee) 188,315

英国内阁"防务与政策委员会"（the Cabinet Defence and Oversea Policy Committee, DOP） 52,59,60,65,69,112

英国与东欧关系（the Britain and Eastern European countries' relations） 174

英国在联邦德国的驻军（British Army of Rhine, BAOR） 19,193,214,235,290,311

英苏关系（the Anglo-Soviet relations） 4,5,9,10,32,34,47-63,65-75,77,79-87,89-91,93-115,117,119,120,124,140,141,146,148,149,151,153,155,157,159,161,163-165,167,169,171,173,175,177,219,255,327,332,333,347,355-358,362-364

于福德（B. Quarles van Ufford） 195,208

与会国（participants） 194,195,213,240,312,316,318

约翰逊（David Johnson） 215

主要议题（main topics） 55,73,249-251,255,282,284,291,313,349

驻苏联、东欧大使会议（the Conference of HM Ambassadors in the Soviet Union and Eastern Europe） 158,346

后 记

冷战是第二次世界大战后国际关系的一个特殊阶段、一种特殊状态，对它的研究远未结束。缓和问题特别是欧洲缓和是笔者长期关注的领域之一。欧洲缓和与美苏缓和不同，它把促进欧洲东、西两部分之间的接触和交流作为重要内容与目标之一，有其独特之处。笔者很好奇冷战时期欧洲两个部分究竟如何接触和交流、交流效果如何等问题，并进行了持续的思考。笔者的博士学位论文以"英国与欧安会起源(1968—1975)"为选题，探讨了代表欧洲缓和高峰之一的欧安会与英国外交的相关问题，该多边会议的重要议题"人道主义接触"就是为了促进欧洲两部分间的交流。此后，笔者持续关注欧洲缓和高峰的另一个代表案例——欧洲对等裁军谈判，这是欧洲缓和进程中的重要的传统安全议题。本书是笔者对欧洲缓和研究的继续和拓展，也是笔者当代英国外交研究的第二阶段。

本书主要从欧洲缓和视角透视英国外交问题。英国作为曾经的"日不落帝国"，一度是塑造国际秩序的主要力量。第二次世界大战后英国的国家实力和影响力大大下降，逐渐沦为一个二流强国。此时，英国有什么了不起的外交手段可以挽救它的将坠之颓势，在国际舞台上保持较强的影响力，它对包括欧洲国际关系在内的世界产生了以及将会产生什么影响，中国该如何与它交往等问题，这些都是笔者有浓厚兴趣的问题，也正是本书以欧洲缓和为背景考察英国外交的初衷。

确定"英国与欧洲缓和"这一方向后，笔者便梳理研究思路、收集基本文献，以"英国与欧洲缓和研究(1964—1976)"为课题并成功申请了教育部项目。但是资料仍然不够，于是笔者申请去英国访学以完成该课题。在武汉大学严双伍老师、南京大学洪邮生老师、浙江大学章前明老师的帮助下，在国家留学基金管理委员会和武汉大学的资助下，笔者顺利前往英国布里斯托大学访学。在布大访学期间，笔者得到张勇进教授（Professor Yongjin Zhang）的指导和帮助，旁听国际关系课程并进一步收集课题相关资料。没有这些师长的帮助，笔者是难以完成这个课题研究的，所以在此对他们表示衷心的感谢。同时也要感谢武汉大学阮建平老师和封永平老师、南京大学郑先武老师、华中师范大学赵长峰老师、桂林理工大学全克林老师，他们为课题研究提出了宝贵意见。

回国后，笔者完成了本书书稿并顺利结项，但是一直未能公开出版。此次借武汉大学政治与公共管理学院出版学术丛书的机会，笔者对书稿再次修改、调整，不仅写作思路和逻辑层次更加明晰，学术观点也更有说服力。感谢学院资助出版，使本书得以面世。书中一定还有不少不足之处，恳请各位读者不吝指正。

本书的编校与出版得到了中国社会科学出版社编辑郭曼曼老师的大力支持，她提出了很准确的要求和建议，并进行了认真细致的编辑，其学术眼光和专业精神令人钦佩。在此对她致以诚挚的谢意！

笔者始终认为，如果不理解国际关系的过去，就无法理解国际关系的当下和未来。如果不能实实在在地把握有关国家的外交决策思路和特征，就无法把握该国当前和未来外交决策的方向和行动。新时代以来，中国在对美国和欧洲外交方面已经出现明显变化，中英关系是中欧关系的重要组成部分，因此对英国外交的深入理解是观察和思考中英、中欧关系的重要基础之一。正是出于这个想法，笔者希望本书能够对当前和未来的中国外交提供一定的现实借鉴。

申红果

2023 年 3 月 26 日